Gerenciamento Ágil de Projetos para leigos

O gerenciamento ágil de projetos foca a melhoria contínua, a flexibilidade do escopo, as informações da equipe e a entrega de produtos essenciais de qualidade. Além disso, aborda a inclusão do scrum como uma estrutura, a programação extrema (XP) para incorporar qualidade no início e o pensamento lean para eliminar desperdícios. Essas e muitas outras ferramentas e técnicas ajudam organizações, equipes e pessoas a adotar o Manifesto Ágil e os 12 Princípios, que se destinam a pessoas, comunicações, produto e flexibilidade.

MANIFESTO PARA OS DESENVOLVEDORES ÁGEIS DE SOFTWARE

O Manifesto para o Desenvolvimento Ágil de Softwares, comumente conhecido como Manifesto Ágil, é uma expressão intencionalmente simplificada dos principais valores do gerenciamento ágil de projetos. Use-o como um guia para implementar as metodologias ágeis em seus projetos.

> "Estamos revelando as melhores maneiras de desenvolver softwares, ajudando outras pessoas no processo. Com esse trabalho, passamos a valorizar:
>
> - Pessoas e interações, acima de processos e ferramentas.
> - Software validado, acima da documentação completa.
> - Colaboração do cliente, acima da negociação de contratos.
> - Resposta à mudança, acima de seguir um plano.
>
> Ou seja, embora haja valor nos itens à direita, valorizamos mais os itens à esquerda."

©Agile Manifesto Copyright 2001: Kent Beck, Mike Beedle, Arie van Bennekum, Alistair Cockburn, Ward Cunningham, Martin Fowler, James Grenning, Jim Highsmith, Andrew Hunt, Ron Jeffries, Jon Kern, Brian Marick, Robert C. Martin, Steve Mellor, Ken Schwaber, Jeff Sutherland, Dave Thomas.

Essa declaração pode ser copiada sem restrições sob qualquer forma, mas apenas por completo, por meio desse aviso legal.

12 PRINCÍPIOS ÁGEIS

Os Princípios do Manifesto Ágil, comumente chamados de 12 Princípios Ágeis, são um conjunto de conceitos básicos que dão suporte às equipes de projetos ao implementar projetos ágeis. Use-os como um teste decisivo para determinar se você está adotando ou não a metodologia ágil em seu trabalho e sua decorrente mentalidade:

1. Nossa maior prioridade é atender ao cliente com entre software útil.
2. Receber solicitações de mudanças, mesmo com o dese sos ágeis aproveitam a mudança como uma vantagem

Gerenciamento Ágil de Projetos Para leigos

3. Entregar um software validado com frequência, em algumas semanas ou meses, preferindo o menor prazo.
4. Empresários e desenvolvedores devem trabalhar juntos diariamente no projeto.
5. Criar projetos em torno de pessoas motivadas. Oferecer o ambiente e apoio necessários, e confiar que o trabalho será feito.
6. O método mais eficiente de passar informações para uma equipe de desenvolvimento e dentro da própria equipe é uma conversa direta.
7. Um software validado é a medida básica do progresso.
8. Os processos ágeis promovem um desenvolvimento sustentável. Os patrocinadores, desenvolvedores e usuários devem manter um ritmo constante.
9. Atenção contínua a excelência técnica e design adequado intensificam a agilidade.
10. Simplicidade, a arte de maximizar quanto trabalho é feito, é essencial.
11. As melhores arquiteturas, requisitos e designs surgem de equipes auto-organizadas.
12. Em intervalos regulares, a equipe reflete acerca de como ser mais eficiente, e então sintoniza e ajusta o comportamento.

GUIA DE VALOR ÁGIL DA PLATINUM EDGE

O Guia de Valor é uma visão de alto nível de um projeto ágil.

Gerenciamento Ágil de Projetos

para leigos

Gerenciamento Ágil de Projetos

para leigos

Tradução da 2ª Edição

Mark C. Layton
Steven J. Ostermiller

ALTA BOOKS
EDITORA
Rio de Janeiro, 2019

Gerenciamento Ágil de Projetos Para Leigos®

Copyright © 2019 da Starlin Alta Editora e Consultoria Eireli. ISBN: 978-85-508-0476-7

Translated from original Agile Project Management For Dummies®. Copyright © 2017 by John Wiley & Sons, Inc. ISBN 978-1-119-40569-6. This translation is published and sold by permission of John Wiley & Sons, Inc., the owner of all rights to publish and sell the same. PORTUGUESE language edition published by Starlin Alta Editora e Consultoria Eireli, Copyright © 2019 by Starlin Alta Editora e Consultoria Eireli.

Todos os direitos estão reservados e protegidos por Lei. Nenhuma parte deste livro, sem autorização prévia por escrito da editora, poderá ser reproduzida ou transmitida. A violação dos Direitos Autorais é crime estabelecido na Lei nº 9.610/98 e com punição de acordo com o artigo 184 do Código Penal.

A editora não se responsabiliza pelo conteúdo da obra, formulada exclusivamente pelo(s) autor(es).

Marcas Registradas: Todos os termos mencionados e reconhecidos como Marca Registrada e/ou Comercial são de responsabilidade de seus proprietários. A editora informa não estar associada a nenhum produto e/ou fornecedor apresentado no livro.

Impresso no Brasil — 2019 — Edição revisada conforme o Acordo Ortográfico da Língua Portuguesa de 2009.

Publique seu livro com a Alta Books. Para mais informações envie um e-mail para autoria@altabooks.com.br

Obra disponível para venda corporativa e/ou personalizada. Para mais informações, fale com projetos@altabooks.com.br

Produção Editorial Editora Alta Books **Gerência Editorial** Anderson Vieira	**Produtor Editorial** Thiê Alves	**Marketing Editorial** marketing@altabooks.com.br **Editor de Aquisição** José Rugeri j.rugeri@altabooks.com.br	**Vendas Atacado e Varejo** Daniele Fonseca Viviane Paiva comercial@altabooks.com.br	**Ouvidoria** ouvidoria@altabooks.com.br
Equipe Editorial	Adriano Barros Bianca Teodoro Ian Verçosa	Illysabelle Trajano Juliana de Oliveira Kelry Oliveira	Keyciane Botelho Maria de Lourdes Borges Paulo Gomes	Thales Silva Thauan Gomes
Tradução Eveline Vieira Machado	**Copidesque** Alessandro Thomé	**Revisão Gramatical** Carolina Gaio Thaís Pol	**Revisão Técnica** Alex Ribeiro Analista Desenvolvedor, Gerente de Projetos e Gerente de Novos Negócios na EXIS Tecnologia	**Diagramação** Luisa Maria Gomes

Erratas e arquivos de apoio: No site da editora relatamos, com a devida correção, qualquer erro encontrado em nossos livros, bem como disponibilizamos arquivos de apoio se aplicáveis à obra em questão.

Acesse o site www.altabooks.com.br e procure pelo título do livro desejado para ter acesso às erratas, aos arquivos de apoio e/ou a outros conteúdos aplicáveis à obra.

Suporte Técnico: A obra é comercializada na forma em que está, sem direito a suporte técnico ou orientação pessoal/exclusiva ao leitor.

A editora não se responsabiliza pela manutenção, atualização e idioma dos sites referidos pelos autores nesta obra.

Dados Internacionais de Catalogação na Publicação (CIP) de acordo com ISBD

L429g   Layton, Mark C.
        Gerenciamento Ágil de Projetos para leigos / Mark C. Layton, Steven J. Ostermiller ; traduzido por Eveline Vieira Machado. - Rio de Janeiro : Alta Books, 2019.
        432 p. : il. ; 17cm x 24cm. – (Para leigos)

        Tradução de: Agile Project Management for Dummies
        Inclui índice.
        ISBN: 978-85-508-0476-7

        1. Administração. 2. Gerenciamento de projetos. I. Ostermiller, Steven J. II. Machado, Eveline Vieira. III. Título. IV. Série.

2018-184 /
        CDD 658.404
        CDU 65.012.3

Elaborado por Vagner Rodolfo da Silva - CRB-8/9410

Rua Viúva Cláudio, 291 — Bairro Industrial do Jacaré
CEP: 20.970-031 — Rio de Janeiro (RJ)
Tels.: (21) 3278-8069 / 3278-8419
www.altabooks.com.br — altabooks@altabooks.com.br
www.facebook.com/altabooks — www.instagram.com/altabooks

Sobre os Autores

Mark C. Layton, mais conhecido como *Mr. Agile*, é estrategista organizacional e instrutor de certificação Scrum Alliance, trabalha há mais de 20 anos na área de gerenciamento de projetos/programas. Ele é presidente da Agile Leadership Network, de Los Angeles, autor do livro *Scrum Para Leigos* (Alta Books), criador do *Agile Foundations Complete Video Course*, com a Pearson Education, e fundador da Platinum Edge, LLC, uma empresa de melhoria organizacional que dá suporte a negócios que fazem a transição da mentalidade em cascata para a ágil.

Antes de fundar a Platinum Edge, em 2001, Mark se especializou como executivo de uma empresa de consultoria, instrutor de gerenciamento de programas e líder de projetos no local de trabalho. Ele trabalhou por 11 anos como especialista em criptografia para a Força Aérea dos Estados Unidos, onde ganhou medalhas de condecoração por seus feitos.

Mark fez MBAs na Universidade da Califórnia, Los Angeles, e na Universidade Nacional de Cingapura, tem graduação (*summa cum laude*) em ciência comportamental pela Pitzer College/Universidade, de La Verne, e curso técnico em sistemas eletrônicos pela Escola de Aeronáutica da Força Aérea. Também é graduado pela Leadership School da Força Aérea, tem as certificações Certified Scrum Trainer (CST), Project Management Professional (PMP), e possui a certificação de gerenciamento de projetos avançado (SCPM) da Stanford University e Scaled Agile Framework Program Consultant (SAFe SPC).

Além de seus livros e vídeos, Mark sempre palestra nas maiores conferências sobre Lean, Scrum, XP e outras soluções ágeis.

Mais informações em `platinumedge.com` (conteúdo em inglês).

Steven J. Ostermiller é instrutor, mentor e treinador que capacita líderes, equipes e pessoas, tornando-os mais ágeis. É cofundador e organizador da Utah Agile (patrocinada pela Agile Alliance, Scrum Alliance e Agile Leadership Network), uma comunidade profissional comprometida em aumentar a agilidade dos negócios, tecnologias e pessoas em Utah. Ele desenvolveu e ministrou cursos sobre gerenciamento ágil de projetos na faculdade de Administração e integra o conselho consultivo de gerenciamento de projetos. Também foi editor técnico em projetos como *Scrum Para Leigos* e *Agile Foundations Complete Video Course*, da Pearson Education. Ele costuma palestrar e escrever para famílias sobre sua experiência com as técnicas ágeis.

Steve possibilita os compromissos com a transformação da metodologia ágil da Platinum Edge, LLC, por meio de auditoria, recrutando, treinando e dando instruções. Ele trabalhou com equipes de liderança executivas e individuais em finanças, assistência médica, mídia, entretenimento, defesa e energia, governos local e estadual, logística, e-commerce, produção em fábricas, implementações ERP, desenvolvimento PMO, startups e organizações sem fins lucrativos. Tem a certificação Certified Scrum Professional (CSP) e Project Management Professional (PMP) e é bacharel em Gestão Empresarial/Comportamento Organizacional pela Marriott School of Management, na Brigham Young University.

Steve passa o máximo de tempo possível com sua adorável esposa e cinco filhos encantadores em Utah, vivendo seus sonhos, com uma refeição caseira de cada vez.

Dedicatórias

Aos amigos, familiares e entes queridos e especiais que me amam e apoiam incansavelmente quando busco ideias malucas. A hora é agora. — Mark

À Gwen, minha resposta completa e definitiva. E aos nossos cinco pequenos, que são a razão para eu continuar observando e me adaptando. — Steve

Agradecimentos dos Autores

Gostaríamos novamente de agradecer às várias pessoas que contribuíram na primeira edição deste livro e ajudaram a torná-la realidade.

Também somos muito gratos às pessoas que ajudaram a tornar esta segunda edição um guia muito útil: David Morrow, por suas informações e edição técnica; Caroline Patchen, por assegurar que os conceitos fossem compreendidos com mais facilidade usando uma visualização clara; Jeff Sutherland, Ken Schwaber, Kurt Bittner, Patricia Kong, Dean Leffingwell, Alex Yakyma, Inbar Oren, Craig Larman, Bas Vodde, Mike Beedle e Michael Herman, por darem opções variadas ao público e por seu feedback útil para o novo capítulo acrescentado; e a Amy Fandrei, Susan Pink e à grande equipe John Wiley & Sons. Vocês são profissionais fantásticos. Obrigado pela oportunidade de tornar este livro ainda melhor.

E uma saudação aos assinantes do Manifesto Ágil. Obrigado por se reunirem, encontrarem consenso e iniciarem uma discussão que nos inspira a nos tornarmos mais ágeis.

Sumário Resumido

Introdução..1

Parte 1: Noções Básicas da Metodologia Ágil................5
CAPÍTULO 1: Modernizando o Gerenciamento de Projetos.........................7
CAPÍTULO 2: Aplicando o Manifesto Ágil e Seus Princípios....................17
CAPÍTULO 3: Por que Ser Ágil Funciona Melhor...............................43

Parte 2: Seja Ágil..63
CAPÍTULO 4: Abordagens Ágeis...65
CAPÍTULO 5: Ambientes Ágeis em Ação.....................................83
CAPÍTULO 6: Comportamentos Ágeis em Ação................................95

Parte 3: Planejamento Ágil e Execução.....................117
CAPÍTULO 7: Defina a Visão e o Guia do Produto............................119
CAPÍTULO 8: Planeje os Lançamentos e Ciclos..............................139
CAPÍTULO 9: Trabalhe Durante o Dia......................................163
CAPÍTULO 10: Mostre o Trabalho, Inspecione e Adapte-se....................181
CAPÍTULO 11: Prepare o Lançamento.......................................193

Parte 4: Gerenciamento Ágil.................................203
CAPÍTULO 12: Gerenciando o Escopo e a Aquisição...........................205
CAPÍTULO 13: Gerenciando o Tempo e os Custos.............................225
CAPÍTULO 14: Gerenciando a Dinâmica e a Comunicação da Equipe............245
CAPÍTULO 15: Gerenciando Qualidade e Risco...............................271

Parte 5: Assegurando o Sucesso do Projeto Ágil............295
CAPÍTULO 16: Criando Noções Básicas.....................................297
CAPÍTULO 17: Dimensione para as Equipes Ágeis............................311
CAPÍTULO 18: Seja um Agente de Mudança..................................343

Parte 6: A Parte dos Dez......................................367
CAPÍTULO 19: Dez Principais Benefícios do Gerenciamento Ágil...............369
CAPÍTULO 20: Dez Fatores-chave para o Sucesso do Projeto..................377
CAPÍTULO 21: Dez Métricas para as Organizações Ágeis.....................383
CAPÍTULO 22: Dez Recursos Valiosos para Profissionais Ágeis...............395

Índice...401

Sumário

INTRODUÇÃO 1

   Sobre Este Livro. 1

   Penso que... 1

   Ícones Usados Neste Livro 2

   Além Deste Livro 2

   De Lá para Cá, Daqui para Lá 3

PARTE 1: NOÇÕES BÁSICAS DA METODOLOGIA ÁGIL 5

CAPÍTULO 1: Modernizando o Gerenciamento de Projetos 7

   O Gerenciamento de Projetos Precisava de uma Renovação. 8

      Origens do gerenciamento moderno de projetos 8

      O problema com o status quo 10

   Apresentando o Gerenciamento Ágil de Projetos. 11

      Como funcionam os projetos ágeis. 14

      Por que os projetos ágeis funcionam melhor 14

CAPÍTULO 2: Aplicando o Manifesto Ágil e Seus Princípios 17

   Entendendo o Manifesto Ágil 17

   Descrição dos Quatro Valores do Manifesto Ágil 20

      Valor 1: Pessoas e interações acima de
        processos e ferramentas 21

      Valor 2: Software validado, acima de uma
        documentação abrangente 22

      Valor 3: Colaboração do cliente, acima da
        negociação de contratos. 25

      Valor 4: Resposta à mudança, acima de seguir um plano. 25

   Definindo os 12 Princípios Ágeis 26

      Princípios ágeis da satisfação do cliente. 28

      Princípios ágeis da qualidade 30

      Princípios ágeis do trabalho em equipe 32

      Princípios ágeis do gerenciamento 34

   Adicionando os Princípios Platinum. 37

      Resistir à formalidade. 37

      Pensar e agir como equipe 38

      Visualizar, em vez de escrever 38

   Mudanças como Resultado dos Valores da Metodologia Ágil. 41

   Teste Decisivo da Metodologia Ágil 41

Sumário   XV

CAPÍTULO 3: Por que Ser Ágil Funciona Melhor 43

Avaliando os Benefícios da Metodologia Ágil 43
Como as Abordagens Ágeis Superam as Históricas 48
  Mais flexibilidade e estabilidade. 49
  Tarefas contraproducentes reduzidas 51
  Maior qualidade, entrega mais rápida. 53
  Melhor desempenho da equipe. 54
  Mais controle do projeto 56
  Falha mais rápida e mais barata. 56
Por que as Pessoas Gostam de Ser Ágeis. 57
  Executivos. 58
  Desenvolvimento de produtos e clientes 58
  Gerenciamento 59
  Equipes de desenvolvimento 61

PARTE 2: SEJA ÁGIL 63

CAPÍTULO 4: Abordagens Ágeis 65

Entrando no Âmbito das Abordagens Ágeis. 65
Revendo os Três Grandes: Lean, Scrum e Programação Extrema .. 69
  Visão geral do lean 69
  Visão geral do scrum 73
  Visão geral da programação extrema 76
Juntando Tudo 80

CAPÍTULO 5: Ambientes Ágeis em Ação 83

Criando o Ambiente 84
  Local partilhado da equipe 84
  Preparando uma área dedicada. 85
  Removendo as distrações 86
  Tenha mobilidade 87
Comunicação de Baixa Tecnologia. 88
Comunicação de Alta Tecnologia 90
Escolha das Ferramentas. 92
  Finalidade da ferramenta 92
  Limites de compatibilidade e da organização 93

CAPÍTULO 6: Comportamentos Ágeis em Ação 95

Estabelecendo as Funções da Metodologia Ágil 95
  Product owner 96
  Membro da equipe de desenvolvimento 99
  Scrum master 100

xvi   Gerenciamento Ágil de Projetos Para Leigos

Envolvidos. 102

Mentor ágil 103

Estabelecendo Novos Valores. 104

Comprometimento. 104

Coragem 105

Foco. 106

Abertura 107

Respeito 108

Mudando a Filosofia da Equipe. 108

Equipe dedicada 109

Multidisciplina 110

Auto-organização 111

Autogerenciamento 113

Equipes com tamanho limitado .114

Controle 115

PARTE 3: PLANEJAMENTO ÁGIL E EXECUÇÃO. 117

CAPÍTULO 7: Defina a Visão e o Guia do Produto. 119

Planejamento da Metodologia Ágil. .120

Elaboração progressiva 122

Inspecione e adapte-se 122

Definindo a Visão do Produto. 123

Etapa 1: Desenvolvendo o objetivo do produto 124

Etapa 2: Criando um esboço da declaração da visão. 124

Etapa 3: Validando e revendo a declaração da visão 126

Etapa 4: Finalizando a declaração da visão 127

Criando um Guia do Produto 128

Etapa 1: Identificando os envolvidos. 129

Etapa 2: Estabelecendo os requisitos do produto 130

Etapa 3: Organizando os recursos do produto 131

Etapa 4: Estimando esforços e ordenando requisitos 132

Etapa 5: Determinando períodos de alto nível 136

Salvando o trabalho 136

Concluindo o Backlog do Produto 136

CAPÍTULO 8: Planeje os Lançamentos e Ciclos. 139

Aprimorando Requisitos e Estimativas 139

O que é história do usuário?. 140

Etapas para criar uma história do usuário 141

Dividindo os requisitos. 145

Sumário   xvii

Estimativa com poker 147

Estimativa por afinidade 150

Plano de Lançamento 152

Planejamento do Ciclo 155

Backlog do ciclo 156

Reunião de planejamento do ciclo 157

CAPÍTULO 9: Trabalhe Durante o Dia 163

Planejando Seu Dia: Scrum Diário 163

Controlando o Progresso 166

Backlog do ciclo 167

Quadro de tarefas 170

Funções da Metodologia Ágil no Ciclo 172

Criando uma Funcionalidade de Envio 174

Elaboração 175

Desenvolvimento 175

Verificação 176

Revisão em pares 177

Identificando obstáculos 178

Fim do Dia 180

CAPÍTULO 10: Mostre o Trabalho, Inspecione e Adapte-se . . . 181

Revisão do Ciclo 182

Preparação para demonstrar 182

Reunião de revisão do ciclo 183

Coletando feedback na reunião de revisão do ciclo 186

Retrospectiva do Ciclo 187

Planejando as retrospectivas do ciclo 188

Reunião de retrospectiva do ciclo 189

Inspecionando e se adaptando 191

CAPÍTULO 11: Prepare o Lançamento 193

Preparando o Produto para a Implantação:
Ciclo de Lançamento 193

Preparando o Suporte Operacional 197

Preparando a Organização para a Implementação do Produto . . . 200

Preparando o Mercado para a Implementação do Produto 201

PARTE 4: GERENCIAMENTO ÁGIL 203

CAPÍTULO 12: Gerenciando o Escopo e a Aquisição 205

O que É Diferente no Gerenciamento Ágil do Escopo? 206

Gerenciando o Escopo da Metodologia Ágil 208

Entendendo o escopo durante o projeto. 209

Apresentando mudanças no escopo 211

Gerenciando as mudanças no escopo 211

Usando artefatos ágeis para o gerenciamento do escopo 213

O que É Diferente na Aquisição Ágil?. 214

Gerenciando a Aquisição Ágil 216

Determinando a necessidade e selecionando
um fornecedor 216

Entendendo as abordagens de custos
e contratos de serviços 218

Considerações da organização quanto à aquisição 221

Trabalhando com um fornecedor 223

Fechando um contrato. 224

CAPÍTULO 13: Gerenciando o Tempo e os Custos 225

O que É Diferente no Gerenciamento Ágil do Tempo? 225

Gerenciando Cronogramas Ágeis. 227

Noções básicas da velocidade 228

Monitorando e ajustando a velocidade 229

Gerenciando as mudanças do escopo
da perspectiva do tempo 235

Gerenciando o tempo com várias equipes 236

Usando artefatos da metodologia ágil para
o gerenciamento do tempo 236

O que É Diferente no Gerenciamento Ágil dos Custos?. 237

Gerenciando os Orçamentos da Metodologia Ágil 239

Criando um orçamento inicial. 239

Criando um projeto autofinanciado 240

Usando a velocidade para determinar
os custos de longo prazo 241

Usando artefatos ágeis para o gerenciamento dos custos. . . .244

CAPÍTULO 14: Gerenciando a Dinâmica e a Comunicação da Equipe. 245

O que É Diferente na Dinâmica da Equipe Ágil? 246

Gerenciando a Dinâmica da Equipe Ágil 248

Seja autogerenciado e auto-organizado. 248

Suporte da equipe: Líder servidor 253

Trabalhando com uma equipe dedicada 255

Trabalhando com uma equipe multidisciplinar. 256

Reforçando a abertura. 258

Limitando o tamanho da equipe de desenvolvimento 259

Gerenciando projetos com equipes fora do local. 260

Sumário   **xix**

O que É Diferente na Comunicação Ágil? 263
Gerenciando a Comunicação Ágil. 264
    Entendendo os métodos ágeis de comunicação 265
    Relatórios do status e progresso 267

CAPÍTULO 15: Gerenciando Qualidade e Risco 271
O que É Diferente na Qualidade da Metodologia Ágil? 271
Gerenciando a Qualidade da Metodologia Ágil 274
    Qualidade e ciclo. 275
    Qualidade proativa 277
    Qualidade com inspeção e adaptação regulares 282
    Teste automático. 283
O que É Diferente no Gerenciamento Ágil de Riscos? 285
Gerenciando Riscos 288
    Reduzindo o risco inerente 288
    Identificando, priorizando e respondendo
      aos riscos no início 293

PARTE 5: ASSEGURANDO O SUCESSO DO PROJETO ÁGIL 295

CAPÍTULO 16: Criando Noções Básicas 297
Comprometimento na Organização e Individual. 298
    Comprometimento na organização. .298
    Comprometimento individual. 299
    Comprometendo-se 300
    Você consegue fazer a transição? 301
    A hora da transição. 302
Escolhendo os Membros Certos da Equipe-piloto 303
    Campeão ágil 303
    Transição para a metodologia ágil. 303
    Product owner. 305
    Equipe de desenvolvimento 305
    Scrum master 306
    Envolvidos no projeto. 306
    Mentor ágil 307
Criando um Ambiente que Permite Agilidade 307
Apoie a Agilidade no Início e ao Longo do Tempo 310

XX   Gerenciamento Ágil de Projetos Para Leigos

CAPÍTULO 17: Dimensione para as Equipes Ágeis 311

Projetos Ágeis com Várias Equipes 312

Facilitando o Trabalho com Cortes Verticais 314

    Scrum de scrums 315

Alinhando com Funções Usando o Scrum em Escala. 318

    Dimensionando o scrum master 319

    Dimensionando o product owner 320

    Sincronizando uma hora por dia 322

Coordenação de Várias Equipes com LeSS 323

    LeSS, a estrutura menor 323

    Estrutura do Mega LeSS 324

    Bazar na revisão do ciclo 325

    Observadores no scrum diário. 326

    Comunidades e mentores de componentes 326

    Reuniões com várias equipes 326

    Viajantes 327

Reduzindo Dependências com Nexus. 327

    Função do Nexus: Equipe de integração Nexus 328

    Artefatos Nexus. 329

    Eventos do Nexus 330

Planejamento Conjunto do Programa com SAFe 331

    Entendendo os quatro níveis do SAFe 333

    Planejamento em conjunto do incremento do programa. 336

    Esclarecimento dos gerentes 337

Estruturas Modulares com o Enterprise Scrum 337

    Generalizações dos elementos do scrum ES. 337

    Principais atividades do ES 338

CAPÍTULO 18: Seja um Agente de Mudança 343

Ser Ágil Requer Mudança. 343

Por que a Mudança Não Acontece Sozinha. 344

Abordagens Estratégicas para Implementar
e Gerenciar a Mudança 345

    Lewin 345

    Cinco etapas do ADKAR para mudar. 346

    Oito etapas de Kotter para liderar a mudança 348

Guia de Mudança da Platinum Edge 349

    Etapa 1: Faça uma estratégia de implementação
com métricas de sucesso 349

    Etapa 2: Promova consciência e entusiasmo. 351

Sumário   **xxi**

Etapa 3: Monte uma equipe de transformação
e identifique um projeto-piloto 353

Etapa 4: Crie um ambiente para o sucesso 355

Etapa 5: Treine o suficiente e recrute quando necessário 355

Etapa 6: Inicie o piloto com um treinamento ativo 356

Etapa 7: Execute Guia de Valor 357

Etapa 8: Receba feedback e melhore 357

Etapa 9: Amadureça e consolide as melhorias 358

Etapa 10: Expanda progressivamente com a organização 359

Evitando Armadilhas 360

Sinais de que Suas Mudanças Estão Falhando 363

PARTE 6: A PARTE DOS DEZ 367

CAPÍTULO 19: Dez Principais Benefícios do Gerenciamento Ágil 369

Melhor Qualidade do Produto 370

Maior Satisfação do Cliente 370

Risco Reduzido 371

Maior Colaboração e Controle 372

Mais Métricas Relevantes 372

Melhor Visibilidade do Desempenho 373

Melhor Controle do Projeto 374

Melhor Previsibilidade do Projeto 375

Estruturas de Equipe Personalizadas 375

Moral Mais Alta da Equipe 376

CAPÍTULO 20: Dez Fatores-chave para o Sucesso do Projeto 377

Membros da Equipe Dedicados 377

Local Partilhado 378

Teste Automático 378

Definição de Feito Aplicada 379

Visão Clara e Guia do Produto 379

Capacitação do Product Owner 380

Versatilidade do Desenvolvedor 380

Influência do Scrum Master 380

Suporte do Gerenciamento para a Aprendizagem 381

Suporte da Transição 381

CAPÍTULO 21: **Dez Métricas para as Organizações Ágeis** 383

Retorno sobre o Investimento 383
Novas solicitações nos orçamentos do ROI. 386
Realocação de capital. 386
Pesquisas de Satisfação. 387
Falhas na Produção. 388
Taxas de Sucesso do Objetivo do Ciclo. 389
Tempo de Colocação no Mercado 389
Tempos de Execução e do Ciclo. 390
Custo da Mudança 390
Rotatividade dos Membros da Equipe .391
Versatilidade das Habilidades. 392
Proporção entre Gerente e Criador. 392

CAPÍTULO 22: **Dez Recursos Valiosos para Profissionais Ágeis** 395

Folha de Cola Online do Gerenciamento Ágil de Projetos. 395
Scrum Para Leigos. 396
Scrum Alliance 396
Agile Alliance. 396
Comunidade Ágil do Instituto de Gerenciamento de Projetos 397
International Consortium for Agile (ICAgile) 397
InfoQ 397
Lean Enterprise Institute 398
Programação Extrema 398
Platinum Edge 398

ÍNDICE 401

Sumário   **xxiii**

xxiv   Gerenciamento Ágil de Projetos Para Leigos

Introdução

Bem-vindo ao livro *Gerenciamento Ágil de Projetos Para Leigos, 2ª Edição*. Essa forma de gestão se desenvolveu e hoje é tão comum quanto qualquer técnica de gerenciamento de negócios. Nos últimos 15 anos, treinamos e instruímos grandes e pequenas empresas no mundo inteiro para executar com sucesso projetos ágeis. Durante esse trabalho, percebemos a necessidade de escrever um guia fácil, para que um leigo entendesse e conseguisse usar a tática.

Neste livro esclareceremos alguns mitos sobre o que é ou não um gerenciamento ágil de projetos. As informações aqui contidas lhe darão confiança para saber que é possível usar com sucesso as técnicas ágeis.

Sobre Este Livro

O livro *Gerenciamento Ágil de Projetos Para Leigos, 2ª Edição*, é mais do que uma simples introdução às práticas e metodologias ágeis. Você também descobrirá as etapas para executar técnicas ágeis em um projeto. O material aqui vai além da teoria e funciona como manual de instruções, acessível à pessoa comum, fornecendo as ferramentas e informações necessárias para o êxito com os processos ágeis nos campos do gerenciamento de projetos.

Penso que...

Como você está lendo este livro, pode ter certa familiaridade com o gerenciamento de projetos. Talvez seja gerente, membro de uma equipe ou esteja envolvido em algum projeto. Ou talvez não tenha experiência com as abordagens formais de seu gerenciamento, mas busca uma solução agora. Pode até ter ouvido falar sobre o termo *ágil* e quer saber mais. Talvez já faça parte de uma equipe de projetos que tenta ser mais ágil.

Independentemente de sua experiência ou familiaridade, este livro fornece informações que pode achar interessantes. E, pelo menos, esperamos que ele esclareça qualquer confusão ou mito relacionado ao gerenciamento ágil de projetos.

Ícones Usados Neste Livro

Neste livro, você encontrará os seguintes ícones:

As dicas colaboram com sua jornada de gerenciamento ágil de projetos. Elas economizam tempo e o ajudam a entender um tópico em particular. Portanto, quando aparecerem, dê uma olhada!

O ícone Lembre-se é um lembrete sobre algo que você pode ter visto nos capítulos anteriores. Também pode ser um lembrete de um princípio importante que é esquecido facilmente. Esses ícones refrescam sua memória quando um termo ou conceito importante aparece.

Os ícones Cuidado indicam que você precisa prestar atenção em certa ação ou comportamento. Leia-os para ficar longe de grandes problemas!

O ícone Papo de Especialista indica informações que são interessantes, mas não essenciais para o texto. Se ele aparecer, não precisa ler para entender o gerenciamento ágil de projetos, mas as informações podem despertar seu interesse.

Além Deste Livro

Embora este livro cubra grande parte do gerenciamento ágil de projetos, podemos incluir apenas o que cabe nesta quantidade limitada de páginas! Se você chegar ao final do livro e pensar "Foi um livro incrível! Onde posso aprender mais sobre como avançar meus projetos com uma abordagem ágil?", verifique o Capítulo 22.

Fornecemos uma folha de cola para dicas sobre como avaliar seus projetos atuais com base em princípios ágeis e ferramentas gratuitas para gerenciar projetos usando técnicas ágeis. Para acessar a folha de cola, digite *Gerenciamento Ágil de Projetos Para Leigos* em www.altabooks.com.br. Também é onde encontrará qualquer atualização importante que ocorrer entre as edições deste livro e as imagens em melhor qualidade.

De Lá para Cá, Daqui para Lá

Escrevemos este livro para que possa ser lido seguindo-se qualquer ordem. Dependendo de sua função, você pode prestar mais atenção em certas seções. Por exemplo:

» Se estiver começando a aprender sobre o gerenciamento de projetos e abordagens ágeis, comece no Capítulo 1 e leia o livro até o final.

» Se for membro de uma equipe de projetos e deseja saber os fundamentos de como trabalhar em um projeto ágil, verifique as informações da Parte 3 (Capítulos 7 ao 11).

» Se for gerente de projetos e se pergunta como as abordagens ágeis afetam seu trabalho, revise a Parte 4 (capítulos 12 ao 15).

» Se sabe os fundamentos do gerenciamento ágil de projetos e pensa em levar as práticas ágeis para sua empresa ou ampliá-las em sua organização, a Parte 5 (Capítulos 16 ao 18) apresenta informações úteis.

1

Noções Básicas da Metodologia Ágil

NESTA PARTE...

Entenda por que o gerenciamento de projetos precisa se modernizar devido às falhas e pontos fracos nas abordagens históricas do gerenciamento.

Descubra por que os métodos ágeis se desenvolvem como uma alternativa para o gerenciamento tradicional e familiarize-se com os fundamentos do gerenciamento ágil de projetos: o Manifesto Ágil e os 12 Princípios.

Descubra as vantagens que seus produtos, projetos, equipes, clientes e organização podem ter ao adotarem os processos e técnicas de gerenciamento ágil de projetos.

NESTE CAPÍTULO

» Entendendo por que o gerenciamento de projetos precisa mudar

» Aprendendo sobre o gerenciamento ágil de projetos

Capítulo **1**

Modernizando o Gerenciamento de Projetos

O *gerenciamento ágil de projetos* é um estilo de gerenciamento que foca a entrega antecipada de valor comercial, melhoria contínua do produto e processos, flexibilidade do escopo, informações da equipe e entrega de produtos bem testados que refletem as necessidades do cliente.

Neste capítulo você descobre por que, na metade dos anos 1990, os processos ágeis surgiram como uma abordagem para o gerenciamento de projetos do desenvolvimento de softwares e por que as metodologias ágeis chamaram a atenção de gerentes de projetos, clientes que investem no desenvolvimento de um novo software e executivos cujas empresas financiam departamentos de desenvolvimento de softwares. Este capítulo também explica as vantagens das metodologias ágeis em relação às antigas abordagens do gerenciamento.

O Gerenciamento de Projetos Precisava de uma Renovação

Um *projeto* é um programa de trabalho planejado que requer um tempo definido, esforço e planejamento para ser concluído. Os projetos têm objetivos e geralmente devem ser concluídos em um período fixo de tempo, dentro de um orçamento determinado.

Como você está lendo este livro, provavelmente é gerente de projetos ou alguém que inicia projetos, trabalha em projetos ou é afetado de algum modo por eles.

As abordagens ágeis são uma resposta à necessidade de modernizar o gerenciamento de projetos. Para entender como estão revolucionando-os, conhecer um pouco a história e a finalidade do gerenciamento de projetos e os problemas enfrentados hoje, ajuda.

Origens do gerenciamento moderno de projetos

Os projetos existem desde sempre. Desde a Grande Muralha da China até as pirâmides maias em Tikal, desde a invenção da máquina de impressão até a internet, as pessoas têm feito grandes e pequenos esforços em projetos.

Como disciplina formal, o gerenciamento de projetos que conhecemos existe apenas desde a metade do século XX. Na época da Segunda Guerra Mundial, pesquisadores do mundo inteiro fizeram grandes avanços ao criar e programar computadores, em grande parte nas Forças Armadas dos Estados Unidos. Para concluir tais projetos, começaram a criar processos formais de gerenciamento. Os primeiros eram baseados em modelos de fabricação passo a passo que as forças norte-americanas usaram durante a Segunda Guerra.

As pessoas no campo da computação adotaram esses processos de fabricação passo a passo porque os primeiros projetos relacionados ao computador dependiam muito do hardware, com computadores ocupando salas inteiras. Por outro lado, o software era uma parte menor dos projetos de computação. Nos anos 1940 e 1950, os computadores podiam ter milhares de válvulas eletrônicas, porém, menos de 30 linhas de código de programação. Nos anos 1940, o processo de fabricação usado nesses computadores iniciais era a base da metodologia de gerenciamento de projetos conhecida como cascata.

Em 1970, um cientista da computação chamado Winston Royce escreveu o artigo "Managing the Development of Large Software Systems", para o IEEE, descrevendo as fases da metodologia em cascata. O termo *cascata* foi criado depois, mas as fases, mesmo às vezes com um título diferente, são basicamente as mesmas, como definidas por Royce:

1. Requisitos

2. Design

3. Desenvolvimento

4. Integração

5. Teste

6. Implantação

Nos projetos em cascata, a pessoa vai para a próxima fase apenas quando a anterior está concluída, daí o nome "cascata".

PAPO DE ESPECIALISTA

O gerenciamento *per se* de projetos em cascata, concluindo cada etapa antes de ir para a próxima, é, na verdade, uma má interpretação das sugestões de Royce. Ele identificou que essa abordagem era intrinsecamente arriscada e recomendou desenvolvimento e teste em iterações para criar produtos, sugestões que foram ignoradas por muitas organizações que adotaram a metodologia em cascata.

SUCESSO E FRACASSO DOS PROJETOS DE SOFTWARE

Infelizmente, a estagnação nas abordagens tradicionais de gerenciamento de projetos está alcançando a indústria de software. Em 2015, uma empresa de software estatístico chamada Standish Group fez um estudo sobre as taxas de sucesso e fracasso de 10 mil projetos nos EUA. Os resultados mostraram que:

- *29% dos projetos tradicionais fracassavam completamente.* Os projetos eram cancelados antes de terminar e não resultavam em nenhum lançamento de produto. Tais projetos não entregavam nenhum valor.

- *60% dos projetos tradicionais eram desafiados.* Os projetos eram concluídos, mas havia lacunas entre o custo esperado e o real, tempo, qualidade ou combinação desses elementos. A diferença média entre os resultados esperados e reais do projeto, vendo o tempo, custo e recursos não entregues, era bem acima de 100%.

- *11% dos projetos tinham sucesso.* Os projetos eram concluídos e entregavam o produto no tempo e orçamento esperados originalmente.

Das centenas de bilhões de dólares gastos nos projetos de desenvolvimento de aplicativos só nos EUA, bilhões foram para projetos que nunca implementaram uma única funcionalidade.

A metodologia em cascada foi a abordagem mais comum de gerenciamento de projetos no desenvolvimento de software, até ser superada por abordagens melhores baseadas nas técnicas ágeis em 2008.

O problema com o status quo

É claro que a tecnologia de computação mudou muito desde o último século. Muitas pessoas têm um computador com mais potência, memória e capacidade do que a máquina maior e mais cara que existia quando começaram a usar pela primeira vez as metodologias em cascata.

Ao mesmo tempo, os usuários de computadores mudaram também. Em vez de criar máquinas gigantescas com programas mínimos para alguns pesquisadores e as Forças Armadas, são criados hardware e software para o público em geral. Em muitos países, quase todos usam um computador, direta ou indiretamente, todos os dias. O software é executado em carros, eletrodomésticos, casas, e fornece nossas informações e entretenimento diários. Até os mais jovens usam computadores. Uma criança de 2 anos tem mais competência com o iPhone do que seus pais. A demanda por projetos de software mais novos e melhores é constante.

De certo modo, durante todo esse crescimento da tecnologia, os processos não foram esquecidos. Os desenvolvedores de software ainda usam metodologias de gerenciamento de projetos dos anos 1950, e todas essas abordagens derivam dos processos de fabricação destinados a computadores com hardware pesado da metade do século XX.

Hoje os projetos tradicionais bem-sucedidos geralmente enfrentam um problema: *excesso de escopo*, a introdução de recursos desnecessários do produto em um projeto.

Considere os produtos de software que você usa todos os dias. Por exemplo, o programa de processamento de texto no qual digitamos agora tem muitos recursos e ferramentas. Mesmo que escrevamos diariamente com tal programa, usamos apenas alguns recursos o tempo todo. Usamos outros elementos com menos frequência, e nunca usamos algumas ferramentas, e, pensando bem, não conhecemos ninguém que as usou. Os recursos que poucas pessoas usam são resultado do excesso do escopo.

O excesso de escopo aparece em todos os tipos de software, desde aplicativos corporativos complexos até sites que todos usamos. A Figura 1-1 mostra dados de um estudo da Standish Group que ilustra como é um excesso de escopo comum. Na figura é possível ver que 64% dos recursos solicitados são raramente ou nunca usados.

Os números na Figura 1-1 mostram uma perda enorme de tempo e dinheiro. A perda é um resultado direto dos processos tradicionais de gerenciamento de projetos que não conseguem conciliar a mudança. Os gerentes de projetos e envolvidos sabem que tal mudança não é bem-vinda no meio do projeto, portanto, a melhor chance de ter um recurso potencialmente desejado é no início dele. Assim, eles pedem:

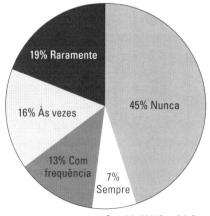

FIGURA 1-1: Uso real dos recursos de software solicitados.

>> Tudo de que precisam.
>> Tudo que acham que podem precisar.
>> Tudo que querem.
>> Tudo que acham que podem querer.

O resultado é o excesso de recursos que geram a estatística na Figura 1-1.

Os problemas associados ao uso de abordagens desatualizadas de gerenciamento e desenvolvimento não são insignificantes. Eles resultam na perda de bilhões de dólares por ano. Os bilhões perdidos no fracasso do projeto em 2015 (veja o box "Sucesso e fracasso dos projetos de software") comparam-se a milhões de trabalhos no mundo todo.

Nas últimas duas décadas as pessoas que trabalham em projetos reconheceram o aumento de problemas no gerenciamento tradicional de projetos e trabalharam para criar um modelo melhor: o gerenciamento ágil de projetos.

Apresentando o Gerenciamento Ágil de Projetos

As sementes das técnicas ágeis existem há muito tempo. Na verdade, os valores, princípios e práticas são simplesmente uma codificação de bom senso. A Figura 1-2 mostra uma rápida história do gerenciamento ágil de projetos, que data de 1930 com a abordagem PDSA (Plan-Do-Study-Act — Planejar-Fazer-Estudar-Agir), de Walter Sherwart, para a qualidade do projeto.

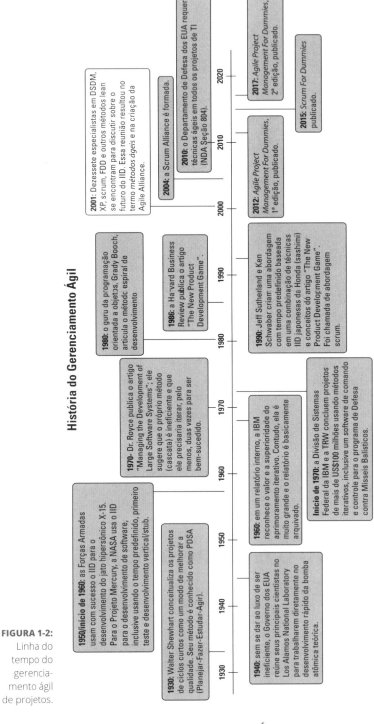

FIGURA 1-2: Linha do tempo do gerenciamento ágil de projetos.

Em 1986, Hirotaka Takeuchi e Ikujiro Nonaka publicaram um artigo chamado "The New Product Development Game" na *Harvard Business Review*. O artigo descrevia uma estratégia de desenvolvimento expressa e flexível para atender a rápidas demandas de produtos. Primeiro, o artigo correlacionava o termo *scrum* com o desenvolvimento de produtos. (*Scrum* se referia originalmente a uma formação do jogador no rúgbi.) Por fim, o scrum tornou-se uma das estruturas mais populares de gerenciamento ágil de projetos.

Em 2001, um grupo de especialistas em software e projetos se reuniu para falar sobre o que seus projetos bem-sucedidos tinham em comum. O grupo criou o *Manifesto Ágil*, uma declaração dos valores para o desenvolvimento bem-sucedido de softwares:

Manifesto do Desenvolvimento Ágil de Softwares*

Revelamos as melhores maneiras de desenvolver softwares, fazendo e ajudando outras pessoas no processo. Com esse trabalho, valorizamos:

Pessoas e interações, acima de processos e ferramentas
Software validado, acima de uma documentação abrangente
Colaboração do cliente, acima da negociação de contratos
Resposta à mudança, acima de seguir um plano

Ou seja, embora haja valor nos itens à direita, valorizamos mais os itens à esquerda.

Agile Manifesto Copyright © 2001: Kent Beck, Mike Beedle, Arie van Bennekum, Alistair Cockburn, Ward Cunningham, Martin Fowler, James Grenning, Jim Highsmith, Andrew Hunt, Ron Jeffries, Jon Kern, Brian Marick, Robert C. Martin, Steve Mellor, Ken Schwaber, Jeff Sutherland, Dave Thomas.

Esta declaração pode ser copiada sem restrições sob qualquer forma, mas apenas por completo por meio deste aviso prévio.

Esses especialistas também criaram os *Princípios por trás do Manifesto Ágil*, 12 práticas que ajudam a dar suporte aos valores no Manifesto Ágil. Listamos os Princípios Ágeis e descrevemos o Manifesto Ágil com mais detalhes no Capítulo 2.

Ágil, em termos de desenvolvimento de produtos, é uma descrição das abordagens de gerenciamento de projetos que focam pessoas, comunicações, produto e flexibilidade. Se você está procurando *a* metodologia ágil, não irá encontrá-la. Contudo, todas as metodologias ágeis (por exemplo, crystal), estruturas (por exemplo, scrum), técnicas (por exemplo, requisitos da história do usuário) e ferramentas (por exemplo, estimativa relativa) têm algo em comum: seguem o Manifesto Ágil e os 12 Princípios.

Como funcionam os projetos ágeis

As abordagens ágeis são baseadas em um *método de controle empírico*, um processo de decisões com base nas realidades observadas no projeto. No contexto das metodologias de desenvolvimento de softwares, uma abordagem empírica pode ser eficiente no desenvolvimento e aprimoramento de novos produtos e na atualização de projetos. Fazendo uma inspeção frequente e direta do trabalho até o momento, é possível fazer ajustes imediatos, se necessário. O controle empírico requer:

> » **Transparência irrestrita:** Todos os envolvidos em um projeto ágil sabem o que está acontecendo e como é o progresso.
> » **Inspeção frequente:** As pessoas investidas no produto e no processo os avaliam regularmente.
> » **Adaptação imediata:** Os ajustes são feitos rapidamente para minimizar os problemas. Se uma inspeção mostra que algo deve mudar, é mudado imediatamente.

Para conciliarem uma inspeção frequente e adaptação imediata, os projetos ágeis trabalham em *iterações* (segmentos menores do projeto geral). Um projeto ágil envolve o mesmo tipo de trabalho que um projeto tradicional em cascata: você cria requisitos e designs, desenvolve o produto, documenta-o e, se necessário, integra o produto em outros produtos. Você testa o produto, corrige qualquer problema e o implementa para uso. Contudo, em vez de concluir essas etapas para todos os recursos de uma só vez, como em um projeto em cascata, a divisão é feita em iterações, também chamadas de *ciclos*.

A Figura 1-3 mostra a diferença entre um projeto em cascata linear e um projeto ágil.

CUIDADO

Misturar os métodos tradicionais de gerenciamento de projetos com as abordagens ágeis é como dizer: "Tenho um Porsche 911 Turbo. Porém, estou usando uma roda de carroça no lado esquerdo. Como deixo meu carro tão rápido quanto os outros Porsches?". A resposta, claro, é que não é possível. Ao se comprometer totalmente com uma abordagem ágil, terá mais chance de sucesso no projeto.

Por que os projetos ágeis funcionam melhor

Neste livro você vê como os projetos ágeis funcionam melhor que os tradicionais. As abordagens do gerenciamento ágil podem gerar mais projetos bem-sucedidos. O estudo da Standish Group, mencionado no box "Sucesso e fracasso dos projetos de software", descobriu que, embora 29% dos projetos tradicionais tenham fracassado completamente, esse número caiu para apenas 9%

nos projetos ágeis. A diminuição do fracasso dos projetos ágeis é resultado das equipes que fazem adaptações imediatas com base em inspeções frequentes do progresso e satisfação do cliente.

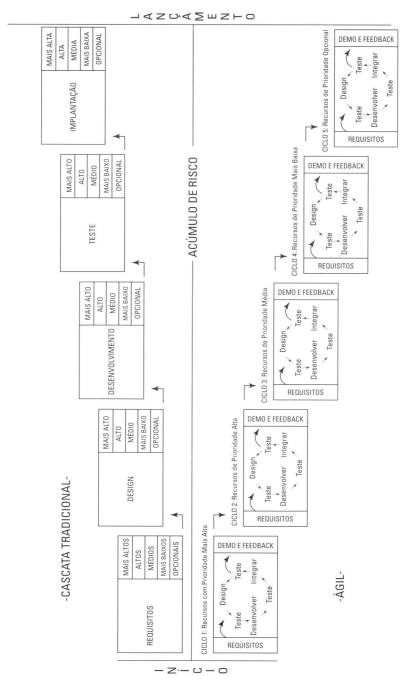

FIGURA 1-3: Projeto em cascata *versus* ágil.

Veja algumas áreas principais nas quais as abordagens ágeis são superiores aos métodos tradicionais de gerenciamento de projetos:

» **Taxas de sucesso do projeto:** No Capítulo 15 você descobre como o risco do fracasso catastrófico cai para quase zero nos projetos ágeis. As abordagens ágeis de priorizar pelo valor comercial e risco asseguram o sucesso ou fracasso inicial. Essa abordagem de testar o projeto inteiro ajuda a garantir que você encontre os problemas no início, e não depois de investir muito tempo e dinheiro.

» **Avanço lento do escopo:** Nos Capítulos 7, 8 e 12 você verá como as abordagens ágeis aceitam mudanças durante o projeto, minimizando o avanço lento do escopo. Nos projetos ágeis é possível adicionar novos requisitos no início de cada ciclo sem prejudicar o fluxo de desenvolvimento. Ao desenvolver primeiro os recursos prioritários, você evita que o avanço lento do escopo ameace uma funcionalidade crítica.

» **Inspeção e adaptação:** Nos Capítulos 10 e 14 você encontra detalhes sobre como as inspeções regulares e a adaptação funcionam nos projetos ágeis. As equipes de projetos ágeis, que trabalham com feedback frequente dos ciclos completos de desenvolvimento e uma funcionalidade validada, que pode ser enviada, melhoram seus processos e produtos em cada ciclo.

Em muitos capítulos você descobre como controlar o resultado dos projetos ágeis. Testar no início e com frequência, ajustar as prioridades quando necessário, usar melhores técnicas de comunicação, demonstrar e liberar a funcionalidade do produto regularmente permite que controle vários fatores nos projetos ágeis.

> **NESTE CAPÍTULO**
>
> » **Definindo o Manifesto Ágil e os 12 Princípios**
>
> » **Descrevendo os Princípios Platinum**
>
> » **Entendendo o que mudou no gerenciamento de projetos**
>
> » **Conhecendo o teste decisivo da metodologia ágil**

Capítulo **2**

Aplicando o Manifesto Ágil e Seus Princípios

Este capítulo descreve os fundamentos do que significa ser ágil: o Manifesto Ágil, com seus quatro valores, e os 12 princípios por trás dele. Também expandimos esses fundamentos com mais três Princípios Platinum, que a Platinum Edge (de Mark) criou após anos de experiência apoiando as transições ágeis das organizações.

Essa base fornece às equipes de desenvolvimento de produtos as informações necessárias para avaliar se a equipe de projetos está seguindo os princípios ágeis, assim como se suas ações e comportamentos são coerentes aos valores da metodologia. Ao entender esses valores e princípios, conseguirá perguntar: "Isto é ágil?", e confiar em sua resposta.

Entendendo o Manifesto Ágil

Na metade dos anos 1990, a internet mudava o mundo bem diante de nossos olhos. Aqueles que trabalhavam no próspero setor ponto.com eram constantemente pressionados a serem os primeiros a comercializar com tecnologias de rápida evolução. Equipes de desenvolvimento trabalhavam dia e noite, lutando para entregar novas versões de software antes que os concorrentes tornassem suas empresas obsoletas. O setor de TI (tecnologia de informação) foi completamente reinventando em poucos anos.

Dado o ritmo de mudança da época, apareceram falhas inevitáveis nas práticas convencionais de gerenciamento de projetos. Usar as metodologias tradicionais, como em cascata, analisadas no Capítulo 1, não permitia que os desenvolvedores fossem responsivos o suficiente à natureza dinâmica do mercado, e surgiram novas abordagens para o negócio. As equipes de desenvolvimento começaram a explorar alternativas para essas abordagens ultrapassadas. Ao fazer isso, perceberam alguns temas comuns que produziam resultados melhores.

Em fevereiro de 2001, 17 pioneiros da nova metodologia se encontraram em Snowbird, Utah, para compartilhar suas experiências, ideias e práticas, discutir como expressá-las melhor e sugerir modos de melhorar o mundo do desenvolvimento de softwares. Eles não poderiam imaginar o efeito que a reunião proporcionaria ao futuro do gerenciamento de projetos. A simplicidade e clareza do manifesto produzido e os princípios subsequentes desenvolvidos transformaram o mundo da tecnologia da informação e continuam a revolucionar o gerenciamento de projetos em todos os setores, não apenas no desenvolvimento de softwares.

Nos meses subsequentes, esses líderes propuseram o seguinte:

- » **Manifesto Ágil:** Uma expressão intencionalmente simplificada dos principais valores de desenvolvimento.
- » **Princípios Ágeis:** Um conjunto de 12 conceitos norteadores que apoiam as equipes de projetos ao implementar técnicas ágeis e permanecer no caminho certo.
- » **Agile Alliance:** Uma organização de desenvolvimento da comunidade focada em apoiar as pessoas e organizações que aplicam os princípios e práticas ágeis.

O trabalho do grupo visava tornar o setor de softwares mais produtivo, humano e sustentável.

O Manifesto Ágil é uma declaração poderosa, elaborada cuidadosamente, que contém menos de 75 palavras:

Manifesto para o Desenvolvimento Ágil de Softwares

Estamos revelando as melhores maneiras de desenvolver softwares, ajudando outras pessoas no processo.

Com este trabalho, passamos a valorizar:

Pessoas e interações, acima de processos e ferramentas
Software validado, acima da documentação completa
Colaboração do cliente, acima da negociação de contratos
Resposta à mudança, acima de seguir um plano

Ou seja, embora haja valor nos itens à direita, valorizamos mais os itens à esquerda.

* Agile Manifesto Copyright © 2001: Kent Beck, Mike Beedle, Arie van Bennekum, Alistair Cockburn, Ward Cunningham, Martin Fowler, James Grenning, Jim Highsmith, Andrew Hunt, Ron Jeffries, Jon Kern, Brian Marick, Robert C. Martin, Steve Mellor, Ken Schwaber, Jeff Sutherland, Dave Thomas

Esta declaração pode ser copiada sem restrições sob qualquer forma, mas apenas por completo por meio deste aviso prévio.

Ninguém pode negar que o Manifesto Ágil é uma declaração concisa e confiável. Enquanto as abordagens tradicionais enfatizam um plano rígido, evitam mudanças, documentam tudo e encorajam o controle hierárquico, o manifesto foca:

- » Pessoas
- » Comunicações
- » Produto
- » Flexibilidade

O Manifesto Ágil representa uma grande mudança no foco de como os projetos são concebidos, conduzidos e gerenciados. Se lermos apenas os itens à esquerda, entenderemos o novo paradigma que os signatários do manifesto visionaram. Eles descobriram que, ao dar mais atenção às pessoas e interações, as equipes produzem um software validado por meio de uma colaboração útil do cliente com muito mais eficiência e respondem bem às mudanças. Por outro lado, o foco primário tradicional de processos e ferramentas geralmente produz uma documentação completa ou excessiva para agir de acordo com as negociações do contrato e seguir um plano inalterado.

Pesquisa e experiência ilustram por que os valores da metodologia ágil são tão importantes:

- » **Pessoas e interações, acima de processos e ferramentas:** Por quê? Porque a pesquisa mostra 50 vezes mais desenvolvimento quando temos as pessoas e interações certas. Um dos modos de acertar é uma equipe de desenvolvimento partilhar o local com um product owner capacitado.

CAPÍTULO 2 **Aplicando o Manifesto Ágil e Seus Princípios** 19

» **Software validado acima de uma documentação abrangente:** Por quê? Porque falhar no teste e na correção dos defeitos durante o ciclo pode requerer 24 vezes mais esforço e custo no próximo ciclo. E após a funcionalidade estar implantada no mercado, se uma equipe de suporte de produção, não atuante no desenvolvimento do produto, realizar o teste e a correção, o custo será até 100 vezes maior.

» **Colaboração do cliente, acima da negociação de contratos:** Por quê? Porque um product owner dedicado e acessível pode gerar quatro vezes mais produtividade, ao proporcionar esclarecimentos imediatos à equipe de desenvolvimento e alinhar as prioridades do cliente ao trabalho realizado.

» **Resposta à mudança, acima de seguir um plano:** Por quê? Porque 64% dos recursos desenvolvidos com o modelo em cascata raramente ou nunca são usados (como analisado no Capítulo 1). Iniciar com um plano é fundamental, mas é quando menos se sabe. As equipes ágeis não planejam menos do que as equipes em cascata; planejam tanto quanto ou mais. Contudo, as equipes ágeis adotam uma abordagem JIT (Just In Time — na hora certa), planejando apenas o suficiente e quando necessário. A adaptação do plano às realidades durante o processo é como as equipes ágeis entregam produtos que fascinam os clientes.

Os criadores do Manifesto Ágil focaram originalmente o desenvolvimento de software porque trabalhavam no setor de TI. Contudo, as técnicas do gerenciamento ágil de projetos foram além do desenvolvimento de softwares e de produtos relacionados a computadores. Hoje, as pessoas usam as abordagens ágeis para criar produtos em vários setores, inclusive biotecnologia, produção em fábricas, espaço aéreo, engenharia, marketing, trabalho sem fins lucrativos e até construção de edifícios. Se você quiser um feedback empírico inicial sobre o produto ou servidor que fornece, poderá usar os métodos ágeis.

LEMBRE-SE

O Manifesto Ágil e os 12 Princípios referem-se diretamente ao software; deixamos essas referências inalteradas quando citamos o manifesto e os princípios no livro. Se você cria produtos diferentes de software, substitua-os pelo que faz ao ler.

Descrição dos Quatro Valores do Manifesto Ágil

O Manifesto Ágil foi gerado a partir da experiência, não da teoria. Quando você analisar os valores descritos nas seções a seguir, considere o que significariam se os colocasse em prática. Como esses valores dão suporte para atender aos objetivos de implantação no mercado, lidar com a mudança e valorizar a inovação humana?

Valor 1: Pessoas e interações acima de processos e ferramentas

Quando permite-se que cada pessoa contribua para um projeto com seu valor único, o resultado pode ser impressionante. Quando essas interações humanas focam a solução de problemas, pode surgir uma finalidade unificada. E mais, os acordos acontecem por meio de processos e ferramentas que são muito mais simples do que os convencionais.

Uma simples conversa em que você fala sobre um problema no projeto pode resolver muitos outros em um espaço de tempo relativamente curto. Tentar imitar o poder de uma conversa direta com e-mail, planilhas e documentos resulta em custos e atrasos significativos em geral. Ao invés de elucidar, essas comunicações controladas e gerenciadas normalmente são ambíguas, demoradas e distraem a equipe de desenvolvimento do trabalho de criação do produto.

Considere o que significa se você valoriza muito as pessoas e as interações. A Tabela 2-1 mostra algumas diferenças entre valorizar pessoas e interações *versus* valorizar processos e ferramentas.

TABELA 2-1   **Pessoas e Interações *versus* Processos e Ferramentas**

	Pessoas e Interações Têm Alto Valor	Processos e Ferramentas Têm Alto Valor
Prós	Comunicação clara e eficiente.	Processos claros são fáceis de seguir.
	Comunicação rápida e eficiente.	Existem registros gravados da comunicação.
	O trabalho em equipe fortifica-se quando as pessoas trabalham juntas.	
	As equipes de desenvolvimento podem se organizar.	
	As equipes de desenvolvimento têm mais chances de inovar.	
	As equipes de desenvolvimento podem personalizar os processos quando necessário.	
	Os membros da equipe de desenvolvimento podem envolver-se pessoalmente com o projeto.	
	Os membros da equipe de desenvolvimento podem ter mais satisfação com o trabalho.	

(continua)

(continuação)

	Pessoas e Interações Têm Alto Valor	Processos e Ferramentas Têm Alto Valor
Contras	Os membros da equipe de desenvolvimento devem ter a *capacidade* de se envolver, ser responsáveis e inovadores.	As pessoas podem contar muito com os processos, em vez de encontrar as melhores maneiras de criar bons produtos.
	As pessoas precisam abrir mão do ego para trabalhar bem com os membros de uma equipe.	Um processo não serve para todas as equipes. Pessoas diferentes têm estilos de trabalho diferentes.
		Um processo não serve para todos os projetos.
		A comunicação pode ser ambígua e demorada.

LEMBRE-SE

Se os processos e ferramentas forem vistos como um modo de gerenciar o desenvolvimento de produtos e de tudo associado a eles, as pessoas e a abordagem do trabalho devem estar de acordo com os processos e ferramentas. A conformidade dificulta aceitar novas ideias, novos requisitos e um novo pensamento. As abordagens ágeis posicionam as pessoas acima do processo. Essa ênfase nas pessoas e na equipe foca sua energia, inovação e capacidade de resolver problemas. Você usa os processos e ferramentas no gerenciamento ágil de projetos, mas eles são simplificados intencionalmente e dão suporte direto à criação de produtos. Quanto mais robusto é um processo ou ferramenta, mais tempo você gasta com o planejamento, e mais o atrasa. Contudo, com pessoas à frente e no centro, o resultado é um salto em produtividade. Um ambiente ágil é centrado em pessoas, é participativo e é prontamente adaptado a novas ideias e inovações.

Valor 2: Software validado, acima de uma documentação abrangente

O foco de uma equipe de desenvolvimento deve ser produzir uma funcionalidade validada. Nos projetos ágeis, o único modo de medir se você realmente terminou um requisito do produto é gerar a funcionalidade validada associada a esse requisito. Para os produtos de software, software validado significa atender ao que chamamos de *definição de feito*: no mínimo, desenvolvido, testado, integrado e documentado. Afinal, o produto validado é o motivo do projeto.

Alguma vez você já participou de uma reunião de status na qual informou que tinha concluído, digamos, 75% de seu projeto? O que aconteceria se seu cliente dissesse: "Ficamos sem dinheiro. Podemos receber 75% agora?". Em um projeto tradicional, você não teria nenhum software validado para entregar ao cliente.

"75% concluído" significa, tradicionalmente, que você tem um progresso de 75% e 0% terminado. Porém, em um projeto ágil, usando a definição de feito, você teria uma funcionalidade validada, com potencial de envio, de 75% dos requisitos do projeto; 75% dos requisitos de mais alta prioridade.

Embora as abordagens ágeis tenham raízes no desenvolvimento de softwares, é possível aplicá-las a outros produtos. Esse segundo valor ágil pode ser facilmente interpretado como "funcionalidade validada acima de uma documentação abrangente".

Tarefas que atrapalham a produção de uma funcionalidade validada devem ser avaliadas para saber se dão suporte ou comprometem o trabalho de criar um produto validado. A Tabela 2-2 mostra alguns exemplos de documentos de projetos tradicionais e sua utilidade. Pense nos documentos produzidos em um projeto recente no qual esteve envolvido.

TABELA 2-2   **Identificando uma Documentação Útil**

Documento	O Documento Dá Suporte ao Desenvolvimento do Produto?	O Documento É Apenas Suficiente ou Supérfluo?
Cronograma do projeto criado com um software caro de gerenciamento de projetos, completo, com um Gráfico de Gantt.	Não. Os cronogramas do início ao fim, com tarefas detalhadas e datas, tendem a fornecer mais do que é necessário para o desenvolvimento de produtos. E, mais, muitos desses detalhes mudam antes de você desenvolver futuros recursos.	Supérfluo. Embora os gerentes de projetos passem muito tempo criando e atualizando os cronogramas do projeto, os membros da equipe tendem a querer saber apenas as principais datas de entrega. Em geral, o gerenciamento deseja saber somente se o projeto está no prazo, à frente do cronograma ou atrasado.
Documentação dos requisitos.	Sim. Todos os projetos têm requisitos: detalhes sobre os recursos e necessidades do produto. As equipes de desenvolvimento precisam conhecer essas necessidades para criá-lo.	Possivelmente supérfluo; deve ser apenas suficiente. Os documentos dos requisitos podem facilmente aumentar e incluir detalhes desnecessários. As abordagens ágeis fornecem maneiras simples de descrever os requisitos do produto.
Especificações técnicas do produto.	Sim. Documentar como você criou um produto facilita futuras alterações.	Possivelmente supérfluo; deve ser apenas suficiente. A documentação ágil inclui apenas o que é necessário; as equipes de desenvolvimento geralmente não têm tempo para floreios extras e gostam de minimizar a documentação.

(continua)

(continuação)

Documento	O Documento Dá Suporte ao Desenvolvimento do Produto?	O Documento É Apenas Suficiente ou Supérfluo?
Relatório do status semanal.	Não. Os relatórios do status semanais são para o gerenciamento, mas não ajudam na criação do produto.	Supérfluo. Conhecer o status do projeto é útil, mas os relatórios tradicionais contêm informações desatualizadas e são muito mais complicados do que o necessário.
Plano detalhado da comunicação do projeto.	Não. Embora uma lista de contatos seja útil, os detalhes, em muitos planos de comunicação, são inúteis para as equipes de desenvolvimento do produto.	Supérfluo. Os planos de comunicação geralmente são documentos sobre a documentação: um exemplo chocante de trabalho inútil.

Com o gerenciamento ágil de projetos, o termo *apenas suficiente* é uma descrição positiva, significando que uma tarefa, documento, reunião ou praticamente tudo em um projeto inclui só o que é preciso para alcançar o objetivo. Ser apenas suficiente é prático e eficiente; é suficiente o bastante. O oposto de apenas suficiente é o *trabalho supérfluo,* que acrescenta insignificância desnecessária e esforço a um recurso, tarefa, documento, reunião ou outra coisa.

Todos os projetos precisam de documentação. Nos projetos ágeis, os documentos são úteis apenas se auxiliam o desenvolvimento do produto e são apenas suficientes para servir ao design, entrega e implantação de um produto validado da maneira mais direta e informal. As abordagens ágeis simplificam drasticamente a papelada administrativa relativa ao tempo, controle de custos, controle do escopo ou relatório.

Normalmente paramos de produzir um documento e vemos quem reclama. Depois de conhecermos quem solicitou o documento, tentamos entender melhor por que ele é necessário. Os *cinco porquês* são ótimos nessa situação: pergunte "por que" após cada resposta sucessiva para conhecer a principal razão do documento. Depois de sabê-la, veja como pode atender a essa necessidade com um artefato ágil ou processo simplificado.

As equipes ágeis de projetos produzem documentos mais simplificados em menor quantidade, levam menos tempo para manter e fornecem melhor visibilidade dos problemas em potencial. Nos próximos capítulos, você descobrirá como criar e usar ferramentas simples (tais como um backlog do produto, backlog do ciclo e um quadro de tarefas) que permitem às equipes de projetos entenderem os requisitos e avaliar o status diariamente. Com abordagens ágeis, as equipes de projetos passam mais tempo no desenvolvimento e menos tempo na documentação, resultando em uma entrega mais eficiente do produto validado.

Valor 3: Colaboração do cliente, acima da negociação de contratos

O cliente não é o inimigo. É sério.

Normalmente as abordagens históricas do gerenciamento de projetos envolvem clientes em três pontos principais:

> » **Início do projeto:** Quando o cliente e o gerente de projetos, ou outro representante da equipe de projetos, negociam os detalhes do contrato.
> » **Sempre que o escopo muda durante o projeto:** Quando o cliente e o gerente de projetos negociam mudanças no contrato.
> » **Fim do projeto:** Quando a equipe de projetos entrega um produto concluído ao cliente. Se o produto não atende às expectativas, o gerente de projetos e o cliente negociam outras mudanças no contrato.

Esse foco histórico na negociação desencoraja muito as informações úteis do cliente e podem até criar uma relação antagônica entre clientes e equipes de projetos.

CUIDADO

É no início do projeto que menos se sabe a respeito de um produto. Garantir os detalhes em um contrato no início do projeto significa que você tem que tomar decisões baseadas em dados incompletos. Se tiver flexibilidade para mudar enquanto aprende mais sobre um produto, criará produtos melhores.

Os pioneiros da metodologia ágil entenderam que a colaboração, não o confronto, produzia produtos melhores, mais simples e úteis. Como resultado dessa compreensão, os métodos ágeis tornam o cliente parte do projeto de maneira contínua.

Ao aplicar uma abordagem ágil, você tem uma parceria entre o cliente e a equipe de desenvolvimento, na qual a descoberta, o questionamento, a aprendizagem e o ajuste durante o projeto são uma rotina, são aceitáveis e sistemáticos.

Valor 4: Resposta à mudança, acima de seguir um plano

A mudança é uma ferramenta útil para criar excelentes produtos. As equipes de projetos que respondem rapidamente aos clientes, usuários do produto e mercado desenvolvem produtos relevantes e úteis, que as pessoas querem usar.

Infelizmente, as abordagens tradicionais de gerenciamento de projetos confrontam o monstro da mudança e derrubam-no para que fique fora de combate. Procedimentos rigorosos de gerenciamento de mudanças e estruturas de orçamento que não aceitam novos requisitos do produto dificultam as mudanças. Normalmente as equipes tradicionais acabam seguindo cegamente um plano, perdendo oportunidades de criar produtos mais úteis.

A Figura 2-1 mostra a relação entre tempo, oportunidade de mudança e custo da mudança em um projeto tradicional. Quando o tempo e os dados sobre seu produto aumentam, a capacidade de fazer mudanças diminui, e os custos sobem.

Por outro lado, os projetos ágeis aceitam sistematicamente a mudança. A flexibilidade das abordagens aumenta a estabilidade do projeto porque a mudança é previsível e gerenciável. Nos próximos capítulos você descobre como as abordagens ágeis para o planejamento, o trabalho e a prioridade permitem que as equipes de projetos respondam rapidamente à mudança.

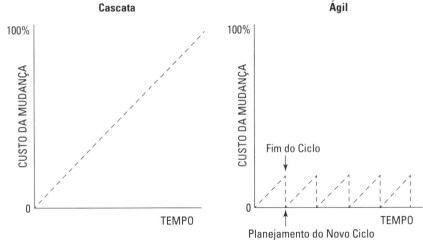

FIGURA 2-1: Oportunidade de mudança de um projeto tradicional.

Quando acontecem novos eventos, a equipe de projetos incorpora essas realidades ao trabalho em curso. Qualquer novo item se torna uma oportunidade para fornecer valor extra, em vez de um obstáculo a evitar, dando às equipes de desenvolvimento maior oportunidade de sucesso.

Definindo os 12 Princípios Ágeis

Nos meses seguintes à publicação do Manifesto Ágil, os signatários originais continuaram em contato. Para apoiar as equipes que faziam a transição para a metodologia ágil, acrescentaram 12 princípios aos quatro valores por trás do Manifesto Ágil.

LEMBRE-SE

Esses princípios, junto dos Princípios Platinum (explicados posteriormente na seção "Adicionando os Princípios Platinum"), são usados como um teste decisivo para saber se as práticas específicas de sua equipe são coerentes com a intenção do movimento ágil.

A seguir, veja o texto dos 12 princípios originais, publicado em 2001 pela Agile Alliance:

1. **Nossa maior prioridade é atender ao cliente com entregas antecipadas e contínuas de um software útil.**

2. **Receber solicitações de mudanças, mesmo com o desenvolvimento já iniciado. Os processos ágeis aproveitam a mudança como uma vantagem competitiva do cliente.**

3. **Entregar um software validado com frequência, em algumas semanas ou meses, preferindo o menor prazo.**

4. **Empresários e desenvolvedores devem trabalhar juntos diariamente no projeto.**

5. **Criar projetos em torno de pessoas motivadas. Oferecer o ambiente e apoio necessários, e confiar que o trabalho será feito.**

6. **O método mais eficiente de passar informações para uma equipe de desenvolvimento e dentro da própria equipe é uma conversa direta.**

7. **Um software validado é a medida básica do progresso.**

8. **Os processos ágeis promovem desenvolvimento sustentável. Os patrocinadores, desenvolvedores e usuários devem manter um ritmo constante.**

9. **Atenção contínua a excelência técnica e design adequado intensificam a agilidade.**

10. **Simplicidade, a arte de maximizar quanto trabalho é feito, é essencial.**

11. **As melhores arquiteturas, requisitos e designs surgem de equipes auto-organizadas.**

12. **Em intervalos regulares, a equipe reflete acerca de como ser mais eficiente, e então sintoniza e ajusta o comportamento.**

Esses princípios ágeis fornecem um guia prático para as equipes de desenvolvimento.

Outro modo de organizar os 12 princípios é considerá-los nos quatro grupos distintos a seguir:

» Satisfação do cliente
» Qualidade
» Trabalho em equipe
» Gerenciamento de projetos

As seções a seguir analisam os princípios de acordo com esses grupos.

Princípios ágeis da satisfação do cliente

As abordagens ágeis focam a satisfação do cliente, o que faz sentido. Afinal, o cliente é, em primeiro lugar, o motivo para desenvolver o produto.

Embora todos os 12 princípios deem suporte ao objetivo de satisfazer os clientes, os princípios 1, 2, 3 e 4 se destacam para nós:

1. **Nossa maior prioridade é atender ao cliente com entregas antecipadas e contínuas de um software útil.**

2. **Receber solicitações de mudanças, mesmo com o desenvolvimento já iniciado. Os processos ágeis aproveitam a mudança como uma vantagem competitiva do cliente.**

3. **Entregar um software validado com frequência, em algumas semanas ou meses, preferindo o menor prazo.**

4. **Empresários e desenvolvedores devem trabalhar juntos diariamente no projeto.**

É possível definir o cliente em um projeto de vários modos:

» Em termos de gerenciamento, é a pessoa ou o grupo que paga pelo projeto.
» Em algumas organizações, o cliente pode ser alguém de fora.
» Em outras, o cliente pode ser um envolvido no projeto.
» A pessoa que usa o produto também é um cliente. Para esclarecer e ser consistente com os 12 princípios ágeis originais, neste livro, chamamos essa pessoa de *usuário*.

Como você põe em prática esses princípios? Basta fazer o seguinte:

» As equipes de projeto ágeis incluem um *product owner*, uma pessoa responsável por assegurar a tradução do que o cliente deseja nos requisitos do produto.

28   PARTE 1 **Noções Básicas da Metodologia Ágil**

» O product owner prioriza os recursos do produto na ordem de valor comercial ou risco e comunica as prioridades para a equipe de desenvolvimento. A equipe entrega os recursos mais úteis na lista em pequenos ciclos de desenvolvimento, conhecidos como *iterações* ou *etapas.*

» O product owner se envolve profunda e continuamente todo dia para esclarecer as prioridades e requisitos, tomar decisões, dar feedback e responder rapidamente às muitas perguntas que aparecem durante um projeto.

» Uma entrega frequente de uma funcionalidade validada permite que o product owner e o cliente tenham uma ideia geral de como o produto está se desenvolvendo.

» Quando a equipe de desenvolvimento continua a entregar uma funcionalidade completa, validada e que pode ser enviada dentro de quatro a oito semanas ou menos, o valor total do produto aumenta muito, assim como suas capacidades funcionais.

» O cliente acumula valor regularmente por seu investimento, recebendo uma funcionalidade nova e pronta para usar durante o processo, em vez de esperar até o final de um projeto longo para ter a primeira entrega, e talvez a única, de recursos liberados do produto.

Na Tabela 2-3, listamos alguns problemas de satisfação do cliente que sempre surgem nos projetos. Use essa tabela e reúna alguns exemplos encontrados. Você acha que o gerenciamento ágil de projetos faria diferença? Por quê?

TABELA 2-3   ## Insatisfação do Cliente e Como a Metodologia Ágil Pode Ajudar

Exemplos de Insatisfação do Cliente	Como as Abordagens Ágeis Podem Aumentar a Satisfação do Cliente
Os requisitos do produto foram mal compreendidos pela equipe de desenvolvimento.	Os product owners trabalham junto do cliente para definir e aprimorar os requisitos do produto e dar esclarecimentos à equipe de desenvolvimento. As equipes de projeto ágeis demonstram e entregam uma funcionalidade validada regularmente. Se um produto não funciona como o cliente acha que deveria, ele consegue dar um feedback no final do ciclo, não antes de ser tarde demais, no final do projeto.
O produto não foi entregue quando o cliente precisava.	Trabalhar em ciclos permite que as equipes de projeto ágeis entreguem uma funcionalidade de alta prioridade antecipada e com frequência.
O cliente não pode solicitar mudanças sem custo e tempo extras.	Os processos ágeis são feitos para mudar. As equipes de desenvolvimento recebem novos requisitos e atualizações, e mudam as prioridades em cada ciclo, compensando o custo dessas mudanças com a retirada dos requisitos de baixa prioridade, uma funcionalidade que provavelmente nunca ou raramente será usada.

DICA

As estratégias ágeis para a satisfação do cliente incluem as seguintes:

» Produzir primeiro, em cada iteração, os recursos com prioridade mais alta.

» Como ideal, colocar o product owner e outros membros da equipe de projetos no mesmo lugar para eliminar as barreiras de comunicação.

» Dividir os requisitos em grupos de recursos que possam ser entregues de quatro a oito semanas, ou menos.

» Usar poucos requisitos escritos, forçando uma comunicação direta mais consistente e eficiente.

» Obter a aprovação do product owner quando a funcionalidade estiver concluída.

» Rever a lista de recursos regularmente para assegurar que os requisitos mais úteis continuem a ter uma prioridade mais alta.

Princípios ágeis da qualidade

Uma equipe de projetos ágil se compromete a produzir qualidade em todo produto criado, desde o desenvolvimento até a documentação, integração e resultados do teste, diariamente. Cada membro contribui com seu melhor trabalho o tempo inteiro. Embora todos os 12 princípios deem suporte ao objetivo da entrega de qualidade, os princípios 1, 3, 4, 6–9 e 12 se destacam para nós:

1. **Nossa maior prioridade é atender ao cliente com entregas antecipadas e contínuas de um software útil.**

3. **Entregar um software validado com frequência, em algumas semanas ou meses, preferindo o menor prazo.**

4. **Empresários e desenvolvedores devem trabalhar juntos diariamente no projeto.**

6. **O método mais eficiente de passar informações para uma equipe de desenvolvimento e dentro da própria equipe é uma conversa direta.**

7. **Um software validado é a medida básica do progresso.**

8. **Os processos ágeis promovem desenvolvimento sustentável. Os patrocinadores, desenvolvedores e usuários devem manter um ritmo constante.**

9. **Atenção contínua a excelência técnica e design adequado intensificam a agilidade.**

12. **Em intervalos regulares, a equipe reflete acerca de como ser mais eficiente, e então sintoniza e ajusta o comportamento.**

Esses princípios, na prática do dia a dia, podem ser descritos assim:

- Os membros da equipe de desenvolvimento têm total domínio e capacitação para resolver problemas. São responsáveis por determinar como criar o produto, atribuir tarefas e organizar o desenvolvimento do mesmo. Quem não faz o trabalho não sabe dizer como fazê-lo.
- Nos projetos de desenvolvimento de softwares, uma abordagem ágil requer arquiteturas que tornam a codificação e o produto modulares, flexíveis e extensíveis. O design deve endereçar os problemas atuais e simplificar as mudanças inevitáveis.
- Um conjunto de designs no papel nunca informa se algo funcionará. Quando a qualidade do produto chega ao ponto de ser demonstrada e, finalmente, enviada em curtos intervalos, todos sabem que o produto funciona, no final de cada ciclo.
- Quando a equipe de desenvolvimento conclui os recursos, mostra ao product owner a funcionalidade do produto, para obter uma validação que atenda aos critérios de aceitação. As análises do product owner devem ser feitas durante a iteração, e o ideal é que seja no mesmo dia em que o desenvolvimento do requisito foi concluído.
- No final de cada iteração (que dura de uma a quatro semanas), o código validado é demonstrado para o cliente. O progresso é claro e fácil de medir.
- O teste é uma parte integral e contínua do desenvolvimento, e ocorre durante o dia, não no final da iteração.
- Nos projetos de software, a verificação para saber se o novo código foi testado e se integra às versões anteriores ocorre em pequenos incrementos e pode acontecer várias vezes em um dia (ou milhares de vezes em algumas organizações, como Google, Amazon e Facebook). Esse processo, chamado *integração contínua (IC)*, assegura que a solução inteira continue a funcionar quando um novo código é adicionado à base de código existente.
- Nos projetos de software, exemplos de excelência técnica incluem estabelecer padrões de codificação, usar arquitetura orientada a serviços, implementar testes automáticos e elaborá-los visando a uma futura mudança.

DICA

As abordagens ágeis fornecem as seguintes estratégias para o gerenciamento de qualidade:

- Definir o que *feito* significa, no início do projeto, e usar essa definição como uma referência para a qualidade.
- Realizar testes diários através de meios automatizados.
- Desenvolver apenas a funcionalidade necessária, quando necessário.
- Rever o código do software e a simplificação (reformulação).

> » Demonstrar para os clientes e envolvidos apenas a funcionalidade que foi aceita pelo product owner.
> » Ter vários feedbacks durante o dia, iteração e projeto.

Princípios ágeis do trabalho em equipe

O trabalho em equipe é fundamental para os projetos ágeis. Criar bons produtos requer cooperação entre todos os membros do projeto, inclusive clientes e envolvidos. As abordagens ágeis sustentam a criação e o trabalho em grupo, e enfatizam a confiança nas equipes de desenvolvimento com autogestão. Uma equipe de projetos habilidosa, motivada, unificada e capacitada é uma equipe bem-sucedida.

Embora os 12 princípios deem suporte ao objetivo do trabalho em equipe, os princípios 4–6, 8, 11 e 12 se destacam no apoio à capacitação, eficiência e excelência da equipe:

4. **Empresários e desenvolvedores devem trabalhar juntos diariamente no projeto.**

5. **Criar projetos em torno de pessoas motivadas. Oferecer o ambiente e apoio necessários, e confiar que o trabalho será feito.**

6. **O método mais eficiente de passar informações para uma equipe de desenvolvimento e dentro da própria equipe é uma conversa direta.**

8. **Os processos ágeis promovem desenvolvimento sustentável. Os patrocinadores, desenvolvedores e usuários devem manter um ritmo constante.**

11. **As melhores arquiteturas, requisitos e designs surgem de equipes auto-organizadas.**

12. **Em intervalos regulares, a equipe reflete acerca de como ser mais eficiente, e então sintoniza e ajusta o comportamento.**

DICA

As abordagens ágeis focam o desenvolvimento sustentável. Como um trabalhador experiente, nosso cérebro é o valor que colocamos em um projeto. Mesmo que por motivos egoístas, as organizações preferem cérebros novos e descansados em atividade. Um ritmo de trabalho regular, em vez de períodos intensos, mantém a mente dos membros aguçada e perspicaz.

Veja algumas práticas que você pode adotar para alcançar essa visão de trabalho em equipe:

> » Assegure que os membros da equipe de desenvolvimento tenham as devidas habilidades e motivação.
> » Forneça treinamento suficiente para a tarefa.

- » Apoie as decisões da equipe de desenvolvimento auto-organizada sobre o que e como fazer. Não deixe que os gerentes digam à equipe o que fazer.
- » Faça com que os membros da equipe de projetos se responsabilizem como equipe, não como pessoas individuais.
- » Use uma comunicação direta para passar as informações com rapidez e eficiência.

CUIDADO

Suponha que você geralmente se comunique por e-mail com Sharon. Você escreve sua mensagem e a envia. A mensagem fica na caixa de entrada de Sharon, e, enfim, ela a lê. Se Sharon tiver perguntas, escreverá um e-mail em resposta e enviará. Essa mensagem ficará em sua caixa de entrada até você, enfim, ler. E assim consecutivamente. Esse tipo de comunicação por tabela é ineficiente demais para ser usada durante uma iteração rápida.

- » Desenvolva conversas espontâneas ao longo do dia para gerar conhecimento, compreensão e eficiência.
- » Aproxime os colegas de equipe para que a comunicação seja clara e eficiente. Se o local partilhado não permitir isto, use chamadas de vídeo, em vez de e-mail.
- » Certifique-se de que os feedbacks contínuos contribuam com o *aprendizado*. As retrospectivas devem ser feitas no final de cada iteração, quando a reflexão e a adaptação podem melhorar a produtividade da equipe de desenvolvimento, gerando níveis ainda mais altos de eficiência. Uma lição aprendida em uma reunião no final de um projeto tem valor mínimo.

A primeira retrospectiva geralmente é a mais valiosa, porque, nesse momento, a equipe de projetos tem a oportunidade de fazer mudanças que beneficiem o avanço do projeto.

DICA

As estratégias a seguir promovem um trabalho em equipe eficiente:

- » Reúna a equipe de desenvolvimento. Isso é chamado de *partilha*.
- » Organize um ambiente físico que propicie a colaboração: uma sala com quadros brancos, canetas coloridas e outras ferramentas táteis para desenvolver e passar ideias e garantir uma compreensão compartilhada.
- » Crie um ambiente em que os membros da equipe de projetos sejam encorajados a dizer o que pensam.
- » Comunique-se pessoalmente sempre que possível. Não envie e-mails se uma conversa pode resolver o problema.
- » Peça esclarecimentos durante o dia, quando for necessário.
- » Encoraje a equipe de desenvolvimento a resolver problemas, em vez de solicitar que os gerentes os resolvam.

Princípios ágeis do gerenciamento

A agilidade no gerenciamento de projetos inclui três áreas principais:

» Verificar se a produtividade da equipe de desenvolvimento mantém-se, com sustentabilidade, por longos períodos.

» Verificar se as informações sobre o progresso do projeto estão disponíveis para os envolvidos sem interromper o fluxo das atividades, pedindo atualizações à equipe de desenvolvimento.

» Lidar com as solicitações de novos recursos e integrá-las ao ciclo de desenvolvimento do produto.

Uma abordagem ágil foca o planejamento e a execução do trabalho para fornecer o melhor produto a ser lançado. A abordagem é embasada na comunicação aberta, evitando distrações e atividades inúteis e assegurando que o progresso esteja claro para todos.

Os 12 princípios dão suporte ao gerenciamento, mas os princípios 2, 8 e 10 se destacam para nós:

2. **Receber solicitações de mudanças, mesmo com o desenvolvimento já iniciado. Os processos ágeis aproveitam a mudança como uma vantagem competitiva do cliente.**

8. **Os processos ágeis promovem desenvolvimento sustentável. Os patrocinadores, desenvolvedores e usuários devem manter um ritmo constante.**

10. **Simplicidade, a arte de maximizar quanto trabalho é feito, é essencial.**

A seguir, veja algumas vantagens em adotar o gerenciamento ágil:

» As equipes de projeto ágeis colocam o produto mais rapidamente no mercado e, como consequência, reduzem os custos. Começam o desenvolvimento mais cedo que as abordagens tradicionais, pois minimizam o exaustivo planejamento inicial e a documentação, que fazem parte, por convenção, dos estágios iniciais de um projeto em cascata.

» As equipes de desenvolvimento ágil são auto-organizadas e autogerenciadas. O esforço gerencial, que coordena o trabalho dos desenvolvedores, pode ser aplicado para remover os impedimentos e distrações organizacionais que diminuem a velocidade da equipe.

» As equipes de desenvolvimento ágeis determinam quanto trabalho pode ser feito em uma iteração e comprometem-se em alcançar as metas. O controle é fundamentalmente diferente, pois a equipe estabelece o comprometimento interno e não acata compromissos externos.

34   PARTE 1 **Noções Básicas da Metodologia Ágil**

» Uma abordagem ágil questiona: "O que podemos fazer, no mínimo, para alcançar o objetivo?", em vez de concentrar a inclusão de todos os recursos e outros aprimoramentos necessários. Uma abordagem ágil geralmente significa simplificar: resumir a documentação, acabar com reuniões desnecessárias, evitar uma comunicação ineficiente (como o e-mail) e diminuir a codificação (para apenas a suficiente).

CUIDADO

Criar documentos complicados e inúteis para o desenvolvimento do produto é um desperdício de esforço. Tudo bem documentar uma decisão, mas você não precisa de várias páginas sobre a história e nuances de como a decisão foi tomada. Mantenha uma documentação apenas suficiente e terá mais tempo para focar o suporte da equipe de desenvolvimento.

» Ao concentrar o desenvolvimento em pequenos ciclos que duram de uma a quatro semanas, é possível seguir as metas da iteração atual e aceitar a mudança nas iterações subsequentes. A duração de cada ciclo permanece igual durante o projeto para que a equipe tenha um ritmo previsível de desenvolvimento em longo prazo.

» O planejamento, a elaboração dos requisitos, o desenvolvimento, o teste e a demonstração da funcionalidade ocorrem em uma iteração, diminuindo o risco de seguir uma direção errada por longos períodos ou desenvolver algo que o cliente não deseja.

» As práticas ágeis encorajam um ritmo constante, que é produtivo e saudável. Por exemplo, no conjunto de práticas de desenvolvimento ágil popular, chamado programação extrema (XP), a semana de trabalho máxima é de 40 horas, e a preferida tem 35 horas. Os projetos ágeis são sustentáveis e mais produtivos, sobretudo em longo prazo.

CUIDADO

As abordagens tradicionais sempre apresentam uma *marcha fúnebre*, na qual a equipe de projetos passa muitas horas por dias e até semanas no final de um projeto para atender a um prazo não identificado e nem realista. Quando a marcha fúnebre continua, a produtividade tende a cair muito. Mais falhas são introduzidas, e como precisam ser corrigidas de modo que não prejudiquem uma parte diferente da funcionalidade, essa correção é o trabalho mais caro que pode ser feito. Normalmente as falhas são resultado da sobrecarga de um sistema, sobretudo ao exigir um ritmo de trabalho insustentável. Veja nossa apresentação sobre os efeitos negativos da "Corrida ao Inverso" (`https://platinumedge.com/overtime` — conteúdo em inglês).

» As prioridades, a experiência no projeto existente e, finalmente, a velocidade com a qual o desenvolvimento ocorrerá em cada ciclo são claras, contribuindo com boas decisões sobre quanto pode ou deve ser feito em determinado período.

Se você já trabalhou em um projeto, deve ter uma noção básica das atividades do gerenciamento. Na Tabela 2-4, listamos algumas tarefas tradicionais, junto das necessidades atendidas com as abordagens ágeis. Use-a para analisar suas experiências e como as abordagens ágeis são diferentes do gerenciamento tradicional.

CAPÍTULO 2 **Aplicando o Manifesto Ágil e Seus Princípios** 35

TABELA 2-4 Comparação entre Gerenciamento Histórico de Projetos e Gerenciamento Ágil de Projetos

Tarefas Tradicionais do Gerenciamento de Projetos	Abordagem Ágil para a Tarefa de Gerenciamento de Projetos
Crie, no início, um documento bem detalhado com os requisitos do projeto. Tente controlar as mudanças dos requisitos durante o processo.	Crie um backlog do produto, uma lista simples de requisitos por prioridade. Atualize o backlog do produto quando os requisitos e prioridades mudarem durante o projeto.
Faça reuniões de status semanais com todos os envolvidos e desenvolvedores do projeto. Envie notas detalhadas da reunião e relatórios de status após cada uma.	A equipe de desenvolvimento se reúne, por 15 minutos, no máximo, no início de cada dia para coordenar e sincronizar o trabalho diário e qualquer obstáculo. Ela pode atualizar o gráfico de burndown, visível no centro do local de trabalho, em menos de um minuto ao fim de cada dia.
Crie um cronograma detalhado do projeto com todas as tarefas no início. Tente manter as tarefas dentro do cronograma. Atualize-o regularmente.	Trabalhe em ciclos e identifique apenas as tarefas específicas do ciclo ativo.
Atribua tarefas à equipe de desenvolvimento.	Dê suporte à equipe de desenvolvimento para ajudar a remover os impedimentos e distrações. Nos projetos ágeis, as equipes de desenvolvimento definem e lidam com suas próprias tarefas (em vez de passá-las).

DICA

O gerenciamento de projetos é facilitado pelas abordagens ágeis a seguir:

- » Dar suporte à equipe de desenvolvimento.
- » Produzir documentos apenas suficientes.
- » Simplificar o relatório de status para que as informações sejam passadas pela equipe de desenvolvimento em segundos, em vez de obtidas por um gerente de projetos em um período maior.
- » Minimizar as tarefas que não fazem parte do desenvolvimento.
- » Estabelecer expectativas que mudam é normal e benéfico, não algo a ser temido ou evitado.
- » Adotar um aprimoramento dos requisitos na hora certa (JIT — Just In Time) para minimizar a interrupção da mudança e o esforço desperdiçado.
- » Colaborar com a equipe de desenvolvimento para criar cronogramas realistas, metas e objetivos.

- » Proteger a equipe de desenvolvimento das interrupções da organização que afetam as metas do projeto, acrescentando um trabalho irrelevante para os objetivos.
- » Entender que um equilíbrio adequado entre trabalho e vida é um componente do desenvolvimento eficiente.

Adicionando os Princípios Platinum

Experientes em trabalhar com equipes que fazem a transição para o gerenciamento ágil e com testes de campo em organizações de grande, médio e pequeno portes no mundo inteiro, desenvolvemos três outros princípios ágeis de desenvolvimento de softwares, que chamamos de Princípios Platinum. São eles:

- » Resistir à formalidade.
- » Pensar e agir como equipe.
- » Visualizar, em vez de escrever.

Você pode explorar cada princípio com mais detalhes nas seções a seguir.

Resistir à formalidade

Até as equipes de projetos mais ágeis podem acabar usando uma formalização excessiva. Por exemplo, é comum encontrar membros da equipe aguardando uma reunião marcada para discutir sobre problemas simples que poderiam ser resolvidos em segundos. Essas reuniões normalmente têm uma pauta e minutos de duração, e requerem certo nível de mobilização e desmobilização só para a participação. Em uma abordagem ágil, esse nível de formalização não é exigido.

CUIDADO

Sempre questione a formalização e as demonstrações desnecessárias e espalhafatosas. Por exemplo, há um modo mais fácil de conseguir aquilo de que precisa? A atividade atual dá suporte ao desenvolvimento de um produto de qualidade o mais rápido possível? Responder a essas perguntas ajuda a focar o trabalho produtivo e evita tarefas desnecessárias.

Em um sistema ágil, as discussões e o ambiente de trabalho são abertos e fluem livremente; a documentação tem a menor quantidade e complexidade possível, de modo a contribuir para o projeto, não dificultá-lo; demonstrações chamativas, como apresentações bem decoradas, são evitadas. As comunicações profissionais e francas são melhores para a equipe, e todo o ambiente deve estar acessível e agradável.

DICA As estratégias para resistir com sucesso à formalidade incluem:

» Reduzir a hierarquia na organização onde for possível, eliminando títulos na equipe de projetos.

» Evitar investimentos estéticos, como elaborar apresentações em PowerPoint ou atas de reunião extensas, sobretudo ao demonstrar funcionalidade de envio no fim de um ciclo.

» Identificar e instruir os envolvidos que podem solicitar demonstrações complicadas do trabalho, gerando custos.

Pensar e agir como equipe

Os membros da equipe de projetos devem focar a produtividade. Esse foco significa abrir mão de nichos individuais e da métrica do desempenho. Em um ambiente ágil, a equipe inteira deve estar alinhada a seu compromisso com a meta, controle do escopo e tempo disponível para cumprir esse compromisso.

A seguir, veja algumas estratégias para pensar e agir em equipe:

» Trabalhe em duplas e alterne-as com frequência. A programação em pares (com ambos experientes na área) e de acompanhamento (apenas um com experiência) aumenta a qualidade do produto. É possível saber mais a respeito da programação em pares no Capítulo 15.

» Substitua as funções individuais por uma função uniforme. As atividades de desenvolvimento incluem todas as etapas exigidas para transformar os requisitos em funcionalidade, inclusive o design, a implementação (codificação), o teste e a documentação, e não apenas escrever o código ou virar uma chave.

» Faça apenas um relatório, no nível da equipe de projetos, em vez de criar relatórios especiais de gerenciamento que a subdividem.

» Substitua a métrica de desempenho individual pela métrica da equipe de projetos.

Visualizar, em vez de escrever

Uma equipe ágil deve usar a visualização o máximo possível, com diagramas simples ou ferramentas de modelagem computadorizadas. Imagens têm muito mais poder do que palavras. Ao usar um diagrama ou modelo, em vez de um documento, seu cliente relaciona melhor o conceito ao conteúdo.

Nossa capacidade de definir os recursos de um sistema aumenta muito quando intensificamos nossa interação com a solução proposta: uma representação gráfica quase sempre é melhor do que uma textual, e experimentar uma funcionalidade é preferível.

FUTURAS MUDANÇAS

As empresas utilizam as técnicas ágeis em grande escala para resolver problemas comerciais. Embora as metodologias dos grupos ágeis, não só de TI, tenham passado por uma transformação radical, as organizações em que esses grupos se inserem continuaram a usar metodologias e conceitos históricos com frequência. Por exemplo, os ciclos de financiamento e despesas corporativos ainda utilizam:

- Longos esforços de desenvolvimento que entregam um software validado no final do projeto
- Orçamento anual
- Uma suposição de sucesso no início de um projeto
- Pacotes de incentivo corporativos voltados para o indivíduo, em vez de para o desempenho da equipe

A tensão resultante impede que as organizações aproveitem ao máximo a eficiência e as grandes economias que as técnicas ágeis proporcionam.

Uma abordagem ágil realmente integrada encoraja as organizações a se afastar das tradições do passado e a desenvolver uma estrutura em todos os níveis, que questione o que é melhor para o cliente, produto e equipe de projeto.

Uma equipe de projetos ágil pode ser tão ágil quanto a organização atendida. Com a evolução do movimento, os valores articulados no Manifesto Ágil e seus princípios fornecem uma base sólida para as mudanças necessárias, tornando os projetos individuais e organizações inteiras mais produtivos e lucrativos. Essa evolução será feita por profissionais apaixonados, que continuam a explorar e aplicar os princípios e práticas ágeis.

DICA

Até um esboço em um pedaço de papel pode ser uma ferramenta de comunicação mais eficiente do que um documento formal. Uma imagem vale mil palavras. Uma descrição é a forma de comunicação mais fraca quando se deseja assegurar a compreensão, sobretudo por e-mail, com a solicitação para "informar se tiver dúvidas".

Exemplos de estratégias para a visualização incluem:

> » Inserir no ambiente de trabalho muitos quadros brancos, cartazes, canetas e papéis para disponibilizar ferramentas de desenho.
> » Usar modelos, em vez de texto, para comunicar os conceitos.
> » Informar o status do produto com gráficos e painéis, como os mostrados na Figura 2-2.

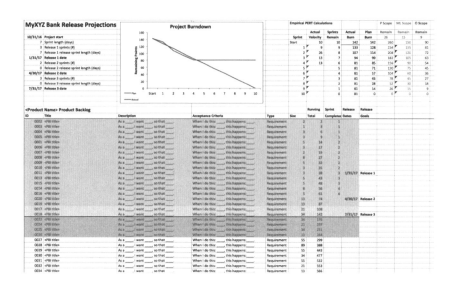

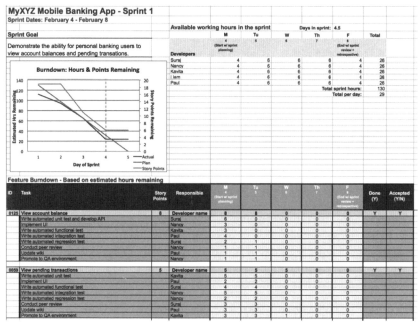

FIGURA 2-2: Gráficos e painéis para informar o status do projeto.

40 PARTE 1 **Noções Básicas da Metodologia Ágil**

Mudanças como Resultado dos Valores da Metodologia Ágil

A publicação do Manifesto Ágil e dos 12 Princípios legitimou e focou o movimento ágil das seguintes maneiras:

» **As abordagens ágeis mudaram as atitudes em relação aos processos de gerenciamento de projetos.** Ao tentar aprimorá-los, as metodologias do passado desenvolveram um processo universal que podia ser usado sob todas as condições, supondo que mais processo e formalidade produziriam resultados melhores. Contudo, essa abordagem exigiu mais tempo, gerou mais despesas e custos, e frequentemente diminuía a qualidade. O manifesto e os 12 princípios reconheceram que o excesso de processos é um problema, não uma solução, e o processo e intensidade certos difere em cada situação.

» **As abordagens ágeis mudaram as atitudes em relação aos profissionais experientes.** Grupos de TI começaram a lembrar de que os membros da equipe de desenvolvimento não são recursos descartáveis, mas pessoas cujas habilidades, talentos e inovação fazem diferença. O mesmo produto criado por membros diferentes da equipe será um produto diferente.

» **As abordagens ágeis mudaram a relação entre grupos comerciais e de TI.** O gerenciamento ágil abordou os problemas associados à separação histórica entre negócios e TI, reunindo esses colaboradores na mesma equipe, em níveis iguais de envolvimento e com objetivos em comum.

» **As abordagens ágeis corrigiram as atitudes em relação à mudança.** As abordagens históricas viam a mudança como um problema a ser evitado ou minimizado. O Manifesto Ágil e seus princípios reconheceram-na como uma oportunidade para assegurar que ideias mais sensatas fossem implementadas.

Teste Decisivo da Metodologia Ágil

Para ser ágil, é preciso questionar: "Isso é ágil?". Se tiver dúvidas se determinado processo, prática, ferramenta ou abordagem segue o Manifesto Ágil ou os 12 Princípios, consulte a lista de perguntas a seguir:

1. **O que fazemos neste momento dá suporte a uma entrega antecipada e contínua de um software útil?**

2. **Nosso processo aceita e aproveita a mudança?**

3. Nosso processo conduz à entrega de uma funcionalidade validada e dá suporte a ela?

4. Os desenvolvedores e o product owner trabalham juntos diariamente? Os clientes e envolvidos trabalham juntos com a equipe de projetos?

5. Nosso ambiente dá à equipe de desenvolvimento o suporte necessário para que o trabalho seja realizado?

6. Estamos nos comunicando mais diretamente do que por telefone e e-mail?

7. Estamos medindo o progresso pela quantidade de funcionalidade validada produzida?

8. Podemos manter esse ritmo indefinidamente?

9. Damos suporte a excelência técnica e design adequado que permitem futuras mudanças?

10. Estamos maximizando a quantidade de trabalho não concluído, ou seja, fazendo o mínimo necessário para atender ao objetivo do projeto?

11. A equipe de desenvolvimento se auto-organiza e autogerencia? Ela tem liberdade para ser bem-sucedida?

12. Estamos refletindo constantemente e ajustando nosso comportamento?

Se você respondeu "sim" a todas as perguntas, parabéns, está realmente trabalhando em um projeto ágil. Se respondeu "não" a alguma pergunta, o que é possível fazer para mudar a resposta para "sim"? Você pode voltar a esse exercício a qualquer momento e usar o teste decisivo da metodologia ágil com sua equipe de projetos e com toda a organização.

NESTE CAPÍTULO

» Descobrindo os benefícios do gerenciamento ágil de projetos

» Comparando as abordagens ágeis com as históricas

» Descobrindo por que as pessoas gostam das técnicas ágeis

Capítulo **3**

Por que Ser Ágil Funciona Melhor

As abordagens ágeis funcionam bem no mundo real. Por quê? Neste capítulo você examina a mecânica de como os processos ágeis melhoram o trabalho das pessoas e evitam despesas complicadas. As comparações com métodos históricos destacam as melhorias que as técnicas ágeis viabilizam.

Ao falar sobre as vantagens do gerenciamento ágil de projetos, percebemos que o resultado é dobrado: sucesso do projeto e satisfação dos envolvidos.

Avaliando os Benefícios da Metodologia Ágil

O conceito ágil do gerenciamento de projetos é diferente das metodologias anteriores. Como mencionado no Capítulo 1, as abordagens ágeis referem-se aos principais desafios dos métodos históricos de gerenciamento, tais como o cascata, e vão além. Os processos ágeis fornecem uma estrutura para como *desejamos* trabalhar, como naturalmente agimos ao resolver problemas e concluir tarefas.

Os métodos históricos do gerenciamento de projetos foram desenvolvidos não para os ciclos de vida contemporâneos do desenvolvimento, como o de softwares, mas para sistemas menos complexos. Também foram adaptados de outras esferas, como a construção, produção em fábricas e Forças Armadas. Não é à toa que esses métodos não se adequam ao criarmos produtos mais complexos e modernos como aplicativos móveis, orientados a objetos ou voltados à internet, que requerem constante inovação para ser competitivos. Mesmo com as tecnologias mais antigas, o histórico das metodologias tradicionais é péssimo, sobretudo quando aplicadas aos projetos de software. Para obter mais detalhes sobre as altas taxas de fracasso dos projetos realizados do modo tradicional, verifique os estudos da Standish Group mostrados no Capítulo 1.

LEMBRE-SE

É possível usar as técnicas do gerenciamento ágil em muitos setores além do desenvolvimento de softwares. Se estiver criando um produto e quiser um feedback antecipado durante o processo, poderá aproveitar os processos ágeis.

Quando há um prazo rígido terminando, o instinto é *agilizar as coisas*. A formalidade sai pela janela quando você arregaça as mangas e foca o que deve ser feito. Você resolve os problemas com rapidez e praticidade, em ordem decrescente de prioridade, concluindo as tarefas mais essenciais.

É mais do que ter agilidade, é *ser ágil*. Quando se torna ágil, você não estabelece prazos absurdos para aumentar o foco. Pelo contrário, reconhece que as pessoas funcionam bem ao resolver problemas de maneira prática, mesmo sob estresse. Por exemplo, um exercício de organização de esquipes, intitulado *desafio do marshmallow*, compreende grupos com quatro pessoas construindo a estrutura mais alta possível, usando 20 palitos de espaguete, pedaços de fita e de barbante, com um marshmallow no topo — em 18 minutos. Veja www.marshmallowchallenge.com (conteúdo em inglês) para obter informações sobre o conceito. Nesse site também é possível ver a conferência TED, de Tom Wujec.

Wujec observa que crianças pequenas normalmente constroem estruturas mais altas e interessantes do que a maioria dos adultos, pois o fazem de modo incremental, em uma série de estruturas bem-sucedidas dentro do prazo determinado. Os adultos passam muito tempo planejando, produzem uma versão final e ficam sem tempo para corrigir os erros. Os mais jovens dão uma lição valiosa de que o *desenvolvimento grandioso*, a saber, o planejamento excessivo e uma tentativa de criação do produto, não funciona. A formalidade, o tempo excessivo detalhando as futuras etapas não informadas e um plano, geralmente prejudicam o sucesso.

O desafio do marshmallow estabelece condições de abertura que imitam a vida real. Você constrói uma estrutura (que se equipara a um software no setor de TI) usando recursos fixos (quatro pessoas, espaguete etc.) em um tempo fixo (18 minutos) e termina com uma incógnita. Porém, uma suposição básica nas abordagens históricas do gerenciamento de projetos é a de que se pode determinar o destino com precisão (recursos ou requisitos) no início e estimar as pessoas, recursos e tempo necessários.

PARTE 1 **Noções Básicas da Metodologia Ágil**

Essa suposição é invertida na vida real. Como se vê na Figura 3-1, as teorias dos métodos históricos são o inverso das abordagens ágeis. Fingimos que vivemos no mundo à esquerda, mas, na verdade, vivemos no mundo à direita.

FIGURA 3-1: Uma comparação entre os conceitos de gerenciamento histórico e ágil.

Na abordagem histórica, que bloqueia os requisitos e entrega o produto de uma só vez, o resultado é tudo ou nada. Temos sucesso por completo ou fracassamos igualmente. As apostas são altas porque tudo depende do trabalho que acontece na fase final do ciclo (ou seja, colocar o marshmallow no topo), que inclui integração e teste do cliente.

Na Figura 3-2, vemos como cada fase do projeto em cascata depende da anterior. As equipes projetam e desenvolvem todos os recursos ao mesmo tempo, o que significa não ter o recurso de mais alta prioridade até terminar de desenvolver o de mais baixa prioridade. O cliente deve esperar até o fim do projeto para receber qualquer elemento do produto.

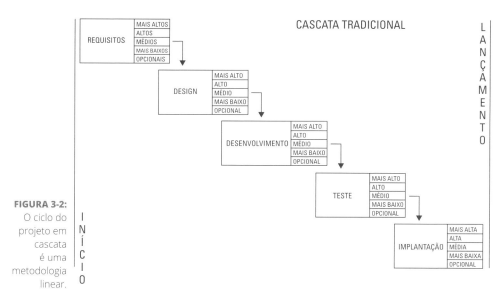

FIGURA 3-2: O ciclo do projeto em cascata é uma metodologia linear.

CAPÍTULO 3 **Por que Ser Ágil Funciona Melhor** 45

Na fase de teste de um projeto em cascata, os clientes veem o produto esperado há tempos. Até esse momento, o investimento e esforço foram enormes, e o risco de fracasso, alto. Encontrar falhas em todos os requisitos do produto concluído é como procurar uma agulha no palheiro.

O gerenciamento ágil de projetos vira de cabeça para baixo o conceito de como o desenvolvimento de software deve ser feito. Usando métodos ágeis, você desenvolve, testa e libera pequenos grupos de requisitos do projeto em curtos ciclos iterativos, conhecidos como *iterações* ou *etapas*, como mostrado na Figura 3-3. O teste ocorre durante cada iteração. Para encontrar as falhas, a equipe de desenvolvimento procura a agulha em um espaço menor, em vez de no palheiro.

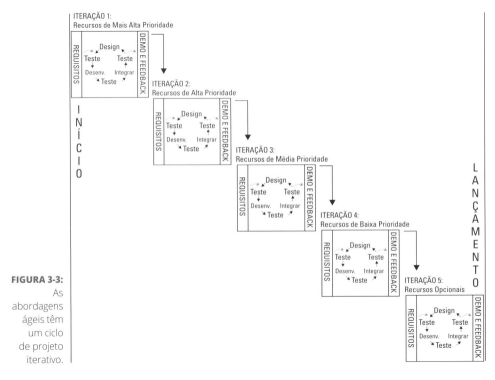

FIGURA 3-3: As abordagens ágeis têm um ciclo de projeto iterativo.

Product owner, *scrum master* e *ciclo* são termos do *scrum*, uma estrutura ágil popular para organizar o trabalho e mostrar o progresso do projeto. *Scrum* se refere a uma formação do rúgbi, na qual a equipe se fecha sobre a bola. O scrum como abordagem, assim como o rúgbi, encoraja a equipe de projetos a trabalhar unida e a assumir a responsabilidade pelo resultado. (Você encontra mais informações sobre o scrum e outras técnicas ágeis no Capítulo 4.)

E mais, em um projeto ágil, os clientes conseguem ver o projeto no final de cada ciclo curto. É possível criar primeiro os recursos de mais alta prioridade, dando uma oportunidade para assegurar o máximo valor no início, quando menos dinheiro do cliente foi investido.

Esse conceito da metodologia ágil é atraente, sobretudo para as organizações que não gostam de correr risco. Além do mais, caso seu produto tenha valor de mercado, os ganhos poderão chegar durante o desenvolvimento. Agora você tem um projeto que se autofinancia!

ONDE A METODOLOGIA EM CASCATA FALHA

Como mencionamos no Capítulo 1, antes de 2008, cascata era a metodologia tradicional de gerenciamento de projetos mais usada. A lista a seguir resume os principais aspectos da abordagem em cascata para o gerenciamento de projetos:

- A equipe deve conhecer todos os requisitos no início para estimar o tempo, orçamentos, membros e recursos. Conhecer todos os requisitos no início do projeto significa ter um alto investimento na coleta de requisitos detalhados antes de qualquer desenvolvimento começar.

- A estimativa é complexa e requer um alto grau de competência e experiência, e muito esforço para concluir.

- O cliente e os envolvidos podem não estar disponíveis para responder às perguntas durante o desenvolvimento, pois podem supor que deram todas as informações necessárias nas fases de reunião dos requisitos e design.

- A equipe precisa resistir ao acréscimo de novos requisitos ou documentá--los como pedidos de mudanças, o que adiciona mais trabalho ao projeto e estende o cronograma e o orçamento.

- A equipe deve criar e manter volumes de documentação do processo para gerenciar e controlar o projeto.

- Embora testes possam ser feitos durante o processo, o teste final não pode ser concluído até o término do projeto, quando toda a funcionalidade está desenvolvida e integrada.

- Um feedback completo do cliente não é possível até o fim do projeto, quando toda a funcionalidade está concluída.

- O financiamento é contínuo, mas o valor aparece apenas no final do projeto, gerando um alto risco.

- O projeto deve ser totalmente concluído para ter valor. Se o financiamento acabar antes do final do projeto, o valor entregue será zero.

CAPÍTULO 3 **Por que Ser Ágil Funciona Melhor** 47

Como as Abordagens Ágeis Superam as Históricas

As estruturas ágeis prometem vantagens significativas em relação aos métodos históricos, inclusive maior flexibilidade e estabilidade, menos trabalho contraproducente, entrega mais rápida com melhor qualidade, melhor desempenho da equipe de desenvolvimento, mais controle do projeto e detecção de falhas mais rápida. Descrevemos todos esses resultados nesta seção.

Contudo, tais resultados não podem ser alcançados sem uma equipe de desenvolvimento muito competente e funcional. A equipe é essencial para o sucesso do projeto. Os métodos ágeis enfatizam a importância do suporte fornecido à equipe de desenvolvimento, assim como as ações e interações entre os membros da equipe de projetos.

LEMBRE-SE

O primeiro valor essencial no Manifesto Ágil é "Pessoas e interações acima de processos e ferramentas". Promover a equipe de desenvolvimento é fundamental para o gerenciamento ágil e é o que garante o sucesso com as abordagens ágeis.

As equipes ágeis de projetos são centradas nas equipes de desenvolvimento (que incluem desenvolvedores, analistas, designers e outras pessoas que elaboram o produto) e incluem também os envolvidos no projeto, assim como os dois membros importantes a seguir, sem os quais a equipe não funcionaria:

- **Product owner:** O *product owner* é um membro da equipe de projetos especializado no produto e nas necessidades comerciais do cliente. Trabalha com a comunidade do negócio e prioriza os requisitos do projeto, dá suporte à equipe de desenvolvimento, estando disponível para dar esclarecimentos diários e aceitação final à equipe de desenvolvimento. (O Capítulo 2 tem mais informações sobre o product owner.)
- **Scrum master ou agile coach:** O *scrum master* ou *agile coach* age como um intermediário entre a equipe de desenvolvimento e as distrações que podem diminuir a velocidade do seu esforço. Também dá consultoria especializada sobre os processos ágeis e ajuda a remover os obstáculos que impedem o progresso da equipe de desenvolvimento. O scrum master ou agile coach facilita o consenso e a comunicação dos envolvidos.

Você pode encontrar descrições completas sobre o product owner, equipe de desenvolvimento e scrum master no Capítulo 6. Posteriormente neste capítulo, verá que a prioridade mais alta do product owner e do scrum master é o suporte e a otimização do desempenho da equipe de desenvolvimento.

Mais flexibilidade e estabilidade

A título de comparação, os projetos ágeis fornecem maior flexibilidade e estabilidade que os tradicionais. Primeiro você descobre como os projetos ágeis oferecem flexibilidade, depois falamos sobre a estabilidade.

Uma equipe de projetos, independentemente de sua abordagem de gerenciamento, tem dois desafios importantes no início de um projeto:

» A equipe de projetos tem um conhecimento limitado do estado final do produto.
» A equipe de projetos não pode prever o futuro.

Esse conhecimento limitado do produto e das futuras necessidades do negócio pouco garante as mudanças do projeto.

O quarto valor essencial no Manifesto Ágil é "Resposta à mudança acima de seguir um plano". A estrutura ágil foi criada pensando em flexibilidade.

Com as abordagens ágeis, as equipes de projetos podem adaptar-se às novas informações e requisitos que surgem quando o projeto avança. Fornecemos, neste livro, muitos detalhes sobre os processos ágeis que permitem a flexibilidade. Veja uma descrição simples de alguns processos que ajudam as equipes de projetos ágeis a lidar com a mudança:

» No início de um projeto ágil, o product owner reúne os requisitos de alto nível do produto, fornecidos pelos envolvidos no projeto, e os prioriza. O product owner não precisa de todos os requisitos, apenas o bastante para ter uma boa compreensão do que o produto deve concretizar.
» A equipe de desenvolvimento e o product owner trabalham juntos para dividir os requisitos iniciais de mais alta prioridade em requisitos mais detalhados. O resultado são pequenos blocos de trabalho que a equipe começa a desenvolver imediatamente.
» Você foca as principais prioridades em cada ciclo, independentemente de quando foram definidas.

As iterações ou etapas nos projetos ágeis são curtas: duram até quatro semanas, mas geralmente são de uma ou duas semanas. Você pode encontrar detalhes sobre os ciclos nos Capítulos de 8 a 10.

» A equipe de desenvolvimento trabalha em grupos de requisitos dentro de ciclos e aprende mais sobre o produto a cada ciclo sucessivo.
» A equipe de desenvolvimento planeja um ciclo de cada vez e detalha mais os requisitos no início. Em geral, trabalha apenas nos requisitos de mais alta prioridade.

- » Concentrar-se em um ciclo por vez e nos requisitos de mais alta prevalência permite que a equipe de projetos aceite, no início de cada ciclo, novos requisitos de alta prioridade.
- » Quando surgem mudanças, o product owner atualiza uma lista de requisitos a ser trabalhada nos futuros ciclos. Ele reorganiza a lista regularmente.
- » O product owner investe, do ponto de vista financeiro, primeiro nos recursos de alta prevalência e escolhe quais deles financiar durante o projeto.
- » O product owner e a equipe de desenvolvimento recebem o feedback do cliente no final de cada ciclo e agem de acordo. O feedback normalmente leva a mudanças na funcionalidade existente ou a novos requisitos úteis. O feedback também pode levar a remover ou reorganizar os requisitos que não são realmente necessários.
- » O product owner para o projeto assim que considera o produto suficiente para atender aos objetivos.

A Figura 3-4 mostra que fazer mudanças nos projetos ágeis é mais estável do que mudanças na metodologia em cascata. Pense nas duas imagens da figura como barras de aço. Na imagem superior, a barra representa um projeto de dois anos. O comprimento da barra é muito mais fácil de distorcer, entortar e partir. As mudanças do projeto são consideradas da mesma maneira; os projetos longos são estruturalmente vulneráveis, pois o estágio de planejamento é diferente da execução, quando a realidade se manifesta, e não há um ponto de flexibilidade natural em um projeto longo.

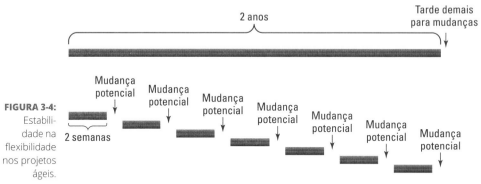

FIGURA 3-4: Estabilidade na flexibilidade nos projetos ágeis.

Agora veja a imagem inferior na Figura 3-4. As pequenas barras de aço representam as iterações de duas semanas em um projeto. As barrinhas são mais estáveis e inalteradas do que a barra maior. Do mesmo modo, é mais fácil ter estabilidade no projeto em incrementos menores com pontos de flexibilidade conhecidos. Dizer para uma empresa que não pode haver mudanças por duas semanas é muito mais fácil e realista do que dizer que não poderá haver mudanças por dois anos.

Os projetos ágeis são taticamente flexíveis porque são estrategicamente estáveis. São ótimos ao aceitarem a mudança porque os meios para uma mudança normal são incorporados nos processos diários. Ao mesmo tempo, as iterações nos projetos ágeis oferecem áreas distintas para a estabilidade do projeto. As equipes de projetos ágeis aceitam mudanças no backlog do produto a qualquer momento, mas em geral não aceitam mudanças externas no escopo durante o ciclo. O backlog pode ser alterado constantemente, mas, exceto em emergências, o ciclo normalmente é estável.

No início da iteração, a equipe de desenvolvimento planeja o trabalho que concluirá no ciclo. Após começar, a equipe trabalha apenas nos requisitos planejados. Podem ocorrer algumas exceções nesse plano: se a equipe de desenvolvimento terminar cedo, pode solicitar mais trabalho; se surgir uma emergência, o product owner pode cancelar o ciclo. Contudo, em geral, o ciclo é um momento de grande estabilidade da equipe de desenvolvimento.

Essa estabilidade pode levar à inovação. Quando os membros da equipe de desenvolvimento têm estabilidade, ou seja, sabem que trabalharão durante um período determinado, refletem sobre suas tarefas. Pensam nelas também de modo inconsciente, longe do trabalho, e tendem a propor soluções a qualquer momento.

Os projetos ágeis fornecem um ciclo constante de desenvolvimento, feedback e mudança, permitindo que as equipes de projetos tenham flexibilidade para criar produtos com os recursos certos e estabilidade para ser criativas.

Tarefas contraproducentes reduzidas

Ao criar um produto, em qualquer momento durante o dia, é possível trabalhar no desenvolvimento ou em processos periféricos que gerenciam e controlam a criação. Claramente, há mais valor no primeiro, que você deve tentar maximizar, do que no segundo, que deseja minimizar.

Para terminar um projeto, você deve trabalhar na solução. Por mais óbvio que pareça, isso é sempre negligenciado nos projetos em cascata. Os programadores, em alguns projetos de software, passam apenas 20% de seu tempo gerando funcionalidade, e o resto do tempo em reuniões, escrevendo e-mails ou criando apresentações e documentação desnecessárias.

O desenvolvimento de produtos é uma atividade intensa que requer longos períodos de comprometimento. Muitos desenvolvedores não conseguem tempo de desenvolvimento suficiente para acompanhar o cronograma de um projeto, pois estão fazendo outras tarefas. A cadeia causal a seguir é o resultado:

> Longo dia de trabalho = desenvolvedores cansados = falhas desnecessárias = mais correção de falhas = lançamento atrasado = mais tempo para entregar algo útil

Para maximizar o trabalho produtivo, o objetivo é eliminar as horas extras e fazer com que os desenvolvedores criem funcionalidade durante o dia. Para aumentar o trabalho produtivo é preciso reduzir as tarefas contraproducentes.

Reuniões

As reuniões podem ser um grande desperdício de tempo útil. Nos projetos tradicionais, os membros da equipe de desenvolvimento podem participar de longas reuniões com pouco ou nenhum benefício para os desenvolvedores. As abordagens ágeis a seguir ajudam a assegurar que as equipes de desenvolvimento estejam apenas em reuniões produtivas e significativas:

» Os processos ágeis incluem apenas algumas reuniões formais. Elas são focadas, com tópicos específicos e tempo limitado. Nos projetos ágeis, em geral, você não precisa ir às reuniões padrão.

» Parte do trabalho do scrum master é evitar interrupções na hora do trabalho da equipe de desenvolvimento, inclusive solicitações de reuniões padrão. Quando é preciso que os desenvolvedores se afastem do trabalho, o scrum master questiona, para entender a real necessidade. Então ele pode descobrir como atender a tal necessidade sem interromper a equipe.

» Nos projetos ágeis, o status atual do projeto geralmente fica disponível para a organização inteira, sem precisar de reuniões de status. Você pode encontrar modos de simplificar o relatório de status no Capítulo 14.

E-mail

O e-mail não é um modo de comunicação eficiente; as equipes de projetos ágeis usam o e-mail com moderação. O processo por e-mail é assíncrono e lento: você pode enviar um e-mail, aguardar uma resposta, ter outra pergunta, enviar outro e-mail. O processo consome um tempo que poderia ser gasto de modo mais produtivo.

Em vez de enviar e-mails, as equipes de projetos ágeis usam discussões diretas para resolver questões e problemas na hora.

Apresentações

Ao prepararem uma apresentação da funcionalidade para o cliente, as equipes de projetos ágeis normalmente usam as seguintes técnicas:

» **Demonstre, não apresente.** Em outras palavras, mostre ao cliente o que você criou, em vez de descrever o que criou.

» **Mostre como a funcionalidade cumpre os requisitos e atende aos critérios de aceitação.** Em outras palavras, diga: "Este era o requisito. Estes são os critérios necessários para indicar que o recurso foi concluído. Veja a funcionalidade resultante que atende aos critérios".

» **Evite apresentações de slide formais e toda a preparação envolvida.** Quando demonstrar a funcionalidade validada, ela falará por si só. Mantenha as demonstrações simples e reais.

Documentação do processo

A documentação, há tempos, é um fardo para os gerenciadores e desenvolvedores de projetos. As equipes ágeis minimizam-na com as seguintes abordagens:

» **Use um desenvolvimento iterativo.** Muita documentação é criada para referenciar as decisões tomadas meses ou anos antes. O desenvolvimento iterativo diminui o tempo entre a decisão e o produto desenvolvido de meses ou anos para dias. O produto e os testes automáticos associados, em vez de uma papelada extensa, documentam as decisões tomadas.

» **Lembre-se de que uma solução não serve para todos.** Você não precisa criar os mesmos documentos para todos os projetos. Escolha aquilo de que precisa para determinado projeto.

» **Use ferramentas de documentação informais e flexíveis.** Quadros brancos, notas adesivas e outras representações visuais do plano de trabalho são ótimas ferramentas.

» **Inclua ferramentas simples que forneçam informações adequadas para o gerenciamento sobre o progresso do projeto.** Não crie relatórios especiais de progresso, como relatórios de status extensos. As equipes ágeis usam gráficos, como os de burndown, para comunicar o status rapidamente.

Maior qualidade, entrega mais rápida

Nos projetos tradicionais, o período desde a conclusão da reunião dos requisitos até o início do teste do cliente pode se estender. Durante esse tempo, o cliente espera ver resultados, e a equipe de desenvolvimento se envolve no trabalho. O gerente de projetos assegura que a equipe siga o plano, mantendo as mudanças à distância e atualizando todos com interesse no resultado por meio de relatórios frequentes e detalhados.

Quando começa o teste, quase no final, as falhas podem aumentar o orçamento, criar atrasos no cronograma e até encerrar o projeto. O teste é a maior incógnita, e nos projetos tradicionais, é uma incógnita deixada para o fim.

O gerenciamento ágil entrega, rapidamente, uma funcionalidade de alta qualidade. Os projetos ágeis conseguem melhor qualidade e entrega rápida assim:

CAPÍTULO 3 **Por que Ser Ágil Funciona Melhor** 53

» O cliente analisa a funcionalidade validada no fim de cada ciclo e dá um feedback imediato para que a equipe inspecione e adapte logo em seguida.

» As iterações (etapas) curtas de desenvolvimento limitam a quantidade e complexidade dos recursos desenvolvidos em certo momento, tornando o trabalho mais fácil de testar. Apenas o suficiente pode ser criado em cada ciclo. As equipes de desenvolvimento dividem os recursos muito complexos em um ciclo.

» A equipe de desenvolvimento constrói e testa, diariamente, mantendo um produto validado durante o projeto.

» O product owner deve responder a perguntas e esclarecer os mal-entendidos com rapidez durante o dia.

» A equipe de desenvolvimento é capacitada e motivada, pois tem um dia de trabalho razoável. Como a equipe não fica desgastada, ocorrem menos falhas.

» Os erros são detectados rapidamente, pois os desenvolvedores testam o trabalho ao terminá-lo. Um teste automático extenso ocorre com frequência, pelo menos toda noite.

» Ferramentas modernas de desenvolvimento de softwares permitem que muitos requisitos sejam escritos como scripts de teste, sem precisar de programação, acelerando o teste automático.

Melhor desempenho da equipe

O fundamental para o gerenciamento ágil de projetos é a experiência dos membros da equipe. Comparadas com as abordagens tradicionais, como a cascata, as equipes de projetos ágeis têm mais suporte do ambiente e da organização, passam mais tempo concentradas no trabalho e contribuem com a melhoria contínua do processo. Para descobrir o que essas características significam na prática, continue lendo.

Suporte da equipe

A capacidade da equipe de desenvolvimento em entregar uma funcionalidade com o potencial de envio é fundamental para obter resultados com abordagens ágeis e é conseguida com os seguintes mecanismos de suporte:

» Uma prática ágil comum é o *local partilhado*: reunir a equipe de desenvolvimento e, idealmente, o product owner, próximos ao cliente. O compartilhamento do local encoraja a colaboração e torna a comunicação mais rápida, clara e fácil. Você pode sair do lugar, conversar pessoalmente e esclarecer qualquer ambiguidade ou incerteza imediatamente.

» O product owner pode responder às perguntas e solicitações da equipe de desenvolvimento para fazer esclarecimentos sem demora, acabando com a confusão e permitindo que o trabalho prossiga sem problemas.

» O scrum master remove os impedimentos e assegura que a equipe de desenvolvimento tenha tudo de que precisa para focar e conseguir a máxima produtividade.

Foco

Usando processos ágeis, a equipe de desenvolvimento pode concentrar o máximo possível seu trabalho no desenvolvimento do produto. As abordagens a seguir aprimoram o foco das equipes de desenvolvimento ágeis:

» Os membros da equipe são alocados 100% em um projeto, eliminando o tempo e foco perdidos trocando contexto entre projetos diferentes.

» Os membros da equipe sabem que seus colegas estarão totalmente disponíveis.

» Os desenvolvedores concentram pequenas unidades de funcionalidade, que são tão independentes quanto possível de outra funcionalidade. Toda manhã, a equipe sabe o que significa ser bem-sucedido.

» O scrum master tem uma responsabilidade clara ao ajudar a proteger a equipe das distrações na organização.

» O tempo gasto pela equipe na codificação e atividades produtivas afins aumenta porque o trabalho contraproducente diminui.

Melhoria contínua

Um processo ágil não é uma abordagem irrefletida de verificação de itens. Diferentes projetos e equipes de projeto adaptam-se à sua situação específica, como é visto na discussão das retrospectivas do ciclo no Capítulo 10. Veja alguns modos de as equipes ágeis melhorarem continuamente:

» O desenvolvimento iterativo possibilita uma melhoria contínua porque cada iteração envolve um novo início.

» Como os ciclos ocorrem apenas em poucas semanas, as equipes de projetos podem incorporar rapidamente as mudanças do processo.

» Um processo de revisão chamado *retrospectiva* ocorre no final de cada iteração e dá a todos os membros da equipe ágil um espaço específico para identificar e planejar ações de melhorias.

» A equipe scrum inteira, a saber, product owner, membros da equipe de desenvolvimento e scrum master, analisa os aspectos do trabalho que julgam precisar de melhoria.

CAPÍTULO 3 **Por que Ser Ágil Funciona Melhor** 55

» A equipe scrum aplica as ações aprendidas com a retrospectiva nos ciclos a seguir, assim fica mais produtiva.

Mais controle do projeto

O trabalho acontece com mais rapidez nos projetos ágeis do que nas condições em cascata. A produtividade elevada aumenta o controle do projeto com o seguinte:

» Os processos ágeis fornecem um fluxo constante de informações. As equipes de desenvolvimento planejam o trabalho juntas, todas as manhãs, em reuniões, usando o scrum, e atualizam o status da tarefa todo dia.

» Em cada ciclo, o cliente tem a oportunidade de reorganizar os requisitos do produto com base nas necessidades comerciais.

» Depois de entregar uma funcionalidade validada no final de cada ciclo, finaliza-se o trabalho no ciclo seguinte de acordo com as prioridades atuais. Não faz diferença se as prioridades foram definidas semanas ou minutos antes do ciclo.

» Quando o product owner define as prioridades para o próximo ciclo, essa ação não tem efeito sobre o ciclo atual. Em um projeto ágil, uma mudança nos requisitos não acrescenta nenhum custo administrativo ou tempo, e não atrapalha o trabalho atual.

» As técnicas ágeis facilitam o término do projeto. No final de cada iteração, é possível determinar se os recursos do produto são adequados. Os itens de baixa prioridade podem não ser desenvolvidos nunca.

No trabalho em cascata, a métrica do projeto pode ficar desatualizada por semanas, e a funcionalidade demonstrada, por meses. Em um contexto ágil, a métrica é atualizada e fica relevante todos os dias, o trabalho concluído é compilado e integrado diariamente, e o software validado é demonstrado todas as semanas. Do primeiro ciclo até o fechamento do projeto, todo membro da equipe sabe se está entregando algo. As informações atualizadas do projeto e a capacidade de priorizar rapidamente possibilitam altos níveis de controle do projeto.

Falha mais rápida e mais barata

Em um projeto em cascata, as oportunidades de detecção de falhas são teóricas até perto do final do cronograma, quando todo o trabalho concluído é reunido e grande parte do investimento acabou. Esperar até as semanas ou dias finais do projeto para descobrir que tem problemas graves é arriscado para todos os envolvidos. A Figura 3-5 compara o risco e o perfil de investimento do projeto em cascata com as abordagens ágeis.

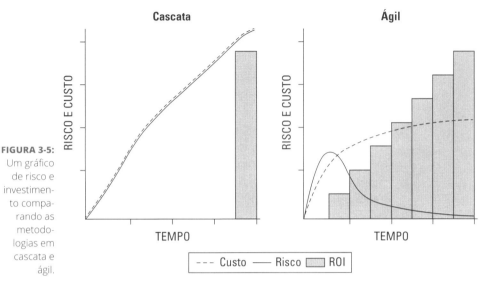

FIGURA 3-5: Um gráfico de risco e investimento comparando as metodologias em cascata e ágil.

Junto das oportunidades para mais controle do projeto, a estrutura ágil oferece:

» Oportunidades antecipadas e mais frequentes para detectar falhas.
» Uma avaliação e oportunidade de ação a cada semana.
» Redução dos custos com falhas.

Quais falhas você viu nos projetos? As abordagens ágeis ajudariam? É possível descobrir mais sobre o risco nos projetos ágeis no Capítulo 15.

Por que as Pessoas Gostam de Ser Ágeis

Você viu como uma organização aproveita o gerenciamento ágil de projetos com uma entrega mais rápida do produto e custos menores. Nas seções a seguir, descobre como as pessoas envolvidas em um projeto aproveitam isso também, direta ou indiretamente.

Executivos

O gerenciamento ágil de projetos fornece duas vantagens que são especialmente atraentes para os executivos: eficiência e retorno sobre investimentos mais rápido.

Eficiência

As práticas ágeis permitem uma eficiência muito maior no processo de desenvolvimento dos seguintes modos:

» As equipes de desenvolvimento ágeis são muito produtivas. Organizam o trabalho sozinhas, focam as atividades de desenvolvimento, e o scrum master as protege das distrações.

» Os esforços contraproducentes são minimizados. A abordagem ágil elimina o trabalho improdutivo. O desenvolvimento é o foco.

» Usando assistentes visuais simples, rápidos e sob demanda, como gráficos, para exibir o que foi feito, o que está em andamento e o que será feito, o progresso do projeto é mais fácil de entender só de olhar.

» Com um teste contínuo, as falhas são detectadas e corrigidas no início.

» Um projeto ágil pode ser parado quando tem funcionalidade suficiente.

Maior oportunidade de ROI

O ROI é muito melhor usando as abordagens ágeis pelos seguintes motivos:

» **A funcionalidade é colocada mais cedo no mercado.** Os recursos são totalmente concluídos e lançados em grupos, em vez de esperar até o final de todo o desenvolvimento e liberar 100% deles de uma só vez.

» **A qualidade do produto é melhor.** O escopo do desenvolvimento é dividido em blocos gerenciáveis, que são testados e verificados continuamente.

» **A oportunidade de lucro é acelerada.** Os incrementos do produto são lançados no mercado mais cedo em relação às abordagens tradicionais para o gerenciamento de projetos.

» **Os projetos podem ser autofinanciados.** O lançamento de uma funcionalidade pode gerar lucro, enquanto o desenvolvimento de mais recursos continua.

Desenvolvimento de produtos e clientes

Os clientes gostam dos projetos ágeis porque eles podem aceitar requisitos que mudam e geram produtos com mais valor.

Melhor adaptação à mudança

As mudanças nos requisitos do produto, prioridades, linhas do tempo e orçamento prejudicam muito os projetos tradicionais. Por outro lado, os processos ágeis lidam com as mudanças no projeto e no produto de formas positivas. Por exemplo:

» Os projetos ágeis criam oportunidade para uma maior satisfação do cliente e retorno sobre investimentos lidando com a mudança de forma eficiente.

» As mudanças são incorporadas em iterações subsequentes de maneira rotineira e suave.

» Como os membros da equipe e a duração do ciclo são constantes, as mudanças no projeto trazem menos problemas em relação às abordagens tradicionais. As mudanças necessárias são inseridas na lista de recursos com base na prioridade, descendo os itens com menos prioridade na lista. Por fim, o product owner escolhe quando o projeto terminará, no ponto em que um futuro investimento não fornecerá valor suficiente.

» Como a equipe de desenvolvimento trabalha primeiro nos itens de valor mais alto e o product owner controla a prevalência, ele pode ficar seguro de que as prioridades comerciais estão alinhadas à atividade do desenvolvedor.

Maior valor

Com o desenvolvimento iterativo, os recursos do produto são liberados quando a equipe de desenvolvimento os conclui. O desenvolvimento iterativo e liberações oferecem maior valor das seguintes maneiras:

» As equipes de projeto entregam os recursos do produto antecipadamente, com prioridade mais alta.

» As equipes de projeto entregam produtos úteis antes.

» As equipes de projeto ajustam os requisitos segundo as mudanças do mercado e feedback do cliente.

Gerenciamento

As pessoas no gerenciamento tendem a gostar dos projetos ágeis pela melhor qualidade do produto, menor perda de tempo e esforço e ênfase no valor do produto, em vez de verificar listas de recursos com utilidade duvidosa.

Mais qualidade

Com o desenvolvimento de softwares, por meio de técnicas como desenvolvimento com base em testes, integração contínua e feedback frequente do cliente sobre o software validado, é possível ter mais qualidade no início do produto.

Nos projetos de desenvolvimento não de software, como você pensaria em ter qualidade no início?

Menos desperdício no produto e processo

Nos projetos ágeis, o tempo e os recursos perdidos são reduzidos com várias estratégias, inclusive:

» **Elaboração na hora certa (JIT):** A ampliação apenas dos requisitos de mais alta prioridade atualmente significa que o tempo não é gasto trabalhando em detalhes de recursos que poderão nem ser desenvolvidos.

» **Participação do cliente e dos envolvidos:** Os clientes e outros envolvidos podem dar feedback em cada ciclo, e a equipe de desenvolvimento o incorpora no projeto. Quando o projeto e o feedback continuam, o valor aumenta para o cliente.

» **Uma tendência de conversa direta:** Uma comunicação mais rápida e clara economiza tempo e evita confusão.

» **Exploração integrada da mudança:** Apenas os recursos de alta prioridade e funções são desenvolvidos.

» **Ênfase na evidência de uma funcionalidade validada:** Se um recurso não funciona, ou não funciona de um modo útil, é descoberto no início com menos custos.

Ênfase no valor

O princípio ágil da simplicidade dá suporte à eliminação de processos e ferramentas que não dão suporte ao desenvolvimento direto e eficiente e à exclusão dos recursos que adicionam pouco valor concreto. Esse princípio se aplica à administração, documentação e desenvolvimento das seguintes maneiras:

» Reuniões menos frequentes, mais curtas e focadas.

» Redução da ostentação.

» Documentação apenas suficiente.

» Responsabilidade conjunta entre cliente e equipe de projetos para a qualidade e valor do produto.

Equipes de desenvolvimento

As abordagens ágeis capacitam as equipes de desenvolvimento a produzir o melhor trabalho sob condições razoáveis. Os métodos ágeis dão às equipes de desenvolvimento:

- Uma definição clara de sucesso, por meio da criação em conjunto do objetivo do ciclo e da identificação da aceitação de critérios, durante o desenvolvimento dos requisitos.
- Poder e respeito, para organizar o desenvolvimento como julgam ser melhor.
- O feedback do cliente, necessário para fornecer valor.
- A proteção de um scrum master dedicado, para acabar com impedimentos e evitar interrupções.
- Um ritmo de trabalho humanizado e sustentável.
- Uma cultura de aprendizagem que dá suporte ao desenvolvimento pessoal e melhoria do projeto.
- Uma estrutura que minimiza o tempo sem desenvolvimento.

Nas condições anteriores, a equipe de desenvolvimento prospera e entrega resultados mais rapidamente e com melhor qualidade.

Na Broadway e em Hollywood, os atores no palco e na tela conectam-se com o público por meio de algo referido como "talento". São eles que levam muitos expectadores a uma apresentação, e os autores, diretores e produtores de apoio garantem que eles brilhem. Em um ambiente ágil, a equipe de desenvolvimento é "o talento". Quando o talento tem sucesso, todos são bem-sucedidos.

62   PARTE 1 **Noções Básicas da Metodologia Ágil**

Seja Ágil

NESTA PARTE...

Entenda o que significa ser ágil e como colocar em ação as práticas ágeis.

Tenha uma visão geral das três abordagens ágeis mais populares e descubra como criar o ambiente físico, a comunicação e as ferramentas certas para facilitar as iterações ágeis.

Examine a mudança de comportamento em valores, filosofia, funções e habilidades necessárias para operar em uma equipe ágil.

NESTE CAPÍTULO

» **Aplicando as práticas ágeis**

» **Entendendo lean, scrum e programação extrema**

» **Conectando as técnicas ágeis**

Capítulo **4**

Abordagens Ágeis

Nos capítulos anteriores você lê a respeito da história do gerenciamento ágil de projetos. Pode até já ter ouvido falar sobre as estruturas ágeis comuns e técnicas. Você imagina como realmente são as estruturas, os métodos e as técnicas ágeis? Neste capítulo, terá uma visão geral de três das abordagens mais comuns usadas hoje para implementar um projeto ágil.

Entrando no Âmbito das Abordagens Ágeis

O Manifesto Ágil e os princípios ágeis, por si só, não são suficientes para você iniciar um projeto ágil, por mais que queira. O motivo é que princípios e práticas são diferentes. Contudo, as abordagens descritas neste livro fornecem as práticas necessárias para que se tenha sucesso em um projeto ágil.

Ágil é um termo descritivo para várias técnicas e métodos com as seguintes semelhanças:

» Desenvolvimento em diversas iterações, chamado de *desenvolvimento iterativo*.

» Ênfase na simplicidade, transparência e estratégias específicas da situação.

» Equipes multidisciplinares e auto-organizadas.

» Funcionalidade validada como medida do progresso.

O gerenciamento ágil de projetos é uma abordagem empírica, ou seja, você faz algo na prática e ajusta a abordagem com base na experiência, em vez de na teoria.

Em relação ao desenvolvimento do produto, a abordagem empírica é apoiada nos seguintes pilares:

» **Transparência ilimitada:** Todos os envolvidos no processo entendem e contribuem com o desenvolvimento.

» **Inspeção frequente:** O analista deve examinar o produto regularmente e ter habilidades para identificar variações a partir dos critérios de aceitação.

» **Adaptação imediata:** A equipe de desenvolvimento deve ajustar-se rapidamente para minimizar outras variações do produto.

Muitas abordagens têm características ágeis. Porém, três são comuns a muitos projetos ágeis: desenvolvimento do produto lean, scrum e programação extrema (XP). Essas três abordagens funcionam perfeitamente juntas e compartilham muitos elementos em comum, embora usem uma terminologia ou tenham focos um pouco diferentes. Em geral, o lean e o scrum focam a estrutura. A programação faz isso também, porém, é mais prescritiva sobre as práticas de desenvolvimento, visando mais a design técnico, codificação, teste e integração. (Esse tipo de foco é esperado de uma abordagem chamada *programação extrema.*)

Quando as organizações com as quais trabalhamos declaram que usam uma abordagem ágil para gerenciar projetos, normalmente trabalham em um ambiente enxuto (lean), com uma constante atenção para limitar o trabalho em progresso, práticas de desperdício e etapas do processo, usam o scrum para organizar o trabalho e exibir o progresso do projeto, e usam práticas da programação extrema para incorporar qualidade no início. Cada uma dessas abordagens é explicada com mais detalhes posteriormente neste capítulo.

Como qualquer abordagem sistemática, as técnicas ágeis não surgiram do nada. Os conceitos têm precedentes históricos, alguns com origem fora do desenvolvimento de softwares, o que não é nenhuma surpresa, dado que tal desenvolvimento não existe há muito tempo na história da humanidade.

A base das abordagens ágeis não é igual à das metodologias tradicionais de gerenciamento de projetos, como a cascata, com raízes em um método definido de controle usado na aquisição de materiais da Segunda Guerra Mundial. Os pioneiros do hardware usavam o processo em cascata para gerenciar a complexidade dos primeiros sistemas de computador, que em grande parte eram físicos: 1.600 válvulas eletrônicas, mas apenas 30 ou mais linhas de software codificado à mão (veja a Figura 4-1). Um processo inflexível é eficiente quando os problemas são simples e o mercado é estático, mas o ambiente de desenvolvimento de produtos atual é complexo demais para esse modelo antigo.

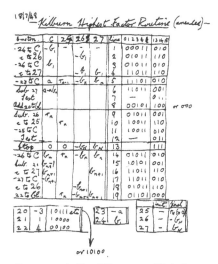

FIGURA 4-1: Primeiro hardware e software.

SSEM — "Baby"

Programa de Tom Kilburn para "Baby"

Apresento o Dr. Winston Royce. Em seu artigo "Managing the Development of Large Systems", publicado em 1970, ele codificou, passo a passo, o processo de desenvolvimento de softwares conhecido como cascata. Quando vir seu diagrama original na Figura 4-2, você perceberá de onde veio o nome.

Porém, com o tempo, a situação de desenvolvimento de computadores se inverteu. O hardware ficou repetitivo com uma produção em massa, e o software se tornou o aspecto mais complexo e diversificado de uma solução completa.

A ironia aqui é que, mesmo que o diagrama implique que você conclua as tarefas passo a passo, o próprio Dr. Royce acrescentou uma nota de advertência quanto à necessidade de fazer uma iteração. Veja o que ele declarou:

> "Se o programa de computador em questão for desenvolvido pela primeira vez, organize as coisas de modo que a versão entregue ao cliente da implantação operacional seja, na verdade, a segunda no que diz respeito às áreas críticas de design/operações."

Royce incluiu, ainda, o diagrama mostrado na Figura 4-3 para mostrar essa iteração.

CAPÍTULO 4 **Abordagens Ágeis** 67

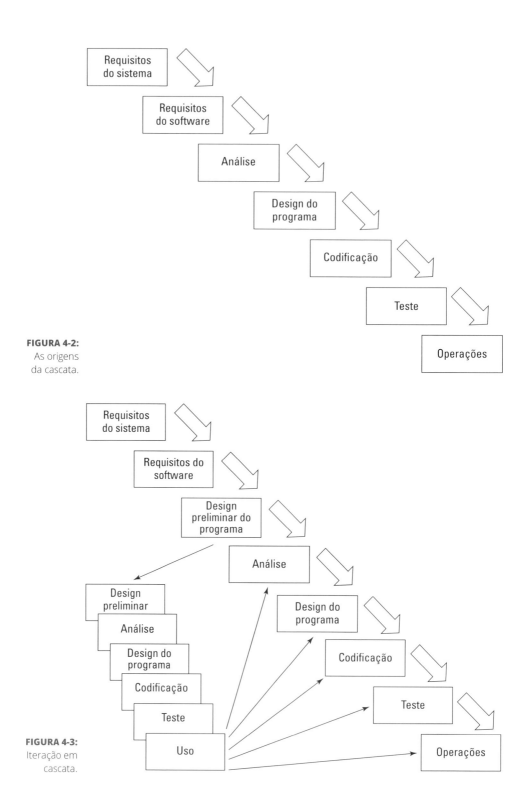

FIGURA 4-2: As origens da cascata.

FIGURA 4-3: Iteração em cascata.

Agora, não temos certeza se o diagrama foi colado com chiclete em outras páginas, mas a comunidade do desenvolvimento de softwares, em geral, perdeu essa parte da história. Depois de aceitar a ideia de que você pode não saber tudo ao começar a desenvolver um componente de software e talvez precise rever o código para assegurar sua adequação, vem um raio de luz que permite os conceitos ágeis. A metodologia ágil poderia ter tido projeção 40 anos antes se as pessoas tivessem seguido literalmente o conselho do Dr. Royce!

Revendo os Três Grandes: Lean, Scrum e Programação Extrema

Agora que conhece a breve história da abordagem em cascata para o gerenciamento de projetos, está pronto para descobrir mais sobre três abordagens ágeis populares: lean, scrum e programação extrema.

Visão geral do lean

O lean tem sua origem na produção em fábricas. Os métodos de produção em massa, que existem há mais de 100 anos, foram projetados para simplificar os processos de montagem (por exemplo, montar um modelo T Ford). Esses processos usam um maquinário complexo e caro e funcionários pouco qualificados para produzir um item de valor, com rapidez e sem custos. A ideia é a de que, manter máquinas e pessoas trabalhando, e matéria-prima em estoque, gera muita eficiência.

A simplicidade engana. Tradicionalmente, a produção em massa requer sistemas de suporte dispendiosos e muito trabalho indireto para assegurar que a fabricação continue. Gera um inventário enorme de peças, funcionários extras, espaço extra e processos complexos que não acrescentam valor direto ao projeto. Parece familiar?

Cortando gordura quando o lean surge na produção

Nos anos 1940, no Japão, uma pequena empresa chamada Toyota queria produzir carros para o mercado japonês, mas não conseguia o grande investimento que a produção em massa exige. A empresa estudou os supermercados, observando que os consumidores compram apenas o necessário, pois sabem que sempre haverá fornecimento, e as lojas repõem as prateleiras apenas quando ficam vazias. Com isso, a Toyota criou um processo JIT (Just In Time — na hora certa), que pôde adaptar à área de produção.

O resultado foi uma grande redução no inventário das peças e produtos concluídos, e menos investimento em máquinas, pessoas e espaço.

Um grande custo dos processos de produção em massa devia-se ao fato de que as pessoas na linha de produção eram tratadas como máquinas: elas não tinham autonomia, não podiam resolver problemas, nem fazer escolhas ou melhorar os processos. O trabalho era chato e anulava o potencial humano. Por outro lado, o processo JIT dá aos funcionários a capacidade de tomar decisões sobre o que é mais importante fazer em seguida, em tempo real, na área de produção. Os funcionários têm responsabilidade pelos resultados. O sucesso da Toyota com os processos JIT mudou globalmente as abordagens da produção em massa.

Entendendo o lean e o desenvolvimento de softwares

O termo *lean* foi inventado nos anos 1990, no livro *The Machine That Changed the World: The Story of Lean Production* (Free Press), de James P. Womack, Daniel T. Jones e Daniel Roos. O eBay foi o primeiro a adotar os princípios lean para o desenvolvimento de softwares. A empresa abriu caminho com uma abordagem que respondia diariamente às solicitações de mudanças do cliente no site, desenvolvendo recursos de alto valor em pouco tempo.

O objetivo do lean é o valor comercial e minimizar as atividades fora do desenvolvimento de produtos. Mary e Tom Poppendieck analisam vários princípios lean em seu blog e nos livros sobre o desenvolvimento lean de softwares. A seguir, veja os princípios lean do seu livro de 2003, *Lean Software Development* (Addison-Wesley Professional):

» **Elimine o desperdício.** Fazer qualquer coisa além do apenas suficiente (etapas do processo, artefatos, reuniões) reduz a velocidade do progresso. O desperdício inclui não aprender a trabalhar, criar algo errado e thrashing (contexto trocado entre tarefas ou projetos), resultando em criar muitos recursos do produto de maneira parcial, e não criar nada completo.

» **Amplie a aprendizagem.** A aprendizagem leva à previsibilidade. Proporcione melhorias com uma mentalidade de transparência, inspeção e adaptação regulares e disciplinadas. Encoraje, em toda a organização, uma cultura que permita falhas para aprender com elas.

» **Entregue o mais tarde possível.** Permita uma adaptação posterior. Não entregue com atraso, mas deixe opções abertas o suficiente para tomar decisões no último momento viável, com base em fatos e não na incerteza, quando você sabe mais. Aprenda com as falhas. Desafie os padrões. Use o método científico: experimente com hipóteses para encontrar soluções.

» **Entregue o mais rápido possível.** Velocidade, custo e qualidade são compatíveis. Quanto mais cedo você entrega, mas cedo recebe feedback. Trabalhe em menos coisas de uma só vez, restringindo o trabalho em progresso e otimizando o fluxo. Gerencie o fluxo de trabalho, em vez dos cronogramas. Use o planejamento JIT para reduzir os ciclos de desenvolvimento e liberação.

» **Capacite a equipe.** Trabalhe de modo autônomo, dominando as habilidades e acreditando que a finalidade do trabalho pode motivar as equipes de desenvolvimento. Os gerentes não informam aos desenvolvedores como fazer seus trabalhos, mas dão suporte para se auto-organizarem em torno do trabalho a ser feito e eliminam os impedimentos. Verifique se as equipes e as pessoas têm o ambiente e as ferramentas necessárias para fazer seu trabalho adequadamente.

» **Incorpore qualidade.** Estabeleça mecanismos para perceber e corrigir falhas ao ocorrerem e antes da verificação final. A qualidade é incorporada desde o início, não no fim. Acabe com as dependências para que possa desenvolver e integrar funcionalidade a qualquer momento, sem retrocessos.

» **Veja o todo.** Um sistema inteiro é tão forte quanto seu elo mais fraco. Resolva os problemas, não apenas os sintomas. Preste atenção contínua aos obstáculos no fluxo de trabalho e remova-os. Pense em longo prazo ao criar soluções.

Além dos princípios lean, uma das abordagens mais comuns usadas pelas equipes ágeis é o kanban, algumas vezes referido como *lean-kanban*. Adaptado da abordagem do Sistema de Produção Toyota, *kanban* é basicamente um método para acabar com o desperdício e melhorar fluxo e rendimento em um sistema.

As práticas kanban são aplicadas em quase todas as situações, pois são designadas para iniciar onde você está; não é preciso mudar nada no fluxo de trabalho existente. As práticas kanban incluem:

» Visualizar.

» Limitar o trabalho em progresso (WIP).

» Gerenciar o fluxo.

» Tornar explícitas as políticas do processo.

» Implementar ciclos de feedback.

» Melhorar colaborando, evoluir experimentando.

As três últimas práticas são encontradas normalmente em outras estruturas ágeis, tais como scrum e XP (ambas analisadas posteriormente neste capítulo). As três primeiras melhoram a eficiência das equipes ágeis:

» **Visualizar:** Visualizar o fluxo de trabalho de uma equipe é a primeira etapa ao identificar o desperdício em potencial. Processos tradicionais grandes demais existem em muitas organizações, mas não refletem a realidade, mesmo se visualizados. Quando as equipes ágeis visualizam o fluxo do

CAPÍTULO 4 **Abordagens Ágeis** 71

trabalho (em um quadro branco, parede ou desenho) e identificam onde a produtividade foi interrompida, analisam facilmente a principal causa e veem como remover a limitação. E fazem isso de novo e sempre.

PAPO DE ESPECIALISTA

Kanban significa *sinal visual* em japonês. Pendurado na parede da fábrica ou do espaço de desenvolvimento, onde todos possam ver, o quadro kanban mostra os itens que as equipes precisam produzir. Fichas são inseridas no quadro para representar as unidades de produção. Quando a produção avança, os funcionários retiram, adicionam e movem as fichas. Quando as fichas são movidas, agem como um sinal para quando o trabalho ou reposição do inventário é necessária. As equipes ágeis usam os quadros kanban, ou quadros de tarefas, para mostrar seu progresso e gerenciar o fluxo de trabalho (descrito com mais detalhes nos Capítulos 5 e 9).

» **Limitar o trabalho em progresso (WIP):** Quando as equipes iniciam um trabalho, mas não terminam, o trabalho em progresso continua a aumentar. Ser ágil é concluir algo, portanto, o objetivo é iniciar coisas apenas quando outras são concluídas. Trabalhar em várias coisas ao mesmo tempo não significa concluí-las mais rápido. Você as conclui mais devagar do que se tivesse trabalhado em uma por vez. Quando as equipes ágeis limitam o trabalho em progresso, os itens são concluídos mais rapidamente, agilizando o ritmo de término de cada um na fila.

» **Gerenciar o fluxo:** Todos nós já sabemos o que acontece em uma rua movimentada na hora do rush. Quando há mais carros que pistas, os carros ficam mais lentos. Todos querem chegar a algum lugar ao mesmo tempo e todos esperam mais para chegar ao destino. Para gerenciar melhor o fluxo, precisamos regular a entrada dos veículos no trânsito ou aumentar o número de pistas onde o congestionamento é maior. Como carros no trânsito, os itens do trabalho em desenvolvimento avançam mais lentamente se os desenvolvedores tentam pegá-los de uma só vez. Trabalhar em uma coisa por vez, identificar e remover as limitações aumenta o fluxo de todos os itens no sistema.

PAPO DE ESPECIALISTA

Medir os tempos de execução e do ciclo ajuda as equipes ágeis a monitorar o gerenciamento do fluxo. Uma equipe determina o tempo de execução controlando uma solicitação de funcionalidade, desde a chegada na fila até a conclusão. Ela conhece o tempo do ciclo controlando o tempo do trabalho do início ao fim. E a equipe ágil otimiza o fluxo identificando e removendo os obstáculos que impedem a diminuição dos tempos de execução e do ciclo.

LEMBRE-SE

Para dar suporte às boas práticas de desenvolvimento de produtos, lembre-se do seguinte:

» Não desenvolva recursos que provavelmente não usará.
» Faça com que a equipe de desenvolvimento seja o centro do projeto, pois agrega maior valor.

» Faça com que os clientes priorizem os recursos; eles sabem o que é mais importante. Cuide primeiros dos itens de alta prioridade.

» Use ferramentas que deem suporte a uma excelente comunicação entre todas as partes.

Hoje, os princípios lean continuam a influenciar o desenvolvimento das técnicas ágeis, e a ser influenciados por elas. Qualquer abordagem deve ser ágil e adaptar-se ao longo do tempo.

Visão geral do scrum

O scrum, a estrutura ágil mais popular no desenvolvimento de softwares, é uma abordagem iterativa centrada no *ciclo* (o termo scrum para iteração). Para dar suporte a esse processo, as equipes scrum usam funções, artefatos e eventos específicos. Para assegurar que atendam aos objetivos de cada parte do processo, as equipes scrum usam inspeção e adaptação em todo o projeto. A abordagem scrum é mostrada na Figura 4-4.

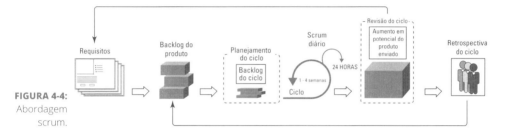

FIGURA 4-4: Abordagem scrum.

Diminuindo a distância com o ciclo

Em cada ciclo, a equipe de desenvolvimento cria e testa uma parte funcional do produto até o product owner aceitá-lo diariamente, em geral, e a funcionalidade se tornar um incremento do envio em potencial do produto geral. Quando um ciclo termina, outro começa. A colocação da funcionalidade no mercado normalmente acontece no fim de vários ciclos, quando o product owner determina que existe valor suficiente. Contudo, ele pode decidir lançar a funcionalidade após cada ciclo ou mesmo quantas vezes forem necessárias durante um ciclo.

LEMBRE-SE

Um princípio básico do ciclo é a natureza cíclica: o ciclo, assim como seus processos, repete-se, como mostrado na Figura 4-5.

Você usa princípios de inspeção e adaptação como parte de um projeto scrum diariamente:

» Durante um ciclo, são feitas *inspeções constantes* para avaliar o progresso em direção à meta do ciclo e, como consequência, em direção ao objetivo de lançamento.

CAPÍTULO 4 **Abordagens Ágeis** 73

» Você faz uma reunião *scrum diária* para organizar o dia, revendo o que a equipe concluiu ontem e coordenando em que trabalhará hoje. Basicamente, a equipe scrum examina o progresso em direção à meta do ciclo.

» No fim do ciclo, você usa uma reunião de *retrospectiva do ciclo* para avaliar o desempenho e as adaptações necessárias ao plano.

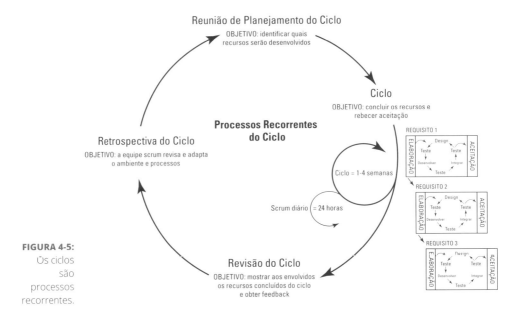

FIGURA 4-5: Os ciclos são processos recorrentes.

Essas inspeções e adaptações parecem formais e cheias de processos, mas não são. Use-as para resolver problemas e não pense demais no processo. O problema que você tenta resolver hoje, geralmente, muda no futuro.

Entendendo as funções, artefatos e eventos do scrum

A estrutura scrum define funções, artefatos e eventos específicos dos projetos.

As três *funções* do scrum, as pessoas no projeto, são as seguintes:

» **Product owner:** Representa as necessidades comerciais do projeto.

» **Equipe de desenvolvimento:** Faz o trabalho diário. A equipe de desenvolvimento é dedicada ao projeto, e cada membro é *polivalente*, ou seja, embora os membros da equipe tenham determinados pontos fortes, cada um é capaz de realizar várias tarefas no projeto.

» **Scrum master:** Protege a equipe das distrações na organização, afasta os obstáculos, assegura que o scrum seja realizado corretamente e melhora continuamente o ambiente da equipe.

E mais, as equipes scrum acham que são mais eficientes quando trabalham junto de duas funções não específicas do scrum:

» **Envolvidos:** Qualquer pessoa afetada ou que tem informações sobre o projeto. Embora os envolvidos não sejam funções oficiais do scrum, é essencial que as equipes scrum e os envolvidos trabalhem juntos.

» **Mentor ágil:** Uma autoridade com experiência nas técnicas ágeis e na estrutura do scrum. Em geral, essa pessoa não faz parte do departamento ou organização do projeto, portanto, pode dar suporte à equipe scrum com objetividade e um ponto de vista diferente.

Assim como o scrum tem funções específicas, ele também tem três produtos concretos, chamados *artefatos:*

» **Backlog do produto:** A lista completa de requisitos que definem o produto, geralmente documentada em termos de valor comercial da perspectiva do usuário final. O backlog do produto é flexível durante o projeto. Todos os itens do escopo, independentemente do nível de detalhe, estão no backlog do produto. O product owner fica com o backlog do produto, determinando o que é acrescentado e sua prioridade.

» **Backlog da etapa:** A lista de requisitos e tarefas em determinado ciclo. O product owner e a equipe de desenvolvimento selecionam os requisitos do ciclo no planejamento, com a equipe de desenvolvimento dividindo tais requisitos em tarefas. Diferente do backlog do produto, o backlog do ciclo pode ser alterado apenas pela equipe de desenvolvimento.

» **Incremento do produto:** A funcionalidade útil com potencial de envio. Se o produto é um site ou uma nova casa, o incremento do produto deve estar desenvolvido o bastante para demonstrar sua funcionalidade validada. Um projeto scrum é concluído após o produto ter uma funcionalidade de envio suficiente, que atenda aos objetivos comerciais do cliente para o projeto.

Finalmente, o scrum também tem cinco eventos:

» **Ciclo:** O termo do scrum para iteração. O *ciclo* é o contêiner para cada um dos outros eventos, nos quais a equipe scrum cria uma funcionalidade com o potencial de envio. Os ciclos são curtos, durando apenas um mês, geralmente entre uma e duas semanas, e em alguns casos duram um dia. Uma duração consistente do ciclo reduz a variação; uma equipe scrum pode extrapolar tranquilamente o que fazer em cada ciclo com base no que realizou nos ciclos anteriores. Os ciclos dão oportunidade de ajustar para uma melhoria imediata, em vez de isso acontecer no fim do projeto.

CAPÍTULO 4 **Abordagens Ágeis** 75

» **Planejamento do ciclo:** Ocorre no início de cada ciclo. Nas reuniões de planejamento, as equipes scrum decidem qual objetivo, escopo e tarefas de suporte farão parte do backlog do ciclo.

» **Scrum diário:** Ocorre diariamente, durando apenas 15 minutos. Durante o scrum diário, os membros da equipe de desenvolvimento comunicam três coisas:

- O que o membro da equipe concluiu ontem.
- Em que o membro da equipe trabalhará hoje.
- Uma lista dos itens que atrapalham o membro da equipe.

O scrum master também participa em relação aos impedimentos que trabalha para eliminar.

» **Revisão do ciclo:** Ocorre no fim de cada ciclo. Nessa reunião, a equipe de desenvolvimento demonstra para os envolvidos e toda a organização as partes aceitas do projeto que a equipe concluiu durante o ciclo. O principal na revisão do ciclo é receber feedback dos envolvidos, que informa ao product owner como atualizar o backlog do produto e considerar o próximo objetivo.

» **Retrospectiva do ciclo:** Ocorre no final de cada ciclo. A retrospectiva é uma reunião interna da equipe na qual os membros scrum (product owner, equipe de desenvolvimento e scrum master) discutem sobre o que deu certo durante o ciclo, o que não funcionou bem e como podem fazer melhorias para o próximo. Essa reunião é para ação (as frustrações devem ser expressas em outro lugar) e termina com planos concretos de melhorias para o próximo ciclo.

O scrum é simples: três funções, três artefatos e cinco eventos. Cada um tem sua função para assegurar que a equipe scrum tenha transparência, inspeção e adaptação contínuas. Como estrutura, o scrum aceita muitas outras técnicas ágeis, métodos e ferramentas para executar os aspectos técnicos da funcionalidade de criação.

Visão geral da programação extrema

Uma abordagem popular para o desenvolvimento de produtos, específica do software, é a programação extrema (XP). Leva as melhoras práticas do desenvolvimento de softwares a um nível extremo. Criada em 1996 por Kent Beck, com a ajuda de Ward Cunningham e Ron Jeffries, os princípios da XP foram descritos originalmente no livro de Beck *Extreme Programming Explained* (Addison-Wesley Professional), de 1999, que foi atualizado.

O foco da programação extrema é a satisfação do cliente. As equipes XP conseguem a alta satisfação desenvolvendo recursos quando ele precisa. As novas solicitações fazem parte da rotina da equipe de desenvolvimento, e ela é capacitada para lidar com tais solicitações. A equipe organiza-se em torno de qualquer problema e resolve-o com a maior eficiência possível.

CREDENCIAIS BÁSICAS

Se você é, ou deseja ser, um profissional ágil, considere ter uma ou mais certificações ágeis. O treinamento da certificação por si só fornece informações valiosas e a chance de praticar os processos ágeis; lições que você pode usar em seu trabalho. Muitas organizações visam a contratar pessoas com conhecimento comprovado na metodologia ágil, portanto, a certificação também pode impulsionar sua carreira.

É possível escolher entre várias certificações básicas e reconhecidas, inclusive:

- **Certified ScrumMaster (CSM):** A Scrum Alliance, uma organização profissional que promove a compreensão e o uso do scrum, oferece um certificado para os scrum masters. O CSM requer um treinamento de dois dias, dado por um Certified Scrum Trainer (CST), e uma avaliação CSM. O treinamento dá uma visão geral do scrum e é um bom ponto de partida para as pessoas que iniciam sua jornada na metodologia ágil. Veja http://scrumalliance.org (conteúdo em inglês).

- **Certified Scrum Product Owner (CSPO):** A Scrum Alliance também oferece uma certificação para os product owners. Como o CSM, o CSPO requer um treinamento de dois dias com um CST. O treinamento aprofunda a função do product owner. Veja http://scrumalliance.org (conteúdo em inglês).

- **Certified Scrum Developer (CSD):** Para os membros da equipe de desenvolvimento, a Scrum Alliance oferece o CSD. É uma certificação de controle técnico, requere cinco dias de treinamento com um CST, e é preciso passar no exame das técnicas de engenharia ágeis. O treinamento CSM ou CSPO inclui um CSD; os três dias restantes são um curso de habilidades técnicas. Veja http://scrumalliance.org (conteúdo em inglês).

- **PMI Agile Certified Practitioner (PMI-ACP):** O Project Management Institute (PMI) é a maior organização profissional para gerentes de projetos no mundo. Em 2012, o PMI apresentou a certificação PMI-ACP. Ela requer treinamento, experiência no gerenciamento de projetos, experiência de trabalho em projetos ágeis e passar no exame que testa seu conhecimento dos fundamentos ágeis. Veja http://pmi.org (conteúdo em inglês).

PAPO DE ESPECIALISTA

Quando a XP se desenvolveu como prática, suas funções ficaram indefinidas. Agora, um projeto típico consiste em pessoas em grupos de clientes, de gerenciamento, técnicos e de suporte do projeto. Cada pessoa desempenha um papel diferente em momentos diferentes.

Descobrindo os princípios da programação extrema

As abordagens básicas na programação extrema são baseadas nos princípios ágeis. As abordagens são as seguintes:

- » **A codificação é a principal atividade.** O código do software não só entrega a solução, como também é usado para explorar os problemas. Por exemplo, um programador pode explicar um problema usando o código.
- » **As equipes XP fazem muitos testes.** Se apenas poucos testes identificam falhas, testar muito ajuda a encontrar mais. Na verdade, os desenvolvedores não começam a codificar até terem elaborado critérios de sucesso para o requisito e designado testes de unidade. Um defeito não é uma falha de código, é uma falha em definir o teste certo.
- » **A comunicação entre cliente e programador é direta.** O programador deve entender o requisito comercial para designar uma solução técnica.
- » **Para os sistemas complexos, é necessário certo nível de design geral, além de qualquer função específica.** Nos projetos XP, o design geral é considerado durante a *reformulação* normal, a saber, usar o processo de melhorar sistematicamente o código para aperfeiçoar a legibilidade, reduzir a complexidade, melhorar a manutenção e assegurar a extensão na base de código inteira.

LEMBRE-SE

Você pode encontrar a programação extrema combinada com o lean ou o scrum, pois os elementos do processo são tão parecidos que combinam.

Conhecendo algumas práticas da programação extrema

Na XP, algumas práticas são parecidas com outras abordagens ágeis, mas outras não. A Tabela 4-1 lista as principais práticas XP, com a maioria sendo práticas importantes, e muitas se refletem nos princípios ágeis.

TABELA 4-1   Principais Práticas da Programação Extrema

Prática XP	Suposição Implícita
Jogo do planejamento	Todos os membros da equipe devem participar do planejamento. Não há desconexão entre empresários e técnicos.
Equipe inteira	O cliente deve partilhar (presencialmente) o local com a equipe de desenvolvimento e estar disponível. Essa acessibilidade permite que a equipe faça mais perguntas rápidas, tenha respostas também rápidas e entregue um produto mais alinhado com as expectativas do cliente.
Padrões de codificação	Use padrões de codificação para capacitar os desenvolvedores para que tomem decisões e tenham consistência durante o projeto; não reinvente sempre os fundamentos de como desenvolver produtos em sua organização. Identificadores de código padrão e convenções de nomenclatura são dois exemplos de padrões de codificação.
Metáfora do sistema	Ao descrever como funciona o sistema, use uma comparação implícita, uma história simples que seja entendida facilmente: "o sistema é como preparar uma refeição". Isso dá um contexto extra ao qual a equipe pode recorrer em todas as atividades de descoberta do produto e discussões.
Propriedade coletiva do código	A equipe inteira é responsável pela qualidade do código. A propriedade e responsabilidade compartilhadas promovem os melhores designs e a mais alta qualidade. Qualquer engenheiro pode modificar o código de outro engenheiro e permitir que o progresso continue.
Ritmo sustentável	Pessoas exaustas não são eficientes. Trabalho demais leva a erros, que leva a mais trabalho, que leva a mais erros. Evite trabalhar mais de 40 horas por semana e por longos períodos.
Programação em pares	Duas pessoas trabalham juntas em uma tarefa de programação. Uma pessoa é estratégica (o condutor), e a outra é tática (o navegador). Elas explicam a abordagem uma para a outra. Nenhuma parte do código é entendida por apenas uma pessoa. As falhas são encontradas com mais facilidade e corrigidas antes de consolidar e integrar o código no sistema.
Melhoria no design	Melhore continuamente o design, reformulando o código: removendo duplicações e ineficiências. Uma base de código lean é mais simples de manter e opera com mais eficiência.
Design simples	Quanto mais simples o design, menos custo para mudar o código do software.
Desenvolvimento com base em testes (TDD)	Escreva a aceitação automática do cliente e testes de unidade antes de codificar qualquer coisa. Escreva um teste, execute e veja-o falhar. Depois escreva um código suficiente para fazer o teste passar, reformulando até isso acontecer (vermelho-verde-limpo). Teste o sucesso antes de cantar vitória.
Integração contínua	Os membros da equipe devem trabalhar com o código mais recente. Passe os componentes do código à equipe de desenvolvimento sempre que possível, para identificar problemas e fazer correções antes de aumentarem.
Pequenas liberações	Libere algo útil para o cliente sempre que possível. Algumas organizações o fazem diariamente. Evite criar grandes armazenamentos de código, o que gera grandes esforços de retrocesso e integração arriscados. Tenha feedback do cliente o mais cedo possível, sempre que possível.

CAPÍTULO 4 **Abordagens Ágeis**   79

LEMBRE-SE

A programação extrema excede intencionalmente os limites do desenvolvimento e intensifica as práticas recomendadas, resultando em um excelente histórico da XP quanto a melhorar a eficiência e o sucesso do desenvolvimento.

Juntando Tudo

As três abordagens ágeis (lean, scrum e programação extrema (XP)) têm características comuns. A maior delas é que essas abordagens seguem o Manifesto Ágil e os 12 Princípios. A Tabela 4-2 mostra outras semelhanças entre as três abordagens.

TABELA 4-2 Semelhanças entre o Lean, Scrum e Programação Extrema

Lean	Scrum	Programação Extrema
Todos engajados	Equipe de desenvolvimento multidisciplinar	Equipe inteira
		Propriedade coletiva
Otimização do produto inteiro	Incremento do produto	Desenvolvimento com base em testes
		Integração contínua
Entrega rápida	Ciclos de quatro semanas ou menos	Liberação pequena

Além das estruturas e práticas ágeis mais extensas, o scrum também aceita vários acessórios que sempre aumentam o sucesso nos projetos ágeis. Assim como uma residência é estruturada para ter encanamento, rede elétrica, ventilação e recursos internos convenientes, o scrum fornece estrutura a muitas outras ferramentas e técnicas ágeis para fazer bem o serviço. Veja um exemplo, a respeito do qual você aprenderá mais nos capítulos a seguir:

» Comunicação da visão do produto (apresentação rápida, informação clara da direção para ultrapassar os limites do projeto).

» Mapa do produto (uma representação dos recursos necessários para conseguir a visão do produto).

» Velocidade (uma ferramenta para as equipes scrum planejarem o trabalho de cada ciclo e preverem empiricamente a entrega da funcionalidade em longo prazo).

» Plano de lançamento (estabelecer um objetivo específico médio, o sinal para colocar a funcionalidade no mercado).

» Histórias do usuário (estruturar os requisitos do ponto de vista do usuário final para esclarecer o valor comercial).

» Estimativa relativa (usar medidas de complexidade e esforço com autocorreção, em vez de medidas absolutas imprecisas, que dão uma falsa ideia de precisão).

» Agrupamento (equipes multidisciplinares trabalhando ao mesmo tempo em um requisito, até a conclusão, para terminar o trabalho mais rápido).

NESTE CAPÍTULO

» **Criando o espaço de trabalho ágil**

» **Redescobrindo a comunicação de baixa tecnologia e usando a comunicação de alta tecnologia certa**

» **Encontrando e usando as ferramentas necessárias**

Capítulo 5

Ambientes Ágeis em Ação

magine seu ambiente de trabalho atual. Talvez se pareça com o seguinte. A equipe de TI fica em um pequeno espaço em uma área do departamento, junto do gerente de projetos, a alguns passos. Você trabalha com uma equipe de desenvolvimento no exterior, com oito fusos horários. O cliente corporativo está no outro lado do prédio. Seu gerente tem um pequeno escritório escondido. As salas de conferência geralmente estão todas ocupadas, e mesmo que conseguisse uma, alguém o expulsaria em uma hora.

Os documentos do projeto estão guardados em pastas em uma unidade compartilhada. A equipe de desenvolvimento recebe, pelo menos, 100 e-mails por dia. O gerente de projetos faz uma reunião com a equipe toda semana e, consultando o plano do projeto, informa aos desenvolvedores em que devem trabalhar. Ele cria também um relatório de status semanalmente e o coloca na unidade compartilhada. Normalmente o gerente de produtos está ocupado demais para conversar com o gerente de projetos, mas envia e-mails periodicamente com novas considerações sobre o aplicativo.

Embora a descrição nos parágrafos anteriores possa não descrever sua situação em particular, é possível ver algo assim em qualquer cenário corporativo. Contudo, as equipes ágeis executam projetos em pequenos ciclos iterativos e focados, contando com o feedback rápido dos membros da equipe de projetos. Para operar e ser mais ágil, seu ambiente de trabalho deve mudar.

Este capítulo mostra como criar um espaço de trabalho que facilita a comunicação, do tipo que o ajuda a ser mais ágil.

Criando o Ambiente

As equipes de projeto ágeis prosperam quando os membros da equipe scrum trabalham juntos em um ambiente que dá suporte ao processo. Como mencionado nos outros capítulos, os membros da equipe de desenvolvimento são fundamentais para o sucesso dos projetos ágeis. Criar o ambiente certo para eles operarem contribui muito para seu sucesso. É possível até contratar pessoas especializadas em projetar ambientes de trabalho ideais com a metodologia ágil.

Local partilhado da equipe

Sempre que possível, a equipe scrum deve *partilhar o local*, ou seja, se reunir. Quando uma equipe scrum partilha o local, as seguintes práticas são possíveis e aumentam a eficiência:

- » Comunicação direta.
- » Ficar em pé, fisicamente, como um grupo, não sentado, para uma reunião diária com o scrum (isso faz com que as reuniões sejam rápidas e objetivas).
- » Uso de ferramentas simples e de baixa tecnologia para a comunicação.
- » Esclarecimentos em tempo real dos membros da equipe scrum.
- » Conhecer em que as outras pessoas trabalham.
- » Pedido de ajuda para uma tarefa.
- » Apoio às outras pessoas em suas tarefas.

Todas essas práticas endossam os processos ágeis. Quando todos estão na mesma área, é muito mais fácil para uma pessoa se inclinar, fazer uma pergunta e ter uma resposta imediata. Se a pergunta é complexa, uma conversa direta, com toda a sinergia criada, é muito mais produtiva do que uma troca de e-mails.

PAPO DE ESPECIALISTA

Essa comunicação mais eficiente se deve à *fidelidade*: o grau de precisão entre os significados pretendido e interpretado. Albert Mehrabian, doutor e professor na UCLA, mostrou que, em uma comunicação complexa e incongruente, 55% do significado é passado pela linguagem corporal, 38% é passado pela interpretação da tonalidade de voz específica da cultura, e apenas 7% é passado por palavras. É algo a lembrar durante sua próxima teleconferência VOIP ou por smartphone para discutir as nuanças do design de um sistema que não existe.

Alistair Cockburn, um dos signatários do Manifesto Ágil, criou o gráfico da Figura 5-1, que mostra a eficiência das diferentes formas de comunicação. Observe a diferença na eficiência da comunicação entre duas pessoas usando papel e quadro branco; com a partilha do local, a comunicação é melhor.

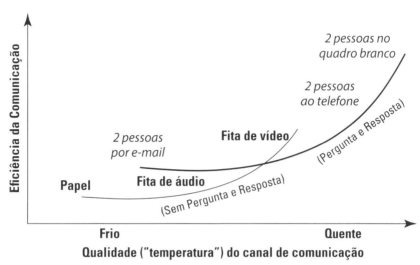

FIGURA 5-1: Melhor comunicação com o local partilhado.

Preparando uma área dedicada

Se os membros da equipe scrum estiverem no mesmo local, você desejará criar o ambiente de trabalho mais ideal possível. A primeira etapa é criar uma área dedicada.

Prepare um ambiente no qual a equipe scrum possa trabalhar reunida. Se possível, a equipe scrum deve ter sua própria sala, algumas vezes chamada de *sala de projetos* ou *sala scrum*. Os membros da equipe scrum criam a disposição de que precisam na sala, colocando quadros brancos e quadros de aviso nas paredes e movendo a mobília. Organizando o espaço para ter produtividade, ele se torna parte de como as pessoas trabalham. Se uma sala separada não for possível, uma *cápsula*, com espaços de trabalho ao redor e uma mesa ou centro de colaboração no meio, funcionará bem.

Se você fica em um cubículo e não pode derrubar as paredes, solicite alguns espaços vazios e retire as divisórias. Crie o espaço em que possa trabalhar como sua sala de projetos.

LEMBRE-SE

O espaço certo permite que a equipe fique imersa na solução de problemas e criação de soluções.

CAPÍTULO 5 **Ambientes Ágeis em Ação**   85

Sua situação pode estar longe da perfeição, mas vale a pena o esforço para ver o quanto consegue se aproximar do ideal. Antes de começar uma transição para a metodologia ágil em sua organização, solicite os recursos necessários à gerência para criar uma ótima condição. Os recursos variam entre os projetos, mas, no mínimo, devem incluir quadros brancos, quadros de aviso, marcadores, tachinhas e notas adesivas. Você ficará surpreso com a rapidez com que os ganhos em eficiência pagam o investimento e muito mais.

Por exemplo, em uma empresa cliente, dedicar uma sala de projetos e fazer um investimento de US$6 mil em vários monitores para os desenvolvedores aumentou a produtividade, economizando quase dois meses na duração do projeto e mais de U$60 mil. É um retorno muito bom devido a um investimento simples. Mostraremos como quantificar essas economias no início do projeto no Capítulo 13.

Removendo as distrações

A equipe de desenvolvimento precisa de foco, foco, foco. Os métodos ágeis são dedicados a criar uma estrutura de trabalho altamente produtiva, executada de um modo específico. A maior ameaça a essa produtividade é a distração, como... espere um pouco, preciso fazer uma ligação.

Pronto, voltei. A boa notícia é que uma equipe ágil tem alguém dedicado para evitar ou eliminar as distrações: o scrum master. Se você faz o papel do scrum master ou outro, precisa entender os tipos de situações que podem tirar a equipe de desenvolvimento do curso e como lidar com elas. A Tabela 5-1 é uma lista de distrações comuns e do que se pode ou não fazer para lidar com elas.

As distrações minam o foco, a energia e o desempenho da equipe de desenvolvimento. O scrum master precisa de força e coragem para gerenciar e evitar as interrupções. Toda distração evitada é um passo em direção ao sucesso.

TABELA 5-1 **Distrações Comuns**

Distração	Sim	Não
Vários projetos	Verifique se a equipe de desenvolvimento está dedicada 100% a um único projeto por vez.	Não fragmente a equipe de desenvolvimento entre vários projetos, suporte de operações e tarefas especiais.
Várias tarefas	Mantenha a equipe de desenvolvimento concentrada em uma tarefa. O ideal é que desenvolva uma parte da funcionalidade por vez. Um quadro de tarefas pode ajudar a controlar e identificar rapidamente se alguém está trabalhando em várias tarefas de uma só vez.	Não deixe a equipe de desenvolvimento trocar os requisitos. A troca de tarefas gera um grande custo (no mínimo 30%) em perda de produtividade.

Distração	Sim	Não
Excesso de supervisão	Deixe sozinhos os membros da equipe de desenvolvimento após sua colaboração nos objetivos da iteração; eles podem se auto-organizar. Veja a produtividade deles disparar.	Não interfira na equipe de desenvolvimento nem permita que outras pessoas o façam. O scrum diário oferece uma grande oportunidade para avaliar o progresso.
Influências externas	Redirecione qualquer distração. Se surgir uma nova tarefa fora do objetivo do ciclo, peça ao product owner para decidir se a prioridade dela compensa sacrificar a funcionalidade do ciclo.	Não atrapalhe os membros da equipe de desenvolvimento. Eles buscam o objetivo do ciclo, que é a maior prioridade durante um ciclo ativo. Mesmo uma tarefa aparentemente rápida pode arruinar o trabalho de um dia inteiro.
Gerencia-mento	Proteja a equipe de desenvolvimento das solicitações diretas do gerenciamento (a menos que queira dar aos membros da equipe um bônus por seu excelente desempenho).	Não permita que o gerenciamento afete negativamente a produtividade da equipe de desenvolvimento. Resista ao máximo à interrupção da equipe de desenvolvimento.

Tenha mobilidade

Julgando pelo título "tenha mobilidade", você pode achar que esta seção é sobre teleconferências via smartphone, só que não. As equipes de projeto ágeis adotam uma abordagem responsiva, e os membros da equipe scrum requerem um ambiente que os ajude a responder às necessidades diárias do projeto. O ambiente da equipe ágil deve ser móvel:

» Use mesas e cadeiras móveis para que as pessoas se movimentem e reconfigurem o espaço.

» Tenha notebooks conectados via wireless para que os membros da equipe scrum os peguem e movam com facilidade.

» Tenha um grande quadro branco móvel. Também veja a próxima seção sobre a comunicação de baixa tecnologia.

Com esse ambiente móvel, os membros da equipe scrum configuram e reconfiguram a disposição quando é necessário. Dado que os membros da equipe scrum trabalham com diferentes membros todos os dias, a mobilidade é importante. Uma mobília fixa tende a ditar as comunicações. Ser móvel permite maior colaboração e mais liberdade.

CAPÍTULO 5 **Ambientes Ágeis em Ação** 87

Comunicação de Baixa Tecnologia

Quando uma equipe scrum partilha um local, os membros se comunicam pessoalmente com facilidade e fluidez. Particularmente, quando fizer a conversão para a metodologia ágil, desejará manter ferramentas de comunicação de baixa tecnologia. Conte com conversas diretas, caneta e papel de sempre. A baixa tecnologia promove a informalidade, permitindo que os membros da equipe scrum mudem os processos de trabalho e sejam inovadores enquanto aprendem sobre o produto.

A ferramenta básica da comunicação deve ser a conversa. Lidar com os problemas pessoalmente é a melhor maneira de acelerar a produção:

>> **Faça reuniões presenciais diárias usando o scrum.** Algumas equipes scrum fazem a reunião em pé para evitar que ela dure mais de 15 minutos.

>> **Faça perguntas ao product owner.** E mais, verifique se a pessoa envolvida nas discussões sobre os recursos do produto dá esclarecimentos quando necessário. A conversa não deve terminar quando o planejamento acaba.

>> **Comunique-se com seus colegas de trabalho.** Se você tiver perguntas sobre os recursos, progresso do projeto ou integração, comunique-se com os colegas de trabalho. A equipe de desenvolvimento inteira é responsável por criar o produto, e os membros precisam conversar durante o dia.

Contanto que a equipe scrum permaneça reunida, é possível usar abordagens físicas e visuais para manter a todos sintonizados. As ferramentas devem permitir que todos vejam:

>> O objetivo do ciclo.

>> A funcionalidade necessária para alcançar o objetivo do ciclo.

>> O que foi feito no ciclo.

>> O que acontecerá no próximo ciclo.

>> Quem trabalha em qual tarefa.

>> O que resta a ser feito.

São necessárias apenas algumas ferramentas para dar suporte a essa comunicação de baixa tecnologia:

» Um ou dois quadros brancos (o ideal é que sejam móveis, sobre rodas ou leves). Nada supera um quadro branco na colaboração. A equipe scrum pode usar um para debater soluções ou compartilhar ideias.

» Muitas notas adesivas com diferentes cores (inclusive em tamanho de pôster, para transmitir informações críticas que você deseja com visibilidade imediata, como a arquitetura, padrões de codificação e definição de produto feito).

DICA

O meu favorito é dar a cada desenvolvedor, pelo menos, uma combinação de quadro com apagador/notas adesivas com suporte leve. Essas ferramentas baratas facilitam muito a comunicação.

» Muitas canetas coloridas.

» Uma tarefa específica do ciclo ou quadro kanban (descrito nos Capítulos 4 e 9) para controlar o progresso de modo tátil.

Se optar por um quadro kanban específico do ciclo, use notas adesivas para representar as *unidades de trabalho* (recursos divididos em tarefas). Para seu plano de trabalho, é possível colocar as notas em uma grande superfície (uma parede ou segundo quadro branco) ou usar um quadro kanban com fichas. Você pode personalizar o quadro kanban de vários modos, por exemplo, usando notas adesivas com diferentes cores para diferentes tipos de tarefas, adesivos vermelhos para os recursos que têm um impedimento e adesivos dos membros da equipe para ver quem trabalha em qual tarefa.

PAPO DE ESPECIALISTA

Um *irradiador de informação* é uma ferramenta que exibe informações para a equipe scrum e qualquer outra pessoa na área de trabalho da equipe. Os irradiadores de informação incluem quadros kanban, quadros brancos, quadros de aviso, *gráficos de burndown*, que mostram o status da iteração, e qualquer outro sinal com detalhes sobre o projeto, produto e equipe scrum.

Basicamente, você move as notas adesivas ou fichas no quadro para mostrar o status (veja a Figura 5-2). Todos sabem como ler o quadro e atuar no que é mostrado. No Capítulo 9, veja os detalhes do que colocar nos quadros.

DICA

Seja qual for a ferramenta usada, evite gastar tempo fazendo as coisas parecerem perfeitas, organizadas e bonitas. A formalidade no layout e apresentação (o que se pode chamar de *ostentação*) passa a impressão de que o trabalho é organizado e elegante. Contudo, é o trabalho que importa, logo, foque sua energia em atividades que o apoiem.

CAPÍTULO 5 **Ambientes Ágeis em Ação** 89

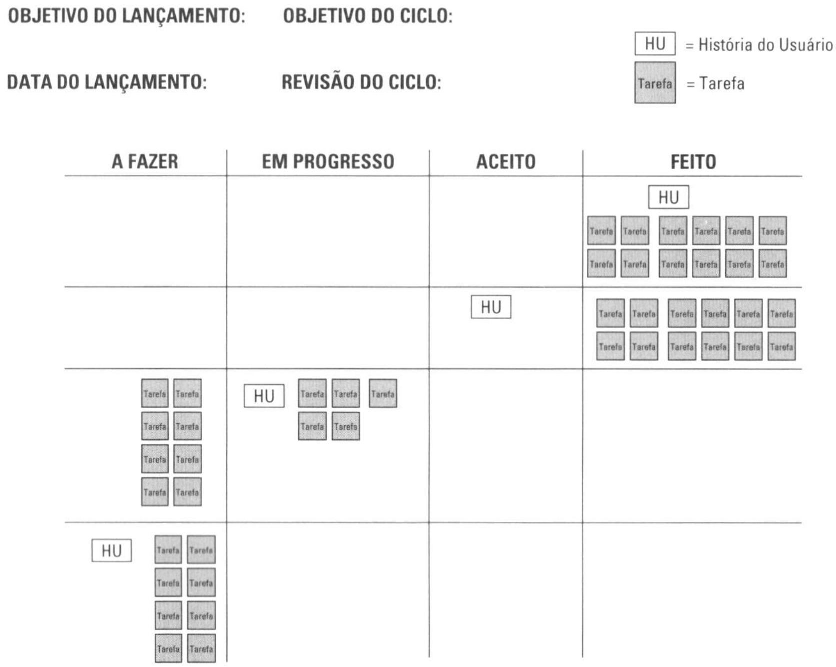

OBJETIVO DO LANÇAMENTO: **OBJETIVO DO CICLO:**

DATA DO LANÇAMENTO: **REVISÃO DO CICLO:**

HU = História do Usuário
Tarefa = Tarefa

A FAZER	EM PROGRESSO	ACEITO	FEITO

FIGURA 5-2:
Um quadro de tarefas scrum em uma parede ou quadro branco.

Comunicação de Alta Tecnologia

Embora o local partilhado quase sempre melhore a eficiência, muitas equipes scrum não podem partilhá-lo. Alguns projetos têm colegas de equipe espalhados em vários escritórios. Outros têm equipes de desenvolvimento no exterior, pelo mundo inteiro. Se você tem várias equipes scrum espalhadas, primeiro tente realocar o talento existente para formar equipes que partilhem um local em cada região. Se não for possível, não desista de fazer a transição para a metodologia ágil. Pelo contrário, simule o máximo possível a partilha do ambiente.

Quando os membros da equipe scrum trabalham em lugares diferentes, é preciso mais esforço para preparar um ambiente que crie uma sensação de conectividade. Para cobrir a distância e os fusos horários, são necessários mecanismos de comunicação mais sofisticados.

> ## NÃO REINVENTE A RODA!
>
> No passado, os processos de fabricação geralmente envolviam itens parcialmente concluídos, enviados para outro local para ser terminados. Nesses casos, o quadro kanban na parede de uma fábrica no primeiro local precisava ser visto pela gerência da fábrica no segundo local. Um software de quadro kanban foi desenvolvido para resolver o problema, mas de maneira interessante, o software parecia um quadro kanban na parede e era usado do mesmo modo. Não corrija o que já existe.

Ao determinar quais tipos de ferramentas de comunicação de alta tecnologia suportar, primeiro considere a perda dos diálogos. Veja algumas ferramentas que pode usar:

- » **Videoconferência e webcams:** Essas ferramentas podem dar uma sensação de união. Se você tem que se comunicar a distância, no mínimo, verifique se consegue ver e ouvir a outra pessoa com clareza. A linguagem corporal passa grande parte da mensagem.
- » **Mensagens instantâneas:** Embora a mensagem instantânea não transmita a comunicação não verbal, é em tempo real, acessível e fácil de usar. Várias pessoas podem compartilhar sessões e arquivos também.
- » **Compartilhamento de desktop pela web:** Sobretudo para a equipe de desenvolvimento, compartilhar o desktop permite que você destaque problemas e atualizações em tempo real. Ver o problema sempre é melhor do que simplesmente falar sobre ele por telefone.
- » **Sites de colaboração:** Esses sites permitem fazer tudo, desde compartilhar documentação simples para que todos tenham as últimas informações até usar um quadro branco virtual para debater.

DICA

Usar um site de colaboração (como o SharePoint, Confluence e Google Drive) permite postar documentos que mostram o status do ciclo. Quando os gerentes solicitam atualizações do status, é possível simplesmente direcioná-los para o site de colaboração para obter as informações necessárias, sob demanda. Atualizando os documentos diariamente, você fornece aos gerentes informações melhores do que obteriam com procedimentos formais de relatório do status em um ciclo tradicional de gerenciamento de projetos. Evite criar relatórios de status separados para o gerenciamento, pois duplicam as informações nos burndowns do ciclo e não dão suporte à produção.

CUIDADO

Não pense que, por haver um site de colaboração com documentação compartilhada, todos entendem tudo automaticamente na documentação. Use tal site para verificar se tudo é publicado, acessível, transparente, mas não deixe que ele dê à equipe uma falsa ideia de compreensão compartilhada.

Escolha das Ferramentas

Como mencionado neste capítulo, as ferramentas de baixa tecnologia são mais adequadas para os projetos ágeis, sobretudo no começo, enquanto a equipe scrum se acostuma com o processo. Esta seção analisa alguns pontos a se considerar quanto à escolha das ferramentas ágeis: a finalidade da ferramenta e os limites de compatibilidade e da organização.

Finalidade da ferramenta

Ao escolher as ferramentas, a pergunta básica que precisa ser respondida é: "Qual é a finalidade da ferramenta?" As ferramentas devem resolver um problema específico e dar suporte aos processos ágeis, com o objetivo sendo o avanço do trabalho.

Acima de tudo, não escolha nada mais complicado do que o necessário. Algumas ferramentas são sofisticadas e requerem tempo de aprendizado antes de você as usar e ser produtivo. Se estiver trabalhando com uma equipe scrum em um local partilhado, o treinamento e a adoção das práticas ágeis já são bem desafiadores sem um conjunto de ferramentas complicadas. Se estiver trabalhando com uma equipe scrum em outros locais, introduzir novas ferramentas poderá ser ainda mais difícil.

CUIDADO

É possível encontrar no mercado muitos sites, softwares e outras ferramentas centrados na metodologia ágil. Muitos são úteis, mas não se deve investir em ferramentas ágeis caras nos primeiros dias da implementação da metodologia. Esse investimento é desnecessário e traz mais complexidade para a adoção. Ao fazer as primeiras iterações e modificar sua abordagem, a equipe scrum identificará os procedimentos que podem ser melhorados ou precisam mudar. Uma dessas melhorias pode ser a necessidade de outras ferramentas ou de ferramentas substitutas. Quando surge uma necessidade na equipe scrum, ter o suporte da organização para comprar as ferramentas necessárias geralmente é mais fácil, porque a necessidade pode ser ligada a um problema do projeto.

Limites de compatibilidade e da organização

Além das considerações iniciais mencionadas na seção anterior, as ferramentas escolhidas devem operar em sua organização. A menos que você use apenas ferramentas não eletrônicas, provavelmente terá que levar em conta as políticas da empresa quanto ao hardware, software, serviços, computação na nuvem, segurança e sistemas de telefonia.

Se você faz parte de uma organização distribuída, algumas equipes scrum podem não conseguir suportar soluções complexas, manter as últimas versões do software ou ter uma largura de banda suficiente como garantia.

O segredo para criar um ambiente ágil para equipes ágeis é fazer isso no nível estratégico da organização. As equipes ágeis fazem projetos ágeis, portanto, conte com a liderança da organização no início para fornecer ferramentas que capacitarão suas equipes, as conduzindo ao sucesso.

NESTE CAPÍTULO

» Preparando as funções ágeis

» Criando valores ágeis em sua organização

» Transformando a filosofia da equipe

» Aprimorando as habilidades importantes

Capítulo **6**

Comportamentos Ágeis em Ação

Neste capítulo você vê a dinâmica comportamental que precisa mudar para sua organização aproveitar as vantagens de desempenho que as técnicas ágeis proporcionam. Descobre as diferentes funções em um projeto ágil e vê como mudar os valores e a filosofia da equipe de projetos quanto ao gerenciamento. Enfim, analisamos alguns modos de a equipe de projetos aprimorar as principais habilidades para um projeto ágil ter sucesso.

Estabelecendo as Funções da Metodologia Ágil

No Capítulo 4 descrevemos o scrum, uma das estruturas de trabalho ágeis mais populares usadas hoje. A estrutura scrum define as funções ágeis comuns de um modo bem sucinto. Usamos os termos scrum para descrever as funções da metodologia ágil neste livro. São elas:

» Product owner
» Membro da equipe de desenvolvimento
» Scrum master

O product owner, a equipe de desenvolvimento e o scrum master compõem a *equipe scrum*. Todas as funções são iguais, ninguém é chefe de ninguém.

As funções a seguir não fazem parte da estrutura scrum, mas ainda têm uma importância crítica para os projetos ágeis:

» Envolvidos
» Mentor ágil

A equipe scrum, junto dos envolvidos, compõe a *equipe de projetos* ágil. No centro de tudo está a equipe de desenvolvimento. O product owner e o scrum master desempenham funções que asseguram o sucesso da equipe de desenvolvimento. A Figura 6-1 mostra como essas funções e equipes se encaixam. Esta seção analisa em detalhes as funções.

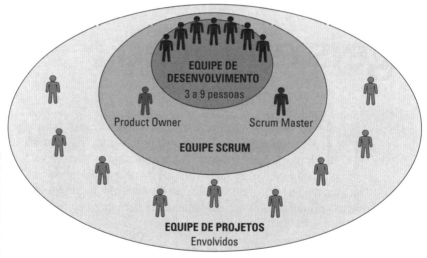

FIGURA 6-1: Equipe de projetos ágil, equipe scrum e equipe de desenvolvimento.

Product owner

O product owner, algumas vezes chamado de *representante do cliente* nos ambientes não scrum, é responsável por aproximar o cliente, os empresários e a equipe de desenvolvimento. Ele é um especialista no produto e nas necessidades e prioridades do cliente. O product owner, que é um membro igual da equipe scrum, protege a equipe de desenvolvimento das distrações comerciais, trabalha diariamente com a equipe para ajudar a esclarecer os requisitos e aceita o trabalho concluído durante o ciclo, preparando sua revisão.

Os product owners tomam decisões sobre o que o produto inclui ou não. Acrescente a isso a responsabilidade de decidir o que colocar no mercado e quando colocar, e verá que precisa de uma pessoa inteligente e esperta para desempenhar a função.

Em um projeto ágil, o product owner:

» Desenvolve a estratégia e direção do projeto e define os objetivos de longos e curtos prazos.

» Fornece ou tem acesso à especialização do produto.

» Entende e passa as necessidades do cliente e outros envolvidos para a equipe de desenvolvimento.

» Reúne, prioriza e gerencia os requisitos do produto.

» Assume a responsabilidade pelo orçamento e lucro do produto.

» Decide quando liberar a funcionalidade concluída.

» Trabalha com a equipe de desenvolvimento diariamente para responder às perguntas e tomar decisões.

» Aceita ou rejeita o trabalho concluído, quando concluído, durante o ciclo.

» Apresenta as realizações da equipe scrum no final de cada ciclo, antes de a equipe de desenvolvimento demonstrá-las.

O que torna um product owner bom? Determinação. Os bons product owners entendem muito o cliente, e a organização os capacita a tomar decisões comerciais difíceis todos os dias. Embora consigam coletar requisitos dos envolvidos, os product owners são bem informados sobre o produto por mérito próprio. Eles priorizam com confiança.

Os bons product owners interagem bem com a comunidade de empresários, equipe de desenvolvimento e scrum master. São pragmáticos e fazem concessões com base na realidade. São acessíveis e também perguntam o que a equipe de desenvolvimento precisa. São pacientes, sobretudo com as perguntas da equipe.

A Tabela 6-1 descreve as responsabilidades e características correspondentes de um product owner.

CAPÍTULO 6 **Comportamentos Ágeis em Ação**

TABELA 6-1 Características de um Bom Product Owner

Responsabilidade	Um Bom Product Owner...
Fornecer a estratégia do projeto e a direção	Prevê o produto concluído
	Entende bem a estratégia da empresa
Fornecer a especialização do produto	Trabalhou com produtos parecidos antes
	Entende as necessidades das pessoas que usarão o produto
Entender o cliente e outras necessidades dos envolvidos	Entende os processos comerciais relevantes
	Cria um bom canal de informações do cliente e de feedback
	Trabalha bem com os empresários
Gerenciar e priorizar os requisitos do produto	É decisivo
	Foca a eficiência
	Permanece flexível
	Transforma o feedback do envolvido em uma funcionalidade valiosa focada no cliente
	É prático ao priorizar os recursos úteis financeiramente, os recursos de alto risco e as melhorias estratégicas do sistema
	Protege a equipe de desenvolvimento das distrações comerciais (solicitações conflitantes dos envolvidos)
Ser responsável pelo orçamento e lucro	Entende quais recursos do produto proporcionam o melhor retorno sobre investimentos
	Gerencia os orçamentos com eficiência
Decidir sobre as datas de lançamento	Entende as necessidades comerciais nas linhas do tempo
Trabalhar com a equipe de desenvolvimento	É acessível para esclarecer diariamente os requisitos
	Trabalha com a equipe de desenvolvimento para entender as capacidades
	Trabalha bem com os desenvolvedores
	Descreve com habilidade os recursos do produto
Aceitar ou rejeitar o trabalho	Entende os requisitos e verifica se os recursos concluídos funcionam corretamente
Apresentar o trabalho concluído no final de cada ciclo	Apresenta claramente as realizações do ciclo antes de a equipe de desenvolvimento demonstrar a funcionalidade validada do ciclo

O product owner assume muita responsabilidade comercial durante o projeto. Embora o patrocinador financie e tenha o orçamento, o product owner gerencia como o orçamento é gasto.

Com um product owner dedicado e decidido, a equipe de desenvolvimento tem todo o suporte comercial necessário para transformar os requisitos em funcionalidade validada. A seção a seguir explica como o product owner assegura que a equipe entenda o produto que criará.

Membro da equipe de desenvolvimento

Os membros da equipe de desenvolvimento são as pessoas que criam o produto. No desenvolvimento de softwares, os programadores, analistas, escritores, engenheiros de dados e qualquer outra pessoa com uma função prática no desenvolvimento do produto são membros da equipe. Com outros produtos, os membros podem ter habilidades diferentes.

Em um projeto ágil, a equipe de desenvolvimento é:

» Responsável diretamente por criar as entregas do projeto.

» Auto-organizada e autogerenciada. Os membros da equipe de desenvolvimento determinam as próprias tarefas e como concluí-las.

» Multidisciplinar. Coletivamente, a equipe de desenvolvimento apresenta todas as habilidades requeridas para elaborar, projetar, desenvolver, testar, integrar e documentar os requisitos na funcionalidade validada.

» Polivalente. Os membros da equipe de desenvolvimento são versáteis; não têm apenas um conjunto de habilidades. Eles têm habilidades para colaborar imediatamente no início do projeto, mas também querem aprender novas habilidades e ensinar o que sabem aos outros membros da equipe.

» Dedicada a um projeto em sua duração.

» Reunida de preferência em um local partilhado. A equipe trabalha reunida na mesma área do mesmo escritório.

O que torna um membro da equipe de desenvolvimento bom? Veja as responsabilidades da equipe e características correspondentes na Tabela 6-2.

TABELA 6-2 Características de um Bom Membro da Equipe de Desenvolvimento

Responsabilidade	Um Bom Membro da Equipe de Desenvolvimento...
Criar o produto	Gosta de criar produtos
	Tem mais de uma habilidade nos trabalhos necessários para criar o produto
Ser auto-organizado e autogerenciado	Mostra iniciativa e independência
	Entende como resolver os impedimentos para atingir os objetivos
	Coordena o trabalho a ser feito com o resto da equipe

(continua)

CAPÍTULO 6 **Comportamentos Ágeis em Ação** 99

(continuação)

Responsabilidade	Um Bom Membro da Equipe de Desenvolvimento...
Ser multidisciplinar	Tem curiosidade
	Contribui de bom grado com as áreas fora de seu domínio
	Gosta de aprender novas habilidades
	Compartilha conhecimento com entusiasmo
Ser dedicado e partilhar o local	Faz parte de uma organização que entende os ganhos em eficiência associados às equipes focadas e que partilham o local de trabalho

Os dois outros membros da equipe scrum, product owner e scrum master, dão suporte aos esforços da equipe de desenvolvimento na criação do produto. Enquanto o product owner verifica se a equipe de desenvolvimento é eficiente (trabalha nas coisas certas), o scrum master limpa o caminho para a equipe trabalhar com a maior eficiência possível.

Scrum master

Um scrum master, algumas vezes chamado de *facilitador do projeto* nos ambientes ágeis não scrum, é responsável por dar suporte à equipe de desenvolvimento, retirando os impedimentos da organização e mantendo os processos fiéis aos princípios ágeis.

Um scrum master é diferente de um gerente de projetos. As equipes que usam as abordagens tradicionais trabalham para um gerente de projetos. Um scrum master, por outro lado, é um líder servidor que dá suporte à equipe para que seja totalmente funcional e produtiva. A função do scrum master é catalisar, não prestar contas. Você encontra mais sobre a liderança de servidor no Capítulo 14.

Em um projeto ágil, o scrum master:

» Age como um instrutor de processos, ajudando a equipe de projetos e a organização a seguirem os valores e práticas do scrum.

» Ajuda a remover os impedimentos do projeto, de modo reativo e proativo, e protege a equipe de desenvolvimento das interferências externas.

» Promove uma forte cooperação entre os envolvidos e a equipe scrum.

» Facilita o consenso na equipe scrum.

» Protege a equipe scrum das distrações na organização.

DICA

Comparamos o scrum master com o engenheiro aeronáutico, cujo trabalho é reduzir a resistência aerodinâmica da aeronave. A resistência sempre existe, mas pode ser reduzida com uma engenharia inovadora e proativa. Do mesmo

100 PARTE 2 **Seja Ágil**

modo, todos os projetos têm impedimentos organizacionais criando resistência na eficiência da equipe, e sempre há um limite que pode ser identificado e removido. Uma das partes mais importantes da função de um scrum master é remover os obstáculos e evitar distrações no trabalho da equipe de desenvolvimento. O valor de um scrum master bom nessas tarefas é incalculável para o projeto e para a equipe. Se uma equipe de desenvolvimento tem sete pessoas, o efeito de um bom scrum master é multiplicado por sete.

O product owner pode nunca ter participado de um projeto ágil, mas o scrum master provavelmente sim. Como tal, um scrum master treina novos product owners e equipes de desenvolvimento, e faz todo o possível para ajudá-los a ter sucesso.

O que garante que um scrum master seja bom? Ele não precisa ter experiência com o gerenciamento de projetos. Um scrum master é especialista em processos ágeis e treina outras pessoas. Ele trabalha também em colaboração com o product owner e a comunidade de envolvidos.

DICA

As habilidades na facilitação reduzem a interferência das reuniões do grupo e asseguram que todos na equipe scrum foquem a prioridade certa na hora certa.

Os scrum masters têm ótimas habilidades de comunicação, com bastante influência na organização para assegurar condições de sucesso negociando o ambiente certo, protegendo a equipe de distrações e removendo os impedimentos. Os scrum masters são ótimos facilitadores e ouvintes. Podem negociar com opiniões diferentes e ajudar a equipe a ajudar a si própria. Reveja as responsabilidades e características correspondentes do scrum master na Tabela 6-3.

TABELA 6-3 Características de um Bom Scrum Master

Responsabilidade	Um Bom Scrum Master...
Confirmar os valores e práticas do scrum	É um especialista nos processos scrum
	É apaixonado pelas técnicas ágeis
Remover os obstáculos e impedir interrupções	Tem influência na organização e resolve problemas com rapidez
	É articulado, diplomático e profissional
	É um bom comunicador e ouvinte
	É firme quanto à necessidade de a equipe de desenvolvimento se concentrar apenas no projeto e no ciclo atual
Nutrir uma boa cooperação entre os envolvidos externos e a equipe scrum	Vê as necessidades do projeto inteiro
	Evita panelinhas e ajuda a separar o grupo em silos
Induz o consenso	Entende as técnicas para ajudar os grupos a chegar em acordos

(continua)

(continuação)

Responsabilidade	Um Bom Scrum Master...
Ser um líder servidor	Não precisa nem deseja ser o responsável ou chefe
	Verifica se todos os membros da equipe de desenvolvimento têm as informações necessárias para fazer o trabalho, usa suas ferramentas e controla o progresso
	Realmente deseja ajudar a equipe scrum

DICA

Influência não significa autoridade. As organizações precisam dar poder aos scrum masters para que influenciem a mudança na equipe de projetos e a organização, mas influência envolve ganhar respeito, em geral, com sucesso e experiência. Alguns tipos de influência que dão poder aos scrum masters vêm da especialização (normalmente conhecimento do nicho), longevidade ("estou na empresa há muito tempo e conheço sua história"), carisma ("as pessoas geralmente gostam de mim") ou associações ("conheço pessoas importantes"). Não subestime o valor de um scrum master influente.

Os membros da equipe scrum (product owner, equipe de desenvolvimento e scrum master) trabalham juntos no projeto todo dia.

Como mencionamos antes no capítulo, a equipe scrum mais os envolvidos compõem a equipe de projetos. Algumas vezes, os envolvidos têm menos participação ativa do que os membros da equipe scrum, mas ainda podem ter um bom efeito e fornecer muito valor a um projeto.

Envolvidos

Os envolvidos são qualquer pessoa interessada no projeto. Basicamente, não são responsáveis por executar o produto, mas fornecem informações e são afetados pelo resultado do projeto. O grupo de envolvidos é diversificado e inclui pessoas de diferentes departamentos ou até de empresas diferentes.

Em um projeto ágil, os envolvidos:

» Incluem o cliente.
» Podem incluir técnicos, tais como arquitetos da infraestrutura ou administradores do sistema.
» Podem incluir o departamento legal, gerentes de conta, vendedores, especialistas em marketing e representantes do serviço ao cliente.
» Podem incluir especialistas no produto ou assunto, além do product owner.

Os envolvidos ajudam a fornecer ideias-chave sobre o produto e seu uso. Podem trabalhar de perto com o product owner durante o ciclo e darão feedback sobre o produto durante a revisão no final de cada ciclo.

CONSEGUIR CONSENSO: O PRIMEIRO DE CINCO

Parte do trabalho como equipe é concordar com as decisões como uma equipe. Uma parte importante de ser scrum master é ajudar a equipe a atingir o consenso. Já trabalhamos com grupos em que era difícil chegar a um consenso, desde sobre quanto tempo duraria uma tarefa até onde ir almoçar. Um modo rápido e informal de descobrir se um grupo concorda com uma ideia é usar o *primeiro de cinco,* que se parece com o pedra, papel e tesoura.

Na contagem de três, cada pessoa mostra os dedos, refletindo o grau de conforto com a ideia em questão:

   5: Adoro a ideia.

   4: Acho que é uma boa ideia.

   3: Posso apoiar a ideia.

   2: Tenho reservas, então podemos discutir.

   1: Oponho-me à ideia.

Se algumas pessoas mostram três, quatro ou cinco dedos, e outras apenas um ou dois, discuta sobre a ideia. Descubra por que as pessoas que apoiam a ideia acham que funcionará e quais reservas as pessoas que se opõem têm. Você deseja que todos os membros do grupo mostrem, pelo menos, três dedos; eles não precisam adorar a ideia, mas devem apoiá-la. As habilidades do scrum master, ao criar consenso, são essenciais nessa tarefa.

Também é possível chegar rapidamente à ideia de consenso em uma decisão pedindo aprovação com o polegar para cima (apoia), para baixo (não apoia) ou para o lado (indeciso). É mais rápido do que o primeiro de cinco e é ótimo para responder a perguntas com sim ou não.

Os envolvidos e o papel desempenhado por eles variam entre os projetos e organizações. Quase todos os projetos ágeis têm envolvidos fora da equipe scrum.

Alguns projetos têm mentores ágeis, sobretudo os projetos com equipes novas em processos ágeis.

Mentor ágil

Um mentor é uma ótima ideia para qualquer área na qual você deseja desenvolver nova especialização. O *mentor ágil,* algumas vezes chamado de *treinador ágil,* é alguém com experiência na implementação de projetos ágeis e pode compartilhar essa experiência com uma equipe de projetos. O mentor ágil dá feedback e conselhos valiosos para as novas equipes de projetos e as equipes que desejam melhorar o desempenho.

Em um projeto ágil, o mentor:

» Apenas desempenha o papel de mentor e não faz parte da equipe scrum.

» Em geral, é uma pessoa fora da organização que orienta de maneira objetiva, sem considerações pessoais nem políticas.

» É especializado na metodologia ágil, com grande experiência em implementar técnicas ágeis e executar diferentes tamanhos de projetos ágeis.

Considere um mentor ágil comparando-o com um instrutor de golfe. A maioria das pessoas tem um instrutor não porque não sabe jogar, mas porque o instrutor observa as coisas com a objetividade que um jogador envolvido no jogo nunca terá. O golfe, como a implementação das técnicas ágeis, é um exercício no qual pequenas nuanças fazem uma enorme diferença no desempenho.

Estabelecendo Novos Valores

Muitas organizações colocam seus principais valores na parede. Nesta seção, falamos sobre os valores que representam um modo de trabalhar em conjunto todos os dias, dando apoio mútuo e fazendo o que é preciso para conseguir o comprometimento da equipe scrum.

Além dos valores no Manifesto Ágil, os cinco valores essenciais para as equipes scrum são:

» Comprometimento

» Coragem

» Foco

» Abertura

» Respeito

As seções a seguir fornecem detalhes sobre cada um dos valores.

Comprometimento

Comprometimento implica compromisso e envolvimento. Nos projetos ágeis, a equipe scrum promete alcançar objetivos específicos. Confiando que a equipe scrum entregará o que promete, a organização se mobiliza em torno da promessa para atender a cada objetivo.

Os processos ágeis, inclusive a ideia de auto-organização, dão às pessoas a autoridade de que precisam para cumprir os compromissos. Contudo, o comprometimento requer um esforço consciente. Considere os pontos a seguir:

» As equipes scrum devem ser realistas ao assumir compromissos, especialmente em ciclos curtos. É mais fácil, logística e psicologicamente, colocar novos recursos em um ciclo do que eliminar os inatingíveis.

» As equipes scrum devem se comprometer totalmente com os objetivos. Isso inclui ter consenso na equipe de que o objetivo pode ser alcançado. Depois de a equipe scrum concordar com um objetivo, faz qualquer coisa necessária para alcançá-lo.

» A equipe scrum é pragmática, mas assegura que todo ciclo tenha um valor concreto. Alcançar um objetivo do ciclo e concluir cada item no escopo do objetivo são coisas diferentes. Por exemplo, um objetivo do ciclo para provar que um produto pode realizar uma ação específica é muito melhor do que um objetivo afirmando que exatamente sete requisitos serão concluídos durante o ciclo. As equipes scrum eficientes focam o objetivo e são flexíveis quanto às particularidades de como atingi-lo.

» As equipes scrum querem ser responsáveis pelos resultados. Têm o poder de estar no comando do projeto. Como membro da equipe scrum, você pode ser responsável por como organiza seu dia, a rotina de trabalho e o resultado.

Cumprir os compromissos com consistência é fundamental para usar as abordagens ágeis em um planejamento de longo prazo. No Capítulo 13, você lê sobre como usar o desempenho para determinar com precisão os cronogramas e orçamentos do projeto.

Coragem

Todos nós sentimos medo. Todos temos certas coisas que não queremos fazer, seja pedir a um membro da equipe para explicar algo ou encarar o chefe. Adotar técnicas ágeis é uma mudança para muitas organizações. Fazer mudanças bem-sucedidas requer coragem diante da resistência. A seguir estão algumas dicas que promovem a coragem.

» **Entenda que os processos que funcionaram não funcionarão, necessariamente, agora.** Algumas vezes é necessário lembrar isso às pessoas. Se quiser ter sucesso com as técnicas ágeis, seus processos de trabalho diário precisam mudar para melhorar.

CAPÍTULO 6 **Comportamentos Ágeis em Ação** 105

- **Fique pronto para lutar com o *status quo*.** O *status quo* resistirá. Algumas pessoas têm interesses próprios e não mudarão o modo como trabalham.

- **Equilibre desafio e respeito.** Os membros seniores da organização são especialmente resistentes à mudança. Em geral, criaram antigas regras para como as coisas são feitas. Agora, você desafia essas regras. Com respeito, lembre a essas pessoas de que é possível conseguir os benefícios das técnicas ágeis apenas seguindo fielmente os 12 princípios ágeis. Peça que lhe deem uma chance.

- **Adote outros valores.** Tenha coragem para assumir compromissos e apoiá-los. Tenha coragem para focar e dizer "não" às distrações. Tenha coragem para ser aberto e reconhecer que sempre há uma oportunidade para melhorar. E tenha coragem para ser respeitoso e tolerante com as visões de outras pessoas, mesmo quando desafiam a sua.

Quando substituir os processos antiquados de sua organização por abordagens mais modernas, espere ser desafiado. Enfrente o desafio; as recompensas podem ser valiosas.

Foco

A vida profissional é cheia de distrações. Muitas pessoas na própria organização adorariam usar seu tempo para facilitar o dia. Porém, as interrupções são caras. Jonathan Spira, da empresa de consultoria Basex, publicou um relatório chamado "The Cost of Not Paying Attention: How Interruptions Impact Knowledge Worker Productivity". O relatório detalha como os negócios nos Estados Unidos perdem cerca de US$600 *bilhões* por ano com distrações no local de trabalho.

Os membros da equipe scrum ajudam a mudar essas disfunções insistindo em um ambiente que lhes permitam concentração. Para reduzir as distrações e aumentar a produtividade, os membros da equipe scrum podem:

- **Separar-se das distrações da empresa.** Uma de nossas técnicas favoritas para assegurar a alta produtividade é encontrar um anexo longe dos escritórios principais da empresa e fazer com que seja a área de trabalho da equipe scrum. Às vezes, a melhor defesa é a distância.

- **Assegurar que não se gaste tempo em atividades não relacionadas ao objetivo do ciclo.** Se alguém tenta distraí-lo do objetivo do ciclo com algo que "precisa ser feito", explique suas prioridades. Pergunte: "Como essa solicitação fará o objetivo do ciclo avançar?" A resposta a essa simples pergunta pode tirar muitas atividades da lista de tarefas.

- **Descobrir o que precisa ser feito e fazer apenas isso.** A equipe de desenvolvimento determina as tarefas necessárias para atingir o objetivo do ciclo. Se é membro da equipe, use esse controle para colocar o foco nas tarefas prioritárias em mãos.

» **Equilibrar o tempo focado com acessibilidade para o resto da equipe scrum**. A técnica Pomodoro, de Francesco Cirillo, (dividir o trabalho em blocos de 25 minutos, com intervalos) ajuda a ter equilíbrio entre foco e acessibilidade. Em geral, recomendamos dar aos membros da equipe de desenvolvimento fones de ouvido para abafar o ruído, cujo uso é um sinal de "não perturbe". Porém, também sugerimos um acordo da equipe de que todos os membros tenham um mínimo de horas no escritório durante as quais estarão disponíveis para a colaboração.

» **Verificar se você mantém o foco.** Se não tem certeza se está mantendo o foco (pode ser difícil dizer), volte à pergunta básica: "Minhas ações são consistentes com a busca dos objetivos geral e de curto prazo (por exemplo, concluir a tarefa atual)?"

Como se pode ver, a concentração na tarefa não é uma pequena prioridade. Estenda o esforço no início para criar um ambiente sem distrações que ajude a equipe a ter sucesso.

Abertura

Não há segredos em uma equipe ágil. Se a equipe é responsável pelo resultado do projeto, faz sentido que tenha todos os fatos à sua disposição. Informação é poder, e assegurar que todos tenham acesso à informação necessária para tomar as decisões certas requer um desejo de ser transparente. Para utilizar o poder da abertura, você pode:

» **Assegurar que todos na equipe tenham acesso às mesmas informações.** Tudo, desde a visão do projeto até o menor detalhe sobre o status das tarefas, precisa estar no domínio público no que diz respeito à equipe. Use um repositório centralizado como a única fonte de informação e evite a distração do "relatório de status", colocando todos os status (gráficos de burndown, lista de impedimentos etc.) e informações no mesmo lugar. Em geral, enviamos um link do repositório para os envolvidos no projeto e dizemos: "Todas as informações que temos com um só clique. Não há modo mais rápido de ficar atualizado".

» **Ser aberto e encorajar outras pessoas a também ser.** Os membros da equipe devem se sentir à vontade para falar abertamente sobre problemas e oportunidades para melhorar, sendo os problemas algo com que lidam sozinhos ou veem em outro lugar na equipe. Abertura requer confiança na equipe e confiança requer tempo para ser desenvolvida.

» **Neutralizar a política interna desencorajando fofocas.** Se alguém fala com você sobre o que outro membro da equipe fez ou não, peça que leve o problema à pessoa que pode resolvê-lo. Não faça fofocas. Nunca.

» **Sempre ser respeitoso.** Abertura nunca deve ser uma desculpa para ser destrutivo ou cruel. O respeito é fundamental para um ambiente aberto em equipe.

CAPÍTULO 6 **Comportamentos Ágeis em Ação** 107

Pequenos problemas não resolvidos geralmente crescem e se tornam uma crise. Use um ambiente aberto para aproveitar as informações de toda a equipe e verificar se seus esforços de desenvolvimento estão concentrados nas verdadeiras prioridades do projeto.

Respeito

Toda pessoa na equipe tem algo importante para contribuir. Sua formação, educação e experiências têm uma influência singular na equipe. Compartilhe sua singularidade e procure valorizar o mesmo nos outros. Você encoraja respeito quando:

- » **Estimula a abertura.** Respeito e abertura andam lado a lado. Abertura sem respeito causa ressentimento; abertura com respeito gera confiança.
- » **Torna um ambiente de trabalho positivo.** Pessoas felizes tendem a tratar os outros melhor. Encoraje a positividade, e o respeito será consequência.
- » **Busca as diferenças.** Não apenas tolere as diferenças; tente encontrá-las. As melhores soluções vêm de opiniões diferentes que foram consideradas e desafiadas de modo adequado.
- » **Trata todos na equipe com o mesmo respeito.** Todos os membros da equipe devem receber o mesmo respeito, independentemente de sua função, nível de experiência ou colaboração. Encoraje todos a dar o melhor.

Respeito é a rede de segurança que permite à inovação prosperar. Quando as pessoas se sentem confortáveis ao opinar, a solução final pode melhorar de modos nunca antes considerados sem um ambiente de equipe respeitoso. Use o respeito como uma vantagem da equipe.

Mudando a Filosofia da Equipe

Uma equipe de desenvolvimento ágil opera de modo diferente de uma equipe que usa uma abordagem em cascata. Os membros da equipe de desenvolvimento devem mudar suas funções com base na prioridade do dia, organizar-se e pensar nos projetos de um modo inteiramente novo para cumprir os compromissos.

Para fazer parte de um projeto ágil bem-sucedido, as equipes de desenvolvimento devem adotar os seguintes atributos:

- » **Equipe dedicada:** Cada membro da equipe scrum trabalha apenas no projeto atribuído à equipe, não com equipes ou projetos externos. Os projetos terminam e novos começam, mas a equipe permanece igual.
- » **Multidisciplina:** O desejo e a capacidade de trabalhar em diferentes tipos de tarefas para criar o produto.

» **Auto-organização:** A capacidade e a responsabilidade para determinar como fazer o trabalho de desenvolvimento do produto.

» **Autogerenciamento:** A capacidade e a responsabilidade de manter o trabalho nos trilhos.

» **Equipes com tamanho limitado:** Equipes de desenvolvimento com o tamanho certo para assegurar uma comunicação eficiente. Menor é melhor; a equipe de desenvolvimento nunca deve ter mais de nove pessoas.

» **Controle:** Ter iniciativa para trabalhar e responsabilidade pelos resultados.

As seções a seguir analisam cada ideia em detalhes.

Equipe dedicada

Uma abordagem tradicional para a alocação de recursos (preferimos o termo *alocação de talentos*) é alocar partes do tempo dos membros da equipe em diversas equipes e projetos para ter 100% de utilização e justificar o custo de utilizar tais membros. Para o gerenciamento, saber que todas as horas da semana são contadas e justificadas é gratificante. Contudo, o resultado é menos produtividade devido a uma contínua *troca de contexto*: o custo associado à desmobilização e remobilização cognitivas para trocar as tarefas.

Outras práticas comuns da alocação de talentos incluem mover um membro entre as equipes para preencher temporariamente uma habilidade ou mão de obra que falta, e sobrecarregar uma equipe com vários projetos de uma só vez. Essas táticas geralmente são empregadas para tentar fazer mais com menos, mas todas as divergências de informação praticamente impossibilitam prever os resultados.

Essas abordagens têm resultados parecidos: uma grande diminuição em produtividade e incapacidade de inferir o desempenho. Estudos mostram 30%, no mínimo, de extensão do tempo necessário para concluir os projetos executados em paralelo, em vez de fazê-los em série.

PAPO DE ESPECIALISTA

Thrashing é outro termo para a troca de contexto entre as tarefas. Evite-o designando os membros da equipe a um projeto por vez.

Os resultados a seguir ocorrem quando você dedica equipes scrum para trabalhar em apenas um projeto por vez:

» **Projeções de lançamento mais precisas:** Como as mesmas pessoas realizam consistentemente as mesmas tarefas, todo ciclo, com o mesmo período alocado para o projeto entre os ciclos, as equipes inferem, de modo preciso e empírico, quanto tempo levará para concluir o restante do backlog, garantindo mais precisão do que as abordagens divididas tradicionais.

> » **Iterações eficientes e curtas:** Os ciclos são curtos porque quanto menor o loop de feedback, mais rápido as equipes respondem às necessidades que mudaram. Não há tempo suficiente para mover membros entre projetos.
>
> » **Menos falhas com menos custos:** A troca de contextos resulta em mais falhas, pois desenvolvedores distraídos produzem uma funcionalidade com menor qualidade. Custa menos corrigir algo ainda fresco na mente (durante o ciclo) do que depois, quando você precisa lembrar o contexto do trabalho. Estudos mostram que as falhas custam 6,5 vezes mais para ser corrigidas depois de o ciclo terminar e você estar trabalhando em outros requisitos, 24 vezes mais para corrigir ao preparar o lançamento, e 100 vezes mais depois de o projeto estar em produção.

Se quiser mais previsibilidade, maior produtividade e menos falhas, tenha membros da equipe scrum dedicados. Descobrimos que esse é um dos maiores fatores de sucesso de transição para a metodologia ágil.

Multidisciplina

Nos projetos tradicionais, os membros da equipe experientes geralmente são escalados como tendo uma única habilidade. Por exemplo, um programador .NET sempre faz o trabalho .NET, e um analista sempre faz o trabalho de controle de qualidade. Os membros da equipe com habilidades complementares são considerados, em geral, parte de grupos separados, tais como grupo de programação ou grupo de testes.

As abordagens ágeis reúnem pessoas que criam produtos em um grupo coeso: a equipe de desenvolvimento. As pessoas nas equipes de desenvolvimento ágeis evitam títulos e funções limitadas. Os membros podem iniciar um projeto com apenas uma habilidade e aprender a realizar diferentes trabalhos durante o projeto, ajudando a criar o produto.

A multidisciplina torna as equipes de desenvolvimento mais eficientes. Por exemplo, suponha que uma reunião com o scrum aponte o teste como a tarefa de mais alta prioridade para concluir o requisito. Um programador testa para terminar a tarefa rapidamente. Quando a equipe de desenvolvimento é multidisciplinar, *agrupa* os recursos do produto, com muitas pessoas trabalhando em um único requisito, quando possível, para concluir rapidamente o recurso.

A multidisciplina também ajuda a eliminar pontos de falha isolados. Considere os projetos tradicionais, nos quais cada pessoa sabe como fazer um trabalho. Quando um membro da equipe fica doente, entra de férias ou sai da empresa, ninguém mais pode o fazer. As tarefas que a pessoa fazia, atrasam. Por outro lado, os membros multidisciplinares da equipe de desenvolvimento ágil conseguem fazer muitos trabalhos. Quando uma pessoa fica indisponível, outra assume o lugar.

A multidisciplina encoraja cada membro da equipe a:

» **Acabar com os rótulos do que pode fazer.** Os títulos não têm vez em uma equipe ágil. Habilidades e capacidades para colaborar são o que importa. Pense em si mesmo como um soldado das Forças Especiais, versado o suficiente em diferentes áreas, que pode assumir qualquer situação.

» **Trabalhar para expandir as habilidades.** Não trabalhe apenas nas áreas que já conhece. Aprenda algo novo a cada ciclo. Técnicas como a *programação em pares*, na qual dois desenvolvedores trabalham juntos para codificar um item, ou acompanhamento de outros desenvolvedores podem ajudar a aprender novas habilidades e aumentar a qualidade do produto.

» **Adiantar-se para ajudar alguém que tem problemas.** Ajudar alguém com um problema é uma ótima maneira de aprender uma nova habilidade.

» **Ser flexível.** Flexibilizar-se ajuda a equilibrar as cargas de trabalho e aumenta a probabilidade de que a equipe atinja o objetivo do ciclo.

Com a multidisciplina, você evita a espera por pessoas-chave para trabalhar nas tarefas. Pelo contrário, um membro da equipe de desenvolvimento motivado, mesmo que tenha menos conhecimento, pode trabalhar em uma parte da funcionalidade hoje. Esse membro aprende e melhora, e o fluxo de trabalho continua equilibrado.

Um grande retorno da multidisciplina é o fato de a equipe de desenvolvimento concluir o trabalho rapidamente. As tardes após a revisão do ciclo são geralmente um momento de comemoração. Vá ao cinema. Vá à praia ou ao boliche. Vá cedo para casa.

Auto-organização

As técnicas ágeis enfatizam que as equipes de desenvolvimento auto-organizadas aproveitem o conhecimento e a experiência variados dos membros da equipe.

Se leu o Capítulo 2, deve se lembrar do princípio ágil 11: as melhores arquiteturas, requisitos e designs surgem de equipes auto-organizadas.

A auto-organização é uma parte importante de ser ágil. Por quê? Resumindo: controle. As equipes auto-organizadas não acatam os pedidos de outras pessoas; têm a solução desenvolvida, e isso faz uma enorme diferença no envolvimento dos membros e na qualidade da solução.

Para as equipes de desenvolvimento acostumadas com um modelo de projeto tradicional de comando e controle, a auto-organização pode exigir um esforço extra no início. Os projetos ágeis não têm um gerente de projetos para dizer à equipe o que fazer. Pelo contrário, as equipes de desenvolvimento auto-organizadas:

» **Comprometem-se com os próprios objetivos do ciclo.** No início de cada ciclo, a equipe de desenvolvimento trabalha com o product owner para identificar um objetivo tangível, com base nas prioridades do projeto.

» **Identificam as tarefas.** Os membros da equipe de desenvolvimento determinam as tarefas necessárias para atender ao objetivo do ciclo. A equipe de desenvolvimento trabalha unida para descobrir quem assume qual tarefa, como fazer o trabalho e como lidar com os riscos e problemas.

» **Estimam o esforço necessário para os requisitos e tarefas afins.** A equipe de desenvolvimento sabe muito sobre quanto esforço será necessário para criar os recursos específicos do produto.

» **Focam a comunicação.** As equipes de desenvolvimento ágeis bem-sucedidas aprimoram suas habilidades de comunicação sendo transparentes, comunicando-se diretamente, tendo consciência da comunicação não verbal, participando e ouvindo.

O segredo para se comunicar é ser claro. Em assuntos complexos, evite modelos de comunicação de mão única e potencialmente ambíguos, como o e-mail. A comunicação direta evita mal-entendidos e frustração. Sempre é possível resumir a conversa em um e-mail rápido mais tarde se os detalhes precisarem ser lembrados.

» **Colaboram.** Obter informações de uma equipe scrum diversa quase sempre melhora o produto, mas requer boas habilidades de colaboração, que é a base de uma equipe ágil eficiente.

Nenhum projeto bem-sucedido é uma ilha. As habilidades de colaboração ajudam os membros da equipe scrum a correr riscos com ideias e propor soluções inovadoras para os problemas do projeto. Um ambiente seguro e confortável é o marco de um projeto ágil bem-sucedido.

» **Decidem com consenso.** Para ter a máxima produtividade, a equipe de desenvolvimento inteira deve estar em sintonia e comprometida com o objetivo em mãos. O scrum master geralmente desempenha um papel ativo ao criar consenso, mas a equipe basicamente assume a responsabilidade por chegar a um acordo nas decisões e todos reconhecem as decisões.

» **Participam ativamente.** A auto-organização é um desafio para o tímido. Todos os membros da equipe de desenvolvimento devem participar ativamente. Ninguém dirá à equipe o que fazer para criar o produto. Os membros se informam sobre o que fazer, quando e como.

Em nossa experiência dando treinamento de metodologia ágil, ouvimos novos membros fazerem perguntas como: "Então, o que devo fazer agora?" Um bom scrum master responde perguntando ao desenvolvedor o que precisa fazer para atingir o objetivo do ciclo ou perguntando ao resto da equipe o que sugere. Responder a dúvidas com dúvidas pode ser um modo útil de guiar uma equipe de desenvolvimento para que seja auto-organizada.

Fazer parte de uma equipe de desenvolvimento auto-organizada requer responsabilidade, mas tem recompensas. A auto-organização dá às equipes liberdade para que sejam bem-sucedidas e aumenta o controle, que resulta em produtos melhores, que ajudam os membros a ter mais satisfação no trabalho.

Autogerenciamento

O autogerenciamento está diretamente relacionado à auto-organização. As equipes de desenvolvimento ágeis têm muito controle sobre como trabalham. Esse controle vem com a responsabilidade de assegurar o sucesso do produto. Para ter êxito com o autogerenciamento, as equipes de desenvolvimento:

» **Permitem a rotatividade da liderança.** Nos projetos ágeis, cada pessoa na equipe tem a oportunidade de liderar. Para tarefas diferentes, surgirão, naturalmente, líderes diferentes; a liderança mudará com base na especialização e experiências anteriores.

» **Contam com processos e ferramentas ágeis para gerenciar o trabalho.** Os métodos ágeis são adequados para facilitar o autogerenciamento. Com uma abordagem ágil, as reuniões têm finalidades claras e limites de tempo, e os artefatos mostram informações, porém com o mínimo de esforço para criar e manter. Aproveitar esses processos permite que as equipes de desenvolvimento passem grande parte de seu tempo criando o produto.

» **Informam o progresso com regularidade e transparência.** Cada membro da equipe de desenvolvimento é responsável por atualizar, com precisão e diariamente, o status do trabalho. Felizmente, o relatório do progresso é uma tarefa rápida nos projetos ágeis. No Capítulo 9 você aprende sobre os gráficos de burndown, que fornecem o status e requerem apenas alguns minutos para atualizar. Manter o status atual e fiel facilita o planejamento e o gerenciamento de problemas.

» **Gerenciam os problemas dentro da equipe de desenvolvimento.** Muitos obstáculos podem surgir em um projeto: desafios de desenvolvimento e problemas interpessoais são alguns exemplos. O primeiro perigo para a maioria da equipe de desenvolvimento é a própria equipe.

» **Criam um acordo na equipe.** Algumas vezes, as equipes de desenvolvimento fazem um acordo: um documento com as expectativas com que cada membro se compromete. Esses contratos fornecem uma compreensão compartilhada de expectativas comportamentais e permitem que o facilitador mantenha a equipe nos trilhos.

CAPÍTULO 6 **Comportamentos Ágeis em Ação** 113

- » **Inspecionam e adaptam-se.** Descubra o que funciona para sua equipe. As práticas recomendadas diferem. Algumas funcionam melhor chegando cedo; outras, chegando tarde. A equipe de desenvolvimento é responsável por rever o próprio desempenho e identificar técnicas que deve manter e mudar.
- » **Participam ativamente.** Como na auto-organização, o autogerenciamento funciona apenas quando os membros da equipe de desenvolvimento se reúnem e comprometem com a direção do projeto.

A equipe de desenvolvimento basicamente é responsável por auto-organização e autogerenciamento. Contudo, o scrum master ajuda de vários modos. Quando os membros procuram instruções específicas, lembra a eles de que têm o poder de decidir o que e como fazer. Se alguém de fora da equipe der ordens, insistir em tarefas ou disser como criar o produto, o scrum master intervém. Ele é um aliado poderoso para auto-organização e autogerenciamento da equipe.

Equipes com tamanho limitado

As equipes de desenvolvimento ágeis são pequenas de propósito. Uma equipe pequena é ligeira. Quando a equipe de desenvolvimento aumenta, o custo associado a orquestrar os fluxos de tarefas e de comunicação também aumenta.

Como ideal, as equipes de desenvolvimento ágeis têm, pelo menos, as pessoas necessárias para ser condensadas (pode fazer tudo que é necessário para produzir o produto) e não têm pontos de falha. Para ter uma cobertura de habilidades, normalmente as equipes não têm menos de três pessoas. Estatisticamente, as equipes scrum são mais rápidas com seis desenvolvedores e mais baratas com quatro ou cinco. Manter o tamanho da equipe de desenvolvimento entre três e nove pessoas faz com que seja uma equipe coesa e evita criar subgrupos ou *silos*.

Limitar o tamanho da equipe de desenvolvimento:

- » Encoraja que diversas habilidades sejam desenvolvidas.
- » Facilita a boa comunicação.
- » Mantém a equipe em unidade.
- » Promove controle conjunto do código, multidisciplinas e comunicação direta.

Quando se tem uma pequena equipe de desenvolvimento, há um escopo de projeto limitado e focado. Os membros da equipe interagem durante o dia quando tarefas, perguntas e críticas dos colegas fluem entre eles. Essa coesão assegura envolvimento consistente, aumenta a comunicação e reduz o risco do projeto.

Quando tiver um grande projeto e uma equipe de desenvolvimento grande na mesma proporção, divida o trabalho em várias equipes scrum. Para saber mais sobre como dimensionar os projetos ágeis na empresa, veja o Capítulo 17.

Controle

Fazer parte de uma equipe de desenvolvimento multidisciplinar, auto-organizada e autogerenciada requer responsabilidade e controle. As abordagens de gerenciamento verticais, nos projetos tradicionais, nem sempre encorajam a maturidade do controle necessário para assumir a responsabilidade por projetos e resultados. Mesmo os membros da equipe de desenvolvimento experientes devem ajustar seu comportamento para se acostumarem com a tomada de decisões nos projetos ágeis.

As equipes de desenvolvimento podem adaptar o comportamento e aumentar o nível de controle fazendo o seguinte:

» **Tome a iniciativa.** Em vez de esperar que outra pessoa diga em que trabalhar, aja. Faça o que é necessário para ajudar a atender os compromissos e objetivos.

» **Tenha sucessos e fracassos como uma equipe.** Nos projetos ágeis, os comprometimentos e falhas pertencem à equipe de projetos. Se surgirem problemas, seja responsável como um grupo, em vez de encontrar o culpado. Quando tiver sucesso, reconheça o esforço do grupo.

» **Confie na capacidade de tomar boas decisões.** As equipes de desenvolvimento podem tomar decisões maduras, responsáveis e corretas sobre o desenvolvimento do produto. Isso requer confiança quando os membros da equipe se acostumam a ter mais controle em um projeto.

A maturidade no comportamento e controle não significa que as equipes de desenvolvimento ágil sejam perfeitas. Pelo contrário, elas têm controle no escopo de seu comprometimento e assumem a responsabilidade para cumprir os compromissos. Erros acontecem. Do contrário, você não sairia de sua zona de conforto. Uma equipe de desenvolvimento madura identifica os erros com honestidade, aceita a responsabilidade pelos erros abertamente, aprende e melhora de forma sistemática.

3 Planejamento Ágil e Execução

NESTA PARTE...

Siga o Guia de Valor, da visão à execução.

Defina e estime os requisitos.

Crie uma funcionalidade validada e mostre-a em iterações.

Inspecione o trabalho e adapte os processos para ter uma melhoria contínua.

NESTE CAPÍTULO

» **Planejando os projetos ágeis**

» **Estabelecendo a visão do produto**

» **Criando recursos e o guia do produto**

Capítulo **7**

Defina a Visão e o Guia do Produto

Para começar, vamos contestar um mito comum. Se você ouviu que o projeto ágil não inclui planejamento, descarte esse pensamento agora. Você não só planejará o projeto geral, como também cada liberação, ciclo e dia. O planejamento é fundamental para o sucesso do projeto ágil.

Se você é gerente de projetos, provavelmente planeja muito no início. Deve ter ouvido a frase: "Planeje o trabalho e trabalhe o plano", que resume as abordagens não ágeis do gerenciamento de projetos.

Os projetos ágeis, por outro lado, envolvem planejar no início e durante todo o projeto. Planejando até o último momento viável, um pouco antes de uma atividade iniciar, é possível saber muito mais a respeito. Esse tipo de planejamento, chamado *planejamento* JIT (Just In Time — *na hora certa)* ou *estratégia informada situacional*, é o segredo do sucesso dos projetos ágeis. As equipes ágeis planejam tanto quanto, se não mais, as equipes de projetos tradicionais. Contudo, o planejamento ágil tem uma distribuição mais uniforme durante o projeto e é feito pela equipe inteira que trabalhará nele.

PAPO DE ESPECIALISTA

Helmuth von Moltke, estrategista militar e marechal alemão do século XIX, certa vez disse: "Nenhum plano sobrevive ao contato com o inimigo." Ou seja, no calor de uma batalha, como no meio de um projeto, os planos sempre mudam. O foco ágil no planejamento JIT permite se adaptar a situações reais e estar bem informado sobre como planejar tarefas específicas.

Este capítulo descreve como o planejamento JIT trabalha com os projetos ágeis. Você vê também as duas primeiras etapas de planejamento de um projeto ágil: criar a visão e o guia do produto.

Planejamento da Metodologia Ágil

O planejamento ocorre em vários pontos em um projeto ágil. Uma ótima maneira de ver as atividades de planejamento nos projetos ágeis é com o Guia de Valor. A Figura 7-1 mostra o guia inteiro.

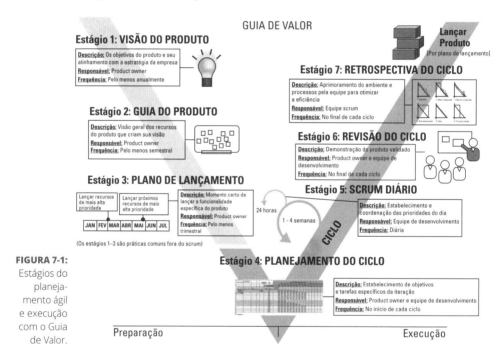

FIGURA 7-1: Estágios do planejamento ágil e execução com o Guia de Valor.

O Guia de Valor tem sete estágios:

» No estágio 1, o product owner identifica a *visão do produto*. Essa visão é o destino e objetivo do projeto. Inclui o limite do que será o produto, como ele difere da concorrência, como dará suporte à estratégia da empresa ou da organização, quem usará e por quê. Em projetos maiores, examine a visão do produto, pelo menos, uma vez ao ano.

» No estágio 2, o product owner cria um *guia do produto*. Esse guia é uma visão de alto nível dos requisitos, com um período definido para desenvolvê-los. Também contextualiza a visão, mostrando recursos concretos que serão produzidos durante o projeto. Identificar tais requisitos, priorizar e estimar mais ou menos o esforço para realizá-los permite estabelecer temas e identificar lacunas. O product owner, com apoio da equipe de desenvolvimento, deve rever o guia do produto, pelo menos, duas vezes ao ano.

» No estágio 3, o product owner cria um plano de lançamento. Esse *plano de lançamento* identifica um calendário de alto nível para o lançamento de uma funcionalidade validada para o cliente. O lançamento serve como um limite de médio prazo com o qual a equipe scrum mobiliza-se. Um projeto ágil terá muitos lançamentos, com os recursos de mais alta prioridade saindo primeiro. Você cria um plano no início de cada lançamento, que geralmente é trimestral, pelo menos. Saiba mais sobre o plano de lançamento no Capítulo 8.

» No estágio 4, o product owner, a equipe de desenvolvimento e o scrum master planejam as iterações, também chamadas de ciclos, e começam a criar a funcionalidade do produto. As sessões de *planejamento do ciclo* ocorrem no início de cada ciclo. Durante o planejamento, a equipe scrum determina um objetivo, que estabelece o limite de trabalho que a equipe pretende realizar durante o ciclo, com requisitos que dão suporte ao objetivo e podem ser concluídos nele. A equipe scrum também descreve como concluir os requisitos. Obtenha mais informações sobre o planejamento do ciclo no Capítulo 8.

» No estágio 5, a equipe de desenvolvimento tem *reuniões diárias* com o scrum durante cada ciclo para coordenar as prioridades do dia. Nessa *reunião,* você fala sobre o que concluiu no dia anterior, em que trabalhará hoje e qualquer obstáculo encontrado para que resolva os problemas imediatamente. Leia sobre os scrums diários no Capítulo 9.

» No estágio 6, a equipe scrum faz uma *revisão do ciclo* no final. Nessa revisão, você demonstra a funcionalidade validada para os envolvidos no produto. Saiba como realizar as revisões do ciclo no Capítulo 10.

» No estágio 7, a equipe scrum faz uma *retrospectiva do ciclo*. É uma reunião na qual a equipe discute sobre o ciclo concluído em relação a seus processos e ambiente, e planeja melhorias para o próximo. Como a revisão do ciclo para inspecionar e adaptar o produto, a retrospectiva ocorre no final de cada ciclo, para inspecionar e adaptar seus processos e ambiente. Saiba mais sobre como realizar as retrospectivas do ciclo no Capítulo 10.

Cada estágio no Guia de Valor é repetido e cada um contém atividades de planejamento. O planejamento ágil, como o desenvolvimento, é iterativo.

CAPÍTULO 7 **Defina a Visão e o Guia do Produto** 121

Elaboração progressiva

Durante cada estágio em um projeto ágil, você planeja apenas a quantidade necessária. Nos estágios iniciais do projeto, o planejamento é amplo e completo, para criar uma visão geral de como o produto será modelado. Nos estágios seguintes, você restringe o planejamento e adiciona mais detalhes para assegurar o sucesso no esforço de desenvolvimento imediato. Esse processo é chamado de *elaboração progressiva dos requisitos.*

O planejamento amplo no início e com detalhes depois, quando necessário, evita a perda de tempo planejando requisitos de mais baixa prioridade que poderão nem ser implementados. Esse modelo também permite adicionar requisitos de alto valor durante o projeto sem interromper o fluxo de desenvolvimento.

Quanto mais dinâmico é o planejamento detalhado, mais eficiente é o processo.

Alguns estudos mostram que clientes raramente ou nunca chegam a usar 65% dos recursos em um aplicativo. Nos primeiros ciclos de desenvolvimento, são concluídos os recursos que tem prioridade mais alta e que as pessoas *usarão*. Normalmente, você libera esses grupos de recursos o mais cedo possível para conseguir uma fatia de mercado, com a vantagem de ser o primeiro, recebe feedback do cliente quanto à viabilidade, monetiza a funcionalidade no início para otimizar o ROI (retorno sobre investimento) e evita ficar obsoleto dentro e fora da empresa.

Inspecione e adapte-se

O planejamento JIT coloca em ação dois princípios fundamentais das técnicas ágeis: inspeção e adaptação. Em cada estágio do projeto, é preciso ver o produto e o processo (inspeção) e fazer mudanças quando necessário (adaptação).

O planejamento ágil é um ciclo rítmico de inspeção e adaptação. Considere o seguinte:

- » Todos os dias, durante o ciclo, o product owner dá um feedback para ajudar a melhorar o produto quando a equipe de desenvolvimento o cria.
- » No final de cada ciclo, durante a revisão, os envolvidos dão um feedback para melhorar mais o produto.
- » Também no final de cada ciclo, durante a retrospectiva, a equipe scrum discute sobre as lições aprendidas durante o último ciclo para melhorar o processo de desenvolvimento.
- » Após uma liberação, os clientes podem dar feedback para a melhoria. Esse feedback pode ser direto, quando um cliente entra em contato com a empresa para falar sobre o produto, ou indireto, quando os clientes em potencial compram ou não o produto.

A inspeção e adaptação, juntas, são ferramentas fantásticas para entregar o produto certo do modo mais eficiente.

LEMBRE-SE

No início de um projeto, você sabe o mínimo sobre o produto que está criando, portanto, planejar detalhes, nesse momento, simplesmente não funciona. Ser ágil significa fazer um planejamento detalhado quando necessário e desenvolver imediatamente os requisitos específicos, definidos nesse planejamento.

Agora que você sabe um pouco mais sobre como o planejamento ágil funciona, é hora de concluir a primeira etapa em um projeto ágil: definir a visão do produto.

Definindo a Visão do Produto

O primeiro estágio em um projeto ágil é definir a visão do produto. A *declaração de visão do produto* é um resumo, ou visão geral, para comunicar como o produto apoia as estratégias da empresa ou da organização. A declaração de visão deve expressar o estado final do produto.

O produto pode ser comercial, para lançar no mercado, ou uma solução interna que dá suporte às funções diárias da organização. Por exemplo, digamos que sua empresa seja o Banco XYZ e o produto seja um aplicativo de banco para dispositivos móveis. A quais estratégias da empresa esse aplicativo dá suporte? Como o aplicativo dá suporte às estratégias? Sua declaração da visão associa de modo claro e conciso o produto à estratégia comercial.

A Figura 7-2 mostra como a declaração da visão, estágio 1 do Guia de Valor, se encaixa no resto dos estágios e atividades em um projeto ágil.

Uma prática ágil comum

Estágio 1: VISÃO DO PRODUTO

Descrição: Os objetivos do produto e seu alinhamento com a estratégia da empresa
Responsável: Product owner
Frequência: Pelo menos anualmente

FIGURA 7-2: Declaração da visão do produto como parte do Guia de Valor.

O product owner é responsável por conhecer o produto, seus objetivos e seus requisitos durante o projeto. Por isso, cria a declaração da visão, embora outras pessoas possam ter informações. Depois de a declaração ser concluída, torna-se um guia, a declaração de "o que tentamos realizar" que a equipe de desenvolvimento, o scrum master e os envolvidos consultam durante o projeto.

CAPÍTULO 7 **Defina a Visão e o Guia do Produto**

Ao criar uma declaração de visão do produto, siga estas quatro etapas:

1. **Desenvolva o objetivo do produto.**

2. **Crie um esboço da declaração da visão.**

3. **Valide a declaração com os envolvidos no produto e no projeto, e revise com base no feedback.**

4. **Finalize a declaração da visão.**

A declaração da visão não segue regras rígidas. Contudo, qualquer pessoa envolvida no projeto, desde a equipe de desenvolvimento até o CEO, deve conseguir entendê-la. A declaração da visão deve ser objetiva, clara, não técnica e o mais resumida possível dentro da empresa. Também deve ser explícita e evitar os floreios do marketing.

Etapa 1: Desenvolvendo o objetivo do produto

Para escrever a declaração da visão, você deve entender e comunicar o objetivo do produto. É preciso identificar o seguinte:

» **Cliente:** Quem usará o produto? Essa pergunta pode ter mais de uma resposta.

» **Principais objetivos do produto:** Como o produto beneficiará a empresa que o cria? Os objetivos podem incluir benefícios para um departamento específico na empresa, como o serviço ao cliente ou o departamento de marketing, assim como toda a empresa. A quais estratégias específicas da empresa o produto dá suporte?

» **Necessidade:** Por que o cliente precisa do produto? Quais recursos são essenciais para o cliente?

» **Concorrência:** Como o produto se compara com os similares?

» **Diferença básica:** O que torna o produto diferente do *status quo*, da concorrência ou ambos?

Etapa 2: Criando um esboço da declaração da visão

Depois de ter uma ideia do objetivo do produto, crie o primeiro esboço da declaração da visão.

É possível encontrar muitos modelos de declaração. Para obter um excelente guia ao definir a visão geral do produto, veja o livro *Crossing the Chasm*, de Geoffrey Moore (publicado pela HarperCollins), que foca como fechar a lacuna (abismo) entre os adotantes iniciais das novas tecnologias e a maioria que vem depois.

A adoção de qualquer produto novo é um jogo. Os usuários gostarão do produto? O mercado irá adotá-lo? Haverá um retorno sobre investimento adequado para o desenvolvimento do produto? No livro *Crossing the Chasm*, Moore descreve como os adotantes iniciais são orientados pela visão, ao passo que a maioria é de visionários céticos e interessados nas questões práticas de qualidade, manutenção do produto e longevidade.

PAPO DE ESPECIALISTA

O *retorno sobre investimento*, ou ROI, é o benefício ou valor que uma empresa adquire ao pagar por algo. O ROI pode ser quantitativo, como o dinheiro extra que os Produtos ABC conseguem com a venda de objetos online após investir em um novo site. O ROI também pode ser algo abstrato, como a melhor satisfação do cliente do Banco XYZ, que usa o novo aplicativo para dispositivos móveis.

Criando sua declaração da visão, você ajuda a comunicar a qualidade do produto, as necessidades de manutenção e a longevidade.

A abordagem de Moore da visão do produto é pragmática. Na Figura 7-3 construímos um modelo com base na abordagem de Moore para conectar explicitamente o produto às estratégias da empresa. Se você usar esse modelo para sua declaração da visão do produto, ela continuará atual quando seu produto deixar de ter uma adoção inicial para se tornar popular.

DICA

Um modo de tornar a declaração da visão do produto mais convincente é escrevê-la no tempo presente, como se o produto já existisse. Usar o presente ajuda os leitores a imaginarem o produto em uso.

FIGURA 7-3: Expansão do modelo de Moore para uma declaração da visão.

```
                Declaração da Visão do Produto

        Para            _____(cliente-alvo)_____
        que             _____(necessidades)_____
        o(a)            _____(nome do produto)_____
        é um(a)         _____(categoria do produto)_____
        que             __(benefício do produto, motivo para comprar)__
        Diferente do(a) _____(concorrente)_____
        nosso produto   _____(diferencial/proposta de valor)____
```

CAPÍTULO 7 **Defina a Visão e o Guia do Produto** 125

Usando nossa expansão do modelo de Moore, uma declaração da visão de um aplicativo de banco para dispositivos móveis ficaria assim:

Para os clientes do Banco XYZ

que querem acessar o banco em qualquer lugar,

o MyXYZ

é um aplicativo para dispositivos móveis

que permite acessar o banco com segurança, sob demanda, 24 horas por dia.

Diferente do banco online, acessado em casa ou do computador no escritório,

nosso produto permite um acesso imediato pelos usuários,

que dá suporte à nossa estratégia para fornecer serviços bancários rápidos e convenientes em qualquer lugar. **(complemento da Platinum Edge)**

Como é possível ver, uma declaração da visão identifica um futuro estado do produto quando é concluído. A visão foca as condições que devem existir quando o produto está terminado.

CUIDADO

Evite generalizações na declaração da visão, como "torna os clientes felizes" ou "vende mais produtos". Também tenha cuidado com o excesso de especificações tecnológicas, como "usando a versão 9.x do Java, crie um programa com quatro módulos que...". Nesse estágio inicial, definir tecnologias específicas pode trazer limitações posteriores.

Veja alguns fragmentos das declarações da visão que sinalizam alerta:

» Assegura clientes extras para o aplicativo MyXYZ.
» Atende nossos clientes em dezembro.
» Elimina todas as falhas e melhora a qualidade.
» Cria um novo aplicativo em Java.
» Vence a Widget Company, entrando no mercado em seis meses.

Etapa 3: Validando e revendo a declaração da visão

Depois de esboçar a declaração da visão, revise-a usando a seguinte lista para verificar a qualidade:

» A declaração é clara, focada e escrita para um público interno?
» A visão descreve o melhor resultado possível?
» A declaração fornece uma descrição convincente de como o produto atende às necessidades do cliente?

- » O objetivo comercial é específico o bastante para a meta ser atingida?
- » A declaração entrega um valor consistente com as estratégias e objetivos da empresa?
- » A declaração da visão do produto é convincente?
- » A visão é concisa?

Essas perguntas com respostas sim ou não determinam se a declaração da visão é completa e clara. Se alguma resposta for não, reveja a declaração.

Quando todas as respostas forem sim, revise a declaração com outras pessoas, inclusive:

- » **Envolvidos no projeto:** Conseguirão identificar que a declaração da visão inclui tudo que o produto deve realizar.
- » **Sua equipe de desenvolvimento:** A equipe, porque criará o produto, deve entender o que o produto precisa realizar.
- » **Scrum master:** Uma boa compreensão do produto ajudará o scrum master a remover os obstáculos e assegurar que a equipe de desenvolvimento permaneça no caminho certo.
- » **Mentor ágil:** Compartilhe a declaração da visão com o mentor ágil, se houver um. Ele não pertence à organização e pode dar uma perspectiva externa, qualidades que contribuem para uma grande objetividade.

Veja se outras pessoas acham a declaração da visão clara e se transmite a mensagem desejada. Revise e reveja a declaração até que os envolvidos no produto, a equipe de desenvolvimento e o scrum master a compreendam completamente.

LEMBRE-SE

Nesse estágio do produto, é possível não ter uma equipe de desenvolvimento ou scrum master. Depois de formar uma equipe scrum, revise a declaração com ela.

Etapa 4: Finalizando a declaração da visão

Depois de terminar a revisão da declaração, faça com que a equipe de desenvolvimento, o scrum master e os envolvidos tenham uma cópia final. Você pode até colocar uma cópia na parede, na área de trabalho da equipe, onde possa ser vista todos os dias. A declaração será consultada durante o projeto.

Se o projeto durar mais de um ano, você deve rever a declaração. Gostamos de revisá-la pelo menos uma vez ao ano para verificar se o produto reflete o mercado e dá suporte a qualquer alteração nas necessidades da empresa. Como a declaração da visão é o limite de longo prazo do projeto, termina quando a visão não é mais viável.

O product owner fica com a declaração e é responsável por seu preparo e comunicação na organização. A visão do produto define as expectativas para os envolvidos e ajuda a equipe de desenvolvimento se concentrar no objetivo.

Parabéns. Você acabou de concluir o primeiro estágio de seu projeto ágil. Agora é hora de criar um guia do produto.

Criando um Guia do Produto

O guia do produto, o estágio 2 no Guia de Valor (veja a Figura 7-4), é uma visão geral dos requisitos e uma ferramenta valiosa para planejar e organizar a jornada de desenvolvimento. Use o guia para categorizar os requisitos, priorizá-los, identificar as lacunas e dependências, e determinar um cronograma de lançamento para o cliente.

Como ocorre com a declaração da visão, o product owner cria o guia do produto com a ajuda da equipe de desenvolvimento e dos envolvidos. A equipe participa mais em relação à criação da declaração.

Uma prática ágil comum

Estágio 2: GUIA DO PRODUTO

FIGURA 7-4: O guia do produto como parte do Guia de Valor.

Descrição: Visão geral dos recursos do produto que criam sua visão
Responsável: Product owner
Frequência: Pelo menos semestral

Lembre-se de que você aprimora os requisitos e as estimativas do esforço durante o projeto. Na fase do guia do produto, não há problemas se os requisitos, estimativas e intervalos de tempo estão em um nível muito alto.

Para criar o guia do produto, faça o seguinte:

1. **Identifique os envolvidos.**
2. **Estabeleça os requisitos do produto e adicione-os ao guia.**
3. **Organize os requisitos do produto com base nos valores, riscos e dependências.**
4. **Estime o esforço de desenvolvimento em um nível alto e priorize os requisitos do produto.**
5. **Determine intervalos de tempo de alto nível para lançar grupos de funcionalidade para o cliente.**

Como as prioridades mudam, espere atualizar o guia durante o projeto. Gostamos de atualizar esse guia pelo menos duas vezes ao ano.

DICA

O guia do produto é tão simples quanto notas adesivas organizadas em um quadro branco, o que torna as atualizações tão fáceis quanto mover uma nota.

O guia do produto é usado para planejar os lançamentos: o estágio 3 no Guia de Valor. Os *lançamentos* são grupos de funcionalidade útil que você libera para os clientes para ter um feedback real e gerar retorno sobre investimento.

A seção a seguir detalha as etapas para criar um guia do produto.

Etapa 1: Identificando os envolvidos

Ao estabelecer a visão do produto, é provável que identifique apenas alguns envolvidos-chave disponíveis para dar um feedback de alto nível. No estágio do guia, coloca-se mais contexto na visão e identifica-se como consegui-la, dando mais informações sobre quem participará do projeto.

É o momento de engajar os envolvidos existentes e recém-identificados para receber feedback sobre a funcionalidade que você deseja implementar para conseguir a visão. O guia do produto é seu primeiro corte em um backlog de alto nível, analisado posteriormente neste capítulo. Com essa primeira rodada de detalhe identificada, você desejará envolver mais do que apenas a equipe scrum, patrocinador e usuários óbvios. Considere incluir as seguintes pessoas:

» **Departamento de marketing:** Seus clientes precisam conhecer o produto, e é isso que o departamento de marketing proporciona. Eles precisam entender seus planos e devem ter informações quanto à ordem na qual você lança a funcionalidade no mercado, com base em sua experiência e pesquisa.

» **Departamento de serviço ao cliente:** Assim que o projeto entra no mercado, como recebe suporte? Os itens específicos do guia identificam a pessoa que você precisará preparar. Por exemplo, um product owner pode não ver muito valor em conectar um recurso de bate-papo online ao vivo, mas o gerente de serviço ao cliente pode ver de modo diferente, pois seus representantes lidariam apenas com uma ligação, em vez de com até seis sessões diferentes.

» **Departamento de vendas:** Verifique se os membros da equipe de vendas veem o produto para que comecem a vender a mesma coisa que você está criando. Como o departamento de marketing, o departamento de vendas terá um conhecimento direto sobre o que os clientes procuram.

» **Departamento jurídico:** Sobretudo se você trabalha em um setor muito regulado, reveja o guia com um advogado o mais cedo possível para verificar se não se esqueceu de nada que possa colocar em risco o projeto, caso seja descoberto mais tarde.

» **Clientes adicionais:** Ao identificar os recursos no guia, você pode descobrir outras pessoas que verão valor na criação. Dê a elas uma oportunidade para rever seu guia e validar suas suposições.

Etapa 2: Estabelecendo os requisitos do produto

A segunda etapa ao criar um guia do produto é identificar, ou definir, os diferentes requisitos.

Quando você cria o guia do produto, normalmente começa com requisitos grandes e de alto nível. Os requisitos em seu guia muito provavelmente estarão em dois níveis diferentes: temas e recursos. Os *temas* são grupos lógicos de recursos e requisitos em seus níveis mais altos. Os *recursos* são partes do produto em um nível muito alto e descrevem uma nova capacidade que o cliente terá assim que o recurso for concluído.

Para identificar os temas e recursos do produto, o product owner trabalha com os envolvidos e a equipe de desenvolvimento. Ajuda a desenvolver uma sessão de requisitos, na qual os envolvidos e a equipe de desenvolvimento se reúnem e escrevem o máximo de requisitos que puderem pensar.

DICA

Ao criar requisitos nos níveis do tema e do recurso, ajudará se escrevê-los em fichas ou grandes notas adesivas. Usar uma ficha que você pode mover entre as categorias facilita muito organizar e priorizar os requisitos.

Enquanto você cria o guia do produto, os recursos identificados começam a compor o *backlog do produto*, a lista completa do que está no escopo, independentemente do nível de detalhe. Assim que tiver identificado os primeiros recursos, terá iniciado o backlog.

DECOMPONDO OS REQUISITOS

Durante o projeto, você divide os requisitos em partes menores e mais gerenciáveis usando um processo chamado *decomposição* ou *elaboração progressiva*. É possível dividir os requisitos nos seguintes tamanhos, listados do maior para o menor:

Temas: *Tema* é um grupo lógico de recursos e também um requisito em seu nível mais alto. Você pode agrupar os recursos em temas no guia do produto.

Recursos: São partes dos produtos em um nível muito alto. Os recursos descrevem uma nova capacidade que os clientes terão assim que o recurso for concluído. Você pode usar os recursos no guia do produto.

Histórias épicas do usuário: Os *épicos* são requisitos medianos decompostos a partir de um recurso e geralmente contêm várias ações ou canais de valor. Você precisa dividir os épicos antes de começar a criar uma funcionalidade a partir deles. Você descobre como usar os épicos para o plano de lançamento no Capítulo 8.

Histórias do usuário: São requisitos que contêm uma ação ou integração e são pequenas o bastante para iniciar a implementação da funcionalidade. Você vê como definir as histórias do usuário e usá-las nos níveis do lançamento e do ciclo no Capítulo 8.

Tarefas: São as etapas da execução requeridas para desenvolver um requisito na funcionalidade validada. Você divide as histórias do usuário em diferentes tarefas durante o planejamento do ciclo. As tarefas e o planejamento do ciclo são encontrados no Capítulo 8.

Lembre-se de que cada requisito pode não passar por todas essas etapas. Por exemplo, é possível criar determinado requisito no nível da história do usuário e nunca considerar o tema nem a escala épica. É possível criar um requisito no nível da história épica do usuário, mas ele pode ter uma prioridade mais baixa. Por causa do planejamento JIT, você pode não ter tempo para decompor essa história épica de prioridade mais baixa até concluir o desenvolvimento de todos os requisitos de prioridade mais alta.

Etapa 3: Organizando os recursos do produto

Depois de identificar os recursos, você trabalha com os envolvidos para agrupá-los em *temas*: grupos de recursos comuns e lógicos. Uma reunião com os envolvidos funciona bem para agrupar os recursos, exatamente como acontece ao criar os requisitos. Você pode agrupar os recursos por fluxo de uso, semelhança técnica ou necessidade comercial.

Visualizar os temas e recursos no guia permite atribuir valor comercial e riscos associados a cada recurso em relação aos outros. O product owner, junto da equipe de desenvolvimento e dos envolvidos, também identifica dependências entre os recursos, localiza lacunas e prioriza a ordem na qual cada recurso deve ser desenvolvido com base em cada um dos fatores.

Veja algumas perguntas a considerar ao agrupar e ordenar os requisitos:

- » Como os clientes usariam nosso produto?
- » Se oferecêssemos o recurso proposto, o que mais os clientes precisariam fazer? O que mais desejariam fazer?
- » A equipe de desenvolvimento consegue identificar afinidades técnicas ou dependências?

CAPÍTULO 7 **Defina a Visão e o Guia do Produto**   131

Use as respostas para essas perguntas para identificar os temas. Depois agrupe os recursos de acordo. Por exemplo, no aplicativo de banco para dispositivos móveis, os temas poderiam ser:

» Informações da conta
» Transações
» Funções de serviço ao cliente
» Funções para dispositivos móveis

A Figura 7-5 mostra os recursos agrupados por temas.

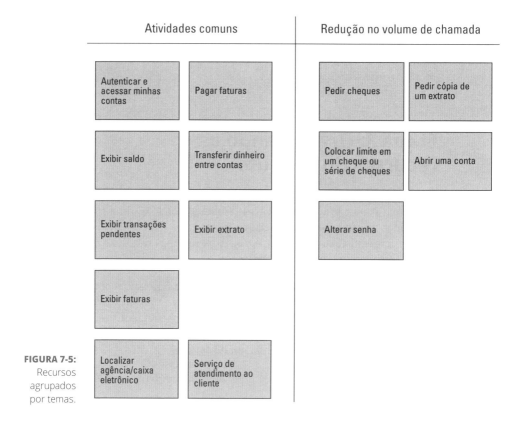

FIGURA 7-5: Recursos agrupados por temas.

Etapa 4: Estimando esforços e ordenando requisitos

Você identificou os requisitos do produto e organizou-os em grupos lógicos. Em seguida, irá estimar e priorizar os requisitos. Veja alguns termos com os quais se familiarizar:

- » *Esforço* é a facilidade ou dificuldade de criar uma funcionalidade a partir de certo requisito.
- » Uma *estimativa*, como substantivo, pode ser o número ou descrição usada para expressar o esforço estimado de um requisito.
- » *Estimar* um requisito, como verbo, significa propor uma ideia aproximada de facilidade ou dificuldade (quanto esforço) de um requisito para criar.
- » *Ordenar* ou *priorizar* um requisito significa determinar o valor e risco desse requisito em relação a outros e à ordem de implementação.
- » *Valor* significa o benefício do requisito de um produto para a organização que cria o produto.
- » *Risco* refere-se ao efeito negativo que um requisito tem no projeto.

DICA

É possível estimar e priorizar os requisitos em qualquer nível, desde temas e recursos até histórias do usuário.

Priorizar os requisitos é, de fato, ordená-los. Você pode encontrar vários métodos, muitos complicados, para determinar a prioridade dos itens de backlog. Simplificamos as coisas criando uma lista ordenada de itens no backlog, com base no valor comercial, risco e esforços, listados na ordem na qual serão implementados. Forçar uma ordem requer tomar uma decisão de prioridade de todo requisito relativo a outro. Uma equipe scrum trabalha em um elemento por vez, assim, é importante formatar o guia do produto de acordo.

Para pontuar os requisitos, você trabalha com dois grupos de pessoas diferentes:

- » A equipe de desenvolvimento determina o esforço para implementar a funcionalidade de cada requisito.
- » O product owner, com suporte dos envolvidos, determina o valor e risco do requisito para o cliente e o negócio.

Estimando o esforço

Para ordenar os requisitos, primeiro a equipe de desenvolvimento deve estimar o esforço de cada um deles em relação a todos os outros.

No Capítulo 8, mostramos as técnicas de estimativa relativa que as equipes ágeis usam para medir o esforço com precisão. Os métodos tradicionais de estimativa visam uma precisão que usa estimativas de tempo absoluto em cada nível do cronograma, com a equipe trabalhando nos itens hoje ou daqui a dois anos. Essa prática dá uma falsa ideia de precisão às equipes não ágeis e não é precisa (como provam milhares de projetos com falhas). Como é possível saber em que cada membro da equipe estará trabalhando nos próximos seis meses e quanto tempo levará para fazer o trabalho, quando se está começando a aprender sobre o projeto no início?

A *estimativa relativa* é um mecanismo de autocorreção que permite às equipes ágeis serem mais precisas, pois é muito mais fácil acertar quando se compara um requisito com outro, se determina se um é maior do que outro e o quanto é maior, aproximadamente.

Para ordenar os requisitos, você deve também conhecer as dependências. Dependências significam que um requisito é antecessor de outro. Por exemplo, se você tem um aplicativo que necessita de usuário e senha para alguém se conectar, o requisito para criar o nome de usuário seria uma dependência para o requisito de criar a senha, porque normalmente é necessário o nome do usuário para configurar a senha.

Avaliando o valor comercial e risco

Junto com os envolvidos, o product owner identifica os itens de valor comercial mais alto (o ROI de alto potencial ou outro valor percebido para o cliente final), assim como os itens com alto impacto negativo no projeto, não resolvidos.

Parecido com as estimativas do esforço, os valores ou riscos podem ser atribuídos a cada item do guia do produto. Por exemplo, é possível atribuir valor usando quantias monetárias do ROI ou, para um produto usado internamente, atribuir valor ou risco usando os termos alto, médio ou baixo.

As estimativas do esforço, valor comercial e risco informam as decisões de prioridade do product owner de cada requisito. Os itens de valor mais alto e de risco devem ficar no topo do guia. Os itens de alto risco devem ser explorados e implementados primeiro para não adiar o risco do projeto. Se um item de alto risco fizer um projeto fracassar (um problema que não pode ser resolvido), as equipes ágeis aprenderão sobre ele no início. Se um projeto falhar, que seja no início e que a falha seja barata. Siga para um novo projeto que tenha valor. Nesse sentido, a falha é uma forma de sucesso para uma equipe ágil.

Depois de ter as estimativas de valor, risco e esforço, é possível determinar a prioridade relativa, ou ordem, de cada requisito.

» Um requisito com alto valor ou risco (ou ambos) e pouco esforço terá uma alta prioridade relativa. O product owner deve colocar esse item no topo do guia.

» Um requisito com baixo valor ou risco (ou ambos) e muito esforço terá uma prioridade relativa mais baixa. Provavelmente esse item acabará ficando no final do guia.

A prioridade relativa é apenas uma ferramenta para ajudar o product owner a tomar decisões e priorizar os requisitos. Não é uma matemática universal que você deve seguir. Verifique se suas ferramentas ajudam, em vez de atrapalhar.

Priorizando os requisitos

Para determinar a prioridade geral de seus requisitos, responda às seguintes perguntas:

- » Qual é a prioridade relativa do requisito?
- » Quais são os pré-requisitos de qualquer requisito?
- » Qual grupo de requisitos fica junto e constitui um conjunto sólido de funcionalidade que você poderá liberar para o cliente?

Usando as respostas para essas perguntas, é possível colocar primeiro os requisitos de mais alta prioridade no guia do produto. Quando você tiver terminado de priorizar os requisitos, terá algo parecido com a Figura 7-6.

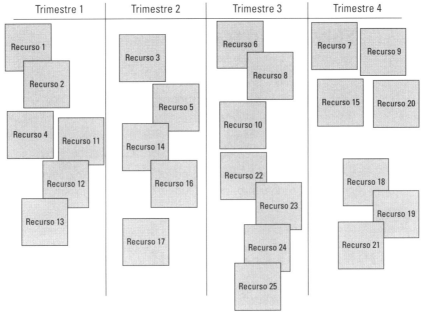

FIGURA 7-6: Guia do produto com requisitos ordenados.

Sua lista priorizada de requisitos é chamada de *backlog do produto*, que é um documento ágil importante, ou *artefato*. Você usa esse backlog no projeto inteiro.

Com um backlog do produto em mãos, pode-se começar a adicionar lançamentos-alvo ao guia do produto.

Etapa 5: Determinando períodos de alto nível

Quando você cria o guia do produto, os períodos para liberar os requisitos ficam em um nível muito alto. Para o guia inicial, escolha um incremento de tempo lógico para o projeto, como certo número de dias, semanas, meses, trimestres (períodos de três meses), ou até incrementos maiores. Usando o requisito e a prioridade, é possível adicionar requisitos a cada incremento de tempo.

LEMBRE-SE

Criar um guia do produto parece muito trabalhoso, mas depois que se acostumar, você criará um em pouco tempo. Algumas equipes scrum criam visão do produto, guia do produto e plano de lançamento, e ficam prontas para iniciar o ciclo em apenas um dia! Para começar a desenvolver o produto, você precisa apenas dos requisitos suficientes para o primeiro ciclo. É possível determinar o resto quando o projeto progredir.

Salvando o trabalho

Até agora você pôde fazer todo o planejamento do guia com quadros brancos e notas adesivas. Porém, depois de o primeiro esboço completo ser concluído, salve o guia do produto, sobretudo se precisar compartilhá-lo com os envolvidos distantes ou membros da equipe de desenvolvimento. Você pode tirar uma foto das notas adesivas e do quadro branco ou pode digitar as informações em um documento e salvá-lo eletronicamente.

Você atualiza o guia do produto durante o projeto, quando as prioridades mudam. No momento, o conteúdo do primeiro lançamento deve estar claro; esse deve ser o foco nesse estágio.

Concluindo o Backlog do Produto

O guia do produto contém os recursos de alto nível e algumas tentativas de lançamento. Os requisitos em seu guia são a primeira versão do *backlog do produto*.

O backlog é a lista de todos os requisitos associados ao projeto. O product owner é responsável por criar e manter o backlog do produto adicionando e priorizando os requisitos. A equipe scrum usa o backlog priorizado durante o projeto para planejar seu trabalho, como um plano de projeto simplificado.

A Figura 7-7 mostra um exemplo de backlog. Ao criá-lo, faça no mínimo o seguinte:

- » Inclua uma descrição de cada requisito.
- » Ordene os requisitos com base na prioridade.
- » Adicione a estimativa do esforço.

BACKLOG DO PRODUTO

Ordem	ID	Item	Tipo	Status	Estimativa
1	121	Como Administrador, quero vincular contas e perfis para que os clientes possam acessar novas contas.	Requisito	Não iniciado	5
2	113	Atualize os requisitos na matriz de rastreamento.	Custos	Não iniciado	2
3	403	Teste o treinamento automático de Miguel.	Melhoria	Não iniciado	3
4	97	Reformule a classe Login.	Manutenção	Não iniciado	8
5	68	Como Visitante do Site, quero encontrar locais para poder usar os serviços bancários.	Requisito	Não iniciado	8

FIGURA 7-7: Itens de exemplo do backlog do produto.

Também gostamos de incluir o tipo de item do backlog, assim como o status. As equipes scrum trabalham principalmente no desenvolvimento de recursos, como descrito nas palavras do usuário (histórias do usuário). Mas podem ser necessários outros itens do backlog, como itens de custos (coisas que a equipe scrum determina e que são necessárias, mas não contribuem para a funcionalidade), itens de manutenção (melhorias no design que precisam ser feitas no produto ou sistema, mas não aumentam diretamente o valor para o cliente) ou itens de melhoria (itens de ação para as melhorias do processo, identificadas na retrospectiva do ciclo). Você vê exemplos de cada um na Figura 7-7.

LEMBRE-SE

No Capítulo 2, explicamos que os documentos dos projetos ágeis devem ser apenas suficientes, com somente as informações absolutamente necessárias para criar o produto. Se você mantiver o formato do backlog simples e suficiente, economizará tempo atualizando-o durante o projeto.

A equipe scrum se refere ao backlog do produto como a principal fonte de requisitos do projeto. Se existe um requisito, está no backlog. Os requisitos no backlog mudam durante o projeto de vários modos. Por exemplo, quando a equipe conclui os requisitos, você os marca como concluídos. Também registra qualquer novo requisito coletado com base no feedback dos envolvidos e clientes. Alguns serão atualizados com novas informações ou esclarecidos, divididos em histórias do usuário menores ou aprimorados de outros modos. E mais, você atualiza as pontuações de prioridade e esforço dos requisitos existentes quando necessário.

O número total de pontos da história no backlog, todos os pontos da história do usuário somados, é a *estimativa do backlog do produto.* Ela muda diariamente quando as histórias do usuário são concluídas e novas são adicionadas. Descubra mais sobre como usar a estimativa do backlog para prever a duração e o custo do projeto no Capítulo 13.

Mantenha atualizado o backlog para que você sempre tenha estimativas de custos e cronogramas precisos. Um backlog atualizado também dá flexibilidade para priorizar os requisitos recém-identificados em relação aos recursos existentes; um benefício importante da metodologia ágil.

Depois de ter um backlog, você pode começar a planejar os lançamentos e ciclos, que mostraremos no próximo capítulo.

NESTE CAPÍTULO

» Decompondo os requisitos e criando histórias do usuário

» Criando o backlog do produto, o plano de lançamento e o backlog do ciclo

» Planejando os ciclos

Capítulo **8**

Planeje os Lançamentos e Ciclos

Depois de criar um guia do produto para o projeto ágil (veja Capítulo 7), é hora de começar a elaborar os detalhes do produto. Neste capítulo, você descobre como dividir os requisitos em um nível mais detalhado, aprimorar o backlog do produto, criar um plano de lançamento e gerar um backlog do ciclo para a execução. Primeiro, você vê como dividir os requisitos maiores do guia do produto em requisitos menores e mais gerenciáveis, chamados de *histórias do usuário*.

LEMBRE-SE

O conceito de dividir os requisitos em partes menores é chamado de *decomposição*.

Aprimorando Requisitos e Estimativas

Você inicia os projetos ágeis com requisitos muito grandes. Quando o projeto avança e você se aprofunda no desenvolvimento dos requisitos, divide-os em partes menores, pequenas o bastante para começar a trabalhar.

Um formato claro e eficiente para definir os requisitos do produto é a história do usuário. Ela e seu primo maior, a história épica do usuário, são requisitos de proporções adequadas para os planos de lançamento e do ciclo. Nesta seção, descubra como criar uma história do usuário, como priorizá-la e como estimar o esforço da história.

O que é história do usuário?

A *história do usuário* é uma descrição simples do requisito do produto em termos do que deve realizar e para quem. Os requisitos tradicionais normalmente configuram algo assim: "o sistema irá (insira a descrição técnica)". Esse requisito lida apenas com a natureza técnica do que será feito; o objetivo comercial geral não fica claro. Como a equipe de desenvolvimento tem o contexto para se envolver mais profundamente, sabe com clareza qual o benefício para o usuário (cliente ou negócio) de cada requisito e entrega o que o cliente deseja, mais rápido e melhor.

A história do usuário contém, no mínimo, as seguintes partes:

Título (nome reconhecido da história do usuário)

Como (tipo de usuário)

quero (fazer isso)

para (ter esse benefício)

A história do usuário também inclui uma lista de etapas de validação (*critérios de aceitação*) a realizar, para saber se o requisito validado da história do usuário está correto:

Quando eu (faço isso), (isso acontece)

As histórias do usuário incluem também o seguinte:

» **ID da história do usuário:** Um número para diferenciar a história de outros.

» **A estimativa de valor e esforço da história do usuário:** *Valor* é o benefício da história para a organização que cria o produto. *Esforço* é a facilidade ou dificuldade para criar a história. No Capítulo 7, apresentamos como pontuar o valor comercial, risco e esforço da história do usuário.

» **O nome da pessoa que propôs a história:** Qualquer pessoa na equipe de projetos pode criar uma história do usuário.

DICA

Embora as abordagens do gerenciamento ágil encorajem o uso de ferramentas de baixa tecnologia, a equipe scrum deve também descobrir o que funciona melhor em cada situação. Muitas ferramentas eletrônicas de história do usuário estão disponíveis, e algumas são gratuitas. Algumas são simples e servem apenas para as histórias do usuário. Outras são complexas e integram-se em outros documentos do produto. Adoramos as fichas, mas essa solução pode não ser ideal para todos. Use o que funcionar melhor para sua equipe e projeto.

A Figura 8-1 mostra uma ficha típica de história do usuário, frente e verso. A frente tem a descrição principal. O verso mostra como confirmar se o requisito funciona após a equipe de desenvolvimento ter criado a funcionalidade.

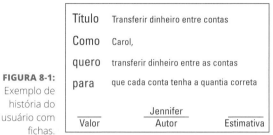

FIGURA 8-1: Exemplo de história do usuário com fichas.

O product owner reúne as histórias e as gerencia (ou seja, determina a prioridade e inicia discussões sobre a decomposição). A equipe de desenvolvimento e outros envolvidos também participam na criação e decomposição das histórias.

DICA

Observe que as histórias não são o único modo de descrever os requisitos do produto. Você poderia simplesmente criar uma lista de requisitos sem nenhuma estrutura. Porém, como as histórias do usuário incluem muitas informações úteis em um formato simples e compacto, são muito eficientes ao comunicar exatamente o que um requisito precisa realizar para o cliente.

A grande vantagem do formato da história do usuário é perceptível quando a equipe de desenvolvimento começa a criar e testar os requisitos. Os membros sabem exatamente para quem estão criando o requisito, o que deve fazer e como verificar se atende à sua intenção.

Usamos as histórias do usuário como exemplos de requisitos no capítulo e no livro. Lembre-se de que qualquer coisa descrita sobre o que é possível fazer com as histórias também pode ser feita com requisitos mais gerais.

Etapas para criar uma história do usuário

Ao criar uma história, siga estas etapas:

1. **Identifique os envolvidos no projeto.**
2. **Identifique quem usará o produto.**
3. **Trabalhando com os envolvidos, anote os requisitos de que o produto precisa e use o formato descrito antes para criar suas histórias.**

CAPÍTULO 8 **Planeje os Lançamentos e Ciclos** 141

Descubra como seguir essas três etapas nas próximas seções.

Ser ágil e adaptável requer iteração. Não passe muito tempo tentando identificar cada requisito de seu produto. Sempre é possível adicionar requisitos mais tarde no projeto. As melhores mudanças geralmente acontecem no final, quando se sabe mais sobre o produto e os clientes.

Identificando os envolvidos no projeto

Provavelmente você tem uma boa ideia sobre quem são os envolvidos no projeto: qualquer pessoa que participa, que é afetada ou que pode afetar o produto e sua criação.

Você também trabalha com os envolvidos quando cria a visão e o guia do produto.

Verifique se os envolvidos estão disponíveis para ajudar a criar os requisitos. Os envolvidos no exemplo do aplicativo de banco para dispositivos móveis, apresentado no Capítulo 7, podem incluir o seguinte:

» Pessoas que interagem com clientes regularmente, como representantes de serviços ao cliente ou funcionários da agência bancária.

» Especialistas de negócios em diferentes áreas nas quais os clientes do produto interagem. Por exemplo, o Banco XYZ pode ter um gerente responsável pelas contas-correntes, outro, pelas poupanças, e um terceiro, pelos serviços de pagamento online. Se você criar um aplicativo de banco para dispositivos móveis, todas essas pessoas serão os envolvidos.

» Usuários do produto, se disponíveis.

» Especialistas no tipo de produto criado. Por exemplo, um desenvolvedor que criou aplicativos para dispositivos móveis, um gerente de marketing que sabe como criar campanhas para tais dispositivos e um especialista na experiência do usuário que conhece as interfaces dos dispositivos podem ser úteis no projeto de exemplo do Banco XYZ.

» Técnicos. Pessoas que trabalham com sistemas que interagem com o produto.

Identificando os usuários

Os clientes e envolvidos fornecem requisitos ao product owner para examinar a colocação no backlog do produto. Os clientes podem ou não ser as mesmas pessoas que usarão o produto. Saber quem são os usuários finais e como irão interagir com o produto orienta sobre como definir e implementar cada requisito no guia.

Com o guia visualizado, é possível identificar cada tipo de usuário. Para o aplicativo de banco para dispositivos móveis, você teria usuários individuais e comerciais. A categoria individual incluiria jovens, adultos jovens, estudantes, usuários solteiros, casados, aposentados e ricos. Todos os tipos de negócios podem ser representados. Os funcionários incluiriam caixas, gerentes de agências, gerentes de contas e de investimentos. Cada tipo de usuário irá interagir com o aplicativo de modos diferentes e por motivos diversos. Saber quem são essas pessoas permite definir melhor a finalidade e os benefícios desejados em cada uma de suas interações.

Gostamos de definir os usuários usando *personagens* ou uma descrição sobre um tipo de usuário representado por uma pessoa fictícia. Por exemplo, "Roberto é engenheiro aposentado de 65 anos e gasta sua aposentadoria viajando pelo mundo. Seu patrimônio é de US$1 milhão, e tem um rendimento residual de vários investimentos imobiliários".

"Roberto" representa 30% dos clientes do Banco XYZ, e uma boa parte do guia do produto inclui recursos que alguém como Roberto usará. Em vez de repetir todos os detalhes sempre que a equipe scrum discute sobre os recursos, é possível simplesmente se referir ao tipo de usuário como "Roberto". O product owner identifica vários, quando necessário, imprime descrições com uma foto de como seria Roberto e coloca-as na parede da área de trabalho da equipe para ter uma referência durante o projeto.

DICA

Saiba quem são seus usuários para desenvolver os recursos que realmente usarão.

Suponha que você seja o product owner do projeto para dispositivos móveis do Banco XYZ. Você é responsável pelo departamento que colocará o produto no mercado, de preferência nos próximos seis meses. Você tem as seguintes ideias sobre os usuários do aplicativo:

» Os clientes (os usuários finais do aplicativo) provavelmente desejam ter um acesso rápido a informações atualizadas sobre seus saldos e transações recentes.
» Talvez os clientes comprem um item de grande valor e queiram assegurar que poderão debitá-lo.
» Talvez os cartões de débito dos clientes tenham sido recusados, mas eles não têm ideia do motivo e querem verificar as transações recentes para detectar possíveis atividades fraudulentas.
» Talvez os clientes tenham percebido que esqueceram de pagar a fatura do cartão de crédito e terão multa se não pagarem hoje.

Quem são os personagens desse aplicativo? Veja alguns exemplos:

- **Personagem 1:** José é um jovem executivo com conhecimento em tecnologia e que viaja muito. Quando tem tempo livre, lida com os assuntos pessoais rapidamente. Investe seu dinheiro com cuidado em carteiras de juros elevados. Tem pouco dinheiro disponível.
- **Personagem 2:** Carol tem um pequeno negócio de preparação de imóveis para quando os clientes tentam vender sua casa. Compra em centros de consignação e geralmente encontra a mobília que deseja para seus clientes.
- **Personagem 3:** Nicolas é um estudante que vive com empréstimo estudantil e trabalha em meio expediente. Sabe que pode ficar sem dinheiro porque é instável com outras coisas. Acabou de perder o talão de cheques.

Os envolvidos no produto podem ajudar a criar personagens. Encontre pessoas que sejam especializadas em seu produto no dia a dia. Eles saberão muito sobre os clientes em potencial.

Determinando os requisitos do produto e criando histórias do usuário

Depois de ter identificado os diferentes clientes, comece a determinar os requisitos do produto e criar histórias dos personagens. Uma boa maneira de criar histórias do usuário é reunir os envolvidos em uma sessão de criação da história.

Faça com que os envolvidos escrevam o máximo de requisitos em que puderem pensar, usando o formato de história do usuário. Uma história para o projeto e personagens das seções anteriores pode ser assim:

- Frente da ficha:
  - **Título** Ver o saldo da conta bancária
  - **Como** José,
  - **quero** ver o saldo de minha conta corrente no smartphone
  - **para** poder ver quanto dinheiro tenho
- Verso da ficha:
  - **Quando** entro no aplicativo do Banco XYZ, o saldo da conta-corrente aparece no topo da página.
  - **Quando** entro no aplicativo do Banco XYZ, depois de fazer uma compra ou depósito, o saldo da conta-corrente reflete isso.

Você vê o exemplo de história do usuário no formato de ficha na Figura 8-2.

Título	Transferir dinheiro entre contas
Como	Carol,
quero	categorizar as despesas,
para	poder identificar facilmente as compras feitas por meus clientes.
Valor	Jennifer / Autor / Estimativa

Título	Colocar limite em um cheque
Como	Nicolas,
quero	impedir o pagamento em caso de perda ou roubo do cheque,
para	poder evitar qualquer atividade não autorizada em minha conta.
Valor	Caroline / Autor / Estimativa

FIGURA 8-2: Exemplo de histórias do usuário.

LEMBRE-SE

Adicione e priorize continuamente novas histórias do usuário no backlog do produto. Manter o backlog atualizado ajuda a ter acesso às histórias do usuário de mais alta prioridade quando for planejar o ciclo.

Durante um projeto ágil, você criará novas histórias do usuário. Também pegará os grandes requisitos existentes e irá decompô-los até se tornarem gerenciáveis o bastante para ser trabalhados durante um ciclo.

Dividindo os requisitos

Você aprimora os requisitos muitas vezes durante um projeto ágil. Por exemplo:

» Quando cria o guia do produto (veja Capítulo 7), cria recursos (capacidades que seus clientes terão após o desenvolvimento dos recursos), assim como temas (grupos lógicos de recursos). Embora os recursos sejam grandes, de propósito, queremos que aqueles no nível do guia do produto não tenham mais de 144 pontos de história na escala Fibonacci.

» Quando planejar os lançamentos, divida os recursos em histórias do usuário mais concisas. As histórias no plano de lançamento podem ser *épicas,* histórias do usuário muito grandes com várias ações ou histórias do usuário individuais, contendo uma única ação. Para nossos clientes, as histórias do usuário no nível do plano de lançamento devem ter até 34 pontos. Você saberá mais sobre os lançamentos posteriormente neste capítulo.

» Ao planejar os ciclos, poderá dividir ainda mais as histórias. Você também identificará as tarefas individuais associadas à história no ciclo. Para nossos clientes, as histórias do usuário no nível do ciclo devem ter até oito pontos. As tarefas serão estimadas em horas e não devem ultrapassar a duração de um dia.

Para decompor os requisitos, considere dividi-los em ações individuais. A Tabela 8-1 mostra um requisito do aplicativo do Banco XYZ, apresentado no Capítulo 7, que é decomposto do nível do tema até o nível da história do usuário.

TABELA 8-1   ## Decompondo um Requisito

Nível do Requisito	Requisito
Tema	Ver dados da conta em um dispositivo móvel.
Recursos	Ver saldos da conta.
	Ver uma lista de saques ou compras recentes.
	Ver uma lista de depósitos recentes.
	Ver os futuros pagamentos automáticos de faturas.
	Ver alertas da conta.
Histórias épicas do usuário decompostas a partir de "ver saldos da conta"	Ver saldo da conta-corrente.
	Ver saldo da conta poupança.
	Ver saldo do empréstimo.
	Ver saldo da conta de investimento.
	Ver saldo da conta de aposentadoria.
Histórias do usuário, decompostas a partir de "ver saldo da conta-corrente"	Ver uma lista de minhas contas em uma conexão segura.
	Selecionar e exibir conta-corrente.
	Ver mudanças no saldo da conta após saques.
	Ver mudanças no saldo da conta após compras.
	Ver saldo da conta final do dia.
	Ver saldo da conta disponível.
	Ver itens de navegação do aplicativo no dispositivo móvel.
	Mudar exibição da conta.
	Desconectar aplicativo do dispositivo móvel.

HISTÓRIAS DO USUÁRIO E ABORDAGEM DE INVESTIMENTO

Você deve estar se perguntando o quanto uma história do usuário pode ser decomposta. Bill Wake, em seu blog no XP123.com, descreve a abordagem INVEST para assegurar a qualidade nas histórias do usuário. Gostamos tanto do método que o incluímos aqui.

Usando a abordagem INVEST, as histórias do usuário devem ser:

- **Independentes:** Na medida do possível, uma história não deve precisar de outras para implementar o recurso que descreve.
- **Negociáveis:** Sem detalhes demais. A história do usuário tem espaço para discussão e expansão dos detalhes.
- **Valiosas:** A história demonstra o valor do produto para o cliente. Descreve os recursos, não as tarefas técnicas para implementá-la. A história fala a língua do usuário e é fácil de explicar. As pessoas que usam o produto ou o sistema a entendem.
- **Estimadas:** A história é descritiva, precisa e concisa para que os desenvolvedores estimem o trabalho necessário para criar a funcionalidade na história do usuário.
- **Simples:** É mais fácil planejar e estimar com mais precisão pequenas histórias. Uma boa regra prática é a de que a equipe de desenvolvimento possa concluir de seis a dez histórias do usuário em cada ciclo.
- **Testadas:** Você pode validar facilmente a história do usuário, e os resultados são definitivos.

Estimativa com poker

Quando você aprimora os requisitos, deve aprimorar as estimativas também. É hora da diversão!

Um dos modos mais populares de estimar as histórias do usuário é fazendo a *estimativa com poker*, algumas vezes chamada de *planning poker*, um jogo para determinar o tamanho da história e chegar a um consenso entre os membros da equipe de desenvolvimento.

LEMBRE-SE

O scrum master pode ajudar a coordenar a estimativa, e o product owner pode fornecer informações sobre os recursos, mas a equipe de desenvolvimento é responsável por estimar o nível de esforço necessário para as histórias do usuário. Afinal, a equipe tem que trabalhar para criar os recursos que as histórias descrevem.

Para fazer a estimativa com poker, é preciso um baralho, como o da Figura 8-3. Você pode obter uma versão digital online (www.platinumedge.com/estimationpoker — conteúdo em inglês) ou criar uma com fichas e marcadores. Os números nas cartas são da sequência Fibonacci.

FIGURA 8-3: Um baralho de cartas para a estimativa com poker.

A sequência Fibonacci segue esta progressão:

1, 2, 3, 5, 8, 13, 21, 34, 55, 89, 144 etc.

Cada número após os dois primeiros é a soma dos dois números anteriores.

Cada história recebe uma estimativa relativa às outras. Por exemplo, uma história com 5 requer mais trabalho que uma história com 3, 2 e 1. É assim porque requer 5 vezes mais esforço que 1, mais do dobro de esforço que 2 e mais ou menos o esforço requerido em 3 e 2 combinados. Não requer tanto esforço quanto 8, porém, é mais da metade do esforço em 8.

Quando as histórias do usuário e as histórias épicas aumentam de tamanho, a diferença entre os números Fibonacci fica maior. É por isso que a sequência Fibonacci funciona tão bem para a estimativa ao reconhecer esses aumentos com precisão para os requisitos maiores.

Para estimar com o poker, siga estas etapas:

1. **Dê a cada membro da equipe de desenvolvimento um baralho de cartas para fazer a estimativa.**

2. **A partir da lista de histórias do usuário apresentadas pelo product owner, a equipe concorda com uma história que teria o número 5.**

   A equipe segue duas regras: (1) a equipe de desenvolvimento não deve permitir que nenhuma história do usuário maior que 8 seja colocada em um ciclo, e (2) as equipes scrum devem concluir mais ou menos de 6 a 10 histórias em um ciclo.

   O scrum master ajuda a equipe de desenvolvimento a chegar a um consenso usando o primeiro de cinco ou o polegar para cima/baixo (como descrito no Capítulo 6). A história do usuário se torna a *história âncora*.

3. O product owner lê uma história do usuário de alta prioridade para os participantes.

4. Cada participante seleciona uma carta que representa sua estimativa do esforço envolvido na história e a coloca virada para baixo na mesa.

   Os participantes devem comparar a história do usuário com outras histórias estimadas. (Na primeira vez, os participantes comparam a história do usuário com apenas a história âncora.) Verifique se nenhum outro participante pode ver sua carta.

5. Todos os participantes viram suas cartas simultaneamente.

6. Se os participantes tiverem pontos diferentes da história:

   a. *É hora de discutir sobre o assunto.*

   Os jogadores com as pontuações mais altas e mais baixas falam sobre suas suposições e por que acham que a estimativa da história deve ser mais alta ou mais baixa, respectivamente. Eles comparam o esforço para a história do usuário com a história âncora. O product owner dá mais esclarecimentos sobre a história, quando necessário.

   b. *Assim que todos concordam com as suposições e têm os esclarecimentos necessários, os participantes reavaliam suas estimativas e colocam novas cartas selecionadas na mesa.*

   c. *Se os pontos da história forem diferentes, eles repetem o processo, normalmente até três vezes.*

   d. *Se os participantes não conseguirem concordar com o esforço estimado, o scrum master ajuda a equipe de desenvolvimento a determinar uma pontuação que todos possam apoiar (pode usar o primeiro de cinco ou polegares para cima/baixo, como descrito no Capítulo 6), e determina se a história do usuário requer mais detalhes ou precisa ser mais dividida.*

7. Os participantes repetem as etapas de 3 a 6 para cada história.

Considere cada parte da definição de *feito* (desenvolvido, integrado, testado e documentado) quando criar as estimativas.

É possível fazer a estimativa com poker em qualquer ponto, mas que seja durante o desenvolvimento do guia do produto e ao dividir progressivamente as histórias do usuário para incluir nos lançamentos e ciclos. Com prática, a equipe de desenvolvimento entrará no ritmo do planejamento e ficará mais experiente, estimando com rapidez.

Em média, as equipes de desenvolvimento passarão cerca de 10% do tempo em um projeto decompondo os requisitos, incluindo estimativas e estimando de novo. Torne divertidas as estimativas com poker! Sirva lanches, faça pausas quando necessário, tenha bom humor e mantenha o clima leve.

Estimativa por afinidade

A estimativa com poker pode ser eficiente, mas e se você tiver muitas histórias do usuário? Fazer a estimativa com poker para, digamos, 500 histórias, leva muito tempo. É preciso haver um modo de focar apenas as histórias que devem ser discutidas para chegar a um consenso.

Quando se tem um grande número de histórias do usuário, provavelmente muitas delas são parecidas e precisam de um esforço parecido para serem concluídas. Uma maneira de determinar as histórias certas para a discussão é usar a estimativa por afinidade. Na *estimativa por afinidade*, você categoriza rapidamente as histórias e aplica estimativas nessas categorias.

Ao estimar por afinidade, escreva as histórias do usuário em fichas ou notas adesivas. Essas fichas funcionam bem para categorizar rapidamente.

A estimativa por afinidade pode ser uma atividade rápida e frenética, e a equipe de desenvolvimento pode escolher um scrum master para ajudar a facilitar as sessões de estimativa. Para estimar por afinidade, siga estas etapas:

1. **Levando até 60 segundos em cada categoria, a equipe de desenvolvimento concorda com uma história do usuário em cada uma das categorias a seguir:**

   - História do usuário extrapequena
   - História do usuário pequena
   - História do usuário média
   - História do usuário grande
   - História do usuário extragrande
   - História épica do usuário grande demais para entrar no ciclo
   - Precisa de esclarecimento antes de estimar

2. **Levando até 60 segundos por história, a equipe de desenvolvimento coloca todas as histórias restantes nas categorias listadas na Etapa 1.**

   Se usar fichas ou notas adesivas para as histórias do usuário, poderá organizá-las em categorias em uma mesa ou quadro branco, respectivamente. Se dividir as histórias entre os membros da equipe, fazendo com que cada membro categorize um grupo de histórias, a etapa poderá ser rápida!

3. **Levando até 30 minutos, para cada 100 histórias, a equipe de desenvolvimento revisa e ajusta a organização das histórias do usuário.**

   A equipe de desenvolvimento inteira deve concordar com a organização das histórias nas categorias por tamanho.

4. **O product owner revisa a classificação.**

5. **Quando a estimativa esperada do product owner e a estimativa real da equipe diferem em mais de um tamanho da história, eles discutem sobre a história.**

   A equipe de desenvolvimento decide ou não ajustar o tamanho da história.

6. **A equipe de desenvolvimento faz a estimativa com poker para as histórias do usuário nas categorias de classificação épica e necessidades.**

   A quantidade de histórias do usuário nessas categorias deve ser mínima.

Observe que depois do product owner e da equipe de desenvolvimento fazerem os esclarecimentos, a equipe tem a palavra final quanto ao tamanho da história.

As histórias do usuário na categoria de mesmo tamanho terão a mesma pontuação. Você pode fazer uma rodada de estimativa com poker para verificar de novo algumas histórias, mas não precisa perder tempo com discussões desnecessárias em cada uma.

Os tamanhos da história são como os tamanhos de camisas e devem corresponder aos números da escala Fibonacci, como mostrado na Figura 8-4.

TAMANHO	PONTOS
Extrapequeno (PP)	1
Pequeno (P)	2
Médio (M)	3
Grande (G)	5
Extragrande (GG)	8

FIGURA 8-4: Tamanhos da história como tamanhos de camisa e seus números Fibonacci.

É possível usar as técnicas de estimativa e prioridade neste capítulo para os requisitos em qualquer nível, desde temas e recursos até histórias do usuário.

É isso. Em poucas horas, o backlog do produto inteiro foi estimado. E mais, sua equipe scrum terá uma compreensão compartilhada do que significam os requisitos, discutindo diretamente a respeito deles, em vez de contar com interpretações de uma extensa documentação.

Plano de Lançamento

Um *lançamento* é um grupo de recursos úteis do produto que você implementa no mercado. Um lançamento não precisa incluir toda a funcionalidade descrita no guia, mas deve ter, pelo menos, os *recursos mínimos comercializáveis*, o menor grupo de recursos do produto que você pode implementar e promover efetivamente no mercado. Seus primeiros lançamentos excluirão muitos requisitos de médias e baixas prioridades, identificados durante o estágio do guia do produto.

Ao planejar um lançamento, você estabelece o próximo conjunto de recursos mínimos comercializáveis e identifica uma data iminente de lançamento do produto em torno da qual a equipe se mobiliza. Como na criação da declaração da visão e do guia do produto, o product owner é responsável por criar a meta do lançamento e estabelecer a data. Contudo, as estimativas da equipe de desenvolvimento, com a facilitação do scrum master, contribuem no processo.

O plano de lançamento é o estágio 3 no Guia de Valor (consulte o Capítulo 7 para ver o guia inteiro). A Figura 8-5 mostra como o planejamento de lançamento se encaixa em um projeto ágil.

Estágio 3: PLANO DE LANÇAMENTO

FIGURA 8-5: Plano de lançamento como parte do Guia de Valor.

(Os estágios 1-3 são práticas comuns fora do scrum)

O plano de lançamento envolve concluir duas atividades principais:

» **Revisar o backlog do produto:** No Capítulo 7, informamos que o backlog do produto é uma lista completa de todas as histórias do usuário que você conhece para o projeto, pertencendo ou não ao lançamento atual. Lembre-se de que sua lista de histórias do usuário provavelmente mudará durante o projeto.

> **Criar o plano de lançamento:** Essa atividade consiste no objetivo do lançamento, na data limite e na priorização dos itens no backlog do produto que dão suporte ao objetivo. O plano de lançamento fornece uma meta intermediária que a equipe pode alcançar.

CUIDADO

Não crie um novo backlog separado durante o plano de lançamento. Essa tarefa é desnecessária e reduz a flexibilidade do product owner. Priorizar o backlog do produto existente com base no objetivo de lançamento é suficiente, e permite que o product owner tenha as informações mais recentes quando se comprometer com o escopo durante o planejamento do ciclo.

O backlog do produto e plano de lançamento são alguns dos canais de comunicação mais importantes entre o product owner e a equipe de desenvolvimento. No Capítulo 7, você descobre como concluir um backlog do produto. Como criar o plano de lançamento é descrito em seguida.

O plano de lançamento contém um cronograma para um conjunto específico de recursos. O product owner cria um plano no início de cada lançamento. Para criar tal plano, siga estas etapas:

1. **Estabeleça o objetivo do lançamento.**

    O objetivo do lançamento é comercial e geral para os recursos do produto em seu lançamento. O product owner e a equipe de desenvolvimento colaboram para criar um objetivo com base nas prioridades comerciais e na velocidade e capacidades de desenvolvimento da equipe.

2. **Identifique uma data limite do lançamento.**

    Algumas equipes scrum determinam as datas de lançamento com base na conclusão da funcionalidade, e outras tem datas precisas, como 31 de março ou 1º de setembro.

3. **Revise o backlog e o guia do produto para determinar as histórias do usuário de mais alta prioridade que dão suporte ao objetivo do lançamento (os recursos mínimos comercializáveis).**

    Essas histórias do usuário farão parte de seu primeiro lançamento.

DICA

   Gostamos de fazer lançamentos com cerca de 80% das histórias do usuário, usando os 20% finais para acrescentar recursos robustos que atenderão ao objetivo do lançamento enquanto adicionam o fator "surpresa" do produto.

4. **Aprimore as histórias do usuário no objetivo do lançamento.**

    Durante o plano de lançamento, dependências, lacunas ou novos detalhes geralmente são identificados e afetam as estimativas e prioridades. Essa é a hora de verificar se a parte do backlog do produto, que dá suporte ao lançamento, tem o tamanho adequado. Gostamos de verificar se os requisitos que dão suporte ao objetivo atual do lançamento não são maiores do que 34. A equipe de desenvolvimento ajuda o product owner atualizando as estimativas para qualquer história do usuário adicionada ou revista, e confirma o objetivo e o escopo com o product owner.

5. **Estime os ciclos necessários com base na velocidade da equipe scrum.**

PAPO DE ESPECIALISTA

As equipes scrum usam a velocidade para planejar quanto trabalho podem fazer em um lançamento e ciclo. *Velocidade* é a soma de todos os pontos da história concluídos em um ciclo. Portanto, se uma equipe scrum concluiu 6 histórias do usuário durante o primeiro ciclo com os tamanhos 8, 5, 5, 3, 2, 1, a velocidade do primeiro ciclo é 24. A equipe scrum planejaria o segundo ciclo lembrando que concluiu 24 pontos da história durante o primeiro ciclo.

Após vários ciclos, as equipes usam sua velocidade média de execução como uma informação para determinar quanto trabalho podem assumir em um ciclo, assim como inferir o cronograma da liberação dividindo o número total de pontos da história na liberação por sua velocidade média. Você aprenderá mais sobre a velocidade no Capítulo 13.

6. **Identifique o trabalho necessário para o lançamento que não pode ser concluído em um ciclo. Planeje um ciclo de lançamento, se necessário, e determine quanto tempo deve ter.**

DICA

Algumas equipes de projeto adicionam um *ciclo de lançamento* a alguns lançamentos para fazer as atividades não relacionadas ao desenvolvimento do produto, mas necessárias para lançá-lo para os clientes. Se precisar de um ciclo de lançamento, decomponha isso até a data escolhida. Você pode encontrar mais detalhes sobre os ciclos de lançamento no Capítulo 11.

Algumas tarefas, como testar a segurança ou testar o carregamento de um projeto de software, não podem ser concluídas em um ciclo, porque os ambientes de segurança ou de teste da carga levam tempo para configurar e solicitar. Embora os ciclos de lançamento permitam que as equipes scrum planejem essas atividades, fazer isso não é padrão ou é o oposto de ser ágil. Seu objetivo deve ser concluir todo o trabalho necessário para a funcionalidade ser enviada no final de cada ciclo.

DICA

Nem todos os projetos ágeis usam o plano de lançamento. Algumas equipes scrum liberam a funcionalidade que o cliente usa em cada ciclo ou até diariamente. A equipe de desenvolvimento, a de produto, a organização, os clientes, os envolvidos e a complexidade tecnológica ajudam a determinar sua abordagem para os lançamentos.

Agora, os lançamentos planejados vão da tentativa para um objetivo mais concreto. A Figura 8-6 representa um plano de lançamento típico.

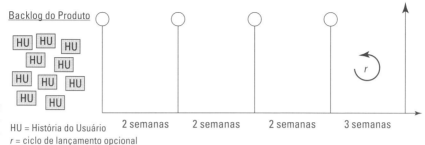

FIGURA 8-6: Plano de lançamento de exemplo.

DICA

Lembre-se da regra "caneta e lápis": você pode se comprometer (escreva a caneta) com o plano do primeiro lançamento, mas qualquer coisa além disso é uma tentativa (escrita a lápis). Em outras palavras, use o planejamento JIT (veja o Capítulo 7) para cada lançamento. Afinal, se as coisas mudam, por que se preocupar com pequenos detalhes cedo demais?

Planejamento do Ciclo

Nos projetos ágeis, *ciclo* é uma iteração de tempo consistente na qual a equipe de desenvolvimento cria um grupo específico de capacidades do produto, do início ao fim. No final de cada ciclo, a funcionalidade criada deve ser validada, estar pronta para demonstração e com o potencial de ser enviada para o cliente.

Os ciclos devem ter a mesma duração em um projeto. Manter durações consistentes ajuda a equipe de desenvolvimento a medir seu desempenho e a se planejar melhor a cada novo ciclo.

Em geral, os ciclos duram de uma a quatro semanas. Quatro semanas é o maior tempo que qualquer ciclo deve durar, pois iterações maiores tornam as mudanças mais arriscadas, acabando com a finalidade de ser ágil. Raramente vemos ciclos durando mais de duas semanas, e com frequência, duram apenas uma. Os ciclos de uma semana são naturais, com a semana útil de segunda a sexta, o que impede estruturalmente o trabalho no fim de semana. Algumas equipes scrum trabalham em ciclos de um dia, nos quais as prioridades mudam diariamente. As necessidades de mercado e do cliente mudam cada vez mais rapidamente, e o tempo entre as oportunidades para receber o feedback do cliente só diminui. Nossa regra prática é a de que seu ciclo não deve ser maior que o período em que os envolvidos conseguem ficar sem alterar as prioridades relacionadas ao que a equipe scrum deve trabalhar durante o ciclo.

Cada ciclo inclui o seguinte:

>> Planejamento do ciclo no início.
>> Reuniões diárias com o scrum.
>> Tempo de desenvolvimento — a parte principal do ciclo.
>> Ao final, revisão e retrospectiva do ciclo.

Saiba mais sobre scrums diários, desenvolvimento do ciclo, revisão e retrospectiva nos Capítulo 9 e 10. Neste capítulo, você descobre como planejá-los.

O planejamento do ciclo é o estágio 4 no Guia de Valor, como pode ser visto na Figura 8-7. A equipe scrum inteira (product owner, scrum master e equipe de desenvolvimento) trabalha junto para planejar os ciclos.

Estágio 4: PLANEJAMENTO DO CICLO

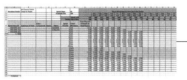

FIGURA 8-7: Planejamento do ciclo como parte do Guia de Valor.

Descrição: Estabelecimento de objetivos e tarefas específicos da iteração
Responsável: Product owner e equipe de desenvolvimento
Frequência: No início de cada ciclo

Backlog do ciclo

O *backlog do ciclo* é uma lista de histórias do usuário associadas ao ciclo atual e tarefas afins. Ao planejar o ciclo, faça o seguinte:

>> Estabeleça os objetivos do ciclo.
>> Escolha as histórias que dão suporte aos objetivos.
>> Divida as histórias em tarefas de desenvolvimento específicas.
>> Crie um *backlog do ciclo*. Esse backlog consiste no seguinte:
   • A lista de histórias do usuário no ciclo, em ordem de prioridade.
   • A estimativa de esforço relativa de cada história.
   • As tarefas necessárias para desenvolver cada história.
   • O esforço, em horas, para concluir cada tarefa.

   No nível da tarefa, você estima o número de horas que cada uma levará para ser concluída, em vez de usar os pontos da história. Como o ciclo tem uma duração específica e um conjunto de horas de trabalho disponíveis, é possível usar o tempo que cada tarefa leva para determinar se elas se encaixarão no ciclo.

Cada tarefa deve levar um dia ou menos para ser concluída.

Algumas equipes de desenvolvimento experientes não precisam estimar suas tarefas quando ficam mais consistentes ao dividir as histórias em tarefas executáveis. Estimar as tarefas é útil para que as equipes mais novas entendam sua capacidade e planejem cada ciclo corretamente.

- Um *gráfico de burndown*, que mostra o status do trabalho que a equipe de desenvolvimento concluiu.

As tarefas nos projetos ágeis devem levar um dia ou menos para ser concluídas, por dois motivos. O primeiro envolve uma psicologia básica: as pessoas ficam motivadas com a linha de chegada. Se você tem uma tarefa e sabe que pode concluí-la rapidamente, é mais provável que termine na hora, só para tirá-la de sua lista. O segundo é que as tarefas de um dia fornecem bons sinais de alerta, avisando que um projeto pode estar saindo do curso. Se um membro da equipe de desenvolvimento informar que está trabalhando na mesma tarefa por mais de um ou dois dias, deve haver um impedimento. O scrum master deve aproveitar a oportunidade para investigar o que impede que o membro termine o trabalho. (Para saber mais sobre como lidar com os obstáculos, veja o Capítulo 9.)

A equipe de desenvolvimento colabora para criar e manter o backlog do ciclo, e apenas a equipe pode modificá-lo. O backlog do ciclo deve refletir um retrato atualizado do progresso do ciclo. A Figura 8-8 mostra um exemplo de backlog do ciclo no final da reunião de planejamento do ciclo. Você pode usar esse exemplo, encontrar outros ou até usar um quadro branco.

Reunião de planejamento do ciclo

No primeiro dia de cada ciclo, geralmente segunda-feira de manhã, a equipe scrum faz uma reunião de planejamento.

Para uma reunião de planejamento do ciclo ser bem-sucedida, verifique se todos os envolvidos na sessão (product owner, equipe de desenvolvimento, scrum master e qualquer outra pessoa que a equipe scrum solicite) estão dedicados ao esforço em sua duração.

Baseie a duração da reunião de planejamento na duração de seus ciclos: reúna-se por não mais que duas horas, toda semana. Esse tempo predefinido é uma das regras do scrum e ajuda a assegurar que a reunião seja objetiva e fique nos trilhos. A Figura 8-9 mostra isso e é uma boa referência para a duração de suas reuniões de planejamento do ciclo.

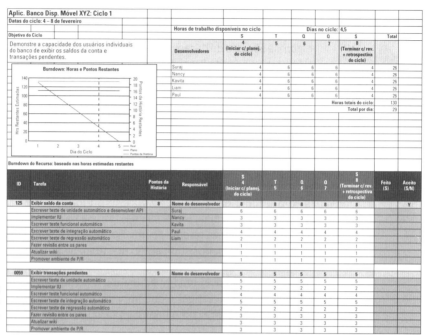

FIGURA 8-8: Exemplo de backlog do ciclo.

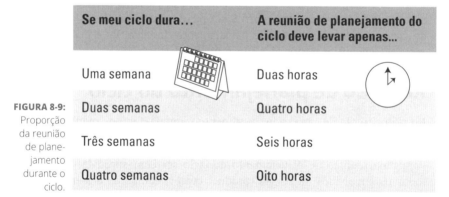

FIGURA 8-9: Proporção da reunião de planejamento durante o ciclo.

Nos projetos ágeis, a prática de limitar o tempo das reuniões algumas vezes é chamada de *tempo predefinido*. Manter suas reuniões com tempo predefinido assegura que a equipe de desenvolvimento tenha o tempo necessário para criar o produto.

Divida as reuniões de planejamento em duas partes: uma para definir o objetivo do ciclo ("por quê") e escolher as histórias do usuário para o ciclo ("o quê"), e outra para dividir as histórias em tarefas individuais ("como" e "quanto"). Os detalhes de cada parte são analisados em seguida.

Parte 1: Definir os objetivos e escolher as histórias do usuário

Na primeira parte da reunião de planejamento do ciclo, o product owner e a equipe de desenvolvimento, com suporte do scrum master, fazem o seguinte:

1. **Discutem e definem o objetivo do ciclo.**

2. **Revisam as histórias do usuário no backlog do produto que dão suporte ao objetivo do ciclo e reveem as estimativas relativas.**

3. **Se necessário, criam histórias do usuário para preencher as lacunas e atingir o objetivo do ciclo.**

4. **Determinam com o que a equipe pode se comprometer no ciclo atual.**

No início da reunião, o product owner deve propor um objetivo do ciclo e, junto da equipe de desenvolvimento, discutir e concordar com o objetivo. Tal objetivo deve ser uma descrição geral da funcionalidade validada do cliente, que a equipe demonstrará e possivelmente lançará no final do ciclo. O objetivo é apoiado pelas histórias do usuário de mais alta prioridade no backlog do produto. Um exemplo de objetivo do ciclo para o aplicativo de banco para dispositivos móveis (consulte o Capítulo 7) é:

> Demonstrar a capacidade de um cliente do banco, com dispositivo móvel, de entrar e exibir os saldos da conta, transações pendentes e anteriores.

Com o objetivo do ciclo, você determina as histórias do usuário que pertencem ao ciclo. Também vê novamente as estimativas dessas histórias e faz mudanças, se necessário. Para o exemplo de aplicativo do banco, o grupo de histórias do usuário para o ciclo pode incluir o seguinte:

» Entrar e acessar minhas contas.

» Exibir os saldos da conta.

» Exibir transações pendentes.

» Exibir transações anteriores.

Todas seriam histórias do usuário de mais alta prioridade no backlog do produto que dá suporte ao objetivo do ciclo.

A segunda parte da revisão das histórias do usuário é confirmar se as estimativas do esforço de cada uma foram revistas e ajustadas, se necessário, e se refletem o conhecimento atual da equipe de desenvolvimento sobre ela. Ajuste a estimativa se precisar. Com o product owner na reunião, resolva qualquer pergunta em aberto. No início do ciclo, a equipe scrum tem o conhecimento

CAPÍTULO 8 **Planeje os Lançamentos e Ciclos** 159

mais atualizado sobre o sistema e as necessidades do cliente até esse ponto no projeto, portanto, a equipe de desenvolvimento e o product owner têm mais uma oportunidade para esclarecer e dimensionar as histórias do usuário que entram no ciclo.

Finalmente, depois de saber quais histórias do usuário dão suporte ao objetivo do ciclo, a equipe de desenvolvimento deve concordar e confirmar se podem concluir o objetivo planejado. Se qualquer história do usuário discutida antes não se encaixar no ciclo atual, retire-a e acrescente de volta ao backlog do produto.

CUIDADO

Sempre planeje e trabalhe em um ciclo por vez. Uma armadilha comum é colocar histórias do usuário em futuros ciclos específicos. Por exemplo, quando ainda estiver planejando o ciclo 1, não decida que a história do usuário X deve ficar no ciclo 2 ou 3. Pelo contrário, mantenha a lista ordenada de histórias atualizada no backlog do produto e foque sempre o desenvolvimento das próximas histórias de mais alta prioridade. Comprometa-se com o planejamento apenas do ciclo atual.

Depois de ter um objetivo do ciclo, as histórias do ciclo e um comprometimento com o objetivo, vá para a segunda parte do planejamento.

DICA

Como uma reunião de planejamento para os ciclos maiores que uma semana pode durar algumas horas, seria possível fazer uma pausa entre as duas partes da reunião.

Parte 2: Dividir as histórias do usuário em tarefas para o backlog do ciclo

Na segunda parte da reunião de planejamento do ciclo, a equipe scrum faz o seguinte:

1. **A equipe de desenvolvimento cria as tarefas do backlog do ciclo associadas a cada história do usuário. Verifique se as tarefas incluem cada parte da definição de feito: desenvolvido, integrado, testado e documentado.**

2. **A equipe verifica, com atenção, se pode concluir as tarefas no tempo disponível no ciclo.**

3. **Cada membro da equipe de desenvolvimento deve escolher sua primeira tarefa a realizar antes de sair da reunião.**

DICA

Os membros da equipe de desenvolvimento devem trabalhar em apenas uma tarefa em uma história do usuário por vez, para permitir o *agrupamento* — prática de a equipe inteira trabalhar em uma história do usuário até terminar. O agrupamento pode ser um modo eficiente de concluir o trabalho em pouco tempo. Assim, as equipes scrum evitam chegar ao final do ciclo com todas as histórias do usuário iniciadas, mas com poucas terminadas.

No início da parte dois da reunião, divida as histórias do usuário em tarefas individuais e aloque algumas horas para cada uma. O objetivo da equipe de desenvolvimento deve ser concluir uma tarefa por dia ou menos. Por exemplo, uma história do usuário para o aplicativo do Banco XYZ pode ser assim:

Entrar e acessar minhas contas.

A equipe decompõe essa história do usuário em tarefas, como a seguir:

» Escreva o teste de unidade.
» Crie uma tela de autenticação para um nome de usuário e senha, com um botão Enviar.
» Crie uma tela de erro para o usuário reinserir as credenciais.
» Crie uma tela (assim que conectado) exibindo uma lista de contas.
» Usando o código de autenticação do aplicativo de banco online, reescreva o código para um aplicativo no iPhone/iPad.
» Crie chamadas para o banco de dados para verificar o nome de usuário e a senha.
» Reformule o código para os dispositivos móveis.
» Escreva o teste de integração.
» Atualize a documentação wiki.

Depois de saber quantas horas cada tarefa consumirá, faça uma verificação para assegurar que a quantidade de horas disponíveis para a equipe de desenvolvimento corresponda ao total de estimativas das tarefas. Se as tarefas excederem as horas disponíveis, uma ou mais histórias do usuário terão que sair do ciclo. Discuta com o product owner sobre quais tarefas ou histórias são melhores para serem retiradas.

Se houver um tempo extra no ciclo, a equipe de desenvolvimento poderá incluir outra história do usuário. Só tenha cuidado para não se comprometer demais no início de um ciclo, sobretudo nos primeiros ciclos do projeto.

Depois de saber quais tarefas farão parte do ciclo, escolha em qual trabalhará primeiro. Cada membro da equipe de desenvolvimento deve selecionar sua tarefa inicial a realizar no ciclo. Os membros devem focar uma tarefa por vez.

DICA

Enquanto os membros da equipe de desenvolvimento pensam sobre o que podem concluir em um ciclo, use as seguintes diretrizes para assegurar que não assumirão mais trabalho do que podem lidar enquanto aprendem novas funções e técnicas:

» **Ciclo 1:** 25% do que a equipe de desenvolvimento acha que pode realizar. Inclua os custos de aprender o novo processo e iniciar um novo projeto.
» **Ciclo 2:** 50% do que a equipe acha que pode realizar.

- » **Ciclo 3:** 75% do que a equipe acha que pode realizar.
- » **Ciclo 4 e outros:** 100%. A equipe de desenvolvimento terá desenvolvido ritmo e velocidade, conhecerá os princípios ágeis e o projeto, e trabalhará praticamente em total velocidade.

A equipe scrum deve avaliar constantemente o backlog do ciclo em relação ao progresso da equipe de desenvolvimento nas tarefas. No final do ciclo, a equipe scrum também poderá avaliar as habilidades de estimativa e a capacidade de trabalho durante a retrospectiva do ciclo (veja o Capítulo 10). Essa avaliação é muito importante para o primeiro ciclo.

Para o ciclo, quantas horas de trabalho no total estão disponíveis? Em uma semana de 40 horas, você poderia supor, para um ciclo de duas semanas, que nove dias úteis estão disponíveis para desenvolver as histórias do usuário. Se achar que cada membro da equipe, em tempo integral, tem 35 horas por semana (7 horas produtivas por dia) para focar o projeto, o número de horas de trabalho disponíveis será de:

Número de membros da equipe × 7 horas × 9 dias

Por que nove dias? Metade do primeiro dia é ocupada com o planejamento, e metade do décimo dia fica com a revisão do ciclo (quando os envolvidos revisam o trabalho concluído) e a retrospectiva (quando a equipe scrum identifica melhorias para os futuros ciclos). Isso deixa nove dias para o desenvolvimento.

Após terminar o planejamento do ciclo, a equipe de desenvolvimento pode começar a trabalhar imediatamente nas tarefas para criar o produto!

O scrum master deve assegurar-se de que o guia do produto e backlogs do produto e do ciclo fiquem em um local de destaque, acessível a todos. Isso permite que os gerentes e outros interessados vejam os artefatos e tenham ideia do status do progresso, sem interromper a equipe.

NESTE CAPÍTULO

» Planejando cada dia

» Controlando o progresso diário

» Desenvolvendo e testando todo dia

» Finalizando o dia

Capítulo 9
Trabalhe Durante o Dia

É terça-feira, 9 da manhã. Ontem você concluiu o planejamento do ciclo e a equipe de desenvolvimento começou a trabalhar. No resto do ciclo, o trabalho será *cíclico*, com todos os dias seguindo o mesmo padrão.

Neste capítulo você descobrirá como usar os princípios ágeis diariamente durante cada ciclo. Verá o trabalho que fará todos os dias como parte de uma equipe scrum: planejar e coordenar seu dia, controlar o progresso, criar e verificar a funcionalidade útil, identificar e lidar com os impedimentos de seu trabalho. Verá como os diferentes membros da equipe scrum trabalham juntos todo dia durante o ciclo para ajudar a criar o produto.

Planejando Seu Dia: Scrum Diário

Nos projetos ágeis, você faz planos durante o projeto inteiro, e diariamente. As equipes de desenvolvimento ágeis iniciam cada dia com uma reunião diária com o *scrum* para anotar os itens concluídos, identificar os impedimentos ou bloqueios, que requerem o envolvimento do scrum master, e sincronizar e planejar o que cada membro da equipe fará durante o dia para chegar ao objetivo do ciclo.

O scrum diário é o Estágio 5 no Guia de Valor. Você pode ver como o ciclo e o scrum diário se encaixam no projeto ágil na Figura 9-1. Observe como eles se repetem.

FIGURA 9-1: O ciclo e o scrum diário no Guia de Valor.

No scrum diário, cada membro da equipe de desenvolvimento faz as seguintes declarações, o que permite a coordenação da equipe:

» **Ontem eu concluí** (declarar os itens concluídos).
» **Hoje trabalharei em** (declarar a tarefa).
» **Meus impedimentos são** (declarar os impedimentos, se houver).

PAPO DE ESPECIALISTA

Outros nomes que pode ouvir para o scrum diário são *conferência diária* ou *stand-up diário*, que se referem à mesma coisa.

Também temos o scrum master lidando com essas três declarações quanto aos impedimentos da equipe:

» **Ontem resolvi** (declarar os impedimentos concluídos).
» **Hoje trabalharei para resolver** (declarar o impedimento).
» **Os obstáculos que superarei são** (declarar os obstáculos para os quais você precisa de ajuda, se houver).

Uma das regras do scrum é que a reunião diária dure 15 minutos ou menos; reuniões maiores consomem o dia da equipe de desenvolvimento. Ela é chamada

164   PARTE 3 **Planejamento Ágil e Execução**

de standup diário porque ficar de pé encoraja reuniões mais curtas. Também é possível usar apoios para que as reuniões diárias com scrum sejam rápidas.

DICA

Começamos as reuniões jogando um brinquedo de cachorro em forma de hambúrguer para um membro aleatório da equipe de desenvolvimento. Não se preocupe, está limpo. Cada pessoa faz três declarações e passa o brinquedo adiante. Se as pessoas forem prolixas, mudamos o acessório para uma resma de 500 folhas, que pesa cerca de 2,5kg. Cada pessoa fala enquanto segura a resma de um lado. As reuniões ficarão mais curtas ou os membros da equipe ficarão com os braços fortes; segundo nossa experiência, ocorre o primeiro.

Para que os scrums diários sejam breves e eficientes, a equipe scrum pode seguir várias diretrizes:

- » **Qualquer pessoa pode participar do scrum diário, mas apenas a equipe de desenvolvimento, o scrum master e o product owner podem falar.** O scrum diário é a oportunidade que a equipe scrum tem para coordenar as atividades diárias, não assumir requisitos adicionais nem aceitar mudanças dos envolvidos. Os envolvidos podem discutir sobre questões com o scrum master ou product owner depois, mas não devem abordar a equipe de desenvolvimento.
- » **O foco está nas prioridades imediatas.** A equipe scrum deve rever apenas as tarefas concluídas, tarefas a fazer e os obstáculos.
- » **As reuniões diárias com o scrum são para a coordenação, não para solucionar problemas.** A equipe de desenvolvimento e o scrum master são responsáveis por resolver os problemas durante o dia.
- » **Para impedir que as reuniões acabem sendo sessões de solução de problemas, as equipes scrum podem**:
  - Criar uma lista em um quadro branco para controlar os problemas que precisam de atenção imediata e lidar com eles diretamente após a reunião com apenas os membros da equipe que precisam estar envolvidos.
  - Fazer uma reunião, chamada de *pós-festa*, para resolver os problemas depois de o scrum diário ter terminado. Algumas equipes scrum reservam um tempo para uma pós-festa todos os dias, outras se encontram apenas quando é necessário.
- » **O scrum diário é para a coordenação entre os pares.** Ele não é usado para uma pessoa informar o status para outra, por exemplo, o scrum master ou product owner. O status é informado no final de cada dia no backlog do ciclo.
- » **Essa reunião curta deve iniciar na hora.** É comum que a equipe scrum tenha punições na criação por causa de atrasos (como fazer abdominais ou multa em dinheiro para o fundo de comemoração da equipe, ou qualquer outra inconveniência). Seja qual for o método usado, a equipe scrum

concorda com ele em conjunto; o método não é imposto por alguém de fora da equipe, como um gerente.

» **A equipe scrum pode solicitar que os participantes do scrum diário fiquem de pé, em vez de sentados, durante a reunião.** Ficar de pé faz com que as pessoas queiram terminar a reunião e começar o trabalho do dia.

Quando se tem apenas 15 minutos de reunião, cada minuto é importante. As equipes scrum não devem ter medo de fazer com que o atraso para o scrum diário seja desagradável. Se os membros adoram cantar, por exemplo, participar do karaokê provavelmente não terá muito efeito. Ajudamos a resolver os eternos problemas de atraso rapidamente sugerindo que a equipe scrum mude a punição de R$1,00 para uma contribuição de R$20,00 para o fundo de comemoração.

As reuniões diárias com o scrum são eficientes para manter a equipe de desenvolvimento concentrada nas tarefas certas de qualquer dia. Como os membros da equipe são responsáveis por seu trabalho diante dos companheiros, há menos probabilidade de que não cumpram seus compromissos diários. Os scrums diários também ajudam a assegurar que o scrum master e a equipe de desenvolvimento possam lidar imediatamente com os obstáculos. Essas reuniões são tão úteis, que até as organizações que não usam nenhuma outra técnica ágil algumas vezes adotam os scrums diários.

Gostamos de fazer as reuniões diárias com o scrum uma hora após o início normal da equipe de desenvolvimento para tolerar os engarrafamentos, e-mails, café e outros rituais ao iniciar o dia. Uma reunião scrum mais tarde também permite que a equipe de desenvolvimento tenha tempo para rever os relatórios de falhas feitos com ferramentas de teste automático realizados na noite anterior.

O scrum diário é para discutir sobre o progresso e planejamento de cada dia que começa. Como será visto em seguida, você também controla o progresso todo dia, não apenas discute sobre ele.

Controlando o Progresso

Você também precisa controlar o progresso do ciclo diariamente. Esta seção analisa os modos de controlar as tarefas em seu ciclo.

Duas ferramentas para controlar o progresso são o backlog do ciclo e um quadro de tarefas. O backlog e o quadro permitem que a equipe scrum mostre o progresso do ciclo para qualquer pessoa a qualquer momento.

O Manifesto Ágil valoriza as pessoas e iterações acima de processos e ferramentas. Verifique se suas ferramentas dão suporte, em vez de atrapalhar, à equipe scrum. Modifique ou até substitua as ferramentas, se preciso. Leia mais sobre o Manifesto Ágil no Capítulo 2.

Backlog do ciclo

Durante o planejamento do ciclo, você se concentra em adicionar histórias do usuário e tarefas ao backlog do ciclo. Durante o ciclo em si, atualiza o backlog diariamente, controlando o progresso das tarefas da equipe de desenvolvimento para cada dia de trabalho. A Figura 9-2 mostra como ficaria o backlog do ciclo para o aplicativo de exemplo do livro, para dispositivos móveis do Banco XYZ, no dia 4 do primeiro ciclo. (O Capítulo 8 analisa os detalhes do backlog do ciclo.)

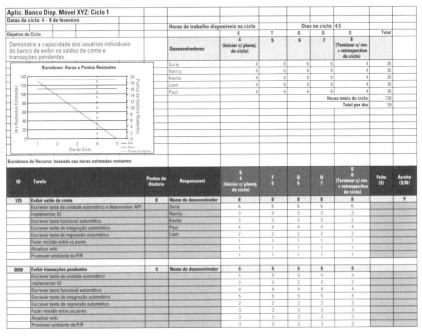

FIGURA 9-2: Exemplo de backlog do ciclo.

Disponibilize o backlog do ciclo para a equipe de projetos inteira todos os dias. Assim, qualquer pessoa que precisar saber o status do ciclo poderá vê-lo na hora.

Quase no topo à esquerda da Figura 9-2, observe o *gráfico de burndown do ciclo*, que mostra o progresso da equipe de desenvolvimento. É possível ver que os membros da equipe concluíram as tarefas perto da taxa de horas disponíveis, e o product owner aceitou várias histórias do usuário como concluídas.

Você pode incluir gráficos de burndown nos backlogs do ciclo e do produto. (Este capítulo se concentra no backlog do ciclo.) A Figura 9-3 mostra em detalhes do gráfico de burndown.

Esse gráfico é uma ferramenta poderosa para visualizar o progresso e o trabalho restante. Ele mostra o seguinte:

CAPÍTULO 9 **Trabalhe Durante o Dia** 167

» O trabalho em destaque (em horas) no primeiro eixo vertical.

» O tempo, em dias, no eixo horizontal.

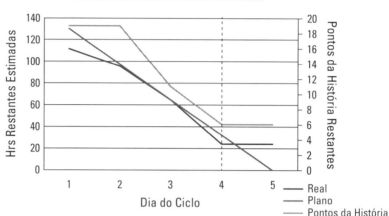

FIGURA 9-3: Gráfico de burndown.

Alguns gráficos de burndown, como o da Figura 9-3, também mostram os pontos da história em destaque em um segundo eixo vertical, representado no mesmo eixo de tempo horizontal como horas do trabalho restante.

Esse gráfico permite que qualquer pessoa, apenas olhando, saiba o status do ciclo. O progresso é claro. Comparando o número real de horas disponíveis com o trabalho restante, é possível saber diariamente se o esforço ocorre como o planejado, está melhor do que o esperado ou tem problemas. Essas informações ajudam a determinar se a equipe de desenvolvimento provavelmente cumprirá o número-alvo de histórias do usuário e ajudam a tomar boas decisões no início do ciclo.

É possível criar um backlog do ciclo usando uma planilha e gráfico, como o Microsoft Excel.

A Figura 9-4 mostra exemplos de gráficos de burndown para os ciclos em diferentes situações. Vendo os gráficos, é possível dizer como o trabalho avança:

» **1. Esperado:** O gráfico mostra um padrão de ciclo normal. As horas de trabalho restantes sobem e descem quando a equipe de desenvolvimento conclui as tarefas, revela detalhes e identifica o trabalho tático que não pode ser considerado inicialmente. O trabalho é gerenciável, embora às vezes aumente, e a equipe se mobiliza para concluir todas as histórias do usuário no final do ciclo.

» **2. Mais complicado:** Neste ciclo, o trabalho passou do ponto no qual a equipe achou que poderia fazer tudo. Ela identificou o problema no início, trabalhou com o product owner para remover algumas histórias do usuário e ainda atingiu o objetivo do ciclo. O segredo das mudanças de escopo de um ciclo é que elas sempre são iniciadas pela equipe de desenvolvimento, ninguém mais.

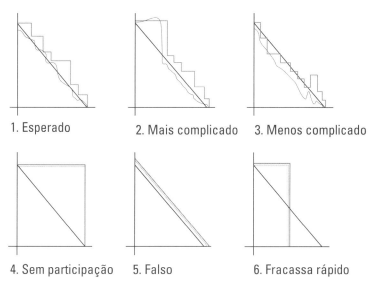

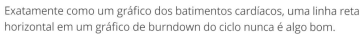

FIGURA 9-4: Perfis dos gráficos de burndown.

CUIDADO

» **3. Menos complicado:** No ciclo, a equipe de desenvolvimento concluiu algumas histórias críticas do usuário de modo mais rápido do que previu e trabalhou com o product owner para identificar histórias extras que poderia adicionar ao ciclo.

» **4. Sem participação:** Uma linha reta em um gráfico de burndown significa que a equipe não atualizou o burndown ou não fez nenhum progresso no dia. Em qualquer caso, é um sinal de alerta para futuros problemas.

Exatamente como um gráfico dos batimentos cardíacos, uma linha reta horizontal em um gráfico de burndown do ciclo nunca é algo bom.

» **5. Falso (ou conformidade):** Esse padrão de burndown é comum para uma nova equipe de desenvolvimento ágil que pode estar acostumada a relatar as horas que o gerenciamento espera, em vez do tempo realmente gasto com o trabalho e, como consequência, tende a ajustar as estimativas de trabalho da equipe ao número exato de horas restantes. Esse padrão normalmente reflete um ambiente de medo, no qual os gerentes lideram com intimidação.

» **6. Falha rápido:** Um dos maiores benefícios dessa visualização simples de progresso é a prova imediata do andamento ou falta dele. Esse padrão mostra um exemplo de equipe que não participou nem progrediu. Na metade do ciclo, o product owner decidiu cortar as perdas, encerrando o ciclo e iniciando um novo com outro objetivo. Apenas os product owners podem terminar um ciclo no início.

O backlog do ciclo ajuda a controlar o progresso durante cada ciclo. Você também pode consultar os backlogs anteriores para comparar o progresso entre os ciclos. As mudanças são feitas no processo em cada ciclo (leia mais sobre o conceito de inspeção e adaptação no Capítulo 10). Examine sempre seu trabalho e adapte-se para que seja melhor. Mantenha os antigos backlogs do ciclo.

Outro modo de controlar o ciclo é usando um quadro de tarefas. Leia para saber como criar e usar um.

Quadro de tarefas

Embora o backlog do ciclo seja uma ótima maneira de controlar e mostrar o progresso do projeto, provavelmente é um formato eletrônico, portanto, pode não ser acessível para todos que queiram vê-lo. Algumas equipes de desenvolvimento scrum usam um quadro de tarefas junto do backlog do ciclo. Um *quadro de tarefas* oferece uma visão rápida e fácil dos itens no ciclo nos quais a equipe de desenvolvimento está trabalhando e já concluiu.

Gostamos dos quadros de tarefas porque não se pode negar o status que eles mostram. Como o guia do produto, o quadro pode ser composto de notas adesivas em um quadro branco. O quadro de tarefas terá, pelo menos, as quatro colunas a seguir, da esquerda para a direita:

» **A Fazer:** As histórias do usuário e tarefas que ainda serão realizadas ficam na coluna mais à esquerda.

» **Em Progresso:** As histórias do usuário e tarefas nas quais a equipe de desenvolvimento trabalha atualmente ficam na coluna Em Progresso. Apenas uma história deve ficar nessa coluna. Ter mais histórias do usuário em andamento é um alerta de que os membros da equipe de desenvolvimento não estão trabalhando de modo multidisciplinar e estão acumulando as tarefas desejadas. Corre-se o risco de haver várias histórias do usuário parcialmente feitas, em vez de mais histórias terminadas completamente no final do ciclo.

» **Aceito:** Depois de a equipe de desenvolvimento concluir uma história do usuário, mova-a para a coluna Aceito. As histórias do usuário nessa coluna estão prontas para o product owner revisar, dar feedback ou aceitar.

» **Feito:** Quando o product owner tiver revisado uma história do usuário e verificar que ela está concluída, poderá movê-la para a coluna Feito.

Limite o trabalho em progresso! Só selecione uma tarefa por vez. Deixe as outras disponíveis na coluna A Fazer. O ideal é que a equipe de desenvolvimento trabalhe em apenas uma história do usuário por vez e agrupe as tarefas dessa história para concluí-la rapidamente.

Como o quadro de tarefas é palpável (as pessoas movem fisicamente uma ficha da história para a conclusão), é possível envolver a equipe de desenvolvimento em mais de um documento eletrônico. O quadro de tarefas encoraja a reflexão e ação só por existir na área de trabalho da equipe scrum, onde todos podem vê-lo.

DICA

Permitir que apenas o product owner mova as histórias do usuário para a coluna Feito evita mal-entendidos sobre o status da história.

A Figura 9-5 mostra um quadro de tarefas típico. Como se pode ver, é uma boa representação visual do trabalho em progresso.

FIGURA 9-5: Exemplo de quadro de tarefas.

PAPO DE ESPECIALISTA

O quadro de tarefas é muito parecido com um quadro kanban. *Kanban* é um termo japonês que significa *sinal visual*. (Para saber mais sobre os quadros kanban, veja o Capítulo 4.) A Toyota criou esses quadros como parte de seu processo de fabricação enxuta.

Na Figura 9-5, o quadro de tarefas mostra quatro histórias do usuário, cada uma separada por uma linha horizontal chamada *faixa*. A primeira história está feita. Todas as tarefas estão concluídas, e o product owner aceitou o trabalho feito. Na segunda história, o trabalho de desenvolvimento está concluído, mas aguarda aceitação do product owner. A terceira história está em andamento, e a quarta não foi iniciada ainda. Só de olhar, o status de cada história do usuário fica claro não só para a equipe scrum, com uma coordenação tática mais rápida e fácil, mas também para os demais interessados.

O trabalho diário em um projeto ágil envolve mais do que apenas planejar e controlar o progresso. Na próxima seção você verá como será grande parte do dia de trabalho, sendo você membro da equipe de desenvolvimento, product owner ou scrum master.

DICA

Algumas equipes de desenvolvimento informam o status apenas com um quadro de tarefas e pedem que o scrum master converta o status no backlog do ciclo. Esse processo ajuda o scrum master a ver tendências e problemas em potencial.

Funções da Metodologia Ágil no Ciclo

Cada membro da equipe scrum tem funções e responsabilidades diárias específicas durante o ciclo. O foco do dia para a equipe de desenvolvimento é produzir uma funcionalidade que possa ser enviada. Para o product owner, o foco é preparar o backlog do produto para os futuros ciclos, enquanto dá suporte à execução do backlog do ciclo com esclarecimentos em tempo real para a equipe de desenvolvimento. O scrum master é o instrutor ágil e maximiza a produtividade da equipe de desenvolvimento removendo os obstáculos e protegendo a equipe das distrações externas.

A seguir estão as descrições das tarefas que cada membro da equipe scrum realiza durante o ciclo. Se você é membro da equipe de desenvolvimento:

» Seleciona as tarefas de mais alta necessidade e as conclui o mais rápido possível.

» Pede esclarecimento ao product owner quando a história do usuário não está clara.

» Colabora com outros membros da equipe de desenvolvimento para projetar a abordagem para uma história do usuário específica, busca ajuda quando necessário e ajuda quando outro membro da equipe precisa.

» Faz revisões do trabalho de outro colega.

» Assume tarefas além de sua função normal quando o ciclo assim requer.

» Desenvolve totalmente a funcionalidade como acordado na definição de feito (descrita na próxima seção, "Criando uma Funcionalidade de Envio").

» Informa diariamente seu progresso ao concluir as tarefas no backlog do ciclo.

- » Alerta o scrum master sobre qualquer obstáculo que você não consegue resolver sozinho.
- » Atinge o objetivo do ciclo com o qual se comprometeu durante o planejamento do ciclo.

O product owner tem as seguintes tarefas durante o ciclo:

- » Faz os investimentos necessários para manter a alta velocidade do desenvolvimento.
- » Prioriza a funcionalidade do produto.
- » Representa os envolvidos no produto para a equipe de desenvolvimento.
- » Informa os envolvidos sobre os custos e status do cronograma.
- » Elabora as histórias do usuário com a equipe de desenvolvimento para que ela entenda claramente o que está criando.
- » Dá esclarecimentos imediatos e toma decisões sobre requisitos para manter a equipe desenvolvendo.
- » Resolve os impedimentos comerciais trazidos por outros membros da equipe scrum.
- » Revisa a funcionalidade concluída das histórias do usuário e dá feedback para a equipe de desenvolvimento.
- » Acrescenta novas histórias do usuário ao backlog do produto quando necessário e verifica se as novas histórias dão suporte à visão do produto e aos objetivos do lançamento e do ciclo.
- » Aguarda com expectativa o próximo ciclo e elabora histórias do usuário, pronto para a próxima reunião de planejamento do ciclo.

LEMBRE-SE

A comunicação não verbal diz muito. Os scrum masters podem aproveitar a linguagem corporal para identificar as tensões implícitas na equipe scrum.

Se você é scrum master, faz o seguinte durante o ciclo:

- » Defende os valores e práticas da metodologia ágil treinando o product owner, a equipe de desenvolvimento e a organização, quando necessário.
- » Protege a equipe de desenvolvimento das distrações externas.
- » Remove obstáculos, tanto taticamente para os problemas imediatos quanto estrategicamente para os problemas em potencial de longo prazo. No Capítulo 6 comparamos o scrum master com um engenheiro aeronáutico, removendo e impedindo continuamente a resistência organizacional na equipe de desenvolvimento.
- » Facilita o consenso na equipe scrum.
- » Estabelece relações para estimular uma forte cooperação com pessoas que trabalham com a equipe scrum.

Normalmente, falamos para os scrum masters: "Nunca almoce sozinho. Sempre crie relações." Nunca se sabe quando será preciso pedir um favor em um projeto.

Como se pode ver, cada membro da equipe scrum tem um trabalho específico no ciclo. Na próxima seção você verá como o product owner e a equipe de desenvolvimento trabalham juntos para criar o produto.

Criando uma Funcionalidade de Envio

O objetivo do trabalho diário de um ciclo é criar uma funcionalidade do produto que possa ser enviada a um cliente ou usuário.

No contexto de um ciclo, um *incremento do produto* ou *funcionalidade de envio* significa que um produto foi desenvolvido, integrado, testado e documentado de acordo com a definição de feito do projeto e é considerado pronto para o lançamento. A equipe de desenvolvimento pode ou não liberar esse produto no final do ciclo; o momento depende do plano de lançamento. O projeto pode requerer vários ciclos antes de o produto ter um conjunto de recursos comercializáveis mínimos necessários para justificar a colocação no mercado.

Ajuda considerar a funcionalidade de envio em termos de histórias do usuário. Uma história se inicia como um requisito escrito em uma ficha. Quando a equipe de desenvolvimento cria a funcionalidade, cada história se torna uma ação que um usuário pode tomar. A funcionalidade de envio é igual às histórias concluídas do usuário.

Para criar uma funcionalidade de envio, a equipe de desenvolvimento e o product owner estão envolvidos em três atividades maiores:

- » Elaboração
- » Desenvolvimento
- » Verificação

Durante o ciclo, qualquer uma ou todas essas atividades podem acontecer a qualquer momento. Quando revisá-las em detalhes, lembre-se de que nem sempre elas ocorrem de modo linear.

Elaboração

Em um projeto ágil, a *elaboração* é o processo de determinar os detalhes de um recurso do produto. Sempre que a equipe de desenvolvimento lida com uma nova história do usuário, a elaboração assegura que qualquer pergunta não respondida sobre uma história terá uma resposta para que o processo de desenvolvimento possa prosseguir.

O product owner trabalha com a equipe de desenvolvimento para elaborar as histórias do usuário, mas a equipe deve ter a palavra final sobre as decisões de design. O product owner deve estar disponível para ser consultado, caso a equipe precise de mais esclarecimentos sobre os requisitos durante o dia.

O design em colaboração é o grande responsável pelos projetos bem-sucedidos. Lembre-se dos princípios ágeis: "As melhores arquiteturas, requisitos e designs surgem de equipes auto-organizadas" e "Empresários e desenvolvedores devem trabalhar juntos diariamente no projeto". Cuidado com os membros da equipe de desenvolvimento que têm uma tendência de trabalhar sozinhos na elaboração das histórias. Se um membro se separar da equipe, talvez parte do trabalho do scrum master seja treinar essa pessoa para respeitar os valores e práticas da metodologia ágil.

Desenvolvimento

Durante o desenvolvimento do produto, grande parte da atividade, claro, fica com a equipe de desenvolvimento. O product owner continua a trabalhar com a equipe quando necessário para dar esclarecimentos e aprovar a funcionalidade desenvolvida.

A equipe de desenvolvimento deve ter um acesso imediato ao product owner. O ideal é que ele se reúna com a equipe quando não está interagindo com clientes e envolvidos.

O scrum master deve focar a proteção da equipe de desenvolvimento quanto às interrupções e à resolução dos impedimentos encontrados.

Para manter as práticas ágeis durante o desenvolvimento, implemente as práticas da programação extrema mostradas no Capítulo 4. Inclusive:

» **Coloque em pares os membros da equipe de desenvolvimento para concluir as tarefas.** Fazer isso melhora a qualidade do trabalho e encoraja o compartilhamento de habilidades.

» **Siga os padrões de design acordados da equipe de desenvolvimento.** Se não puder segui-los por algum motivo, reveja e melhore-os.

- » **Comece o desenvolvimento configurando testes automáticos.** Você poderá saber mais sobre o teste automático na seção a seguir e no Capítulo 15.
- » **Se recursos novos e bons aparecerem durante o desenvolvimento, adicione-os ao backlog do produto.** Evite codificar novos recursos que estão fora do objetivo do ciclo.
- » **Integre as mudanças que foram codificadas durante o dia, um conjunto de cada vez.** Teste para ficar 100% correto. Integre as mudanças, pelo menos, uma vez ao dia. Algumas equipes integram muitas vezes por dia.
- » **Faça revisões do código para que ele siga os padrões de desenvolvimento.** Identifique as áreas que precisam de revisão. Adicione as revisões como tarefas no backlog do ciclo.
- » **Crie uma documentação técnica enquanto trabalha.** Não aguarde até o final do ciclo ou, pior, um pouco antes do lançamento.

PAPO DE ESPECIALISTA

Integração contínua é o termo usado no desenvolvimento de softwares para a integração e teste completo de todo código criado. A integração contínua ajuda a identificar os problemas antes de eles se tonarem uma crise.

Verificação

A verificação do trabalho feito em um ciclo tem três partes: teste automático, revisão em pares e revisão do product owner.

DICA

É muitíssimo mais barato impedir uma falha do que a tirar de um sistema implantado.

Teste automático

Teste automático significa usar um programa de computador para fazer grande parte do teste do código. Com esse teste, a equipe de desenvolvimento pode desenvolver e testar rapidamente o código, que é uma grande vantagem dos projetos ágeis.

Normalmente as equipes de projeto ágeis codificam durante o dia e deixam os testes para a noite. De manhã, a equipe pode rever o relatório de falhas que o programa de teste gerou, informar qualquer problema durante o scrum diário e corrigi-lo imediatamente durante o dia.

O teste automático pode incluir:

- » **Teste de unidade:** Testar o código-fonte em suas menores partes, no nível do componente.

- » **Teste do sistema:** Testar o código com o resto do sistema.
- » **Teste estático:** Verificar se o código do produto atende aos padrões com base nas regras e práticas recomendadas que a equipe de desenvolvimento acordou.

Revisão em pares

Revisão em pares significa simplesmente que os membros da equipe de desenvolvimento revisam o código um do outro. Se Samuel escreve o programa A e Joana escreve o programa B, Samuel poderá revisar o código de Joana, e vice- -versa. A revisão em pares tem como objetivo ajudar a assegurar a qualidade do código.

A *programação em pares* é outra forma de revisão em pares, mas a revisão ocorre durante o desenvolvimento. Enquanto um programador (piloto) está no teclado e escreve o código, um desenvolvedor (navegador) pensa estrategicamente, olha para o futuro, ouve e responde ativamente às decisões tomadas taticamente pelo piloto. Não só a revisão acontece no momento, pegando as falhas e tomando decisões mais inteligentes, como também há dois desenvolvedores, em vez de apenas um que está muito familiarizado com a parte do sistema sendo desenvolvida.

A programação em pares é uma ótima maneira de desenvolver pessoas multidisciplinares para reduzir os pontos de falha.

A equipe de desenvolvimento pode fazer revisões em pares durante o desenvolvimento. O local partilhado facilita; você pode virar para a pessoa a seu lado e pedir que ela veja rapidamente o que você acabou de fazer. A equipe de desenvolvimento também pode reservar um tempo durante o dia especificamente para revisar o código. As equipes de autogerenciamento devem decidir sobre o que funciona melhor para elas.

Revisão do product owner

Quando uma história foi desenvolvida e testada, a equipe de desenvolvimento move as histórias para a coluna Aceito no quadro de tarefas. O product owner revisa a funcionalidade e verifica se ela atende aos objetivos da história segundo seus critérios de aceitação. E ele verifica as histórias do usuário todos os dias.

Como analisado no Capítulo 8, o verso de cada ficha da história do usuário tem etapas de verificação. Essas etapas permitem que o product owner revise e confirme se o código funciona e dá suporte à história. A Figura 9-6 mostra um exemplo de etapas de verificação da ficha da história do usuário.

Quando faço isto:	Isto acontece:
Quando vou para a página da conta:	consigo ver o saldo da conta ativa.
Quando seleciono fundos de transferência:	consigo selecionar "Transferir para Conta" e a quantia.
Quando envio solicitações de transferência:	vejo uma confirmação de que os fundos foram transferidos.

FIGURA 9-6:
Verificação da história do usuário.

Finalmente, o product owner deve fazer algumas verificações para saber se a história do usuário em questão atende à definição de feito. Quando uma história atende a essa definição, o product owner atualiza o quadro de tarefas movendo a história da coluna Aceito para a Feito.

Enquanto o product owner e a equipe de desenvolvimento trabalham juntos para criar a funcionalidade de envio do produto, o scrum master ajuda a equipe scrum a identificar e retirar os obstáculos que aparecem no caminho.

Identificando obstáculos

É uma parte maior da função do scrum master gerenciar e ajudar a resolver os obstáculos que a equipe scrum identifica. Os obstáculos podem ser qualquer coisa que impeça o membro da equipe de trabalhar com total capacidade.

Embora o scrum diário seja um bom lugar para a equipe de desenvolvimento identificar os obstáculos, ele pode levar problemas ao scrum master a qualquer momento durante o dia.

Exemplos de obstáculo:

» **Problemas locais e táticos,** como:

- Um gerente que tenta afastar um membro da equipe para trabalhar em um relatório de vendas "prioritário".
- A equipe de desenvolvimento que precisa de outro hardware ou software para facilitar o progresso.
- Um membro da equipe de desenvolvimento que não entende uma história do usuário e diz que o product owner não está disponível para ajudar.

» **Impedimentos na organização,** como:

- Uma resistência geral às técnicas ágeis, sobretudo quando a empresa estabeleceu e manteve processos antes com um custo significativo.

178   PARTE 3 **Planejamento Ágil e Execução**

- Gerentes que não podem estar em contato com o trabalho no local. As tecnologias, práticas de desenvolvimento e práticas de gerenciamento de projetos estão sempre progredindo.
- Departamentos externos que podem não estar familiarizados com as necessidades do scrum e o ritmo de desenvolvimento ao usar as técnicas ágeis.
- Uma organização que impõe políticas que não fazem sentido para as equipes de projeto ágeis. Ferramentas centralizadas, restrições no orçamento e processos padronizados que não se alinham com os processos ágeis podem causar problemas para as equipes.

LEMBRE-SE

A caraterística mais importante que um scrum master pode ter é a influência na organização. Essa influência lhe dá a capacidade de ter conversas difíceis e fazer grandes e pequenas mudanças necessárias para a equipe scrum ser bem-sucedida. Damos exemplos de diferentes tipos de influência no Capítulo 4.

Além do foco primário de criar uma funcionalidade de envio, acontecem outras coisas durante o dia em um projeto ágil. Muitas dessas tarefas são do scrum master. A Tabela 9-1 mostra os obstáculos em potencial e a ação que o scrum master pode tomar para resolver os impedimentos.

TABELA 9-1   Obstáculos Comuns e Soluções

Obstáculo	Ação
A equipe de desenvolvimento precisa de um software de simulação para vários dispositivos móveis para testar a interface do usuário e o código.	Pesquise para estimar o custo do software, prepare um resumo para o product owner e discuta sobre o financiamento. Processe a compra via aquisição e entregue o software à equipe de desenvolvimento.
O gerenciamento deseja pedir emprestado um membro da equipe de desenvolvimento para escrever alguns relatórios. Todos os membros estão ocupados.	Informe ao gerente que fez a solicitação que a pessoa não está disponível e provavelmente não estará durante o projeto. Recomende que o solicitante discuta a necessidade com o product owner para poder priorizar em relação ao resto do backlog do produto. Como provavelmente é você quem soluciona os problemas, deverá sugerir alternativas para o gerente ter o que precisa.
Um membro da equipe de desenvolvimento não consegue avançar em uma história do usuário porque não a entende por completo. O product owner está fora do escritório no dia com uma emergência pessoal.	Trabalhe com o membro da equipe de desenvolvimento para determinar se algum trabalho pode acontecer em torno da história do usuário enquanto aguarda uma resposta. Ajude a localizar outra pessoa que possa responder à pergunta. Se der errado, peça à equipe de desenvolvimento para rever as próximas tarefas (não relacionadas àquela parada) e mova as coisas para manter a produtividade.

(continua)

(continuação)

Obstáculo	Ação
Uma história do usuário ficou mais complexa e agora parece ser grande demais para o ciclo.	Faça com que a equipe de desenvolvimento trabalhe com o product owner para dividir a história do usuário para que o valor demonstrado possa ser concluído no ciclo atual e o resto possa voltar para o backlog do produto. O objetivo é assegurar que o ciclo termine com as histórias concluídas, mesmo que menores, em vez de histórias incompletas.

Até agora no capítulo você viu como a equipe scrum inicia seu dia e trabalha. A equipe fecha o dia também com algumas tarefas. A próxima seção mostra como finalizar um dia em um ciclo.

Fim do Dia

No fim de cada dia, a equipe de desenvolvimento informa o progresso da tarefa atualizando o backlog do ciclo com quais tarefas foram concluídas e quanto trabalho, em horas, resta fazer nas novas tarefas iniciadas. Dependendo do software que a equipe scrum usa, os dados do backlog podem atualizar automaticamente também o gráfico de burndown.

CUIDADO

Atualize o backlog do ciclo com o trabalho restante, não com o tempo já gasto, nas tarefas abertas. O importante é quanto tempo resta, o que informa à equipe de projetos se a equipe scrum está nos trilhos para atender ao objetivo do ciclo. Se possível, evite gastar tempo controlando quantas horas foram gastas trabalhando nas tarefas, o que é menos necessário com os modelos ágeis de autocorreção.

O product owner também deve atualizar o quadro de tarefas, pelo menos, no final do dia e mover para a coluna Feito qualquer história do usuário que tenha passado na revisão.

O scrum master pode revisar o backlog do ciclo ou quadro de tarefas para verificar qualquer risco antes do scrum diário do dia seguinte.

A equipe scrum segue essa rotina diária até o fim do ciclo, quando será hora de recuar, inspecionar e se adaptar nas reuniões de revisão e retrospectiva do ciclo.

NESTE CAPÍTULO

» Mostrando o trabalho e recebendo feedback

» Revisando o ciclo e melhorando os processos

Capítulo **10**

Mostre o Trabalho, Inspecione e Adapte-se

No final de cada ciclo, a equipe scrum tem a oportunidade de mostrar seu trabalho árduo na revisão do ciclo. A revisão é quando o product owner e a equipe de desenvolvimento demonstram a funcionalidade do ciclo que foi concluída e com potencial de ser enviada para os envolvidos. Na retrospectiva do ciclo, a equipe scrum (product owner, equipe de desenvolvimento e scrum master) revisa como foi o ciclo e determina se precisa de ajustes para o próximo.

O conceito ágil de inspecionar e se adaptar dá suporte a esses eventos, explicado no Capítulo 7.

Neste capítulo você verá como fazer a revisão e a retrospectiva do ciclo.

Revisão do Ciclo

A *revisão do ciclo* é uma reunião para rever e demonstrar a funcionalidade criada com as histórias do usuário que a equipe de desenvolvimento concluiu durante o ciclo, e serve para o product owner receber feedback e atualizar o backlog do produto de acordo. Ela é aberta para qualquer pessoa interessada em revisar os compromissos assumidos. Isso significa que todos os envolvidos têm uma chance de ver o progresso e a precisão do produto, e dar um feedback.

A revisão do ciclo é o Estágio 6 no Guia de Valor. A Figura 10-1 mostra como a revisão se encaixa em um projeto ágil.

FIGURA 10-1: A revisão do ciclo no Guia de Valor.

Estágio 6: REVISÃO DO CICLO

Descrição: Demonstração do produto validado
Responsável: Product owner e equipe de desenvolvimento
Frequência: No final de cada ciclo

As seções a seguir mostram o que precisa fazer para se preparar para uma revisão do ciclo, como fazer uma reunião de revisão e a importância de receber feedback.

Preparação para demonstrar

A preparação para a reunião de revisão do ciclo não deve levar mais do que alguns minutos, no máximo. Mesmo que a revisão possa parecer formal, a essência é a informalidade ao mostrar para as equipes ágeis. A reunião precisa ser preparada e organizada, mas não requer muito material espalhafatoso. Pelo contrário, a revisão busca demonstrar o que a equipe de desenvolvimento fez.

CUIDADO

Se sua revisão do ciclo for chamativa demais, pergunte a si mesmo se está disfarçando porque não passou tempo suficiente desenvolvendo. Volte a trabalhar no valor, criando um produto validado. A ostentação é inimiga da agilidade.

O preparo da reunião de revisão envolve o product owner e a equipe de desenvolvimento, facilitada pelo scrum master, quando necessário. O product owner precisa saber quais histórias do usuário a equipe concluiu durante o ciclo, e a equipe precisa estar preparada para demonstrar a funcionalidade concluída e pronta para o envio.

O tempo necessário para preparar uma revisão do ciclo não deve ser superior a 20 minutos; tempo suficiente para verificar se todos sabem quem está fazendo o que e quando, para a demonstração fluir sem problemas.

O trabalho não enviado não tem valor comercial. No contexto de um ciclo, *funcionalidade de envio* significa que a equipe de desenvolvimento atendeu a sua definição de feito para cada requisito, e o product owner verificou se o produto atende a todos os critérios de aceitação e pode ser lançado no mercado, ou *enviado*, caso o valor e o momento estejam corretos. A liberação real pode acontecer mais tarde, segundo o plano de lançamento comunicado. Saiba mais sobre a funcionalidade de envio no Capítulo 9.

Para a equipe de desenvolvimento demonstrar o código na revisão do ciclo, ele deve estar concluído segundo a definição de feito. Isso significa que o código está totalmente:

- Desenvolvido
- Testado
- Integrado
- Documentado

Quando as histórias do usuário são movidas para um status de feito durante o ciclo, o product owner e a equipe de desenvolvimento devem verificar se a funcionalidade atende aos padrões. Essa validação contínua reduz os riscos no fim do ciclo e ajuda a equipe scrum a passar o menor tempo possível preparando a revisão.

Conhecer as histórias do usuário concluídas e estar pronto para demonstrar a funcionalidade delas prepara-o para iniciar com confiança a reunião de revisão.

Reunião de revisão do ciclo

As reuniões de revisão do ciclo têm duas atividades: demonstrar o trabalho terminado da equipe scrum e permitir que os envolvidos deem feedback sobre o trabalho. A Figura 10-2 mostra os diferentes ciclos de feedback que uma equipe scrum recebe sobre um produto.

Esse ciclo se repete durante o projeto como a seguir:

- Todo dia, os membros da equipe de desenvolvimento trabalham juntos em um ambiente partilhado que encoraja o feedback com revisões dos pares e uma comunicação informal.

» Em todo ciclo, assim que a equipe de desenvolvimento conclui cada requisito, o product owner dá um feedback revisando a funcionalidade validada para ter aceitação. Então a equipe de desenvolvimento incorpora imediatamente o feedback, se houver, para atender aos critérios de aceitação da história. Quando a história é concluída, o product owner dá a palavra final quanto à funcionalidade criada, segundo tais critérios.

» No final de cada ciclo, os envolvidos no projeto dão um feedback sobre a funcionalidade concluída na reunião de revisão do ciclo.

» Em cada lançamento, os clientes que usam o produto dão um feedback sobre a nova funcionalidade validada.

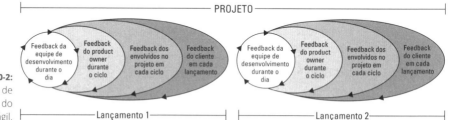

FIGURA 10-2: Ciclos de feedback do projeto ágil.

Normalmente, a revisão do ciclo ocorre mais tarde no último dia do ciclo, em geral em uma sexta-feira. Uma das regras do scrum é ter uma reunião de revisão do ciclo de até uma hora toda semana. A Figura 10-3 mostra uma referência rápida.

Se meu ciclo dura...	A reunião de revisão do ciclo deve levar apenas...
Uma semana	Uma hora
Duas semanas	Duas horas
Três semanas	Três horas
Quatro semanas	Quatro horas

FIGURA 10-3: Proporção entre a reunião de revisão do ciclo e a duração do ciclo.

Veja algumas diretrizes para a reunião de revisão do ciclo:

» Nenhum slide em PowerPoint! Mostre a funcionalidade validada real. Consulte o backlog do ciclo se precisar mostrar uma lista das histórias do usuário concluídas.

» A equipe scrum inteira deve participar da reunião.

- » Qualquer pessoa interessada na reunião pode participar. Os envolvidos no projeto, estagiários e CEO podem, teoricamente, estar em uma revisão do ciclo. Os clientes também podem ser convidados sempre que disponíveis.
- » O product owner apresenta o objetivo do lançamento, objetivo do ciclo e as novas capacidades incluídas.
- » A equipe de desenvolvimento demonstra o que ela *concluiu* durante o ciclo. Em geral, mostra novos recursos ou uma arquitetura.
- » A demonstração deve estar no equipamento mais próximo possível do ambiente de produção planejado. Por exemplo, se estiver criando um aplicativo para dispositivos móveis, apresente os recursos em um smartphone, talvez conectado a um monitor, não a um notebook.
- » Os envolvidos podem fazer perguntas e dar feedback sobre o produto demonstrado.
- » Nenhuma funcionalidade deve ser manipulada e não divulgada, como valores com código incorporado e outros atalhos de programação que fazem o aplicativo parecer mais pronto do que realmente está. Uma funcionalidade manipulada cria mais custos para a equipe scrum nos futuros ciclos para acompanhar o que os envolvidos acham que já existe.
- » O product owner pode mediar uma discussão sobre o que virá em seguida com base nos recursos já apresentados e novos itens que foram adicionados ao backlog do produto durante o ciclo atual.

LEMBRE-SE

Quando você chega à revisão do ciclo, o product owner já viu a funcionalidade de cada história do usuário que será apresentada e concordou que ela está concluída.

A reunião do ciclo é valiosa para a equipe de desenvolvimento. Ela dá uma oportunidade para a equipe mostrar diretamente seu trabalho. A reunião permite que os envolvidos reconheçam os esforços da equipe e também contribui para aumentar a moral desta, mantendo-a motivada para experimentar e produzir volumes crescentes de trabalho com qualidade. A revisão da equipe até estabelece certo nível de competição amistosa entre as equipes scrum, o que mantém todos concentrados.

CUIDADO

Algumas vezes, uma competição saudável pode resultar nos desenvolvedores tentando criar os recursos mais legais ou ultrapassar os requisitos de uma história do usuário, algo conhecido como *trabalho supérfluo*. Um princípio da agilidade é produzir apenas o que a história do usuário precisa para passar no teste de aceitação. Há um risco de que os membros da equipe de desenvolvimento ultrapassem as necessidades do requisito com seu entusiasmo, basicamente perdendo um tempo que seria gasto com uma funcionalidade útil do produto. O product owner deve estar atento. O trabalho supérfluo pode ser identificado e evitado diariamente no scrum diário ou quando a equipe de desenvolvimento busca esclarecimento do product owner.

A seguir você verá como anotar e usar o feedback dos envolvidos durante a reunião de revisão do ciclo.

Coletando feedback na reunião de revisão do ciclo

Reúna o feedback de revisão do ciclo de modo informal. O product owner ou o scrum master podem fazer anotações em nome da equipe de desenvolvimento, quando os membros normalmente estão envolvidos na apresentação e conversa.

Lembre-se do projeto de exemplo que usamos durante o livro: um aplicativo para dispositivos móveis do Banco XYZ. Os envolvidos que responderam à funcionalidade viram que o aplicativo poderia ter comentários como os seguintes:

» Uma pessoa no setor de vendas ou marketing: "Você pode permitir que os clientes salvem suas preferências com base nos resultados mostrados. Irá contribuir com uma experiência mais personalizada adiante."

» Um diretor de operações ou gerente: "Pelo que vi, é possível utilizar alguns módulos do código que foram desenvolvidos para o projeto ABC no ano passado. Foi necessária uma manipulação dos dados parecida."

» Alguém que trabalha com profissionais nos setores de qualidade e experiência do cliente na empresa: "Notei que seus logins eram muito simples. O aplicativo conseguirá lidar com caracteres especiais?"

Podem surgir novas histórias do usuário na revisão do ciclo. Essas novas histórias podem ser novos recursos ou alterações na funcionalidade existente.

DICA

Nas primeiras revisões do ciclo, o scrum master pode precisar lembrar os envolvidos sobre as práticas ágeis. Algumas pessoas ouvem a palavra "demonstração" e imediatamente esperam slides e impressões sofisticadas. O scrum master tem a responsabilidade de gerenciar essas expectativas e respeitar os valores e práticas ágeis.

O product owner precisa acrescentar qualquer história nova do usuário ao backlog do produto e ordenar as histórias por prioridade. Ele também adiciona de novo ao backlog qualquer história que foi agendada para o ciclo atual, mas não foi concluída, e as reorganiza com base nas prioridades mais recentes.

O product owner precisa concluir as atualizações no backlog do produto a tempo para a próxima reunião de planejamento do ciclo.

DICA

Quando a revisão termina, é hora da retrospectiva do ciclo.

Você pode querer fazer uma pequena pausa entre a revisão e a retrospectiva do ciclo para que os membros da equipe scrum possam iniciar a discussão da retrospectiva renovados e relaxados.

Tendo acabado de concluir a revisão do ciclo, a equipe scrum irá para a retrospectiva pronta para inspecionar seus processos e terá ideias para a adaptação.

Retrospectiva do Ciclo

A *retrospectiva do ciclo* é uma reunião na qual o product owner, a equipe de desenvolvimento e o scrum master discutem sobre como foi o ciclo e o que podem fazer para melhorar no próximo. A equipe scrum deve conduzir a reunião com autonomia. Se os gerentes ou supervisores participarem das retrospectivas, os membros da equipe scrum evitarão ser abertos entre si, o que limita a eficiência da inspeção e adaptação da equipe de um modo auto-organizado.

Se a equipe scrum quiser, os membros podem convidar outros envolvidos para participar também. Se a equipe interage normalmente com pessoas externas, as informações recebidas delas podem ser valiosas.

A retrospectiva do ciclo é o Estágio 7 no Guia de Valor. A Figura 10-4 mostra como a retrospectiva se encaixa em um projeto ágil.

Estágio 7: **RETROSPECTIVA DO CICLO**

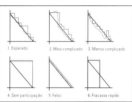

Descrição: Aprimoramento do ambiente e processos pela equipe para otimizar a eficiência
Responsável: Equipe scrum
Frequência: No final de cada ciclo

FIGURA 10-4: A retrospectiva do ciclo no Guia de Valor.

O objetivo da retrospectiva do ciclo é melhorar continuamente os processos. Melhorar e personalizar os processos de acordo com as necessidades de cada equipe scrum individual aumenta a moral da equipe e melhora a eficiência e a *velocidade*: resultado no nível do trabalho. (Encontre detalhes sobre a velocidade no Capítulo 13.) Contudo, o que funciona para uma equipe não funcionará necessariamente para outra. Os gerentes fora da equipe scrum não devem ditar como as equipes devem superar seus desafios, mas permitir que elas encontrem as melhores soluções para si mesmas.

Os resultados da retrospectiva do ciclo podem ser únicos para sua equipe scrum. Por exemplo, os membros de uma equipe scrum com os quais trabalhamos decidiram que gostariam de começar a trabalhar cedo e sair cedo, e passaram várias tardes, durante o verão, com suas famílias. Outra equipe na mesma organização achava que seria melhor se trabalhasse até tarde da noite e decidiu chegar ao escritório de tarde, trabalhando à noite. O resultado para ambas as equipes foi mais moral e aumento de velocidade.

> ## PARANDO A PRODUÇÃO
>
> Taiichi Ohno, que inventou o Sistema de Produção Toyota nos anos 1950 e 1960, o começo da produção enxuta, descentralizou o gerenciamento da linha de montagem para dar aos funcionários o poder de tomar decisões. Os funcionários eram responsáveis por parar a produção pressionando um botão vermelho quando encontravam um defeito ou problema na linha de montagem. Tradicionalmente, os gerentes de fábrica viam a parada da produção como uma falha e focavam a execução da linha de montagem na capacidade máxima de horas do dia possível para maximizar o processamento. A filosofia de Ohno era a de que, removendo os limites quando eles ocorrem, você é proativo ao melhorar o sistema, em vez de tentar otimizar o processo existente.
>
> Quando foi apresentada, a produtividade dos gerentes que implementaram a prática teve uma queda inicial, porque eles passavam mais tempo corrigindo as falhas no sistema do que as equipes de gerentes que não a adotaram. Porém, não levou muito tempo até que as novas equipes não só começaram a acompanhar, como também a produzir com mais rapidez, com menos custos, falhas e variação do que as equipes que não faziam melhorias contínuas no sistema. Esse processo de melhoria regular e contínua foi o que tornou a Toyota tão bem-sucedida.

Use as informações aprendidas na retrospectiva para examinar e rever seus processos de trabalho e tornar melhor o próximo ciclo.

LEMBRE-SE

As abordagens ágeis, sobretudo o scrum, mostram rapidamente os problemas nos projetos. O scrum não os corrige, apenas mostra e fornece uma estrutura para inspecionar e se adaptar aos problemas expostos. Os dados no backlog do ciclo mostram exatamente onde a equipe de desenvolvimento perdeu velocidade. A equipe conversa e colabora. Todas essas ferramentas e práticas ajudam a mostrar as ineficiências e permitem à equipe scrum aprimorar as práticas para melhorar ciclo após ciclo. Preste atenção ao que é mostrado. Não ignore nem pegue atalhos.

Nas seções a seguir você saberá como planejar uma retrospectiva, fazer uma reunião de retrospectiva do ciclo e usar os resultados de cada retrospectiva para melhorar os futuros ciclos.

Planejando as retrospectivas do ciclo

Na primeira retrospectiva do ciclo, todos na equipe scrum devem considerar algumas questões-chave e estar prontos para discuti-las. O que deu certo durante o ciclo? O que mudaria e como?

Todos na equipe podem fazer algumas anotações de antemão ou até durante o ciclo. A equipe scrum pode ter em conta os obstáculos das reuniões diárias com o scrum no ciclo. Para a segunda retrospectiva do ciclo avançar, você também pode iniciar comparando o ciclo atual com os anteriores e controlar o progresso nos esforços de melhoria entre eles. No Capítulo 9 mencionamos a possibilidade de salvar os backlogs do ciclo a partir dos ciclos anteriores; é quando eles podem ser úteis.

Se a equipe scrum considerou com honestidade e detalhes o que deu certo e o que poderia ser melhor, poderá ir para a retrospectiva do ciclo pronta para ter uma conversa útil.

Reunião de retrospectiva do ciclo

A reunião de retrospectiva do ciclo é baseada em ações. A equipe scrum aplica imediatamente o que aprendeu na retrospectiva no próximo ciclo.

LEMBRE-SE

Essa reunião é de ação, não de justificativas. Se você estiver ouvindo palavras como "porque", a conversa está saindo da ação e indo para a razão.

Uma das regras do scrum é passar até 45 minutos apenas em uma reunião de retrospectiva toda semana do ciclo. A Figura 10-5 mostra uma referência rápida.

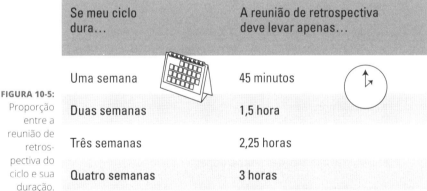

FIGURA 10-5: Proporção entre a reunião de retrospectiva do ciclo e sua duração.

Se meu ciclo dura...	A reunião de retrospectiva deve levar apenas...
Uma semana	45 minutos
Duas semanas	1,5 hora
Três semanas	2,25 horas
Quatro semanas	3 horas

A retrospectiva do ciclo deve cobrir três perguntas básicas:

» O que deu certo durante o ciclo?
» O que gostaríamos de mudar?
» Como podemos implementar essa mudança?

As seguintes áreas também estão abertas à discussão:

» **Resultados:** Compare a quantidade de trabalho planejado com o que a equipe de desenvolvimento concluiu. Reveja o gráfico de burndown do ciclo (veja o Capítulo 9) e o que ele informa à equipe sobre como funciona.

» **Pessoas:** Discuta sobre a composição e o alinhamento da equipe.

» **Relações:** Fale sobre a comunicação, colaboração e trabalho em pares.

» **Processos:** Analise o suporte, desenvolvimento e processos de revisão em pares.

» **Ferramentas:** Como as diferentes ferramentas funcionam para a equipe scrum? Considere os artefatos, ferramentas eletrônicas, de comunicação e técnicas.

» **Produtividade:** Como a equipe pode melhorar a produtividade e fazer o máximo de trabalho no próximo ciclo?

É bom que essas discussões sejam feitas de forma estruturada. Esther Derby e Diana Larsen, autoras do livro *Agile Retrospectives: Making Good Teams Great* (Pragmatic Bookshelf, 2006), têm um ótimo plano para as retrospectivas do ciclo que mantêm a equipe concentrada nas discussões que levarão a uma real melhoria:

1. Defina o estágio.

Estabelecer os objetivos da retrospectiva no início ajudará a manter a equipe scrum focada ao dar o tipo certo de feedback mais tarde na reunião. Quando você for para os ciclos posteriores, poderá querer ter retrospectivas que foquem uma ou duas áreas específicas de melhoria.

2. Reúna dados.

Discuta fatos sobre o que deu certo no último ciclo e o que precisou de melhoria. Crie uma imagem geral do ciclo, considere usar um quadro branco para escrever as informações dos participantes da reunião.

3. Gere informações.

Veja as informações que acabou de reunir e proponha ideias sobre como fazer melhorias no próximo ciclo.

4. Decida o que fazer.

Determine, como equipe, quais ideias serão usadas. Decida quais ações específicas podem ser tomadas para tornar as ideias reais.

5. Feche a retrospectiva.

Reitere seu plano de ação para o próximo ciclo. Agradeça às pessoas por contribuírem. Também encontre maneiras de tornar melhor a próxima retrospectiva!

Para algumas equipes scrum, pode ser difícil ser aberto no início. O scrum master pode precisar fazer perguntas específicas para iniciar as discussões. Participar das retrospectivas requer prática. O que importa é encorajar a equipe scrum a assumir a responsabilidade pelo ciclo e aceitar de verdade ser autogerenciada.

Em outras equipes scrum, muito debate e discussão ocorrem durante a retrospectiva. O scrum master pode achar desafiador gerenciar essas discussões e manter a reunião dentro do tempo previsto, mas é isso que precisa ser feito.

Use os resultados de suas retrospectivas do ciclo para inspecionar e se adaptar durante o projeto.

Inspecionando e se adaptando

A retrospectiva do ciclo é uma das melhores oportunidades que você tem para colocar em ação as ideias de inspeção e adaptação. Você propôs desafios e soluções durante a retrospectiva. Não deixe essas soluções para trás após a reunião, torne as melhorias parte de seu trabalho diário.

Você pode registrar suas recomendações para melhorias de modo informal. Algumas equipes scrum colam as ações identificadas durante a reunião de retrospectiva na área da equipe para garantir sua visibilidade e ação nos itens listados. Muitas equipes também acrescentam itens de ação ao backlog do produto, para assegurar que sejam implementados durante o próximo ciclo.

Para ficarem mais ágeis, as equipes scrum focam pequenas mudanças com grande valor. Gostamos que as equipes tenham, pelo menos, uma melhoria em cada ciclo, um processo referido algumas vezes como *scrum no scrum*.

Nas reuniões subsequentes, é importante rever as avaliações do ciclo anterior e implementar as melhorias sugeridas.

192   PARTE 3 **Planejamento Ágil e Execução**

NESTE CAPÍTULO

» **Aprontando o produto para enviar**

» **Organizando o suporte operacional**

» **Preparando o resto da organização para o lançamento**

» **Verificando se o mercado está pronto para o lançamento**

Capítulo 11

Prepare o Lançamento

É um desafio liberar novos recursos do produto para os clientes. A equipe de desenvolvimento tem tarefas específicas para um lançamento de produto que diferem das tarefas envolvidas em criar a funcionalidade durante os ciclos normais. A organização que patrocina o produto pode precisar preparar o suporte para ele, e você deseja que os clientes consigam usar corretamente o produto lançado.

Este capítulo é sobre como gerenciar o ciclo final, ou ciclo de lançamento, se necessário, antes de liberar o produto. Você também descobrirá como preparar a organização e o mercado para o lançamento do produto.

Preparando o Produto para a Implantação: Ciclo de Lançamento

Antes de lançar o produto, o trabalho que ocorre durante os ciclos normais de desenvolvimento deve estar perfeito e completo, inclusive o teste e a documentação técnica. O produto de um ciclo de desenvolvimento é a funcionalidade validada.

Porém, pode haver atividades, não relacionadas à criação dos recursos do produto, que a equipe de desenvolvimento não pode concluir dentro dos ciclos de desenvolvimento e podem até introduzir custos inaceitáveis. Para permitir as atividades de pré-lançamento e ajudar a assegurar que o lançamento não tenha problemas, as equipes scrum podem agendar um ciclo de lançamento como o ciclo final antes de liberar a funcionalidade para os clientes.

LEMBRE-SE

Se uma equipe scrum precisa de um ciclo de lançamento, provavelmente significa que a organização maior não pode dar suporte, o que foge do padrão para se tornar ágil. Todo tipo de trabalho ou atividade requerido para lançar uma funcionalidade no mercado deve fazer parte da definição de feito no nível do ciclo. Esse é o objetivo das equipes ágeis.

O ciclo de lançamento contém apenas as coisas necessárias para colocar a funcionalidade validada no mercado. A seguir estão exemplos de itens do backlog no ciclo de liberação. Veja se consegue pensar em possíveis maneiras de colocar qualquer um deles no ciclo de desenvolvimento:

» Criar a documentação do usuário para a versão mais recente do produto.
» Teste de desempenho, carga, segurança e qualquer outra verificação para assegurar que o software validado terá um desempenho aceitável na produção.
» Integrar o produto aos sistemas da empresa inteira, com o teste podendo levar dias ou semanas.
» Concluir os procedimentos organizacionais ou regulatórios obrigatórios antes do lançamento.
» Preparar notas de lançamento: notas finais sobre as mudanças no produto.
» Preparar o pacote de implantação, permitindo que todo o código dos recursos do produto entre em produção de uma só vez.
» Implantar seu código no ambiente de produção.

Alguns aspectos de um ciclo de lançamento são diferentes do ciclo de desenvolvimento:

» Você não desenvolve nenhum novo requisito de funcionalidade no backlog do produto. Embora a funcionalidade esteja congelada, não é preciso congelar o código, porque a equipe de desenvolvimento precisará fazer ajustes para responder ao feedback das atividades do ciclo de lançamento, como o teste de desempenho ou grupos de foco.

» Com base no trabalho que você precisa fazer, o ciclo de lançamento pode ter uma duração diferente daquela dos ciclos normais de desenvolvimento. E, mais, você não terá o conceito de velocidade porque não fará o mesmo tipo de trabalho realizado nos ciclos de desenvolvimento.

» A definição de feito é diferente para o trabalho concluído durante um ciclo de lançamento. Em um ciclo de desenvolvimento, *feito* significa a conclusão da funcionalidade validada de uma história do usuário. Em um ciclo de lançamento, a definição é a conclusão de todas as tarefas requeridas na liberação.

» Um ciclo de lançamento inclui testes e aprovações que podem não ser práticos em um ciclo de desenvolvimento, como teste de desempenho, de carga, de segurança, grupos de foco e revisão legal.

LEMBRE-SE

As equipes de desenvolvimento ágeis podem criar duas definições de feito: uma para os ciclos e outra para os lançamentos.

A Tabela 11-1 mostra uma comparação entre as atividades de um ciclo de desenvolvimento e de lançamento. Para ver descrições detalhadas dos principais elementos em um ciclo, veja os Capítulos 8 a 10.

ENTENDENDO O PAPEL DA DOCUMENTAÇÃO

Qual é a diferença entre documentação técnica, que você cria durante um ciclo, e documentação do usuário, que você pode criar no ciclo de liberação?

Sua *documentação técnica* deve ser apenas suficiente, sem frescuras e com informação só para instruir à equipe de desenvolvimento, e talvez as futuras equipes, como criar e atualizar o produto. Se, no último dia do ciclo, a equipe ganhar na loteria, se aposentar e for para a Costa Rica, uma nova equipe deverá conseguir revisar a documentação técnica e continuar de onde a primeira equipe parou.

Sua *documentação do usuário* informa aos clientes como usar o produto. Você precisa de uma documentação específica para cada cliente. Por exemplo, um aplicativo de banco para dispositivos móveis pode precisar de uma seção FAQ (perguntas frequentes) para os clientes do banco. O mesmo aplicativo pode ter um recurso que permita aos gerentes de marketing colocar mensagens de anúncio nele, e você gostaria de assegurar que esses gerentes tenham instruções para o recurso de upload também. Como seu produto terá mudanças durante cada ciclo do lançamento, poderia ser mais eficiente esperar até o último minuto viável para criar a documentação do usuário, depois de os envolvidos concordarem que a funcionalidade está pronta para o lançamento.

TABELA 11-1 Elementos do Ciclo de Desenvolvimento versus Elementos do Ciclo de Liberação

Elemento	Usado no Ciclo de Desenvolvimento	Usado no Ciclo de Lançamento
Planejamento do ciclo	Sim	Sim
Backlog do produto	Sim	Não
Backlog do ciclo	Sim	Sim
	Para um ciclo de desenvolvimento, o backlog do ciclo contém as histórias do usuário e tarefas necessárias para criar cada história. Você estima as histórias de modo relativo, com os pontos da história (veja os Capítulos 7 e 8).	Em um ciclo de lançamento, não é mais preciso colocar seus requisitos no formato de história do usuário. Pelo contrário, você cria apenas uma lista das tarefas necessárias para o lançamento. Também não usa pontos da história. Em vez disso, adiciona as horas estimadas de que cada tarefa precisará ao planejar o ciclo de lançamento, do mesmo modo como divide e estima as tarefas durante o planejamento do ciclo de desenvolvimento.
Gráfico de burndown	Sim	Sim
Scrum diário	Sim	Sim
		Inclui os envolvidos, de fora da equipe scrum, que têm tarefas associadas à liberação do produto, como gerentes de criação da empresa ou outros gerentes de configuração.
Atividades diárias	Em um ciclo de desenvolvimento, as atividades diárias focam a criação de uma funcionalidade de envio.	Em um ciclo de lançamento, as atividades diárias focam o preparo da funcionalidade validada para o lançamento externo.
Relatório do fim do dia	Sim	Sim
Revisão do ciclo	Sim	Sim
		Algumas organizações usam uma revisão do ciclo de lançamento como uma reunião para *seguir ou não seguir* e autorizar o lançamento da funcionalidade.
Retrospectiva do ciclo	Sim	Sim
		Pode ser uma oportunidade para inspecionar o ciclo inteiro e planejar a adaptação no próximo lançamento.

196 PARTE 3 **Planejamento Ágil e Execução**

CUIDADO

Um ciclo de lançamento não é um depósito de tarefas que a equipe de desenvolvimento não terminou nos ciclos. Não é nenhuma surpresa ouvir que as equipes de desenvolvimento algumas vezes ficam tentadas a adiar as tarefas até o ciclo de lançamento. Você pode evitar isso verificando se a equipe scrum criou a devida definição de feito para os requisitos nos ciclos de desenvolvimento, inclusive o teste, a integração e a documentação.

Durante o ciclo de lançamento, você também precisa preparar sua organização para a liberação do produto. As próximas seções analisam como se preparar para dar suporte à nova funcionalidade no mercado e como fazer com que os envolvidos na empresa ou organização fiquem prontos para a implantação do produto.

Preparando o Suporte Operacional

Depois de o produto ser liberado para o cliente, alguém terá que dar suporte. O suporte do produto responde às indagações do cliente, mantém o sistema em um ambiente de produção e melhora a funcionalidade existente para resolver pequenos problemas. Embora os novos trabalhos de desenvolvimento e suporte operacional sejam importantes, envolvem abordagens e ritmos diferentes.

Separar os trabalhos de novo desenvolvimento e de suporte assegura que as novas equipes de desenvolvimento poderão continuar a propor soluções inovadoras para os clientes mais rapidamente do que se houvesse trocas frequentes entre os dois tipos de trabalho.

Uma equipe scrum fazendo um novo desenvolvimento pode planejar e desenvolver a nova funcionalidade validada em um ciclo de uma a duas semanas, mas é difícil prever quando problemas operacionais ou de manutenção surgirão. Em geral, o trabalho de manutenção requer iterações com menos tempo, normalmente de até um dia, que é o máximo que a organização consegue ficar sem mudar as prioridades em relação a qualquer problema na produção.

Recomendamos um modelo que separa os trabalhos de novo desenvolvimento e manutenção, como mostrado na Figura 11-1.

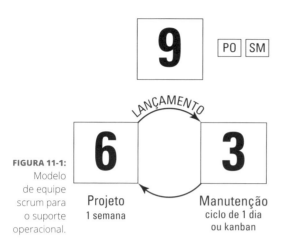

FIGURA 11-1: Modelo de equipe scrum para o suporte operacional.

Para uma equipe scrum com nove desenvolvedores, dividiríamos a equipe de desenvolvimento em duas, uma com seis integrantes e outra com três. (Os números são flexíveis.) A equipe com seis faz o novo trabalho do projeto de desenvolvimento a partir do backlog do produto em ciclos de uma a duas semanas, como descrito nos Capítulos de 7 ao 10. O trabalho com o qual a equipe se compromete durante a reunião de planejamento do ciclo será o único a ser feito.

A equipe com três são os bombeiros, e faz os trabalhos de manutenção e suporte em ciclos de um dia usando o kanban. (Você aprendeu sobre o kanban no Capítulo 4.) Os ciclos de um dia permitem que a equipe scrum priorize todas as solicitações que chegaram no dia anterior, planeje os itens de mais alta prioridade, implemente-os como uma equipe e revise os resultados no final do dia (ou até antes) para uma aprovação do que deve seguir ou não antes de levar as alterações para a produção. Na continuação, o product owner e o scrum master são os mesmos para cada equipe.

Embora a equipe de desenvolvimento do projeto recém-modificada seja menor que antes, ainda haverá integrantes suficientes para continuar avançando com os novos esforços de desenvolvimento, sem interrupções do trabalho de manutenção. Quando você começar a lançar a funcionalidade no mercado, a equipe scrum estará trabalhando bem em conjunto, e os desenvolvedores terão mais versatilidade, conseguindo concluir mais tipos de tarefas do que quando o projeto foi iniciado.

A equipe de desenvolvimento de projetos terá lançamentos periódicos para a produção, por exemplo, uma vez a cada 90 dias. Em cada lançamento, um integrante irá para a equipe de manutenção equipado com um conhecimento direto da funcionalidade sendo implementada na produção. Ao mesmo tempo, um desenvolvedor da equipe de manutenção irá para a equipe de desenvolvimento de projetos, equipado com o conhecimento direto do que deve dar suporte ao produto no mundo real. Essa rotação continua a cada lançamento.

PAPO DE ESPECIALISTA

Operações e Desenvolvimento (DevOps) são a colaboração e integração entre os desenvolvedores de software e as operações de TI (que incluem funções como administração de sistemas e manutenção do servidor). Adotar uma abordagem DevOps permite que desenvolvedores e operações trabalhem juntos para reduzir o tempo dos ciclos de implantação.

Esse modelo DevOps assegura que todos façam o desenvolvimento do novo produto e o trabalho de manutenção, e o conhecimento do produto é compartilhado continuamente com eficiência entre as duas equipes de desenvolvimento. Essa abordagem melhora o DevOps e auxilia os membros multidisciplinares da equipe. Também minimiza qualquer contratempo que as equipes possam ter ao mudar os membros da equipe, porque as rotações acontecem apenas em cada ciclo, não todo dia ou toda semana.

Ao preparar o lançamento, estabelecer expectativas no início de como a funcionalidade será suportada na produção permite que a equipe scrum desenvolva o produto de modo a ter um suporte eficiente para ele após ser implantado. Isso aumenta o controle na equipe scrum e eleva sua consciência e dedicação para ter um sucesso de longo prazo.

CICLOS DE UM DIA

Recomendamos ciclos de um dia para as equipes de manutenção. Ajustando cada dia no ciclo, a equipe scrum opera em um loop uniforme de feedback, assegurando inspeção e adaptação contínuas, assim como a participação regular dos envolvidos.

Usando as mesmas fórmulas dos eventos scrum com tempo predefinido, você não passará horas no planejamento ou revisões, como acontece nos ciclos de uma a quatro semanas. Dividir os tempos predefinidos do evento scrum de uma semana por cinco dias significa que você passa 25 minutos priorizando o backlog do produto de manutenção e planejando o dia, com cerca de 12 a 15 minutos da revisão do ciclo determinando o que entra ou não em produção e mais 10 minutos inspecionando, adaptando os processos da equipe e identificando qualquer situação que deva continuar ou não no dia seguinte.

O segredo dos ciclos de um dia é assegurar que os itens de manutenção sejam divididos o suficiente para que os desenvolvedores os possam concluir em menos de um dia. Essa abordagem assegura que os clientes tenham algo todos os dias, em vez de esperar semanas.

Preparando a Organização para a Implementação do Produto

Um lançamento do produto geralmente afeta vários departamentos em uma empresa ou organização. Para que a organização fique pronta para o novo produto, o product owner e o scrum master precisam adicionar itens relevantes para a organização ao *backlog do ciclo de lançamento*. (Veja como criar um backlog do ciclo no Capítulo 8.)

O backlog do ciclo de lançamento deve cobrir as atividades da equipe de desenvolvimento. Também precisa lidar com as atividades a ser realizadas por grupos na organização, mas fora da equipe scrum, para preparar a implantação do produto. Esses departamentos devem incluir:

» **Marketing:** As campanhas de marketing relacionadas ao novo produto precisam ser lançadas junto com o produto?

» **Vendas:** Existem clientes específicos que precisam conhecer o produto? O novo produto aumentará as vendas?

» **Logística:** O produto é um item físico que inclui embalagem e envio?

» **Suporte do produto:** O grupo de serviço ao cliente tem as informações necessárias para responder perguntas sobre o novo produto? Esse grupo terá gente suficiente no caso de as perguntas do cliente aumentarem quando o produto for lançado?

» **Legal:** O produto segue os padrões legais, inclusive preço, licença e linguagem correta no lançamento para o público?

Os departamentos que precisam ficar prontos para o lançamento do produto e as tarefas específicas que esses grupos devem concluir irão variar, claro, segundo a organização. Porém, o segredo para um lançamento bem-sucedido é o product owner e o scrum master envolverem as pessoas certas e verificar se elas entendem claramente o que precisam fazer para ficar prontas para o lançamento da funcionalidade.

Como nos ciclos de desenvolvimento, no ciclo do lançamento você pode fazer scrums diários, reuniões de revisão e retrospectivas do ciclo com os colegas de departamento envolvidos em preparar a implementação do produto. Pode até usar um quadro de tarefas, como o descrito no Capítulo 9.

Durante o ciclo de lançamento, você também precisa incluir mais um grupo no planejamento: o cliente do produto. A próxima seção analisa como deixar o mercado pronto para seu produto.

200   PARTE 3 **Planejamento Ágil e Execução**

Preparando o Mercado para a Implementação do Produto

O product owner é responsável por trabalhar com outros departamentos para assegurar que o mercado (clientes existentes e em potencial) esteja pronto para o que está por vir. O marketing ou as equipes de vendas podem fazer isso. Os membros da equipe procuram o product owner para mantê-lo informado sobre a data de lançamento e os recursos que farão parte dele.

Alguns produtos de software são apenas para o uso interno do funcionário. Certas coisas lidas nesta seção podem parecer um exagero para um aplicativo interno, um aplicativo lançado apenas em sua empresa. Contudo, muitas dessas etapas ainda são boas diretrizes para promover os aplicativos internos. Preparar os clientes, internos ou externos, para novos produtos pode ser uma parte importante do sucesso do produto.

Para ajudar a preparar os clientes para o lançamento do produto, o product owner pode querer trabalhar com diferentes equipes para assegurar:

» **Suporte do marketing:** Se você lida com um novo produto ou novos recursos para um produto existente, o departamento de marketing deve aproveitar o entusiasmo da funcionalidade do novo produto para ajudar a promover tal produto e a organização.

» **Teste do cliente:** Se possível, trabalhe com seus clientes (algumas pessoas usam grupos de foco) para ter um feedback real sobre o produto a partir de um subconjunto de usuários finais. Sua equipe de marketing também pode usar esse feedback e transformá-lo em testemunhos para promover o produto imediatamente.

» **Materiais de marketing:** Um grupo de marketing da organização também prepara planos promocionais e de propaganda, assim como a embalagem da mídia física. Os materiais de mídia, como comunicados na imprensa e informações para analistas, precisam estar prontos, assim como os materiais de marketing e vendas.

» **Canais de suporte:** Verifique se os clientes entendem os canais de suporte disponíveis, no caso de terem dúvidas sobre o produto.

Reveja as tarefas no backlog do ciclo de liberação do ponto de vista do cliente. Pense nos personagens usados ao criar as histórias do usuário. Eles precisam saber algo sobre o produto? Atualize a lista de verificação do lançamento com os itens que seriam úteis para os clientes representados por seus personagens. É possível encontrar mais informações sobre os personagens no Capítulo 8.

Finalmente, aí está você: o dia do lançamento. Seja qual for a função desempenhada no processo, você lutou para esse dia chegar. É hora de comemorar!

4
Gerenciamento Ágil

NESTA PARTE...

Responda com eficiência às mudanças no escopo.

Gerencie revendedores e contratos para ter sucesso.

Monitore e ajuste cronogramas e o orçamento.

Auto-organize-se para uma comunicação eficiente.

Inspecione e adapte-se para aumentar a qualidade e
diminuir o risco.

NESTE CAPÍTULO

» Descobrindo como o gerenciamento do escopo é diferente nos projetos ágeis

» Gerenciando o escopo e suas mudanças com os processos ágeis

» Vendo a abordagem diferente que os processos ágeis adotam na aquisição

» Gerenciando a aquisição nos projetos ágeis

Capítulo **12**

Gerenciando o Escopo e a Aquisição

O gerenciamento do escopo faz parte de todo projeto. Para criar um produto, é necessário entender seus requisitos básicos e o trabalho necessário. É preciso priorizar e gerenciar as mudanças no escopo quando surgem novos requisitos, e você tem que verificar se os recursos do produto acabado atendem às necessidades dos clientes.

A aquisição também faz parte de muitos projetos. Se você precisar de algo de fora da organização para ajudar na conclusão do projeto, deve saber como adquirir produtos e serviços. Desejará saber como colaborar com as equipes de fornecedores durante o projeto. Também deve saber como fazer contratos e conhecer as diferentes estruturas de custos.

Neste capítulo você aprenderá a gerenciar o escopo em um projeto ágil e utilizar a abordagem receptiva dos métodos ágeis para fazer uma mudança inteligente. Também aprenderá a gerenciar a aquisição de produtos e serviços para entregar o escopo do produto em um projeto ágil. Mas primeiro revisaremos o gerenciamento tradicional do escopo.

O que É Diferente no Gerenciamento Ágil do Escopo?

Historicamente, grande parte do gerenciamento de projetos é gerenciar o escopo. O *escopo do produto* são todos os recursos e requisitos que ele inclui, e o *escopo do projeto* é todo o trabalho envolvido em criar um produto.

O gerenciamento de projetos tradicional lida com os requisitos que mudam como sinal de falha no planejamento inicial. Contudo, os projetos ágeis têm um escopo variável para que as equipes de projeto possam incorporar imediatamente e em incrementos o aprendizado e o feedback, criando produtos melhores. Os signatários do Manifesto Ágil reconheceram que essa mudança no escopo é natural e benéfica. As abordagens ágeis adotam especificamente a mudança e usam-na para tomar decisões melhores e criar produtos mais úteis.

DICA

Se você executa um projeto ágil e seus requisitos não mudam porque não aprendeu nada no processo, isso é uma falha. O backlog do produto deve mudar sempre que se aprende com o feedback dos envolvidos e clientes. É pouco provável que você saiba tudo no início do projeto.

LEMBRE-SE

O Capítulo 2 detalha o Manifesto Ágil e os 12 Princípios. (Se você não viu ainda esse capítulo, volte agora. Vamos esperar.) O manifesto e os princípios respondem à pergunta: "Como somos ágeis?" O suporte que a abordagem do projeto dá ao manifesto e aos princípios ajuda a determinar o quanto seus métodos são ágeis.

Princípios ágeis mais relacionados ao gerenciamento do escopo:

1. **Nossa maior prioridade é atender ao cliente com entregas antecipadas e contínuas de um software útil.**

2. **Receber solicitações de mudanças, mesmo com o desenvolvimento já iniciado. Os processos ágeis aproveitam a mudança como uma vantagem competitiva do cliente.**

3. **Entregar um software validado com frequência, com algumas semanas ou meses, preferindo o menor prazo.**

10. **Simplicidade, a arte de maximizar quanto trabalho é feito, é essencial.**

As abordagens ágeis para o gerenciamento do escopo são muito diferentes dos métodos tradicionais desse gerenciamento. Considere as diferenças vistas na Tabela 12-1.

TABELA 12-1 **Gerenciamento do Escopo Tradicional versus Ágil**

Gerenciamento do Escopo com Abordagens Tradicionais	Gerenciamento do Escopo com Abordagens Ágeis
As equipes de projeto tentam identificar e documentar o escopo completo no início do projeto, quando estão menos informadas sobre o produto.	O product owner reúne os requisitos de alto nível no início do projeto, dividindo e detalhando mais os requisitos que serão implementados em um futuro imediato. Os requisitos são reunidos e aprimorados durante o projeto quando a equipe tem mais conhecimento das necessidades do cliente e das realidades do projeto.
As organizações mostram a mudança no escopo como negativa após a fase de requisitos ser concluída.	As organizações mostram a mudança como um modo positivo de melhorar um produto quando o projeto se desenvolve. As mudanças posteriores no projeto, quando se sabe mais sobre o produto, geralmente são as mais úteis.
Os gerentes de projetos controlam rigidamente e desencorajam mudanças após os envolvidos aprovarem os requisitos.	O gerenciamento de mudanças é uma parte inerente dos processos ágeis. Você avalia o escopo e tem uma oportunidade para incluir novos requisitos em cada ciclo. O product owner determina o valor e a prioridade dos novos requisitos e os adiciona ao backlog do produto.
O custo da mudança aumenta com o tempo, ao passo que a capacidade de fazer mudanças diminui.	Você corrige os recursos e o cronograma inicialmente. Novos recursos com alta prioridade não fazem necessariamente com que o orçamento ou o cronograma escapem. Apenas retiram os recursos de mais baixa prioridade. O desenvolvimento iterativo permite mudanças em cada novo ciclo.
Os projetos geralmente incluem um *excesso de escopo,* os recursos desnecessários do produto incluídos por medo de mudanças no meio do projeto.	A equipe scrum determina o escopo considerando quais recursos dão suporte direto à visão do produto e aos objetivos do lançamento e do ciclo. A equipe de desenvolvimento cria os recursos mais úteis primeiro, para assegurar sua inclusão, e os envia assim que possível. Os recursos menos úteis podem não ser criados nunca, o que é aceitável para o negócio e o cliente depois de eles terem os recursos de mais alto valor.

Em qualquer ponto no projeto ágil, qualquer um (equipe scrum, envolvidos ou outra pessoa na organização com uma boa ideia) pode identificar novos requisitos do produto. O product owner determina o valor e a prioridade dos novos requisitos e os prioriza em relação aos outros requisitos no backlog do produto.

PAPO DE ESPECIALISTA

O gerenciamento de projetos tradicional tem um termo para descrever os requisitos que mudam após a fase de definição inicial do projeto: *escopo arrastado*. A metodologia em cascata não tem um modo positivo de incorporar mudanças no meio do projeto, portanto, as mudanças no escopo geralmente causam grandes problemas no cronograma e orçamento do projeto. (Para saber mais sobre a metodologia em cascata, veja o Capítulo 1.) Fale "escopo arrastado" para um gerente de projetos experiente e poderá vê-lo estremecer.

Durante o planejamento, no início de cada ciclo, a equipe scrum pode usar a prioridade do backlog do produto para ajudar a decidir se um novo requisito deve fazer parte do ciclo. Os requisitos de mais baixa prioridade ficam no backlog para futuras considerações. É possível ler sobre o planejamento dos ciclos no Capítulo 8.

A próxima seção descreve como gerenciar o escopo em um projeto ágil.

Gerenciando o Escopo da Metodologia Ágil

Receber a mudança no escopo ajuda a criar o melhor produto possível. Contudo, aceitar a mudança requer que você entenda o escopo atual e saiba como lidar com as atualizações, quando surgirem. Felizmente, as abordagens ágeis têm maneiras simples de gerenciar os requisitos novos e os existentes:

» O product owner verifica se o resto da equipe scrum (equipe scrum mais envolvidos no projeto) entende claramente o escopo existente do projeto, visão do produto e objetivos do lançamento e ciclo atuais.

» O product owner determina o valor e a prioridade dos novos requisitos em relação à visão do produto, objetivos do lançamento, do ciclo e requisitos existentes.

» A equipe de desenvolvimento cria os requisitos do produto na ordem de prioridade para lançar primeiro as partes mais importantes.

Nas seções a seguir você saberá como entender e transmitir o escopo nas diferentes partes de um projeto ágil. Verá como avaliar as prioridades quando surgirem novos requisitos, e também descobrirá como usar o backlog do produto e outros artefatos ágeis para gerenciar o escopo.

Entendendo o escopo durante o projeto

Em cada estágio em um projeto ágil, a equipe scrum gerencia o escopo de diferentes modos. Uma boa maneira de ver o gerenciamento do escopo durante um projeto é usando o Guia de Valor, apresentado no Capítulo 7 e mostrado de novo na Figura 12-1.

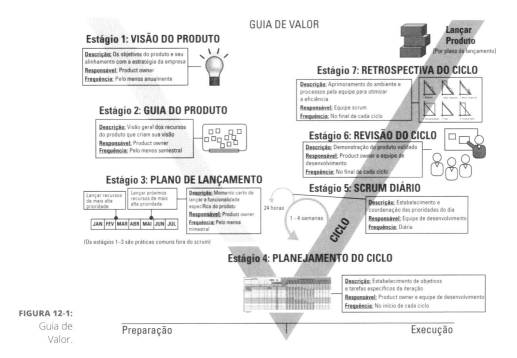

FIGURA 12-1: Guia de Valor.

Considere cada parte do Guia de Valor:

>> **Estágio 1, visão do produto:** A declaração de visão do produto estabelece o limite da funcionalidade que o produto incluirá e é a primeira etapa ao se estabelecer o escopo do projeto. O product owner é responsável por assegurar que todos os membros da equipe de projetos conheçam a declaração de visão do produto e que a interpretem corretamente.

>> **Estágio 2, guia do produto:** Durante a criação do guia do produto, o product owner consulta a declaração de visão e verifica se os recursos dão suporte a ela. Quando novos recursos se tornam realidade, o product owner precisa entendê-los e comunicar claramente para a equipe de desenvolvimento e envolvidos o escopo desses recursos e como apoiam a visão do produto.

» **Estágio 3, plano de lançamento:** Durante o plano de lançamento, o product owner precisa determinar um objetivo do lançamento e o limite de médio prazo da funcionalidade planejada a entrar no mercado no próximo lançamento, além de selecionar apenas o escopo que dá suporte a ele.

» **Estágio 4, planejamento do ciclo:** Durante o planejamento do ciclo, o product owner precisa verificar se a equipe scrum entende o objetivo do lançamento e planeja cada objetivo — o limite imediato da funcionalidade com potencial de ser enviada no final do ciclo — com base nisso. O product owner e a equipe de desenvolvimento selecionam apenas o escopo que dá suporte ao objetivo do ciclo como parte dele. O product owner também irá verificar se a equipe de desenvolvimento entende o escopo das histórias individuais do usuário selecionadas para o ciclo.

» **Estágio 5, scrum diário:** A reunião diária com scrum pode ser uma fonte de divulgação para a mudança no escopo dos futuros ciclos. É uma reunião focada de 15 minutos para a equipe de desenvolvimento declarar três coisas: o trabalho concluído no dia anterior, o escopo do trabalho do dia de trabalho e qualquer obstáculo que a equipe de desenvolvimento possa ter. Contudo, os três assuntos do scrum diário geralmente mostram oportunidades maiores de mudanças no escopo.

Quando surgem assuntos que justificam uma discussão maior que o tempo e o formato de uma reunião diária permitidos pelo scrum, a equipe scrum pode decidir fazer uma reunião pós-festa. Na pós-festa, os membros da equipe falam sobre os problemas que afetam o progresso em direção ao objetivo do ciclo. Se forem identificadas oportunidades para uma nova funcionalidade, ou novo escopo, durante o ciclo, o product owner irá avaliá-las, podendo adicionar e priorizar elas no backlog do produto para um futuro ciclo.

» **Estágio 6, revisão do ciclo:** O product owner dá o tom de cada reunião de revisão do ciclo, reiterando o escopo, o objetivo que a equipe scrum buscou e o que foi concluído. Especialmente durante a primeira revisão, é importante que os envolvidos na reunião tenham as expectativas certas sobre o escopo.

As revisões do ciclo podem ser inspiradoras. Quando a equipe de projetos inteira está em uma sala, interagindo com um produto validado, os membros podem ver o produto de novas maneiras e propor ideias para melhorá-lo. O product owner atualiza o backlog do produto com o novo escopo com base no feedback recebido na revisão do ciclo.

» **Estágio 7, retrospectiva do ciclo:** Na retrospectiva do ciclo, os membros da equipe scrum podem discutir se cumpriram bem os comprometimentos do escopo feitos no início do ciclo. Se a equipe de desenvolvimento não conseguir alcançar o objetivo do ciclo identificado durante o planejamento, seus membros precisarão aprimorar o planejamento e os processos de trabalho para assegurar que selecionem a quantidade certa de trabalho para cada ciclo. Se a equipe atendeu aos objetivos, poderá usar a retrospectiva do ciclo para propor modos de adicionar mais escopo aos futuros ciclos. As equipes scrum visam à melhora da produtividade em cada ciclo.

Apresentando mudanças no escopo

Muitas pessoas, mesmo de fora da organização, podem sugerir um novo recurso do produto em um projeto ágil. Você pode ver novas ideias para os recursos a partir do seguinte:

» Feedback da comunidade de usuários, inclusive grupos ou pessoas que tiveram oportunidade de ver previamente o produto.

» Empresários que veem uma nova oportunidade de mercado ou ameaça.

» Executivos e gerentes sênior que têm ideias para estratégias e mudanças de longo prazo na organização.

» A equipe de desenvolvimento, que aprende mais sobre o produto todos os dias e está mais próxima do produto validado.

» O scrum master, que pode ver uma oportunidade enquanto trabalha com departamentos externos ou retira os obstáculos do caminho da equipe de desenvolvimento.

» O product owner, que geralmente sabe mais sobre o produto e as necessidades dos envolvidos.

Como você receberá sugestões para mudanças no produto durante um projeto ágil, desejará determinar quais são válidas e gerenciará as atualizações. Leia para saber como.

Gerenciando as mudanças no escopo

Quando você receber novos requisitos, use as seguintes etapas para avaliar e priorizar os requisitos e atualize o backlog do produto.

CUIDADO

Não adicione novos requisitos aos ciclos já em desenvolvimento, a menos que a equipe de desenvolvimento os solicite, em geral devido a um aumento inesperado da capacidade.

1. Avalie se o novo requisito deve fazer parte do produto, lançamento ou ciclo fazendo algumas perguntas-chave sobre ele:

   a. *O novo requisito dá suporte à declaração de visão do produto?*

   - Se sim, adicione o requisito ao backlog e à guia do produto.

   - Se não, o requisito não deve fazer parte do projeto. Ele pode ser um bom candidato para um projeto separado.

b. *Se o novo requisito dá suporte à visão do produto, ele dá suporte ao objetivo atual do lançamento?*

- Se sim, o requisito é um candidato ao plano de lançamento atual.

- Se não, deixe-o no backlog do produto para um futuro lançamento.

c. *Se o novo requisito dá suporte ao objetivo do lançamento, ele dá suporte ao objetivo atual do ciclo?*

- Se sim e se o ciclo não iniciou, o requisito é um candidato ao backlog atual do ciclo.

- Se não, o ciclo já iniciou ou ambos, deixe o requisito no backlog do produto para um futuro ciclo.

2. Estime o esforço para o novo requisito.

A equipe de desenvolvimento estima o esforço. Saiba como estimar os requisitos no Capítulo 7.

3. Priorize o requisito em relação aos outros no backlog do produto e adicione o novo requisito ao backlog, em ordem de prioridade.

Considere o seguinte:

- O product owner sabe muito sobre as necessidades comerciais do produto e quão importante o novo requisito pode ser em relação aos outros. O product owner também pode pedir que os envolvidos no projeto passem mais informações para a prioridade do requisito.

- A equipe de desenvolvimento também tem informações técnicas sobre a prioridade de um novo requisito. Por exemplo, se o Requisito A e o Requisito B têm um valor comercial igual, mas você precisa concluir o Requisito B para o Requisito A ser viável, a equipe de desenvolvimento precisa alertar o product owner. O Requisito B pode precisar ser concluído primeiro.

- Embora a equipe de desenvolvimento e os envolvidos no projeto possam dar informações para ajudar a priorizar um requisito, determinar a prioridade é, no final das contas, uma decisão do product owner.

- Adicionar novos requisitos ao backlog do produto pode significar que outros requisitos desçam na lista do backlog. A Figura 12-2 mostra o acréscimo de um novo requisito ao backlog do produto.

O backlog do produto é uma lista completa de todo o escopo conhecido do produto e é a ferramenta mais importante para gerenciar a mudança no escopo em um projeto ágil.

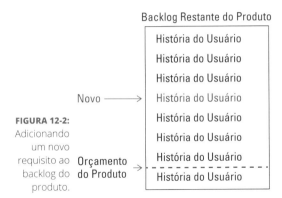

FIGURA 12-2: Adicionando um novo requisito ao backlog do produto.

Manter atualizado o backlog do produto permitirá que você priorize rapidamente e adicione novos requisitos. Com um backlog atual do produto, você sempre entende o escopo que resta em um projeto. O Capítulo 7 tem mais informações sobre como priorizar os requisitos.

Usando artefatos ágeis para o gerenciamento do escopo

A partir da declaração da visão do planejamento do ciclo, todos os artefatos no gerenciamento ágil de projetos dão suporte aos esforços de gerenciamento do escopo. Decomponha progressivamente, ou divida, os requisitos quando os recursos forem para o topo da lista de prioridade. Mencionamos a decomposição e a elaboração progressiva dos requisitos no Capítulo 7.

A Tabela 12-2 mostra como cada artefato ágil, inclusive o backlog do produto, contribui para o aprimoramento contínuo do escopo.

TABELA 12-2 Artefatos Ágeis e Funções do Gerenciamento do Escopo

Artefato	Função ao Estabelecer Escopo	Função na Mudança do Escopo
Declaração da visão: Uma definição do objetivo final do produto. O Capítulo 7 detalha mais a declaração da visão.	Use a declaração da visão como uma referência para julgar se os recursos pertencem ao escopo do projeto atual.	Quando alguém apresenta novos requisitos, deve dar suporte à declaração da visão do produto.
Guia do produto: Uma visão geral dos recursos do produto que criam a visão do produto. O Capítulo 7 detalha mais o guia do produto.	O escopo do produto faz parte do guia do produto. Os requisitos no nível do recurso são bons para as conversas comerciais sobre o que significa concretizar a visão do produto.	Atualize o guia do produto quando surgirem novos requisitos. O guia comunica visualmente a inclusão do novo recurso no projeto.

(continua)

(continuação)

Artefato	Função ao Estabelecer Escopo	Função na Mudança do Escopo
Plano de lançamento: Uma meta de médio prazo concentrada em um conjunto mínimo de recursos comercializáveis. O Capítulo 8 detalha mais o plano de lançamento.	O plano de lançamento mostra o escopo do ciclo atual. Você pode querer planejar os lançamentos por temas ou grupos lógicos de requisitos.	Adicione novos recursos, que pertencem ao lançamento atual, ao plano de lançamento. Se a nova história do usuário não pertencer ao lançamento atual, deixe-a no backlog do produto para um futuro lançamento.
Backlog do produto: Uma lista completa de todo o escopo conhecido do produto. Os Capítulos 7 e 8 detalham mais o backlog do produto.	Se um requisito estiver no escopo da visão do produto, ele fará parte do backlog.	O backlog do produto contém todas as mudanças no escopo. Os recursos novos de alta prioridade empurram os recursos de prioridade mais baixa no backlog do produto.
Backlog do ciclo: As histórias do usuário e tarefas no escopo do ciclo atual. O Capítulo 8 detalha mais o backlog do ciclo.	O backlog do ciclo contém as histórias do usuário que estão no escopo do ciclo atual.	O backlog do ciclo estabelece o que é permitido no ciclo. Depois de a equipe de desenvolvimento se comprometer com o objetivo do ciclo na reunião de planejamento, apenas ela poderá modificar o backlog.

O que É Diferente na Aquisição Ágil?

Outra parte do gerenciamento de projetos é a *aquisição*, ou seja, gerenciar a compra de serviços ou produtos necessários para entregar o escopo do produto. Como o escopo, a aquisição faz parte do investimento de um projeto.

O Capítulo 2 explica que o Manifesto Ágil valoriza *a colaboração do cliente acima da negociação de contratos.* Isso define um importante tom das relações de aquisição nos projetos ágeis.

Valorizar mais a colaboração do cliente que a negociação de contratos não significa que os projetos ágeis não têm contrato: os contratos e a negociação são essenciais para as relações comerciais. Contudo, o Manifesto Ágil apresenta a ideia de que um comprador e um vendedor devem trabalhar juntos para criar produtos, e que a relação entre eles é mais importante do que discutir detalhes desinformados e verificar os itens do contrato que podem ou não ser úteis para os clientes.

Todos os 12 Princípios Ágeis se aplicam à aquisição nos projetos ágeis. Porém, os seguintes se destacam mais ao assegurar produtos e serviços para um projeto ágil:

2. Receber solicitações de mudanças, mesmo com o desenvolvimento já iniciado. Os processos ágeis aproveitam a mudança como uma vantagem competitiva do cliente.

3. Entregar um software validado com frequência, com algumas semanas ou meses, preferindo o menor prazo.

4. Empresários e desenvolvedores devem trabalhar juntos diariamente no projeto.

5. Criar projetos em torno de pessoas motivadas. Oferecer o ambiente e apoio necessários, e confiar que o trabalho será feito.

10. Simplicidade, a arte de maximizar quanto trabalho é feito, é essencial.

11. As melhores arquiteturas, requisitos e designs surgem de equipes auto-organizadas.

A Tabela 12-3 destaca as diferenças entre as aquisições em projetos tradicionais e projetos ágeis.

TABELA 12-3   ## Gerenciamento de Aquisição Tradicional versus Ágil

Gerenciamento de Aquisições com Abordagens Tradicionais	Gerenciamento de Aquisições com Abordagens Ágeis
O gerente de projetos e a organização são responsáveis pelas atividades de aquisição.	A equipe de desenvolvimento autogerenciada tem maior participação ao identificar os itens que precisam de aquisição. O scrum master facilita a aquisição dos itens necessários pela equipe de desenvolvimento.
Normalmente os contratos com provedores de serviços incluem provisões para requisitos fixos, documentação extensa, plano de projeto completo e outros produtos tradicionais com base em um ciclo de vida em cascata.	Os contratos dos projetos ágeis têm base na avaliação da funcionalidade validada no final de cada ciclo, não nos produtos fixos e na documentação, que podem ou não contribuir para a entrega de produtos de qualidade.
A negociação do contrato entre compradores e vendedores algumas vezes pode ser um desafio. Como a negociação normalmente é uma atividade estressante, pode causar danos na relação entre eles antes mesmo de o trabalho ser iniciado em um projeto.	As equipes de projeto ágeis procuram manter uma relação de cooperação positiva entre compradores e vendedores desde o início do processo de aquisição.
Trocar de fornecedor após o início do projeto pode sair caro e levar tempo, porque um novo fornecedor deve tentar entender a grande quantidade de trabalho ainda em andamento do antigo.	Os fornecedores oferecem uma funcionalidade validada e concluída no final de cada ciclo. Se eles mudarem no meio do projeto, o novo poderá começar a desenvolver imediatamente o requisito do próximo ciclo, evitando uma transição longa e cara.

CAPÍTULO 12 **Gerenciando o Escopo e a Aquisição**   215

PAPO DE ESPECIALISTA

As equipes de projetos em cascata e ágeis estão interessadas no sucesso do fornecedor. As abordagens tradicionais eram firmes em sua responsabilidade pela conformidade, definindo o sucesso com documentos e produtos verificados em uma lista. Por outro lado, as abordagens ágeis são firmes em sua responsabilidade pelos resultados finais, definindo o sucesso com uma funcionalidade validada.

A próxima seção mostra como gerenciar a aquisição nos projetos ágeis.

Gerenciando a Aquisição Ágil

Esta seção concentra-se em como as equipes de projetos ágeis realizam o processo de aquisição: desde determinar a necessidade, selecionar um fornecedor e criar um contrato até trabalhar com um fornecedor e fechar o contrato no final de um projeto entre comprador e vendedor.

Determinando a necessidade e selecionando um fornecedor

Nos projetos ágeis, a aquisição inicia-se quando a equipe de desenvolvimento decide que precisa de uma ferramenta ou serviços de terceiros para criar o produto.

LEMBRE-SE

As equipes de desenvolvimento de projetos ágeis são autogerenciadas e auto-organizadas, e tomam decisões sobre o que é melhor para maximizar o resultado do desenvolvimento. O autogerenciamento se aplica a todas as áreas de gerenciamento do projeto, inclusive a aquisição. Saiba mais sobre as equipes autogerenciadas nos Capítulos 6 e 14.

As equipes de desenvolvimento têm várias oportunidades para considerar produtos e serviços externos:

» **Estágio de visão do produto:** A equipe de desenvolvimento pode começar a pensar sobre as ferramentas e habilidades necessárias para ajudar a atingir a visão do produto. Nesse estágio, pode ser prudente pesquisar as necessidades, mas não iniciar o processo de compras.

» **Estágio de guia do produto:** A equipe de desenvolvimento começa a ver os recursos específicos para criar e pode conhecer alguns produtos ou serviços necessários para ajudar a criar o produto.

» **Plano de lançamento:** A equipe de desenvolvimento sabe mais sobre o produto e pode identificar produtos ou serviços específicos que ajudarão a alcançar o próximo objetivo do ciclo.

» **Planejamento do ciclo:** A equipe de desenvolvimento está no local do desenvolvimento e pode identificar as necessidades urgentes do ciclo.

» **Scrum diário:** Os membros da equipe de desenvolvimento informam os impedimentos. Adquirir produtos ou serviços pode ajudar a resolvê-los.

» **Durante o dia:** Os membros da equipe de desenvolvimento se comunicam e colaboram nas tarefas. Podem surgir necessidades específicas nas conversas da equipe.

» **Reunião de revisão do ciclo:** Os envolvidos no projeto poderão identificar novos requisitos para os futuros ciclos, que garantirão a aquisição de produtos ou serviços.

» **Retrospectiva do ciclo:** A equipe de desenvolvimento pode discutir sobre como ter uma ferramenta ou serviço específico poderia ter ajudado no último ciclo e sugerir uma compra para os futuros ciclos.

DICA

Algumas vezes você pode encontrar produtos ou serviços necessários para um projeto em sua organização. Antes de comprar um item ou trabalhar com fornecedores, o scrum master determina se a ferramenta ou a pessoa com habilidades para realizar os serviços que a equipe de desenvolvimento precisa está disponível internamente. Se os recursos internos ou pessoas puderem atender às necessidades da equipe, a equipe scrum economizará dinheiro.

Depois de a equipe de desenvolvimento determinar se precisa de um produto ou serviço, ela e o scrum master trabalham com o product owner para obter qualquer financiamento necessário. O product owner é responsável por gerenciar o escopo do projeto em relação ao orçamento, portanto, ele é responsável por qualquer compra. Em geral, o scrum master gerencia a relação com o fornecedor em nome da equipe scrum após a aquisição ser iniciada com ele.

Ao adquirir produtos, a equipe de desenvolvimento pode precisar comparar ferramentas e fornecedores antes de decidir sobre uma compra, e depois de escolher o que comprar e onde obter, normalmente o processo é simples: fazer a compra e pegar o produto.

A aquisição de serviços geralmente é um processo mais longo e complexo do que comprar produtos. Algumas considerações específicas da metodologia ágil para selecionar um fornecedor de serviços incluem:

» Se o fornecedor pode trabalhar em um ambiente de projeto ágil, e, em caso afirmativo, quanta experiência tem com projetos ágeis.

» Se o fornecedor pode trabalhar no local com a equipe de desenvolvimento.

» Se a relação entre o fornecedor e a equipe scrum pode ser positiva e colaborativa.

CUIDADO

A organização ou a empresa para a qual trabalha pode estar sujeita a leis e regulamentações para escolher os fornecedores. As empresas que trabalham para o Governo, por exemplo, normalmente precisam reunir várias propostas e licitações para trabalhar, o que gera certo custo. Embora seu primo ou amigo da faculdade seja a pessoa mais qualificada para concluir o trabalho, você terá problemas se não seguir as leis aplicáveis. Verifique com o departamento jurídico de sua empresa se tiver dúvidas sobre como simplificar os processos grandes demais.

Depois de escolher um fornecedor do serviço, você precisará fazer um contrato para que ele possa começar a trabalhar. A próxima seção explica como os contratos funcionam nos projetos ágeis.

Entendendo as abordagens de custos e contratos de serviços

Depois de a equipe de desenvolvimento e o product owner terem escolhido um fornecedor, eles precisam de um contrato para assegurar o acordo dos serviços e preços. Para iniciar o processo de contrato, você deve conhecer as diferentes estruturas de preços e como funcionam nos projetos ágeis. Após entender as abordagens, verá como fazer um contrato.

Estruturas do custo

Quando adquire serviços em um projeto ágil, é importante saber a diferença entre projetos com *preço fixo*, *tempo fixo*, *tempo e materiais* e *sem exceder*. Cada abordagem tem seus próprios pontos fortes em um cenário ágil:

- » **Projeto com preço fixo:** Inicia-se com um orçamento definido. Em um projeto com preço fixo, um fornecedor trabalha no produto e cria lançamentos até que tenha gastado todo o dinheiro no orçamento ou até você ter entregado recursos suficientes do produto, o que ocorrer primeiro.

  Por exemplo, se você tem um orçamento de US$250 mil e os custos do fornecedor são de US$10 mil por semana, a parte do revendedor no projeto durará 25 semanas. Nessas 25 semanas, o fornecedor criará e lançará o máximo possível de funcionalidade de envio.

- » **Projeto com tempo fixo:** Tem prazos específicos. Por exemplo, você pode precisar lançar um produto nas próximas férias, para um evento específico ou coincidir com o lançamento de outro produto. Nos projetos com tempo fixo, você determina os custos com base no custo da equipe do fornecedor durante o projeto, junto de qualquer custo extra do recurso, como um hardware ou software.

» **Projeto com tempo e materiais:** É mais um projeto de tempo ilimitado do que de preço ou tempo fixo. Em um projeto com tempo e materiais, seu trabalho com o fornecedor dura até uma funcionalidade suficiente do produto estar concluída, sem relação com o custo total do projeto. Você sabe o custo total do projeto no final, depois de os envolvidos terem determinado que o produto tem bastante recurso para ser chamado de concluído.

Por exemplo, suponha que seu projeto custe US$10 mil por semana. Após 20 semanas, os envolvidos acham que têm recursos do produto úteis o suficiente, portanto, o custo do projeto é de US$200 mil. Se os envolvidos julgarem que têm valor suficiente ao final de 10 semanas, o custo do projeto será metade dessa quantia, ou US$100 mil.

» **Projeto sem exceder:** É um projeto no qual o tempo e os materiais têm um teto de preço fixo.

LEMBRE-SE

Independentemente da abordagem de custo, nos projetos ágeis, concentre-se primeiro em concluir os recursos do produto de mais alto valor.

O ERRO DE CHATEAR O FORNECEDOR

Tentar chatear os fornecedores oferecendo o preço mais baixo possível sempre é uma situação em que todos perdem. Os contratados nos setores cujos projetos sempre ficam com as propostas mais baixas têm um ditado: *o barato sai caro*. É comum que os fornecedores ofereçam um preço baixo durante o processo de proposta de um projeto e então adicionem vários pedidos de mudança até o comprador pagar tanto ou mais do que teria pagado por ofertas mais caras.

O gerenciamento de projetos em cascata dá suporte a essa prática fechando o escopo e preço no início do projeto, quando não se sabe quase nada sobre ele. Os pedidos de mudança e aumentos nos custos são inevitáveis.

Um modelo melhor é aquele em que o fornecedor e comprador colaboram ao definir o escopo do projeto enquanto ele se desenrola, com custo fixo e limites no cronograma. Ambas as partes podem aproveitar o que aprendem durante o projeto, e você acaba com um produto melhor, repleto de funcionalidade com mais alto valor entregue e identificada no final de cada ciclo. Em vez de tentar ser um negociador difícil, seja um bom colaborador.

Criação do contrato

Depois de conhecer a abordagem de custos do projeto, o scrum master poderá ajudar a fazer o contrato. Os contratos são acordos com vínculos legais entre compradores e vendedores que definem as expectativas sobre trabalho e pagamento.

A pessoa responsável por fazer o contrato difere segundo a organização. Em alguns casos, uma pessoa do departamento jurídico ou de compras faz a minuta do contrato e pede ao scrum master para fazer a revisão. Em outros, é o oposto: o scrum master faz a minuta e pede ao jurista ou especialista em compras para revisá-lo.

Independentemente de quem cria o contrato, em geral, o scrum master atua em nome da equipe scrum para fazer o seguinte: iniciar a criação do contrato, negociar os detalhes e levar o contrato para qualquer aprovação interna necessária.

A abordagem ágil de colocar valor na colaboração acima da negociação é o segredo para manter uma relação positiva entre um comprador e vendedor na criação e negociação do contrato. O scrum master trabalha junto com o fornecedor e sempre se comunica abertamente com ele durante o processo de criação do contrato.

CUIDADO

O Manifesto Ágil *não* declara que os contratos são desnecessários. Independentemente do tamanho de sua empresa ou organização, é muito bom fazer um contrato entre a empresa e o fornecedor dos serviços. Pular o contrato deixa abertura para que compradores e revendedores confundam as expectativas, o trabalho não terminado e até tenham problemas legais.

No mínimo, a maioria dos contratos tem uma linguagem jurídica que descreve as partes e o trabalho, orçamento, abordagem dos custos e termos do pagamento. Um contrato para um projeto ágil também pode incluir:

- » **Uma descrição do trabalho que o fornecedor concluirá:** O fornecedor pode ter a própria declaração de visão do produto, que pode ser um bom ponto de partida para descrever o trabalho dele. É bom consultar a declaração da visão, no Capítulo 7.
- » **As abordagens ágeis que o fornecedor poderá usar:** Elas podem incluir:
  - Reuniões das quais o fornecedor participará, como o scrum diário, planejamento do ciclo, revisão e retrospectiva do ciclo.
  - Entrega da funcionalidade validada no fim de cada ciclo.
  - A definição de feito (analisada no Capítulo 9): O trabalho que é desenvolvido, testado, integrado e documentado com um acordo entre o product owner, a equipe de desenvolvimento e o scrum master.
  - Artefatos que o fornecedor oferecerá, como backlog do ciclo com um gráfico de burndown do status.

- Pessoas que o fornecedor terá no projeto, como a equipe de desenvolvimento.
- Onde o fornecedor trabalhará, como o local da empresa.
- Se o fornecedor trabalhará com o scrum master e product owner dele ou com seu scrum master e product owner.
- Uma definição do que pode ser o final do envolvimento: O fim de um orçamento fixo ou tempo, ou uma funcionalidade validada concluída.

» **Para um fornecedor que não usa uma abordagem ágil, uma descrição de como ele e seu trabalho se integrarão na equipe de desenvolvimento e ciclos do comprador.**

Essa lista não está completa. Os itens do contrato variam segundo o projeto e a organização.

Provavelmente o contrato passará por revisões e alterações antes de a versão final ser concluída. Um modo de comunicar claramente as mudanças e manter uma boa relação com um fornecedor é conversar com ele sempre que uma alteração for proposta. Se enviar um contrato revisado por e-mail, acompanhe isso com uma ligação telefônica para explicar o que mudou e por quê, responder a qualquer pergunta e discutir qualquer ideia para outras revisões. Uma discussão aberta ajuda em um processo positivo do contrato.

Se qualquer coisa importante sobre os serviços do fornecedor mudar durante as discussões do contrato, será uma boa ideia que o product owner ou scrum master revise as alterações com a equipe de desenvolvimento. A equipe precisa conhecer e, sobretudo, dar informações sobre as mudanças no serviço que o fornecedor prestará, a abordagem e as pessoas na equipe dele.

DICA

É bem provável que sua empresa e fornecedor solicitem revisões e aprovações de pessoas de fora de suas respectivas equipes de projeto. As pessoas que revisam os contratos podem incluir gerentes e executivos de alto escalão, especialistas em aquisição, contadores e advogados da empresa. Isso difere segundo a organização. O scrum master precisa garantir que todas as pessoas necessárias leiam o contrato.

Agora que você entende um pouco sobre como selecionar um fornecedor e fazer um contrato, é hora de ver como a aquisição difere entre as empresas e organizações.

Considerações da organização quanto à aquisição

O modo como sua empresa faz a aquisição fará diferença em como selecionar um fornecedor e criar e negociar um contrato. Como a aquisição envolve dinheiro e contratos legais, os procedimentos de compra e decisões algumas vezes saem do controle da equipe. As considerações para as atividades de aquisição podem incluir:

» **Tamanho e experiência da empresa ou organização:** As empresas menores e mais novas podem ter menos formalidades, permitindo mais autonomia nas compras. As maiores e mais estabelecidas tendem a ter mais custos com as compras. Algumas empresas têm departamentos inteiros com pessoas trabalhando em tempo integral na aquisição.

» **Tipo de empresa ou organização:** Algumas organizações, como agências do Governo, têm processos e documentos de aquisição requeridos legalmente. Empresas privadas podem ter menos restrições nas aquisições do que as de capital aberto, por causa das diferenças nas leis para as empresas públicas.

» **Cultura da empresa ou organização:** Muitas organizações envolvem a equipe de projetos nas decisões de aquisição. Contudo, nem sempre é o caso, e algumas vezes as equipes trabalham com produtos ou provedores de serviços que não escolheram. Algumas empresas são bem informais e não requerem muita documentação nem processo para a aquisição. Outras requerem documentos para justificar a necessidade para um bom produto ou serviço, propostas formais para vendedores e várias aprovações em cada etapa da aquisição.

Se você estiver trabalhando em um projeto ágil em uma organização com processos pesados de aquisição e um departamento separado para essa finalidade, deve equilibrar esses processos com os processos ágeis. Uma boa maneira de assegurar processos ágeis durante a aquisição é fazer com que o scrum master trabalhe junto do pessoal do departamento de compras.

No Capítulo 6 mencionamos que o scrum master verifica se a organização segue as práticas e princípios ágeis. Nessa função, ele ajuda a explicar as abordagens ágeis para os especialistas em compras. O scrum master pode achar útil ajudar a ajustar os requisitos da organização para dar suporte aos processos ágeis.

LEMBRE-SE

O scrum master verifica se o pessoal de compras entende por que um contrato precisa incorporar os requisitos e iterações que mudam. Ele dá o tom para que o processo de criação do contrato seja feito em colaboração.

Se uma equipe de projetos ágil tiver o apoio da alta administração de uma organização, normalmente será mais fácil trabalhar com as abordagens ágeis em seus processos de aquisição.

DICA

Uma boa maneira de ter suporte para as abordagens ágeis que mudam nos processos de aquisição de sua organização é verificar se a alta administração entende como os métodos ágeis permitem que as equipes e organizações ágeis entreguem um melhor valor do cliente com mais frequência. Vantagens como uma melhor qualidade do produto, risco reduzido e mais controle e visibilidade do desempenho do projeto ajudam a ter um bom argumento para usar os processos ágeis ao trabalhar com fornecedores. O Capítulo 19 fornece uma lista dos principais benefícios do gerenciamento ágil de projetos.

As organizações com poucos ou nenhum processo de aquisição têm desafios diferentes para um projeto ágil, ou qualquer projeto, nesse caso. Os scrum masters podem acabar iniciando as atividades de aquisição do zero, com pouca jurisprudência ou suporte.

As pessoas que assinam contratos devem ter autorização para tomar decisões financeiras para uma empresa, e geralmente são pessoas de nível executivo. Os scrum masters e product owners normalmente não têm esse tipo de autorização. No caso de dúvida, pergunte. Encontre o signatário certo.

Depois de escolher um fornecedor e ter o contrato assinado, ele pode começar a trabalhar. Na próxima seção você verá que, como os processos iniciais de aquisição, trabalhar com fornecedores apresenta características especiais nos projetos ágeis.

Trabalhando com um fornecedor

Como você trabalha com um fornecedor em um projeto ágil depende da estrutura da equipe dele. Em uma situação ideal, as equipes do fornecedor estão totalmente integradas na organização do comprador. Os membros da equipe do fornecedor compartilham o local com a equipe scrum do comprador. Os membros do fornecedor trabalham como parte da equipe de desenvolvimento do comprador, pelo tempo necessário.

Algumas equipes de desenvolvimento incluem membros da equipe do fornecedor nas reuniões diárias com o scrum. Isso pode ser uma boa maneira de ter uma ideia do que a equipe dele está fazendo todo dia e ajudar a equipe de desenvolvimento a trabalhar de perto com o fornecedor. Você também pode convidar fornecedores para suas revisões do ciclo e mantê-los informados sobre o progresso.

As equipes de fornecedores também podem ser integradas, mas em outro lugar. Se o fornecedor não puder trabalhar no local, na empresa do comprador, ela ainda poderá fazer parte da equipe scrum deste. O Capítulo 14 apresenta mais informações sobre a dinâmica da equipe nos projetos ágeis.

Se um fornecedor não puder partilhar o local ou se for responsável por uma parte separada do produto, poderá ter outra equipe scrum. A equipe scrum do fornecedor trabalha com o mesmo cronograma do ciclo da equipe do comprador. Veja os Capítulos 13 e 17 para saber mais sobre como trabalhar com mais de uma equipe scrum em um projeto.

Se um fornecedor não puder usar os processos de gerenciamento ágil do projeto, a equipe dele trabalhará separadamente da equipe scrum do comprador, fora dos ciclos e com o próprio cronograma. O gerenciamento tradicional de projetos do fornecedor ajuda a assegurar que ele poderá entregar seus serviços quando a equipe de desenvolvimento precisar. O scrum master do comprador precisará intervir se os processos ou linha do tempo do fornecedor forem um obstáculo ou prejudicarem a equipe de desenvolvimento. Veja a seção "Gerenciando projetos com equipes fora do local", no Capítulo 14, para obter informações sobre como trabalhar com equipes não ágeis.

Os fornecedores podem oferecer serviços por um tempo definido ou durante o projeto. Depois de o trabalho ser concluído, o contrato é fechado.

Fechando um contrato

Depois de um fornecedor concluir o trabalho no contrato, o scrum master do comprador normalmente tem algumas tarefas finais para fechar tal documento.

Se o projeto for finalizado normalmente, segundo os termos do contrato, o scrum master poderá querer confirmar o fim do contrato por escrito. Se o projeto for do tipo tempo e materiais, o scrum master deve terminá-lo claramente por escrito para assegurar que o fornecedor não continuará trabalhando nos requisitos de mais baixa prioridade, e cobrando por eles.

Dependendo das estruturas da organização e do custo do contrato, o scrum master pode ser responsável por notificar o departamento de contabilidade da empresa do comprador depois de o trabalho ser concluído e verificar se o fornecedor foi pago devidamente.

Se o projeto terminar antes de o contrato estabelecer o fim, o scrum master precisará notificar o fornecedor por escrito e seguir qualquer instrução de término antecipado no contrato.

Termine o envolvimento com uma observação positiva. Se o fornecedor fez um bom trabalho, a equipe scrum pode querer reconhecer as pessoas na equipe dele nas revisões do ciclo. Todos no projeto poderão trabalhar juntos de novo, e um "obrigado" simples e sincero pode ajudar a manter uma boa relação nos futuros projetos.

NESTE CAPÍTULO

» Entendendo por que o gerenciamento do tempo é único nos projetos ágeis

» Aprendendo como gerenciar o tempo nos projetos ágeis

» Reconhecendo como o gerenciamento dos custos é diferente nos projetos ágeis

» Vendo como gerenciar o custo nos projetos ágeis

Capítulo **13**

Gerenciando o Tempo e os Custos

Gerenciar o tempo e controlar os custos são aspectos importantes do gerenciamento de um projeto. Neste capítulo você verá as abordagens ágeis para o gerenciamento de tempo e custos. Saberá como usar a velocidade de desenvolvimento de uma equipe scrum para determinar o tempo e o custo de certo projeto e como aumentar a velocidade do desenvolvimento para reduzi-los.

O que É Diferente no Gerenciamento Ágil do Tempo?

Em termos de gerenciamento, *tempo* se refere aos processos com uma conclusão do projeto na hora certa. Para entender o gerenciamento ágil do tempo, ajuda rever alguns Princípios Ágeis analisados no Capítulo 2:

1. **Nossa maior prioridade é atender ao cliente com entregas antecipadas e contínuas de um software útil.**

2. **Receber solicitações de mudanças, mesmo com o desenvolvimento já iniciado. Os processos ágeis aproveitam a mudança como uma vantagem competitiva do cliente.**

3. **Entregar um software validado com frequência, com algumas semanas ou meses, preferindo o menor prazo.**

8. **Os processos ágeis promovem um desenvolvimento sustentável. Os patrocinadores, desenvolvedores e usuários devem manter um ritmo constante.**

A Tabela 13-1 mostra algumas diferenças entre o gerenciamento do tempo em projetos tradicionais e ágeis.

TABELA 13-1 Gerenciamento do Tempo Tradicional versus Ágil

Gerenciamento do Tempo com Abordagens Tradicionais	Gerenciamento do Tempo com Abordagens Ágeis
Um escopo fixo orienta diretamente o cronograma.	O escopo não é fixo nos projetos ágeis. O tempo pode ser fixo, e as equipes de desenvolvimento podem criar requisitos que entrarão em um intervalo de tempo específico.
Os gerenciadores de projeto determinam o tempo com base nos requisitos reunidos no início do projeto.	Durante o projeto, as equipes scrum avaliam e reavaliam quanto trabalho podem concluir em determinado intervalo de tempo.
As equipes trabalham ao mesmo tempo em fases em todos os requisitos do projeto, como a coleta dos requisitos, design, desenvolvimento, teste e implementação. Não há nenhuma diferença de cronograma entre os requisitos críticos e os opcionais.	As equipes scrum trabalham em ciclos e concluem todo o trabalho nos requisitos de mais alta prioridade e valor primeiro.
As equipes não iniciam o desenvolvimento real do produto até mais tarde no projeto, após as fases de coleta dos requisitos e design serem concluídas.	As equipes scrum iniciam o desenvolvimento do projeto no primeiro ciclo.
O tempo varia mais nos projetos tradicionais.	Os ciclos com tempo predefinido nos projetos ágeis são estáveis, permitindo a previsão.
Os gerentes de projetos tentam prever os cronogramas no início, quando sabem pouco sobre o produto.	As equipes scrum determinam cronogramas em longo prazo com base no desempenho real do desenvolvimento em ciclos. Elas ajustam as estimativas do tempo durante o projeto enquanto aprendem mais sobre o produto e a rapidez ou *velocidade* da equipe de desenvolvimento. Você saberá mais sobre a velocidade posteriormente neste capítulo.

Os projetos com cronograma e preço fixos correm menos risco com as técnicas ágeis, porque as equipes de desenvolvimento ágeis sempre entregam as funcionalidades de mais alta prioridade dentro do tempo ou orçamento.

Um grande benefício das técnicas do gerenciamento ágil do tempo é que as equipes de projetos ágeis entregam produtos muito mais cedo que as tradicionais. Por exemplo, iniciar o desenvolvimento mais cedo e concluir a funcionalidade em iterações geralmente permite que as equipes de projeto ágeis que trabalham com nossa empresa, a Platinum Edge, coloquem um produto útil no mercado de 30% a 40% mais rapidamente.

O motivo para os projetos ágeis terminarem mais cedo é simples: o desenvolvimento é iniciado mais cedo.

Na próxima seção, descubra como gerenciar o tempo em um projeto ágil.

Gerenciando Cronogramas Ágeis

As práticas ágeis dão suporte a cronogramas estratégicos e táticos e ao gerenciamento do tempo.

- » Seu planejamento antecipado é estratégico por natureza. Os requisitos de alto nível no guia e no backlog do produto ajudam a ter uma ideia inicial do cronograma geral. Saiba como criar um guia e backlog do produto no Capítulo 7.
- » Seu planejamento detalhado de cada lançamento e em cada ciclo é tático. Leia mais sobre o plano de lançamento no Capítulo 8.
  - No plano de lançamento, você pode definir uma data específica, com recursos mínimos comercializáveis.
  - Você também planeja o lançamento com tempo suficiente para criar um conjunto específico de recursos.
  - Durante cada reunião de planejamento do ciclo, além de selecionar o escopo do ciclo, a equipe de desenvolvimento estima o tempo, em horas, para concluir tarefas individuais para cada requisito daquele ciclo. Use o backlog para gerenciar alocações de tempo detalhadas durante o ciclo.
- » Depois de o projeto estar em andamento, use a velocidade da equipe scrum (rapidez de desenvolvimento) para ajustar o cronograma. Analisamos a velocidade na próxima seção.

No Capítulo 8 descrevemos como planejar lançamentos com *recursos mínimos comercializáveis*, menor grupo de funcionalidade do produto com valor suficiente que você pode, de fato, implementar e promover no mercado.

> ## DETERMINANDO A DURAÇÃO DE UM PROJETO ÁGIL
>
> Alguns fatores que determinam a duração dos projetos ágeis:
>
> **Prazo atribuído:** Por motivos comerciais, as equipes de projeto ágeis precisam definir uma data final específica. Por exemplo, você pode precisar colocar um produto no mercado por um motivo de compra específico ou para coincidir com o lançamento do produto de um concorrente. Nesse caso, você define uma data final específica e cria o máximo possível de funcionalidade de envio do início do projeto até a data final.
>
> **Considerações do orçamento:** As equipes de projeto ágeis também podem ter considerações de orçamento que afetam quanto tempo durará um projeto. Por exemplo, se você tem um orçamento de US$1.600.000, e o projeto custa US$20 mil por semana, ele poderá durar 80 semanas. Você terá 80 semanas para criar e lançar o máximo possível de funcionalidade de envio.
>
> **Funcionalidade concluída:** Os projetos ágeis também podem durar apenas o suficiente para a funcionalidade ser concluída. As equipes de projeto podem realizar ciclos até os requisitos com mais alto valor serem concluídos e determinar que os requisitos de mais baixo valor, aqueles que poucas pessoas usarão ou não gerarão muita receita, não são necessários.

Para determinar quanta funcionalidade uma equipe de desenvolvimento ágil pode entregar em um tempo definido, é preciso conhecer a velocidade dela. Na próxima seção você verá como medir a velocidade, usá-la para a linha do tempo do projeto e aumentá-la durante o projeto.

Noções básicas da velocidade

Uma das coisas mais importantes sobre o gerenciamento do tempo nos projetos ágeis é o uso da velocidade, uma ferramenta poderosa para prever linhas do tempo de longo prazo. A *velocidade*, em termos ágeis, é a rapidez de trabalho de uma equipe de desenvolvimento. No Capítulo 7 descrevemos como medir o esforço para os requisitos, ou histórias do usuário, em pontos da história. Você mede a velocidade pelo número de pontos da história que a equipe de desenvolvimento conclui em cada ciclo.

LEMBRE-SE

Uma *história do usuário* é uma descrição simples de um requisito do produto, identificando o que um requisito deve realizar e por quem. Os pontos da história do usuário são relativos aos números que descrevem a quantidade de esforço necessário para desenvolver uma história. O Capítulo 8 detalha a criação das histórias do usuário e a estimativa do esforço usando pontos.

Quando você conhece a velocidade da equipe de desenvolvimento, pode usá-la como uma ferramenta de planejamento de longo prazo. A velocidade pode ajudar a prever quanto tempo a equipe scrum levará para concluir certos requisitos e quanto pode custar um projeto.

Na próxima seção você verá a velocidade como uma ferramenta para o gerenciamento do tempo. Verá como as mudanças no escopo afetam a linha do tempo de um projeto ágil, descobrirá como trabalhar com várias equipes scrum e irá rever os artefatos ágeis para o gerenciamento do tempo.

Monitorando e ajustando a velocidade

Depois de o projeto se iniciar, a equipe scrum começa a monitorar sua velocidade. A velocidade é medida entre os ciclos. Ela é usada para o cronograma de longo prazo e plano do orçamento, assim como o planejamento do ciclo.

Em geral, as pessoas são boas ao planejar e estimar em curto prazo, portanto, identificar as horas para as tarefas no próximo ciclo funciona bem. Ao mesmo tempo, as pessoas não conseguem estimar tarefas distantes em termos absolutos, como horas. Ferramentas como a estimativa relativa e velocidade, baseadas no desempenho, são medidas mais precisas para o planejamento de longo prazo.

A velocidade é uma boa ferramenta de tendência. É possível usá-la para determinar as futuras linhas do tempo porque as atividades e o tempo de desenvolvimento nos ciclos são iguais entre eles.

A velocidade é um fato pós-ciclo, não um objetivo. Evite tentar adivinhar ou se comprometer com certa velocidade antes de um projeto iniciar ou no meio de um ciclo. Você apenas definirá expectativas irreais sobre quanto trabalho a equipe pode concluir. Se a velocidade acabar sendo uma meta, em vez de uma medida do passado, as equipes scrum poderão ficar tentadas a exagerar os pontos da história estimados para atender à meta, apresentando uma velocidade sem sentido. Pelo contrário, use a velocidade real da equipe scrum para prever quanto tempo a mais o projeto poderá levar e custar. Também se concentre em aumentar a velocidade removendo os limites identificados durante o ciclo e na retrospectiva.

Na próxima seção você verá como calcular a velocidade e como usá-la para prever o cronograma do projeto e aumentar a velocidade da equipe scrum.

Calculando a velocidade

No final de cada ciclo, a equipe scrum vê os requisitos que terminou e soma o número de pontos da história associados a eles. O número total de pontos da história concluídos é a velocidade da equipe para o ciclo. Após os primeiros ciclos, você começará a ver uma tendência e conseguirá calcular a velocidade média.

CUIDADO

Como a velocidade é um número, gerentes e executivos podem ficar tentados a usá-la como uma métrica do desempenho para compensar e comparar as equipes. A velocidade não tem essa finalidade, é específica da equipe e não deve ser usada fora da equipe scrum. É meramente uma ferramenta de planejamento que as equipes scrum podem usar para prever o trabalho restante.

A *velocidade média* é o número total de pontos da história concluídos, divididos pelo número total de ciclos concluídos. Por exemplo, se a velocidade da equipe de desenvolvimento era

Ciclo 1 = 15 pontos

Ciclo 2 = 13 pontos

Ciclo 3 = 16 pontos

Ciclo 4 = 20 pontos

seu número total de pontos da história concluídos será 64. Sua velocidade média será 16:64 pontos da história divididos por 4 ciclos.

Depois de realizar um ciclo e saber a velocidade da equipe scrum, é possível começar a prever o tempo restante do projeto.

Usando a velocidade para estimar a linha do tempo do projeto

Quando se sabe a velocidade, é possível determinar quanto tempo durará o projeto. Siga estas etapas:

1. **Some o número de pontos da história para os requisitos restantes no backlog do produto.**

2. **Determine o número de ciclos necessários dividindo o número de pontos da história restantes no backlog pela velocidade:**

- Para uma estimativa pessimista, use a velocidade mais baixa que a equipe de desenvolvimento teve.

- Para uma estimativa otimista, use a velocidade mais alta.

- Para a estimativa mais provável, use a velocidade média da equipe.

DICA

Usando dados empíricos, ou seja, a velocidade real da saída, um product owner pode dar aos envolvidos uma faixa de resultados de lançamento, e eles poderão trabalhar juntos para tomar decisões de priorização comercial antecipadas no projeto. Essas decisões podem incluir se há necessidade de aumentar a equipe scrum para desenvolver mais itens do escopo, ajustar as datas de lançamento no mercado ou solicitar o orçamento do projeto.

3. **Determine quanto tempo levará para concluir os pontos da história no backlog do produto multiplicando a duração do ciclo pelo número de ciclos restantes.**

   Por exemplo, suponha que:

   - O backlog restante do produto tenha 800 pontos da história;
   - A velocidade da equipe de desenvolvimento tenha uma média de 20 pontos da história por ciclo.

   De quantos outros ciclos o backlog do produto precisará? Divida o número de pontos da história pela velocidade e obterá os ciclos restantes. Nesse caso, 800/20 = 40.

   Se estiver usando ciclos de duas semanas no projeto, ele durará 80 semanas.

Depois de a equipe scrum saber sua velocidade e o número de pontos da história para os requisitos, você poderá usar a velocidade para saber quanto tempo levará para criar determinado grupo de requisitos. Por exemplo:

» Você pode calcular o tempo que um lançamento individual poderá levar se tiver uma ideia do número de pontos da história que entrarão nesse lançamento. No lançamento, as estimativas dos pontos da história estarão um nível acima do nível do ciclo. Se você basear o momento do lançamento na entrega de uma funcionalidade específica, a data do lançamento poderá mudar quando aprimorar as histórias do usuário e estimativas durante o projeto.

» É possível calcular o tempo necessário para um grupo específico de histórias do usuário, como todas as histórias de alta prioridade ou as relacionadas a determinado tema, usando o número de pontos nesse grupo de histórias do usuário.

A velocidade difere entre os ciclos. Nos primeiros, quando o projeto é novo, normalmente a equipe scrum terá uma velocidade baixa. Quando o projeto avançar, a velocidade deverá aumentar, porque a equipe terá aprendido mais sobre o produto e amadurecido como equipe que trabalha junto. Às vezes os empecilhos em ciclos específicos podem diminuir temporariamente a velocidade, mas os processos ágeis, como a retrospectiva do ciclo, ajudam a equipe scrum a assegurar que sejam passageiros.

DICA

No início de um projeto, a velocidade variará muito entre os ciclos. A velocidade ficará mais consistente com o tempo, contanto que os membros da equipe scrum sejam os mesmos.

As equipes scrum também podem aumentar a velocidade durante os projetos ágeis encurtando-os e tornando-os menos caros. Na próxima seção você encontrará maneiras de aumentar a velocidade em cada ciclo consecutivo.

Aumentando a velocidade

Se uma equipe scrum tem um backlog do produto com 800 pontos da história e uma velocidade média de 20 pontos, o projeto durará 40 ciclos, ou seja, 80 semanas, com ciclos de 2 semanas. Mas e se a equipe scrum puder aumentar a velocidade?

» Aumentar a velocidade média para 23 pontos da história por ciclo significaria 34,78 ciclos. Se você arredondasse para 35 ciclos, o mesmo projeto duraria 70 semanas.

» Uma velocidade média de 26 levaria aproximadamente 31 ciclos, ou 62 semanas.

» Uma velocidade média de 31 levaria aproximadamente 26 ciclos, ou 52 semanas.

Como se pode ver, aumentar a velocidade pode levar à economia de muito tempo e, como consequência, dinheiro.

A velocidade pode crescer naturalmente em cada ciclo, quando a equipe scrum encontra seu ritmo de trabalho em conjunto no projeto. Contudo, existem oportunidades para também aumentar a velocidade nos projetos ágeis, após os aumentos comuns que vêm com o tempo. Todos em uma equipe scrum ajudam a ampliar a velocidade em cada ciclo sucessivo:

» **Remova os obstáculos do projeto:** Um modo de aumentar a velocidade é remover rapidamente os obstáculos ou impedimentos. Obstáculos são qualquer coisa que impede um membro da equipe de desenvolvimento de trabalhar com total capacidade. Por definição, os obstáculos podem diminuir a velocidade. Retirar os obstáculos assim que surgem aumenta a velocidade, ajudando a equipe scrum a ser totalmente funcional e produtiva. Descubra mais sobre como remover os impedimentos do projeto no Capítulo 9.

» **Evite os obstáculos do projeto:** O melhor modo de aumentar a velocidade é criar estrategicamente meios de evitar os obstáculos. Conhecendo, ou aprendendo, os processos e as necessidades específicas dos grupos com os quais sua equipe trabalhará, é possível evitar os obstáculos antes de eles surgirem.

IMPEDINDO OBSTÁCULOS

Uma equipe de desenvolvimento com a qual trabalhamos precisava do feedback do departamento jurídico da empresa, mas não conseguiu obter uma resposta via e-mail nem por correio de voz. Em uma reunião diária com o scrum, um dos membros da equipe declarou a falta de resposta como um obstáculo. Depois que a reunião scrum acabou, o scrum master foi até o departamento jurídico e encontrou a pessoa certa com quem trabalhar. Depois de falar com ela, o scrum master descobriu que seu e-mail recebia constantemente muitas solicitações, e o correio de voz não era muito melhor.

Então o scrum master sugeriu um processo para as futuras solicitações legais: andando, os membros da equipe de desenvolvimento poderiam ir até o departamento com as solicitações e receber um feedback lá, em pessoa, imediatamente. O novo processo levou apenas alguns minutos, mas economizou dias em mudança no departamento, evitando, de fato, obstáculos parecidos no futuro. Encontrar meios de evitá-los ajuda a aumentar a velocidade da equipe scrum.

» **Elimine as distrações:** Outro modo de aumentar a velocidade é o scrum master proteger a equipe de desenvolvimento das distrações. Assegurando que as pessoas não solicitarão à equipe um trabalho fora do objetivo do ciclo, mesmo as tarefas que podem levar pouco tempo, ele conseguirá ajudar a manter a equipe concentrada no ciclo.

LEMBRE-SE

Ter um scrum master dedicado que ajuda continuamente a remover os limites da equipe scrum resultará em um aumento constante da velocidade. O valor de um scrum master dedicado é quantificável.

» **Peça informações à equipe:** Finalmente, todos na equipe scrum podem dar ideias para aumentar a velocidade na reunião de retrospectiva do ciclo. A equipe conhece melhor seu trabalho e pode ter ideias sobre como melhorar o resultado. O product owner pode ter informações para os requisitos que ajudam a equipe a trabalhar mais rápido. O scrum master terá visto os obstáculos que se repetem e poderá discutir sobre como evitá-los em primeiro lugar.

DICA

Aumentar a velocidade é útil, mas lembre-se de que você pode não ver mudanças da noite para o dia. Em geral, a velocidade da equipe scrum tem um padrão de aumentos lentos, grandes saltos, um período tranquilo e aumentos lentos de novo, quando a equipe identifica, experimenta e corrige os limites que a impedem de avançar.

CAPÍTULO 13 **Gerenciando o Tempo e os Custos** 233

Consistência para uma velocidade útil

Como a velocidade é uma medida do trabalho concluído em termos de pontos da história, é um indicador e previsor preciso do desempenho do projeto somente quando você usa as seguintes práticas:

» **Durações consistentes do ciclo:** Cada ciclo deve durar o mesmo tempo durante o projeto. Se as durações forem diferentes, a quantidade de trabalho que a equipe de desenvolvimento conclui em cada ciclo será diferente, e a velocidade não será relevante ao prever o tempo restante.

» **Horas de trabalho consistentes:** Os membros individuais da equipe de desenvolvimento devem trabalhar a mesma quantidade de horas em cada ciclo. Se Sandy trabalha 45 horas em um ciclo, 23 em outro e 68 em um terceiro, naturalmente concluirá uma quantidade de trabalho diferente entre os ciclos. Contudo, se ela sempre trabalhar a mesma quantidade de horas em um ciclo, sua velocidade poderá ser comparada.

» **Membros da equipe de desenvolvimento consistentes:** Pessoas diferentes trabalham em velocidades diferentes. Antônio pode trabalhar mais rápido que Roberto, portanto, se Antônio trabalha em um ciclo e Roberto em outro, a velocidade do ciclo de Antônio não será uma boa previsão para o ciclo de Roberto.

Quando as durações dos ciclos, horas de trabalho e membros da equipe permanecem consistentes durante um projeto, é possível usar a velocidade para saber, de fato, se a rapidez do desenvolvimento está aumentando ou diminuindo, e estimar com precisão a linha do tempo do projeto.

CUIDADO

O desempenho não muda de modo linear com o tempo disponível. Por exemplo, se você tem ciclos de duas semanas com 20 pontos da história por ciclo, ciclos de três semanas não serão uma garantia de 30 pontos. Sua nova duração gerará uma mudança desconhecida na velocidade.

Embora a mudança nas durações do ciclo introduza uma variação na velocidade e projeções de uma equipe scrum, raramente não recomendamos que as equipes diminuam as durações (de três semanas para duas ou de duas semanas para uma), porque loops de feedback mais curtos permitem que as equipes scrum reajam mais rápido aos comentários do cliente, permitindo uma entrega mais útil. Contudo, mudar as durações do ciclo sempre requer o mesmo aviso: a velocidade não muda de modo linear na direção oposta, e as equipes scrum terão que estabelecer uma nova velocidade para o ciclo mais curto antes que suas projeções fiquem confiáveis de novo.

Quando você sabe como medir com precisão e aumentar a velocidade, tem uma ferramenta poderosa para gerenciar o tempo e o custo em um projeto. Na próxima seção veremos como gerenciar uma linha do tempo em um ambiente ágil que sempre muda.

Gerenciando as mudanças do escopo da perspectiva do tempo

As equipes de projeto ágeis recebem a mudança de requisitos a qualquer momento durante um projeto, significando que o escopo reflete as prioridades reais do negócio. É o "darwinismo dos requisitos" em seu mais puro estado: as equipes de desenvolvimento concluem os requisitos de prioridade mais alta primeiro. As durações fixas do ciclo fazem com que os requisitos pareçam boas ideias na teoria, mas nunca vencem a disputa "este requisito ou aquele".

Os novos requisitos podem não ter nenhum efeito na linha do tempo do projeto; você só tem que priorizar. Trabalhando com os envolvidos, o product owner pode determinar o desenvolvimento apenas dos requisitos que se encaixarão em certa janela de tempo ou orçamento. A classificação dos itens por prioridade no backlog do produto determina quais são importantes o suficiente para desenvolver. A equipe scrum pode assegurar a conclusão dos requisitos de mais alta prioridade. Os de mais baixa podem fazer parte de outro projeto ou nunca ser criados.

LEMBRE-SE

No Capítulo 12 vimos como gerenciar as mudanças do escopo com o backlog do produto. Quando você adiciona um novo requisito a um projeto ágil, prioriza-o em relação aos outros itens no backlog e acrescenta o novo item no devido lugar nesse backlog. Isso pode mover para baixo outros itens em prioridade. Se você mantiver o backlog do produto e as estimativas atualizados quando surgirem novos requisitos, sempre terá uma boa ideia da linha do tempo do produto, mesmo com um escopo que muda constantemente.

Por outro lado, o product owner e os envolvidos no projeto determinam que todos os requisitos no backlog, inclusive os novos, são úteis o bastante para incluir no projeto. Nesse caso, você estenderá a data final do projeto para aceitar o escopo extra, aumentar a velocidade ou dividir o escopo entre várias equipes scrum que trabalharão simultaneamente em diferentes recursos do produto. Saiba mais sobre os projetos com várias equipes no Capítulo 17.

Normalmente as equipes de projeto tomam decisões no cronograma sobre os requisitos de mais baixa prioridade perto do final de um projeto. Os motivos dessas decisões dinâmicas são que as demandas do mercado por itens do escopo específicos mudam, e a velocidade tende a aumentar quando a equipe de desenvolvimento entra no ritmo. As mudanças na velocidade aumentam as previsões sobre quantos itens no backlog a equipe de desenvolvimento pode concluir em determinado tempo. Nos projetos ágeis, você espera até o último momento viável, quando sabe mais sobre o problema em mãos, para tomar decisões com as quais se comprometerá no resto do projeto.

A próxima seção mostra como trabalhar com mais de uma equipe scrum em um projeto.

Gerenciando o tempo com várias equipes

Para os projetos maiores, várias equipes scrum trabalhando simultaneamente podem concluir um em menos tempo.

Criar um projeto com várias equipes scrum pode ser necessário se:

» O projeto é muito grande e requer mais de uma equipe de desenvolvimento com nove ou menos membros para concluir.

» O projeto tem uma data final específica que deve ser atendida, e a velocidade da equipe scrum não será suficiente para concluir os requisitos mais úteis até a data final.

Uma equipe de desenvolvimento ideal em um projeto ágil é formada por não menos que três nem mais que nove pessoas. Grupos com mais de nove pessoas começam a criar em silos, e os vários canais de comunicação dificultam mais o autogerenciamento. (Em alguns casos, vimos esses problemas com menos de nove pessoas.) Quando o desenvolvimento do produto requer mais membros da equipe do que uma comunicação eficiente permite, pode ser hora de considerar usar várias equipes scrum.

Se você tiver várias equipes em um projeto, divida o trabalho em temas, ou grupos lógicos de recursos do produto, para cada uma.

De qualquer forma, antes de começar, é necessário considerar o escopo geral dos temas e a relação entre eles. O trabalho precisa ser separado o suficiente para permitir que as equipes operem de modo independente, com menos interdependência possível. No Capítulo 17 mostraremos várias técnicas para dimensionar o trabalho de desenvolvimento de produtos entre várias equipes.

Usando artefatos da metodologia ágil para o gerenciamento do tempo

O guia do produto, backlog do produto, plano de lançamento e backlog do ciclo têm um papel no gerenciamento do tempo. A Tabela 13-2 mostra como cada artefato contribui para o gerenciamento do tempo.

Nas próximas seções você verá o gerenciamento de custos para os projetos ágeis. Esse gerenciamento está diretamente relacionado ao gerenciamento do tempo. Você compara as abordagens tradicionais para o gerenciamento dos custos com as abordagens nos projetos ágeis e sabe como estimar os custos em um projeto ágil e como usar a velocidade para prever o orçamento em longo prazo.

TABELA 13-2 Artefatos Ágeis e Gerenciamento do Tempo

Artefato	Função no Gerenciamento do Tempo
Guia do produto: O guia do produto é uma ideia geral priorizada dos requisitos de alto nível que dão suporte à visão do produto. Saiba mais sobre esse guia no Capítulo 7.	O guia do produto é uma visão estratégica das prioridades gerais do projeto. Embora o guia provavelmente não tenha datas específicas, ele terá datas gerais para os grupos de funcionalidade e permitirá um período inicial para colocar o produto no mercado.
Backlog do produto: O backlog do produto é uma lista completa de todos os requisitos do produto mostrados atualmente. Saiba mais sobre esse backlog nos Capítulos 7 e 8.	Os requisitos no backlog terão pontos da história estimados. Depois de conhecer a velocidade da equipe de desenvolvimento, você poderá usar o número total de pontos no backlog para determinar uma data final realista do projeto.
Plano de lançamento: O plano de lançamento contém um cronograma para um conjunto mínimo de requisitos. Saiba mais sobre esse plano no Capítulo 8.	O plano de lançamento terá uma data-alvo de lançamento para um objetivo específico suportado por um conjunto mínimo de funcionalidades comercializáveis. As equipes scrum planejam e trabalham apenas em um lançamento por vez.
Backlog do ciclo: O backlog do ciclo contém os requisitos e tarefas do ciclo atual. Saiba mais sobre esse backlog no Capítulo 8.	Durante a reunião de planejamento do ciclo, você estima as tarefas individuais no backlog em horas. No final de cada ciclo, pega os pontos totais concluídos no backlog para calcular a velocidade da equipe de desenvolvimento no ciclo.

O que É Diferente no Gerenciamento Ágil dos Custos?

Custo é o orçamento financeiro de um projeto. Quando você trabalha em um projeto ágil, foca o valor, explora o poder da mudança e visa à simplicidade. Os Princípios Ágeis 1, 2 e 10 declaram o seguinte:

1. **Nossa maior prioridade é atender ao cliente com entregas antecipadas e contínuas de um software útil.**

2. **Receber solicitações de mudanças, mesmo com o desenvolvimento já iniciado. Os processos ágeis aproveitam a mudança como uma vantagem competitiva do cliente.**

10. **Simplicidade, a arte de maximizar quanto trabalho é feito, é essencial.**

Por causa da ênfase no valor, mudança e simplicidade, os projetos ágeis têm uma abordagem diferente para o orçamento e gerenciamento dos custos em relação aos projetos tradicionais. A Tabela 13-3 destaca algumas.

TABELA 13-3 Gerenciamento dos Custos Tradicional versus Ágil

Gerenciamento dos Custos com Abordagens Tradicionais	Gerenciamento dos Custos com Abordagens Ágeis
O custo, como o tempo, tem base no escopo fixo.	O cronograma do projeto, não o escopo, tem o maior efeito no custo. Você pode iniciar com um custo e tempo fixos e, então, concluir os requisitos como uma funcionalidade com o potencial de envio que se encaixa no orçamento e cronograma.
As organizações estimam os custos do projeto e os financiam antes do início.	Em geral, os product owners asseguram o financiamento do projeto após o estágio do guia do produto ser concluído. Algumas organizações até financiam os projetos ágeis, um lançamento por vez. Os product owners assegurarão o financiamento após concluir o plano de cada lançamento.
Novos requisitos significam custos mais altos. Como os gerentes de projetos estimam os custos com base no que eles sabem no início, que é muito pouco, é comum estourar os orçamentos.	As equipes de projeto podem substituir os requisitos de mais baixa prioridade por requisitos novos, com tamanho equivalente e alta prioridade, sem afetar o tempo ou custo.
O excesso de escopo (veja o Capítulo 12) gasta muito dinheiro em recursos que as pessoas simplesmente não usam.	Como as equipes de desenvolvimento ágeis concluem os requisitos por prioridade, elas se concentram em criar apenas os recursos de que os usuários precisam, sendo esses recursos adicionados no dia 1 ou no dia 100 do projeto.
Os projetos não podem gerar renda até estar concluídos.	As equipes de projeto podem lançar uma funcionalidade validada que gera renda antecipadamente criando um projeto autofinanciado.

PAPO DE ESPECIALISTA

Quando os custos aumentam, algumas vezes os patrocinadores do projeto acabam sendo reféns. Uma abordagem em cascata não requer uma funcionalidade concluída do produto até o final do projeto. Como as abordagens tradicionais para o desenvolvimento são propostas do tipo "tudo ou nada", se os custos aumentarem, e os envolvidos não pagarem mais pelo produto, não terão *nenhum* requisito terminado. O produto incompleto é como um sequestro: pague mais ou não receba nada.

Nas seções a seguir você verá as abordagens dos custos nos projetos ágeis, como estimá-los para um projeto ágil, controlar o orçamento e reduzir os custos.

Gerenciando os Orçamentos da Metodologia Ágil

Nos projetos ágeis, o custo é, em grande parte, uma expressão direta do tempo do projeto. Como as equipes scrum consistem em membros dedicados em tempo integral, têm um custo de tempo definido, normalmente expressado como uma taxa fixa por pessoa ou hora, que deve ser igual em cada ciclo. As durações consistentes do ciclo, horas de trabalho e membros da equipe permitem que você use com precisão a velocidade para prever a rapidez do desenvolvimento. Assim que você usar a velocidade para determinar quantos ciclos terá seu projeto, ou seja, a duração, poderá saber quanto sua equipe scrum custará no projeto inteiro.

O custo do projeto também inclui o custo dos recursos, como hardware, software, licenças e qualquer outro material necessário para a conclusão.

Nesta seção você verá como criar um orçamento inicial e usar a velocidade da equipe scrum para determinar os custos em longo prazo.

Criando um orçamento inicial

Para criar o orçamento do projeto é preciso saber o custo da equipe scrum, por ciclo, e o custo de qualquer recurso extra necessário para concluir o projeto.

Em geral você calcula o custo de sua equipe scrum usando uma taxa por hora para cada membro da equipe. Multiplique essa taxa de cada membro da equipe pelas horas disponíveis na semana e pelo número de semanas em seus ciclos para calcular o custo por ciclo da equipe scrum. A Tabela 13-4 mostra um orçamento de exemplo para uma equipe scrum (product owner, cinco membros da equipe de desenvolvimento e scrum master), para um ciclo de duas semanas.

TABELA 13-4   **Exemplo de Orçamento da Equipe Scrum para um Ciclo de Duas Semanas**

Membro da Equipe	Taxa por Hora	Horas Semanais	Custo Semanal	Custo do Ciclo (2 Semanas)
Don	US$80	40	US$3.200	US$6.400
Peggy	US$70	40	US$2.800	US$5.600
Bob	US$70	40	US$2.800	US$5.600
Mike	US$65	40	US$2.600	US$5.200
Joan	US$85	40	US$3.400	US$6.800
Tommy	US$75	40	US$3 mil	US$6 mil
Pete	US$55	40	US$2.200	US$4.400
Total		280	US$20 mil	US$40 mil

CAPÍTULO 13 **Gerenciando o Tempo e os Custos** 239

O custo dos recursos extras variará por projeto. Além dos custos do membro da equipe scrum, leve em conta o seguinte ao determinar os custos do projeto:

- » Custos com hardware.
- » Software, inclusive custos com a licença.
- » Custos com hospedagem.
- » Custos com treinamento.
- » Despesas diversas da equipe, como outros materiais de escritório, almoços da equipe, custos com viagens e preço de qualquer ferramenta necessária.

Esses custos podem ocorrer uma única vez, não por ciclo. Sugerimos separá-los em seu orçamento. Como será visto na próxima seção, é preciso estimar em cada ciclo para determinar o custo do projeto. (Para simplificar os cálculos no capítulo, supomos que o custo do projeto de US$40 mil inclua os custos dos membros da equipe scrum, assim como qualquer recurso extra, como os que acabamos de listar.)

DICA

Normalmente os *recursos* se referem a objetos inanimados, não a pessoas. Eles precisam ser gerenciados. Ao discutir sobre recursos em um projeto, refira-se às pessoas como *membros da equipe*, *talentos* ou apenas *pessoas*. Pode parecer algo menor, porém, quanto mais você foca os indivíduos e interações acima de processos e ferramentas, mesmo nos detalhes, mais sua mentalidade muda para pensar e ser mais ágil.

Criando um projeto autofinanciado

Uma grande vantagem dos projetos ágeis é a capacidade de ser autofinanciado. As equipes scrum entregam uma funcionalidade validada no final de cada ciclo e a disponibilizam no mercado no final de cada ciclo de lançamento. Se seu produto gera renda, é possível usá-la nos lançamentos iniciais para ajudar a financiar o resto do projeto.

Por exemplo, um site de e-commerce pode gerar US$15 mil por mês em vendas após o primeiro lançamento, US$40 mil por mês após o segundo etc. As Tabelas 13-5 e 13-6 comparam o lucro em um projeto de exemplo tradicional com o lucro de um projeto ágil autofinanciado.

TABELA 13-5 ## Lucro de um Projeto Tradicional com um Lançamento Final após Seis Meses

Mês	Lucro Gerado	Lucro Total do Projeto
Janeiro	US$0	US$0
Fevereiro	US$0	US$0
Março	US$0	US$0
Abril	US$0	US$0
Maio	US$0	US$0
Junho	US$0	US$0
Julho	US$100 mil	US$100 mil

Na Tabela 13-5, o projeto gerou US$100 mil em lucro após seis meses de desenvolvimento. Agora compare o lucro na Tabela 13-5 com o lucro gerado na Tabela 13-6.

TABELA 13-6 ## Lucro de um Projeto com Lançamentos Mensais e um Lançamento Final após Seis Meses

Mês/Lançamento	Lucro Gerado	Lucro Total do Projeto
Janeiro	US$0	US$0
Fevereiro	US$15 mil	US$15 mil
Março	US$25 mil	US$40 mil
Abril	US$40 mil	US$80 mil
Maio	US$70 mil	US$150 mil
Junho	US$80 mil	US$230 mil
Julho	US$100 mil	US$330 mil

Na Tabela 13-6, o projeto gerou um lucro com o primeiro lançamento. No final de seis meses, gerara US$330 mil; US$230 mil a mais que o na Tabela 13-5.

Usando a velocidade para determinar os custos de longo prazo

A seção "Usando a velocidade para estimar a linha do tempo do projeto", anteriormente neste capítulo, mostra como determinar quanto tempo levará um projeto usando a velocidade da equipe scrum e os pontos da história restantes no backlog do produto. É possível usar as mesmas informações para determinar o custo do projeto ou do seu lançamento atual.

CAPÍTULO 13 **Gerenciando o Tempo e os Custos** 241

Após saber a velocidade da equipe, você calcula o custo do resto do projeto.

No exemplo de velocidade anteriormente no capítulo, no qual a velocidade da equipe scrum tem em média 16 pontos de história por ciclos, o backlog do produto contém 800 pontos, e os ciclos são de duas semanas, o projeto levará 50 ciclos, ou 100 semanas, para ser concluído.

Para determinar o custo restante do projeto, multiplique o custo do ciclo pelo número de ciclos que a equipe scrum precisa para concluir o backlog.

Se o custo da equipe for de US$40 mil por ciclo, e ainda restam 50 ciclos, o custo restante do projeto será de US2 milhões.

Nas próximas seções você vê as maneiras de reduzir os custos do projeto.

Reduzindo o custo aumentando a velocidade

Na seção de gerenciamento do tempo deste capítulo, analisamos o aumento da velocidade da equipe scrum. Usando os exemplos da seção anterior e US$40 mil por ciclo de duas semanas da Tabela 13-4, aumentar a velocidade poderá reduzir os custos, como a seguir:

>> Se a equipe scrum aumentar sua velocidade média de 16 para 20 pontos da história por ciclo:
- Você terá 40 ciclos restantes.
- Seu projeto custará US$1,6 milhão, economizando mais de US$400 mil.

>> Se a equipe scrum aumentar sua velocidade para 23 pontos da história:
- Você terá 35 ciclos restantes.
- Seu projeto custará US$1,4 milhão, economizado mais US$200 mil.

>> Se a equipe scrum aumentar sua velocidade para 26 pontos da história:
- Você terá 31 ciclos restantes.
- Seu projeto custará US$1,24 milhão, uma economia extra de US$160 mil.

Como é possível ver, aumentar a velocidade da equipe scrum removendo os impedimentos gera economias reais nos custos do projeto. Veja como ajudar a equipe scrum a ficar mais produtiva na seção "Aumentando a velocidade", anteriormente neste capítulo.

Abaixando os custos ao reduzir o tempo

Você também pode abaixar os custos não concluindo os requisitos de mais baixa prioridade, assim, diminuindo o número de ciclos necessários. Como a funcionalidade concluída é entregue com cada ciclo em um projeto ágil, os envolvidos podem tomar uma decisão comercial para finalizar um projeto quando o custo do futuro desenvolvimento for maior que seu valor.

Assim, os envolvidos no projeto podem usar o orçamento restante do antigo projeto para iniciar um projeto novo e mais útil. A prática de mover o orçamento de um projeto para outro é chamada de *realocação de capital*.

Para determinar o fim de um projeto com base nos custos, é preciso saber:

- » O valor comercial (V) dos requisitos restantes no backlog do produto.
- » O custo real (CR) do que é necessário para concluir os requisitos no backlog.
- » O custo da oportunidade (CO) ou o valor de fazer a equipe scrum trabalhar em um novo projeto.

Quando V < CR + CO, o projeto pode parar, porque seu custo será maior que o valor recebido com ele.

Considere este exemplo, uma empresa que executa um projeto ágil e:

- » Os recursos restantes no backlog do produto gerarão US$100 mil em lucro (V = US$100 mil).
- » Serão necessários três ciclos com um custo de US$40 mil por ciclo para criá-los, com um total de US$120 mil (CR = US$120 mil).
- » A equipe scrum pode trabalhar em um novo projeto que geraria US$150 mil após três ciclos, menos o custo da equipe (CO = US$150 mil).
- » O valor do projeto, US$100 mil, é menor que os custos reais mais os custos da oportunidade, ou US$270 mil. Este seria um bom momento para terminar o projeto.

Algumas vezes surge uma oportunidade para a realocação de capital em casos de emergência, quando uma organização precisa que os membros da equipe scrum façam uma pausa em um projeto e se dediquem a um trabalho crítico não planejado. De vez em quando, os patrocinadores do projeto avaliam o valor restante e o custo do projeto antes de reiniciar um projeto pausado.

CUIDADO

A pausa de um projeto pode ser cara. Os custos associados ao desmobilizar e remobilizar (salvar o trabalho em andamento, documentar o estado atual, avaliar os membros da equipe do projeto pausado, reequipar para o novo projeto, instruir os membros da equipe no novo projeto, aprender novas habilidades necessárias no novo projeto) podem ser significativos e devem ser avaliados antes de se tomar a decisão de pausar um projeto que pode precisar ser remobilizado no futuro. A fórmula V < CR + CO ajuda nessa decisão.

Os patrocinadores do projeto também podem comparar o valor no backlog do produto com os custos restantes do desenvolvimento durante o projeto, para que saibam o momento certo de terminá-lo e receber o maior valor.

Determinando outros custos

Semelhante ao gerenciamento do tempo, depois de você conhecer a velocidade da equipe scrum, é possível determinar o custo de qualquer coisa no projeto. Por exemplo:

» Você poderá calcular o custo de um lançamento individual se tiver uma ideia do número de pontos da história desse lançamento. Divida o número de pontos no lançamento pela velocidade da equipe scrum para determinar quantos ciclos serão necessários. No lançamento, as estimativas dos pontos estarão um nível acima do ciclo, portanto, seus custos podem mudar, dependendo de como se determina a data do lançamento.

» É possível calcular o custo para um grupo específico de histórias do usuário, como todas as histórias de alta prioridade ou todas as relacionadas a determinado tema, com o número de pontos nesse grupo de histórias.

Usando artefatos ágeis para o gerenciamento dos custos

Você pode usar o guia do produto, o plano de lançamento e o backlog do ciclo para fazer o gerenciamento dos custos. A Tabela 13-2 mostra como cada artefato ajuda a medir e avaliar o tempo e custos do projeto.

As previsões do tempo e custos baseadas no desempenho real da equipe de desenvolvimento são mais precisas do que aquelas baseadas na esperança.

NESTE CAPÍTULO

» Identificando o que faz uma equipe ágil ter uma dinâmica diferente

» Descobrindo como trabalhar com as equipes ágeis

» Entendendo como a comunicação difere nos projetos ágeis

» Vendo como a comunicação funciona nos projetos ágeis

Capítulo **14**

Gerenciando a Dinâmica e a Comunicação da Equipe

A dinâmica e a comunicação da equipe são partes importantes do gerenciamento de projetos. Neste capítulo você verá as abordagens tradicionais e ágeis para as equipes de projeto e comunicação. Descobrirá como um alto valor nos indivíduos e interações torna as equipes de projeto ágeis ótimas equipes com as quais trabalhar. Também verá como a comunicação direta ajuda no sucesso dos projetos ágeis.

O que É Diferente na Dinâmica da Equipe Ágil?

O que torna única uma equipe de projetos em um projeto ágil? O principal motivo para as equipes ágeis serem diferentes das tradicionais é a dinâmica. O Manifesto Ágil (consulte o Capítulo 2) define a estrutura para como os membros da equipe de projetos ágil trabalham juntos. O primeiro item de valor no manifesto é *indivíduos e interações* acima de processos e ferramentas.

Os seguintes princípios ágeis, também no Capítulo 2, dão suporte a valorizar as pessoas na equipe de projetos e como elas trabalham juntas:

4. **Empresários e desenvolvedores devem trabalhar juntos diariamente no projeto.**

5. **Criar projetos em torno de pessoas motivadas. Oferecer o ambiente e apoio necessários, e confiar que o trabalho será feito.**

8. **Os processos ágeis promovem um desenvolvimento sustentável. Patrocinadores, desenvolvedores e usuários devem manter um ritmo constante.**

11. **As melhores arquiteturas, requisitos e designs surgem de equipes auto-organizadas.**

12. **Em intervalos regulares, a equipe reflete sobre como ser mais eficiente, e então sintoniza e ajusta o comportamento.**

Os princípios ágeis se aplicam a muitas áreas diferentes do gerenciamento de projetos. Você vê alguns desses princípios repetidos em diferentes capítulos deste livro.

Nos projetos ágeis, a equipe de desenvolvimento tem as pessoas que fazem o trabalho físico de criar o produto. A equipe scrum engloba a equipe de desenvolvimento, mais o product owner e o scrum master. A equipe de projetos é formada pela equipe scrum e os envolvidos no projeto. Todos na equipe scrum têm responsabilidades relacionadas ao autogerenciamento.

A Tabela 14-1 mostra algumas diferenças entre o gerenciamento da equipe em projetos tradicionais e ágeis.

Evitamos o termo *recursos* referente a pessoas. Fazer uma referência a pessoas e equipamentos com o mesmo termo é pensar nos membros da equipe como objetos de permuta que podem ser trocados. Recursos são coisas, utilitários e descartáveis. As pessoas na equipe de projetos são seres humanos, com emoções, ideias e prioridades dentro e fora do projeto. As pessoas podem aprender, criar e crescer durante o projeto. Respeitar o companheiro de equipe referindo-se a ele como *pessoa*, em vez de *recurso*, é um modo sutil, mas poderoso, de reforçar o fato de que as pessoas são o centro de uma mentalidade ágil.

As seções a seguir analisam como trabalhar com uma equipe dedicada, multidisciplinar, auto-organizada e de tamanho limitado beneficia os projetos ágeis. Você lerá mais sobre a liderança de servidor e a criação de um bom ambiente para uma equipe scrum. Resumindo, você verá como a dinâmica da equipe ajuda no sucesso dos projetos ágeis.

TABELA 14-1 Dinâmica da Equipe Tradicional versus Ágil

Gerenciamento da Equipe com Abordagens Tradicionais	Dinâmica da Equipe com Abordagens Ágeis
As equipes de projeto contam com *comando e controle*: uma abordagem vertical para o gerenciamento de projetos, na qual o gerente é responsável por atribuir as tarefas aos membros da equipe e tenta controlar o que a equipe faz.	As equipes ágeis são autogerenciadas, auto-organizadas e aproveitam a *liderança de servidor*. Em vez do gerenciamento vertical, um líder servidor treina, remove os obstáculos e evita distrações para permitir que a equipe tenha sucesso.
As empresas avaliam o desempenho individual do funcionário.	As organizações ágeis avaliam o desempenho da equipe ágil. As equipes, como qualquer equipe esportiva, têm sucesso ou falham como grupo. O desempenho da equipe inteira encoraja que os membros individuais colaborem mais para o sucesso da equipe.
Geralmente os membros da equipe trabalham em mais de um projeto por vez, trocando a atenção entre eles.	As equipes de desenvolvimento são dedicadas a um projeto por vez e conseguem ter foco.
Os membros da equipe de desenvolvimento têm funções distintas, como programador ou analista.	As organizações ágeis focam as habilidades, não os títulos. As equipes de desenvolvimento trabalham de modo multidisciplinar, fazendo diferentes trabalhos para assegurar que concluirão com rapidez os requisitos de prioridade.
As equipes de desenvolvimento não têm um limite de tamanho específico.	As equipes de desenvolvimento têm um tamanho limitado de propósito. O ideal é que não tenham menos de três nem mais de nove pessoas.
Os membros da equipe normalmente são referidos como *recursos*, um termo abreviado de *recursos humanos*.	Os membros da equipe são chamados de *pessoas, talentos* ou simplesmente *membros da equipe*. Em um projeto ágil, com certeza você não ouvirá o termo *recursos* usado para se referir a pessoas.

CAPÍTULO 14 **Gerenciando a Dinâmica e a Comunicação da Equipe** 247

Gerenciando a Dinâmica da Equipe Ágil

Outra vez, quando conversamos com product owners, desenvolvedores e scrum masters, ouvimos a mesma coisa: as pessoas gostam de trabalhar nos projetos ágeis. A dinâmica da equipe ágil permite que façam um ótimo trabalho do melhor modo que sabem. As pessoas nas equipes scrum têm oportunidades para aprender, ensinar, liderar e fazer parte de uma equipe coesa e autogerenciada.

As seções a seguir mostram como trabalhar fazendo parte de uma equipe ágil (usando o scrum como contexto) e por que as abordagens ágeis para o trabalho em equipe promovem o sucesso dos projetos ágeis.

Seja autogerenciado e auto-organizado

Nos projetos ágeis, as equipes scrum são diretamente responsáveis por criar os produtos enviados. As equipes autogerenciam seu trabalho e tarefas. Ninguém a informa do que fazer. Isso não significa que os projetos ágeis não têm liderança. Cada membro da equipe tem a oportunidade de liderar de modo informal, com base em suas habilidades, ideias e iniciativas.

Nesses projetos, a equipe de desenvolvimento conta com pessoas que fazem o trabalho físico de criar o produto. A equipe scrum engloba a equipe de desenvolvimento, mais o product owner e o scrum master. A equipe de projetos é formada pela equipe scrum e os envolvidos nele. A equipe de desenvolvimento e a equipe scrum em geral têm responsabilidades relacionadas ao autogerenciamento.

A ideia de autogerenciamento e auto-organização é um modo maduro de pensar no trabalho. O autogerenciamento supõe que as pessoas são profissionais, motivadas e dedicadas o bastante para se comprometer com um trabalho e vê-lo no processo. No centro do autogerenciamento está a ideia de que as pessoas que fazem um trabalho diariamente sabem mais sobre ele e são mais bem qualificadas para determinar como concluí-lo. Trabalhar com uma equipe scrum autogerenciada requer verdade e respeito dentro dela e dentro da organização da equipe inteira.

Todavia, sejamos claros: a prestação de contas é fundamental nos projetos ágeis. A diferença é que, em tal projeto, as equipes são responsáveis pelos resultados concretos que você pode ver e demonstrar. Tradicionalmente, as empresas têm equipes responsáveis pela conformidade do processo passo a passo da organização, tirando a capacidade ou incentivo para a inovação. O autogerenciamento retorna a inovação e a criatividade para as equipes de desenvolvimento.

Para uma equipe scrum ser autogerenciada, é preciso um ambiente de confiança. Todos na equipe devem confiar uns nos outros para fazer o melhor para ela e o projeto. A empresa ou organização da equipe scrum também deve confiar na competência da equipe, na tomada de decisões e na auto-organização. Para criar e manter um ambiente de confiança, cada pessoa deve se comprometer, individualmente e como uma equipe, com o projeto e entre si.

O autogerenciamento das equipes de desenvolvimento cria melhores arquiteturas do produto, requisitos e design por um simples motivo: controle. Quando você dá às pessoas liberdade e responsabilidade para resolver problemas, elas ficam mentalmente mais envolvidas com o trabalho.

Os membros da equipe scrum desempenham funções em todas as áreas do gerenciamento de projetos. A Tabela 14-2 mostra como as equipes scrum e de desenvolvimento gerenciam o escopo, a aquisição, o tempo, o custo, a dinâmica, a comunicação, os envolvidos, a qualidade e o risco.

TABELA 14-2 Gerenciamento de Projetos e Equipes Autogerenciadas

Área do Gerenciamento de Projetos	Como os Product Owners Se Autogerenciam	Como as Equipes de Desenvolvimento Se Autogerenciam	Como os Scrum Masters Se Autogerenciam
Escopo	Usam a visão do produto, o objetivo do lançamento e cada objetivo do ciclo para determinar se e a que lugar pertencem os itens do escopo. Usam a priorização do backlog do produto para determinar quais requisitos são desenvolvidos.	Podem sugerir recursos com base na afinidade técnica. Trabalham diretamente com o product owner para esclarecer os requisitos. Identificam quanto trabalho podem assumir em um ciclo. Identificam as tarefas para concluir o escopo no backlog do ciclo. Determinam o melhor modo de criar recursos específicos.	Removem os obstáculos que limitam quanto escopo a equipe de desenvolvimento pode criar. Com treinamento, ajudam as equipes de desenvolvimento a ser mais produtivas em cada ciclo sucessivo.
Aquisição	Asseguram o financiamento necessário para as ferramentas e o equipamento das equipes de desenvolvimento.	Identificam as ferramentas necessárias para criar o produto. Trabalham com o product owner para conseguir as ferramentas.	Ajudam a adquirir as ferramentas e o equipamento que aceleram a velocidade da equipe de desenvolvimento.

(continua)

CAPÍTULO 14 **Gerenciando a Dinâmica e a Comunicação da Equipe** 249

(continuação)

Área do Gerenciamento de Projetos	Como os Product Owners Se Autogerenciam	Como as Equipes de Desenvolvimento Se Autogerenciam	Como os Scrum Masters Se Autogerenciam
Tempo	Asseguram que a equipe de desenvolvimento entenda corretamente os recursos do produto para que possa estimar devidamente o esforço para criar tais recursos. Usam a velocidade, ou seja, a rapidez de desenvolvimento, para prever linhas do tempo de longo prazo.	Fornecem estimativas do esforço para os recursos do produto. Identificam quais recursos podem criar em determinado intervalo de tempo: o ciclo. Em geral, fornecem estimativas do tempo para as tarefas em cada ciclo. Escolhem os próprios cronogramas diários e gerenciam o próprio tempo.	Facilitam os jogos de poker para a estimativa. Ajudam as equipes de desenvolvimento a aumentar a velocidade, o que afeta o tempo. Protegem a equipe dos desperdícios de tempo na organização e distrações.
Custos	Basicamente são responsáveis pelo orçamento e retorno sobre o investimento de um projeto. Usam a velocidade para prever os custos de longo prazo, com base nas linhas do tempo.	Fornecem estimativas do esforço para os recursos do produto.	Facilitam os jogos de poker para a estimativa. Ajudam as equipes de desenvolvimento a aumentar a velocidade, o que afeta o custo.
Dinâmica da equipe	Comprometem-se com seus projetos como um membro integrado e igual da equipe scrum.	Evitam os obstáculos trabalhando de modo multidisciplinar e querendo assumir diferentes tipos de tarefas. Aprendem e ensinam continuamente uns aos outros. Comprometem-se, individualmente e como parte da equipe scrum, com seus projetos e entre si. Tentam chegar a um consenso ao tomar decisões importantes.	Facilitam o local partilhado da equipe scrum. Ajudam a remover os impedimentos para o autogerenciamento da equipe scrum. Comprometem-se com seus projetos e são membros integrados da equipe scrum. Tentam chegar a um consenso na equipe scrum ao tomar decisões importantes. Facilitam as relações sobre a equipe scrum e os envolvidos.

Área do Gerenciamento de Projetos	Como os Product Owners Se Autogerenciam	Como as Equipes de Desenvolvimento Se Autogerenciam	Como os Scrum Masters Se Autogerenciam
Comunicação	Continuamente dão informações sobre o produto e as necessidades comerciais para as equipes de desenvolvimento. Dão informações sobre o progresso do projeto para os envolvidos. Ajudam a apresentar a funcionalidade validada para os envolvidos nas reuniões de revisão no final de cada ciclo.	Informam sobre o progresso e futuras tarefas e identificam os obstáculos nas reuniões diárias com o scrum. Mantêm o backlog do ciclo atualizado, dando informações precisas e imediatas sobre o status do projeto. Apresentam uma funcionalidade validada para os envolvidos no projeto nas reuniões de revisão no final de cada ciclo.	Encorajam a comunicação direta entre os membros da equipe scrum. Estimulam uma forte cooperação entre a equipe scrum e outros departamentos na empresa ou organização.
Envolvidos	Definem a visão, lançamento e expectativas do objetivo do ciclo. Protegem a equipe de desenvolvimento da interferência comercial. Recebem feedback durante as revisões do ciclo. Reúnem requisitos durante o projeto. Informam as datas de lançamento e como as novas solicitações de recursos afetam essas datas.	Demonstram a funcionalidade validada nas revisões do ciclo. Trabalham com o product owner para decompor os requisitos. Informam sobre o progresso do projeto usando gráficos de burndown do lançamento e do ciclo. Atualizam o status da tarefa pelo menos no final de cada dia.	Treinam com os princípios scrum e ágeis e como eles se relacionam quanto à interação com a equipe scrum. Protegem os desenvolvedores das distrações não comerciais. Facilitam as revisões do ciclo para receber feedback. Facilitam as interações fora das revisões do ciclo.

(continua)

(continuação)

Área do Gerenciamento de Projetos	Como os Product Owners Se Autogerenciam	Como as Equipes de Desenvolvimento Se Autogerenciam	Como os Scrum Masters Se Autogerenciam
Qualidade	Adicionam critérios de aceitação aos requisitos. Asseguram que a equipe de desenvolvimento entenda e interprete corretamente os requisitos. Dão feedback às equipes de desenvolvimento sobre o produto na organização e no mercado. Aceitam a funcionalidade como feita durante cada ciclo.	Comprometem-se em fornecer excelência técnica e um bom design. Testam o trabalho durante o dia e testam completamente o desenvolvimento inteiro todos os dias. Inspecionam o trabalho e se adaptam às melhorias nas reuniões de retrospectiva no final de cada ciclo.	Ajudam a facilitar a retrospectiva do ciclo. Ajudam a assegurar uma comunicação direta entre os membros da equipe scrum, que, por sua vez, assegura a qualidade do trabalho. Ajudam a criar um ambiente de desenvolvimento sustentável para que a equipe de desenvolvimento faça o melhor.
Risco	Veem os riscos gerais do projeto, assim como os riscos no comprometimento do ROI. Priorizam os itens de alto risco no backlog do produto perto do topo para lidar mais cedo com eles, não depois, no processo.	Identificam e desenvolvem a abordagem de redução de risco para cada ciclo. Alertam o scrum master quanto aos obstáculos e distrações. Usam as informações de cada retrospectiva para reduzir o risco nos futuros ciclos. Adotam a multidisciplina para reduzir o risco, caso um membro saia inesperadamente da equipe. Comprometem-se a entregar uma funcionalidade de envio no final de cada ciclo, reduzindo o risco no projeto geral.	Ajudam a evitar obstáculos e distrações. Ajudam a remover os obstáculos e riscos identificados Facilitam as conversas da equipe de desenvolvimento sobre possíveis riscos.

Em suma, as pessoas nos projetos ágeis tendem a ter muita satisfação. O autogerenciamento se refere a um desejo humano profundamente enraizado de ter autonomia, ou seja, controlar o próprio destino, e permite às pessoas esse controle diariamente.

A próxima seção analisa outro motivo de as pessoas serem felizes nos projetos ágeis: o líder servidor.

Suporte da equipe: Líder servidor

O scrum master funciona como um líder servidor, alguém que lidera removendo os obstáculos, impedindo distrações e ajudando o resto da equipe scrum a fazer seu trabalho da melhor maneira possível usando sua habilidade. Os líderes nos projetos ágeis ajudam a encontrar soluções, em vez de atribuir tarefas. Os scrum masters treinam, confiam e desafiam a equipe scrum a se autogerenciar.

Outros membros na equipe scrum também podem assumir funções da liderança de servidor. Enquanto o scrum master ajuda a evitar distrações e obstáculos, o product owner e membros da equipe de desenvolvimento também podem ajudar no que for necessário. O product owner pode liderar fornecendo proativamente importantes detalhes sobre as necessidades do produto e respondendo rapidamente às perguntas da equipe. Os membros da equipe podem ensinar e aconselhar uns aos outros quando ficam mais multidisciplinares. Cada pessoa em uma equipe scrum pode agir como um líder servidor em algum ponto no projeto.

Larry Spears identificou dez características de um líder servidor no documento, "The Understanding and Practice of Servant-Leadership" (Mesa-redonda da Liderança de Servidor, Escola de Estudos de Liderança, Regent University, agosto de 2005). Veja essas características, com nossos acréscimos sobre como cada uma pode beneficiar a dinâmica da equipe em um projeto ágil.

>> **Prestar atenção:** Ouvir com atenção os outros membros da equipe scrum ajudará as pessoas na equipe a identificar as áreas para se ajudar. Um líder servidor precisa ouvir o que as pessoas dizem e o que elas *não* dizem para resolver os obstáculos.

>> **Empatia:** Um líder servidor tenta entender e ter empatia pelas pessoas na equipe scrum e as ajuda a se entenderem.

>> **Remediar:** Em um projeto ágil, a remediação pode significar desfazer os problemas dos processos não centrados em pessoas. São os processos que tratam as pessoas como equipamento e outras peças substituíveis. Muitas abordagens tradicionais de gerenciamento de projetos podem ser descritas como não centradas em pessoas.

>> **Consciência:** Em um projeto ágil, as pessoas na equipe scrum precisam ter consciência das atividades em muitos níveis para melhor participar da equipe.

>> **Persuasão:** Os líderes servidores contam com a capacidade de convencimento, não com a autoridade vertical. Boas habilidades de persuasão, junto com uma influência na organização, ajudarão um scrum master a defender a equipe scrum na empresa ou organização. Um líder servidor

CAPÍTULO 14 **Gerenciando a Dinâmica e a Comunicação da Equipe** 253

também pode passar as habilidades de persuasão para o resto da equipe, ajudando a manter a harmonia e criar consenso.

» **Conceitualização:** Cada membro de uma equipe scrum pode usar as habilidades de conceitualização em um projeto ágil. A natureza dinâmica dos projetos ágeis encoraja que a equipe scrum visualize as ideias além daquelas em mãos. Um líder servidor ajudará a estimular a criatividade da equipe, tanto para o desenvolvimento do produto quanto para a dinâmica da equipe.

» **Previsão:** As equipes scrum melhoram a capacidade de prever com cada retrospectiva do ciclo. Inspecionando seu trabalho, processos e dinâmica regularmente, a equipe pode se adaptar continuamente e entender como tomar melhores decisões nos futuros ciclos.

» **Administração:** Um líder servidor é o administrador das necessidades da equipe scrum. Administração significa confiança. Os membros da equipe confiam uns nos outros para cuidar das necessidades da equipe e do projeto inteiro.

» **Comprometimento com o crescimento das pessoas:** O crescimento é essencial para uma equipe scrum ser multidisciplinar. Um líder servidor encorajará e permitirá que a equipe aprenda e se desenvolva.

» **Criação da comunidade:** Uma equipe scrum é a própria comunidade. Um líder servidor ajudará a construir e manter uma dinâmica positiva da equipe nessa comunidade.

A liderança de servidor funciona porque foca de modo positivo indivíduos e interações, um princípio-chave do gerenciamento ágil de projetos. Muito parecido com o autogerenciamento, a liderança de servidor requer confiança e respeito.

PAPO DE ESPECIALISTA

O conceito de liderança de servidor não é específico dos projetos ágeis. Se você estudou sobre as técnicas de gerenciamento, pode conhecer os trabalhos de Robert K. Greenleaf, que iniciou o movimento moderno de liderança de servidor e inventou o termo *líder servidor*, em um artigo em 1970. Greenleaf fundou o Centro de Ética Aplicada, agora conhecido como Centro Greenleaf para Liderança de Servidor, que promove o conceito de tal liderança no mundo inteiro.

Outro especialista do líder servidor, Kenneth Blanchard, escreveu, em colaboração com Spencer Johnson, *One Minute Manager* (publicado pela William Morrow), em que descreve as características de ótimos gerentes de pessoas e equipes com alto desempenho. (O livro foi atualizado para *The New One-Minute Manager*, publicado pela HarperCollins India.) O motivo de os gerentes, que Blanchard estudou, serem tão eficientes é o fato de focarem assegurar que as pessoas que fazem o trabalho tenham direção, recursos e proteção das interferências no trabalho o mais rapidamente possível.

As próximas duas seções estão intimamente relacionadas às equipes para o sucesso dos projetos ágeis: equipe dedicada e multidisciplinar.

Trabalhando com uma equipe dedicada

Uma equipe scrum dedicada tem as seguintes vantagens importantes para os projetos:

» **Manter as pessoas concentradas em um projeto por vez ajuda a evitar distrações.** A dedicação a um projeto aumenta a produtividade, reduzindo a *troca de tarefas*, ou seja, mover-se entre as diferentes tarefas sem realmente concluir nenhuma.

» **As equipes scrum dedicadas têm menos distrações, e menos distrações significam menos erros.** Quando uma pessoa não precisa atender às demandas de mais de um projeto, tem tempo e clareza para assegurar um trabalho mais bem-feito. O Capítulo 15 analisa em detalhes modos de aumentar a qualidade do produto.

» **Quando as pessoas trabalham em equipes scrum dedicadas, sabem no que trabalharão todos os dias.** Uma realidade interessante da ciência comportamental é que quando as pessoas sabem no que trabalharão no futuro imediato, suas mentes se envolvem de modo consciente no trabalho e inconsciente fora do ambiente de trabalho. A estabilidade das tarefas envolve a mente por muito mais tempo todos os dias, permitindo melhores soluções e produtos com melhor qualidade.

» **Os membros dedicados da equipe scrum conseguem inovar mais nos projetos.** Quando as pessoas mergulham sem distrações em um produto, podem propor soluções criativas para sua funcionalidade.

» **As pessoas nas equipes scrum dedicadas têm mais probabilidade de ser felizes no trabalho.** Sendo capaz de se concentrar em um projeto, o trabalho de um membro da equipe é mais fácil. Muitas pessoas, se não a maioria, gostam de produzir um trabalho de qualidade, ser produtivas e criativas. As equipes scrum dedicadas levam a uma maior satisfação.

» **Quando se tem uma equipe scrum dedicada trabalhando a mesma quantidade de horas todas as semanas, é possível calcular com precisão a *velocidade*, ou seja, a rapidez de desenvolvimento da equipe.** No Capítulo 13 analisamos como determinar a velocidade de uma equipe scrum no final de cada ciclo e usar essa velocidade para determinar as linhas do tempo de longo prazo e custos. Como a velocidade requer comparar o resultado entre os ciclos, usá-la para prever o tempo e o custo será melhor se as horas de trabalho da equipe scrum forem constantes. Se você não conseguir ter uma equipe dedicada, pelo menos tente ter membros da equipe alocados para seu projeto com a mesma duração todas as semanas.

PAPO DE ESPECIALISTA

A ideia da multitarefa produtiva é um mito. Nos últimos 25 anos, e, sobretudo, na última década, vários estudos concluíram que a troca de tarefas reduz a produtividade, prejudica as tomadas de decisão e resulta em mais erros.

Para ter uma equipe scrum dedicada, é preciso muito comprometimento de sua organização. Muitas empresas pedem que os funcionários trabalhem em vários projetos ao mesmo tempo, com a suposição errada de que assim economizará dinheiro contratando menos pessoas. Quando as empresas começam a adotar uma mentalidade mais ágil, aprendem que a abordagem menos cara é reduzir as falhas e aumentar a produtividade do desenvolvimento com o foco.

Cada membro da equipe scrum pode ajudar a assegurar a dedicação:

» Se você for product owner, verifique se a empresa sabe que uma equipe scrum dedicada é uma boa decisão fiscal. Você é responsável pelo retorno sobre o investimento do projeto, portanto, lute pelo sucesso dele.

» Se você é membro da equipe de desenvolvimento e alguma pessoa pede que faça um trabalho fora do projeto, é possível resistir e envolver o product owner ou o scrum master, se necessário. Uma solicitação de trabalho externo, independentemente de ser bom, é um obstáculo em potencial.

» Se você é scrum master, como especialista nas abordagens ágeis, é possível instruir a empresa sobre o motivo de uma equipe scrum dedicada significar maior produtividade, qualidade e inovação. Um bom scrum master também deve ter uma influência na organização para impedir que a empresa roube pessoas da equipe scrum para outros projetos.

Outra característica das equipes scrum é que elas são multidisciplinares.

Trabalhando com uma equipe multidisciplinar

As equipes de desenvolvimento multidisciplinares também são importantes nos projetos ágeis. A equipe em um projeto de software ágil não inclui apenas programadores. Pode incluir todas as pessoas que farão um trabalho no projeto. Por exemplo, uma equipe de desenvolvimento em um projeto de software poderia incluir programadores, especialistas em banco de dados, pessoas que fazem o controle de qualidade e especialistas em utilização e designers gráficos. Embora cada pessoa tenha especialidades, ser multidisciplinar significa que todos na equipe querem colaborar nas diferentes partes do projeto, o máximo possível.

Em uma equipe de desenvolvimento ágil, você sempre se faz duas perguntas: "Com o que posso contribuir hoje?" e "Como posso expandir minha contribuição no futuro?" Todos na equipe de desenvolvimento usarão suas habilidades atuais e especialidades em cada ciclo. A multidisciplina dá aos membros da equipe de desenvolvimento a oportunidade de aprender novas habilidades trabalhando em áreas fora de sua especialização. Também permite que as pessoas compartilhem seu conhecimento com os companheiros de equipe. Você não precisa ser um faz--tudo para trabalhar em uma equipe de desenvolvimento ágil, mas deve querer aprender novas habilidades e ajudar em todos os tipos de tarefas.

PAPO DE ESPECIALISTA

Embora a troca de tarefas diminua a produtividade, a multidisciplina funciona, porque você não muda o contexto do trabalho, e vê o mesmo problema de uma perspectiva diferente. Trabalhar em aspectos diferentes do mesmo problema aumenta o conhecimento e a capacidade de fazer um trabalho melhor.

A maior vantagem de uma equipe de desenvolvimento multidisciplinar é a eliminação dos pontos de falha. Se você trabalhou em um projeto antes, quantas vezes houve atrasos porque um membro essencial da equipe entrou em férias, ficou doente ou, pior, saiu da empresa? Férias, doença e rotatividade são fatos da vida, mas, com uma equipe multidisciplinar, outros membros podem entrar e continuar o trabalho com a mínima interrupção. Mesmo que um especialista saia inesperadamente da equipe de projetos, os outros membros saberão o suficiente sobre o trabalho para que este continue.

CUIDADO

Os membros da equipe de desenvolvimento entram de férias ou ficam gripados. Não sabote seu projeto tendo apenas uma pessoa com uma habilidade ou área funcional.

A multidisciplina requer muito comprometimento da equipe de desenvolvimento, como membros individuais ou grupo. O antigo ditado "Não existe *eu* na equipe" é verdadeiro nos projetos ágeis. Trabalhar em uma equipe de desenvolvimento ágil requer habilidades, não títulos.

DICA

As equipes de desenvolvimento sem títulos são mais baseadas no mérito, porque o status dentro da equipe se deve ao conhecimento, às habilidades e à contribuição atuais.

Deixar para lá a ideia de que você é um "analista sênior para assegurar a qualidade" ou um "desenvolvedor júnior" pode requerer um novo modo de pensar sobre si mesmo, e adotar o conceito de fazer parte de uma equipe de desenvolvimento multidisciplinar pode dar trabalho, mas poderá recompensar quando você aprender novas habilidades e desenvolver um ritmo de trabalho em equipe.

DICA

Quando os desenvolvedores também testam, criam um código fácil de testar.

Ter uma equipe de desenvolvimento multidisciplinar também requer comprometimento e suporte da organização. Algumas empresas eliminam os títulos ou deixam que eles sejam vagos de propósito (é possível ver algo como "desenvolvimento do aplicativo") para encorajar o trabalho em equipe. Outras técnicas para criar uma equipe de desenvolvimento multidisciplinar forte do ponto de vista da organização incluem oferecer treinamento, reconhecer as equipes scrum por inteiro e querer fazer mudanças, caso certa pessoa não se adapte ao ambiente da equipe. Ao contratar, sua empresa pode procurar pessoas que trabalharão bem em um ambiente de muita colaboração, que desejam aprender novas tarefas e queiram trabalhar em todas as áreas de um projeto.

Os ambientes físico e cultural de uma organização são peças-chave para o sucesso com projetos ágeis. A próxima seção mostra como.

Reforçando a abertura

Como explicamos nos outros capítulos, uma equipe scrum em um local partilhado é o ideal. A internet reuniu globalmente as pessoas, mas nada, nem a melhor combinação de e-mails, mensagens instantâneas, videoconferências, ligações telefônicas e ferramentas de colaboração online, pode substituir a simplicidade e a eficiência de uma conversa direta. A Figura 14-1 mostra a diferença entre uma troca de e-mails e uma conversa pessoalmente.

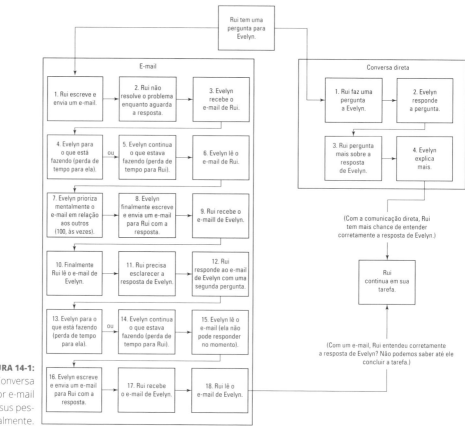

FIGURA 14-1: Conversa por e-mail versus pessoalmente.

A ideia dos membros da equipe scrum trabalhando no mesmo local físico e conseguindo conversar pessoalmente, de modo rápido, é importante para a dinâmica da equipe. Você encontrará mais detalhes sobre a comunicação posteriormente neste capítulo. E, mais, o Capítulo 5 detalha como organizar o ambiente físico para uma equipe scrum.

Ter um ambiente de abertura cultural, que leva ao crescimento da equipe scrum, é outro fator de sucesso dos projetos ágeis. Todos em uma equipe scrum devem conseguir:

- » Sentir-se seguros.
- » Dizer o que pensam de modo positivo.
- » Desafiar o *status quo*.
- » Ser abertos sobre os desafios sem penalizações.
- » Solicitar recursos que farão diferença no projeto.
- » Cometer erros e aprender com eles.
- » Sugerir mudança e ter outros membros da equipe as considerando seriamente.
- » Respeitar os companheiros de equipe.
- » Ser respeitados pelos outros membros da equipe scrum.

Confiança, abertura e respeito são fundamentais para a dinâmica da equipe em um projeto ágil.

DICA

Algumas das grandes melhorias no produto e processo vêm dos novatos que fazem perguntas "bobas".

Outro aspecto da dinâmica da equipe é o conceito do tamanho limitado.

Limitando o tamanho da equipe de desenvolvimento

Um aspecto psicológico interessante da dinâmica da equipe em um projeto ágil é quantas pessoas compõem uma equipe de desenvolvimento. Em geral, essas equipes têm entre três e nove pessoas. Um tamanho ideal é algo intermediário.

Limitar o tamanho da equipe de desenvolvimento nessa faixa fornece muitas habilidades diversas para tirar um requisito do papel e colocá-lo em produção, mantendo simples a comunicação e a colaboração. Os membros da equipe de desenvolvimento podem interagir facilmente entre si e tomar decisões com consenso.

Quando você tem equipes de desenvolvimento com mais de nove pessoas, elas tendem a se dividir em subgrupos e criar silos. É um comportamento normal do ser humano social, mas os subgrupos podem prejudicar uma equipe que tenta ser autogerenciada. Também é mais difícil se comunicar com grandes equipes de desenvolvimento, há mais canais de comunicação e oportunidades para perder ou interpretar mal uma mensagem. Com mais de nove pessoas na equipe, normalmente você precisa de outra pessoa só para ajudar a comunicar a mensagem.

As equipes de desenvolvimento com menos de nove pessoas, por outro lado, tendem a se interessar naturalmente por uma abordagem ágil. Contudo, as equipes pequenas demais podem ter dificuldades com a multidisciplina, porque pode não haver pessoas suficientes com habilidades variadas no projeto.

Se o desenvolvimento do produto precisar de mais de nove membros da equipe de desenvolvimento, considere dividir o trabalho entre várias equipes scrum. Criar equipes de pessoas com personalidades parecidas, habilidades e estilos de trabalho pode melhorar a produtividade. Encontre detalhes sobre como trabalhar com várias equipes scrum nos Capítulo 13 e 17.

Gerenciando projetos com equipes fora do local

Como informamos no livro, uma equipe scrum que partilha o local é ideal para os projetos ágeis. Porém, algumas vezes não é possível que ela trabalhe junto em um lugar. As equipes *fora do local*, equipes com pessoas que trabalham em lugares diferentes, existem por muitos motivos e de diferentes formas.

Em algumas empresas, as pessoas com as habilidades certas para um projeto podem trabalhar em escritórios diferentes, e a empresa pode não querer arcar com os custos de reuni-las durante o processo. Há organizações que trabalham junto de outras em projetos, mas podem não querer nem conseguir compartilhar o espaço do escritório. Algumas pessoas podem fazer teleconferências, sobretudo os fornecedores, ao vivo em locais muito distantes da empresa, e nunca visitam o escritório. Outras empresas trabalham com grupos no exterior e criam projetos com pessoas em outros países.

A boa notícia é que você ainda pode ter um projeto ágil com uma equipe ou equipes scrum fora do local. Se tiver que trabalhar assim, achamos que uma abordagem ágil permitirá ver a funcionalidade validada muito mais cedo e limitará o risco dos possíveis desentendimentos que uma equipe distante terá.

No livro *A Scrum Handbook* (Scrum Institute Training Press), Jeff Sutherland descreve três modelos de equipes scrum distribuídas:

» **Scrums isolados:** Com scrums isolados, as equipes scrum individuais compartilham os membros da equipe, mas cada equipe fica em um local geográfico diferente e trabalha separadamente. O desenvolvimento do produto com scrums isolados tem apenas uma integração no nível do código, ou seja, as diferentes equipes não se comunicam nem trabalham juntas, mas esperam que o código funcione quando chegar o momento de integrar cada módulo devido aos padrões de codificação da organização. Os scrums isolados tendem a se esforçar porque pessoas diferentes interpretam os padrões de codificação de modo diferente.

» **Scrum dos scrums distribuído:** Com um modelo de scrum dos scrums distribuído, as equipes ficam em locais diferentes, como em scrums isolados. Para coordenar o trabalho, as equipes scrum fazem um *scrum dos scrums*, ou seja, uma reunião de diversos scrum masters, para uma integração diária.

» **Scrums integrados:** As equipes scrum integradas são multidisciplinares com os membros da equipe em locais diferentes. Ainda ocorre um scrum dos scrums, mas a comunicação direta é perdida.

A Tabela 14-3, do artigo "Agile Adoption Rate Survey Results", da Ambysoft, em 2008, mostra uma comparação das taxas de sucesso para projetos com equipes scrum em local partilhado e espalhadas geograficamente.

TABELA 14-3 ## Sucesso das Equipes Scrum em Local Partilhado e Fora do Local

Local da Equipe	Porcentagem de Sucesso
Equipe de colaboração em local partilhado	83%
Fora do local, mas próxima fisicamente	72%
Distribuída em locais geográficos	60%

"Agile Adoption Rate Survey Results" (Scott W. Ambler, Ambysoft, Copyright © 2008)

Como ter um projeto ágil bem-sucedido com uma equipe scrum fora do local? Temos três palavras: comunicação, comunicação e comunicação. Como as conversas diretas diárias não são possíveis, os projetos ágeis com equipes scrum fora do local precisam de esforços de todos que trabalham nele. Veja algumas dicas para uma comunicação bem-sucedida entre os membros da equipe scrum que não partilham um local:

» **Use a tecnologia de videoconferência para simular conversas diretas.** Grande parte da comunicação interpessoal é visual, envolvendo dicas faciais, gestos com as mãos e até encolher de ombros. A videoconferência permite que as pessoas se vejam e utilizem a comunicação não verbal, assim como tenha discussões. Use a videoconferência ou até robôs de telepresença livremente durante o dia, não apenas nas reuniões do ciclo. Verifique se os membros da equipe estão prontos para bate-papos improvisados por vídeo e se a tecnologia facilita sua utilização.

» **Se possível, providencie que os membros da equipe scrum se encontrem pessoalmente em um local central, pelo menos, uma vez no começo do projeto e, de preferência, várias vezes durante.** A experiência compartilhada da reunião em pessoa, mesmo uma ou duas vezes, pode

CAPÍTULO 14 **Gerenciando a Dinâmica e a Comunicação da Equipe** 261

ajudar a promover um trabalho em equipe entre os membros fora do local. As relações de trabalho feitas com visitas pessoalmente são mais fortes e continuam após o término da visita.

» **Use uma ferramenta de colaboração online.** Algumas ferramentas simulam quadros brancos e fichas de histórias do usuário, controlam conversas e permitem que várias pessoas atualizem os artefatos ao mesmo tempo.

» **Inclua imagens dos membros da equipe scrum nas ferramentas de colaboração online ou até nas linhas de assinatura do endereço eletrônico.** As pessoas respondem mais às expressões faciais do que às palavras escritas apenas. Uma imagem simples pode ajudar a humanizar mensagens instantâneas e e-mails.

» **Leve em conta as diferenças do fuso horário.** Coloque na parede vários relógios mostrando diferentes fusos horários, para evitar ligar para alguém às 3h e acordar a pessoa ou imaginar por que ela não atende.

» **Seja flexível também por causa das diferenças de fuso horário.** Às vezes, você pode precisar fazer chamadas de vídeo ou ligações em horas estranhas para ajudar a manter o trabalho do projeto avançando. Para as grandes diferenças de fuso horário, considere negociar as horas de disponibilidade. Uma semana, a Equipe A fica disponível cedo de manhã. Na próxima, a Equipe B fica disponível até mais tarde, de noite. Assim ninguém pode reclamar.

» **Se tiver dúvidas sobre uma conversa ou mensagem escrita, peça esclarecimentos por telefone ou vídeo.** Sempre ajuda verificar quando não há certeza sobre algo que uma pessoa falou. Acompanhe com uma ligação para evitar erros de falta de comunicação.

» **Leve em conta as diferenças de idioma e cultura entre os membros da equipe scrum, sobretudo ao trabalhar com grupos em vários países.** Entender as expressões coloquiais e diferenças na pronúncia aumenta a qualidade da comunicação além das fronteiras. Ajuda conhecer os feriados locais também. Por mais de uma vez fomos pegos de surpresa por escritórios fechados fora de nossa região.

» **Algumas vezes, faça mais uma tentativa para discutir sobre assuntos fora do trabalho.** Discutir sobre assuntos fora do trabalho ajuda e aproxima mais os membros da equipe scrum, independentemente do local.

Com dedicação, consciência e boa comunicação, os projetos ágeis distribuídos podem ter êxito.

As abordagens únicas para a dinâmica da equipe nos projetos ágeis fazem parte do sucesso desses projetos. A comunicação está intimamente relacionada à dinâmica da equipe, e os métodos de comunicação nos projetos ágeis também têm grandes diferenças em relação aos tradicionais, como será visto na seção a seguir.

O que É Diferente na Comunicação Ágil?

Comunicação, em termos de gerenciamento de projetos, são as maneiras formais e informais como as pessoas transmitem informações entre si na equipe de projetos. Como nos projetos tradicionais, a boa comunicação é uma necessidade nos projetos ágeis.

Contudo, os princípios ágeis dão um tom diferente para os projetos, enfatizando a simplicidade, objetividade e conversas diretas. Os princípios ágeis a seguir se relacionam com a comunicação:

4. **Empresários e desenvolvedores devem trabalhar juntos diariamente no projeto.**

6. **O método mais eficiente de passar informações para uma equipe de desenvolvimento e dentro da própria equipe é uma conversa direta.**

7. **Um software validado é a medida básica do progresso.**

10. **Simplicidade, a arte de maximizar quanto trabalho é feito, é essencial.**

12. **Em intervalos regulares, a equipe reflete acerca de como ser mais eficiente, e então sintoniza e ajusta o comportamento.**

O Manifesto Ágil também endereça a comunicação, valorizando o software validado acima da documentação abrangente. Embora a documentação tenha valor, a funcionalidade validada tem mais importância em um projeto ágil.

A Tabela 14-4 mostra algumas diferenças na comunicação entre projetos tradicionais e ágeis.

TABELA 14-4   Comunicação Tradicional versus Ágil

Gerenciamento da Comunicação com Abordagens Tradicionais	Gerenciamento da Comunicação com Abordagens Ágeis
Os membros da equipe podem não se esforçar para ter conversas diretas.	As abordagens do gerenciamento ágil de projetos valorizam a comunicação direta como a melhor forma de transmitir informações.
As abordagens tradicionais colocam alto valor na documentação. As equipes podem criar muitos documentos complexos e relatórios de status com base no processo, em vez de considerar a necessidade real.	Os documentos ágeis, ou *artefatos*, são simples de propósito e dão informações apenas suficientes. Os artefatos ágeis contêm apenas informações essenciais e geralmente podem transmitir o status do projeto só de olhar. As equipes de projeto usam o conceito *mostre, não fale*, mostrando um software validado para o progresso da comunicação regularmente na revisão do ciclo.
Os membros da equipe podem ser solicitados a participar de muitas reuniões, sendo ou não úteis ou necessárias.	As reuniões nos projetos ágeis são, por padrão, o mais rápidas possível e incluem apenas as pessoas que acrescentam e aproveitam algo com ela. As reuniões ágeis fornecem todos os benefícios da comunicação direta, sem perder tempo. A função das reuniões ágeis é melhorar, não reduzir, a produtividade.

DICA

A pergunta sobre quanta documentação é necessária não se relaciona ao volume, mas à adequação. Por que você precisa de um documento específico? Como pode criá-lo do modo mais simples possível? Você pode usar folhas adesivas grandes para colocar na parede e tornar as informações fáceis. Isso também pode funcionar melhor para transmitir visualmente os artefatos, como a declaração da visão, definição de feito, registro de impedimentos e importantes decisões da arquitetura. As imagens realmente valem por mil palavras.

As seções a seguir mostram como aproveitar a ênfase da estrutura ágil em uma comunicação direta, o foco na simplicidade e o valor da funcionalidade validada como um meio de comunicação.

Gerenciando a Comunicação Ágil

Para gerenciar a comunicação nos projetos ágeis é preciso entender como os diferentes métodos ágeis de comunicação funcionam e como usá-los juntos. Você também precisa saber por que o status em um projeto ágil é diferente e como informar o progresso dele para os envolvidos. As seções a seguir mostram isso.

Entendendo os métodos ágeis de comunicação

É possível se comunicar em um projeto ágil por meio de artefatos, reuniões e informalmente.

As conversas diretas são o corpo e a alma dos projetos ágeis. Quando a equipe scrum conversa entre si sobre o projeto todos os dias, a comunicação é fácil. Com o tempo, os membros da equipe entendem a personalidade uns dos outros, os estilos de comunicação e processos de pensamento, e conseguem se comunicar com rapidez e eficiência.

A Figura 14-2, da apresentação *Software Development as a Cooperative Game*, de Alistair Cockburn, mostra a eficiência da comunicação direta versus outros tipos de comunicação.

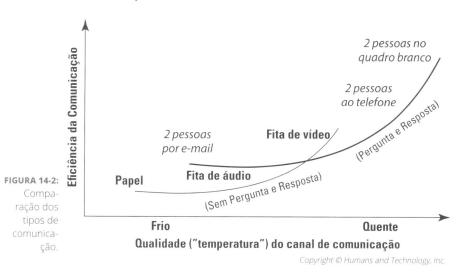

FIGURA 14-2: Comparação dos tipos de comunicação.

Nos capítulos anteriores descrevemos vários artefatos e reuniões adequados aos projetos ágeis. Todos desempenham um papel na comunicação. As reuniões ágeis fornecem um formato para a comunicação em um ambiente direto. As reuniões nos projetos ágeis têm uma finalidade específica e período de tempo definido para que a equipe de desenvolvimento possa trabalhar, em vez de ficar sentada em reuniões. Os artefatos ágeis fornecem um formato para a comunicação escrita que é estruturada, mas não complicada nem desnecessária.

A Tabela 14-5 apresenta uma visão dos diferentes canais de comunicação em um projeto ágil.

TABELA 14-5 Canais de Comunicação do Projeto Ágil

Canal	Tipo	Função na Comunicação
Planejamento do projeto, plano de lançamento e planejamento do ciclo	Reuniões	As reuniões de planejamento têm resultados desejados específicos e comunicam de modo conciso a finalidade e os detalhes do projeto, lançamento e ciclo para a equipe scrum. Saiba mais sobre essas reuniões nos Capítulos 7 e 8.
Declaração da visão do produto	Artefato	A declaração de visão do produto comunica o objetivo final do projeto para a equipe de projetos e a organização. Saiba mais sobre a visão do produto no Capítulo 7.
Guia do produto	Artefato	O guia do produto comunica uma visão de longo prazo dos recursos que dão suporte à visão do produto e provavelmente farão parte do projeto. Saiba mais sobre o guia do produto no Capítulo 7.
Backlog do produto	Artefato	O backlog do produto comunica o escopo do projeto inteiro para a equipe de projetos. Saiba mais sobre o backlog do produto nos Capítulos 7 e 8.
Plano de lançamento	Artefato	O plano de lançamento comunica os objetivos e a duração de um ciclo específico. Saiba mais sobre esse plano no Capítulo 8.
Backlog do ciclo	Artefato	Quando atualizado diariamente, o backlog do ciclo fornece o status imediato do ciclo e do projeto para qualquer pessoa que precisa da informação. O gráfico de burndown no backlog dá uma visão rápida do progresso do ciclo. Saiba mais sobre esse backlog nos Capítulos 8 e 9.
Quadro de tarefas	Artefato	Usar um quadro de tarefas mostra visualmente o status do ciclo atual ou lançamento para qualquer pessoa que passa pela área de trabalho da equipe scrum. Saiba mais sobre esse quadro no Capítulo 9.
Scrum diário	Reunião	O scrum diário fornece à equipe scrum uma oportunidade verbal e direta de coordenar as prioridades do dia e identificar quaisquer desafios. Saiba mais sobre as reuniões diárias com o scrum no Capítulo 9.
Conversas diretas	Informal	As conversas diretas são o modo mais importante de comunicação em um projeto ágil.
Revisão do ciclo	Reunião	A revisão do ciclo é a materialização da filosofia "mostre, não fale". Mostrar a funcionalidade validada para a equipe de projetos inteira comunica o progresso do projeto de um modo mais significativo que um relatório escrito ou apresentação conceitual poderia. Saiba mais sobre essas revisões no Capítulo 10.
Retrospectiva do ciclo	Reunião	A retrospectiva do ciclo permite que a equipe scrum fale entre si especificamente para a melhoria. Saiba mais sobre essas retrospectivas no Capítulo 10.

266   PARTE 4 **Gerenciamento Ágil**

Canal	Tipo	Função na Comunicação
Notas da reunião	Informal	As notas da reunião são um método de comunicação opcional e ideal em um projeto ágil. Essas notas podem capturar os itens de ação de uma reunião e verificar se as pessoas na equipe scrum lembrarão deles mais tarde. As notas de uma revisão do ciclo incluem novos recursos para o backlog do produto. As notas de uma retrospectiva do ciclo podem lembrar a equipe scrum sobre os planos para melhorias.
Soluções de colaboração	Informal	Os quadros brancos, as notas adesivas e as ferramentas de colaboração eletrônicas ajudam a equipe scrum a se comunicar. Verifique se tais ferramentas aumentam, em vez de substituir, as conversas diretas. Capturar e salvar os resultados da colaboração são um modo simples de lembrar à equipe sobre as decisões tomadas para considerações imediatas e futuras.

LEMBRE-SE

Artefatos, reuniões e canais de comunicação mais informais são todos ferramentas. Lembre-se de que até as melhores ferramentas precisam de pessoas para usá-las corretamente e ter eficiência. Os projetos ágeis são para pessoas e interações, e as ferramentas são secundárias para ter sucesso.

A próxima seção analisa uma área específica da comunicação do projeto ágil: relatório do status.

Relatórios do status e progresso

Todos os projetos têm pessoas envolvidas, pessoas fora da equipe scrum imediata com um interesse pessoal no projeto. Pelo menos um dos envolvidos é a pessoa responsável que paga pelo projeto (o patrocinador). É importante que os envolvidos, sobretudo os responsáveis pelos orçamentos, conheçam o andamento do projeto. Esta seção mostra como comunicar o status do seu projeto.

Status em um projeto ágil é uma medida dos recursos que a equipe scrum concluiu. Usando a definição de feito dos Capítulos 2, 8, 10 e 15, um recurso é concluído se a equipe scrum o desenvolveu, testou, integrou e documentou, segundo o acordo entre o product owner e a equipe de desenvolvimento.

Se você trabalhou em um projeto de software tradicional, quantas vezes participou de uma reunião de status e informou que o projeto estava, digamos, 64% concluído? Se os envolvidos respondessem "Ótimo! Gostaríamos dos 64% agora; estamos sem dinheiro", você e os envolvidos estariam perdidos, porque você não quis dizer que 64% dos recursos estavam prontos para o uso. Disse que cada um dos recursos do produto estava apenas 64% em desenvolvimento, que não tinha nenhuma funcionalidade validada e ainda tinha muito trabalho para fazer antes de alguém poder usar o produto.

Em um projeto ágil, a funcionalidade validada que atende à definição de feito é a medida básica do progresso. É possível dizer com confiança que os recursos do projeto estão concluídos. Como o escopo sempre muda nos projetos ágeis, você não expressaria o status como uma porcentagem. Pelo contrário, uma lista de recursos com o potencial de envio seria mais interessante para os envolvidos verem o desenvolvimento.

Controle o progresso do seu ciclo e projeto diariamente. Suas ferramentas básicas para comunicar o status e o progresso são o quadro de tarefas, os backlogs do ciclo e do produto, os gráficos de burndown do lançamento e do ciclo e a revisão do ciclo.

A revisão do ciclo ocorre quando você demonstra o software validado para os envolvidos no projeto. Não crie slides nem folhetos; o segredo da revisão do ciclo é mostrar aos envolvidos o progresso como uma demonstração, não apenas informar o que foi concluído. Mostre, não fale.

Encoraje a participação de qualquer pessoa interessada no projeto nas revisões do ciclo. Quando as pessoas veem uma funcionalidade validada em ação, ainda mais regularmente, têm uma ideia melhor do trabalho concluído.

As empresas e organizações que começam a usar as técnicas ágeis podem esperar ver relatórios de status tradicionais, além dos artefatos ágeis. Essas organizações também querem que os membros da equipe scrum participem de reuniões de status normais, fora dos scrums diários e outras reuniões ágeis. Isso é chamado de *trabalho ágil dobrado,* porque você faz duas vezes o trabalho necessário. As equipes scrum ficarão esgotadas rapidamente se tentarem atender às demandas de duas abordagens de projeto muito diferentes. É possível evitar o trabalho ágil dobrado instruindo a empresa sobre o motivo dos artefatos ágeis e eventos serem um melhor substituto para os antigos documentos e reuniões. Insista em experimentar os artefatos ágeis e eventos para realizar um projeto ágil bem-sucedido.

O backlog do ciclo é um relatório do status diário do ciclo atual. Esse backlog contém as histórias do usuário do ciclo, tarefas e estimativas afins. O backlog geralmente tem um gráfico de burndown que mostra visualmente o status do trabalho que a equipe de desenvolvimento concluiu e o trabalho que resta fazer nos requisitos do ciclo. A equipe de desenvolvimento é responsável por atualizar o backlog do ciclo pelo menos uma vez ao dia, atualizando o número de horas de trabalho que resta para cada tarefa.

Agora, se você é o gerente de projetos ou se estudará gerenciamento de projetos no futuro, poderá ver o conceito de *gerenciamento do valor agregado* (EVM) como um meio de medir o progresso e o desempenho do projeto. Alguns profissionais da metodologia ágil tentam usar uma versão EVM parecida com a metodologia ágil, mas evitamos isso nos projetos ágeis. O EVM supõe que o projeto tem um escopo fixo, que é antiético para uma abordagem ágil. Em vez de tentar mudar as abordagens ágeis para caber em antigos modelos, use as ferramentas aqui, elas funcionam.

O gráfico de burndown mostra rapidamente, sem explicar, o status. Quando você olha um gráfico de burndown do ciclo, pode ver rapidamente se o ciclo vai bem ou tem problemas. No Capítulo 9 mostramos uma imagem dos gráficos de burndown em diferentes cenários do ciclo. Veja de novo aqui na Figura 14-3.

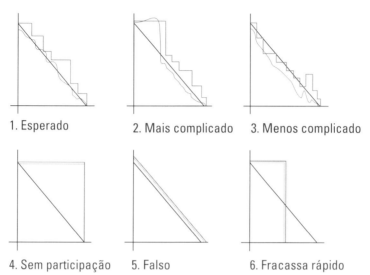

1. Esperado   2. Mais complicado   3. Menos complicado

4. Sem participação   5. Falso   6. Fracassa rápido

FIGURA 14-3: Perfis dos gráficos de burndown.

Se você atualizar o backlog do ciclo todo dia, sempre terá um status atual para os envolvidos no projeto. Também é possível mostrar o backlog do produto para que eles saibam quais recursos a equipe scrum concluiu até o momento, quais farão parte dos futuros ciclos e a prioridade deles.

LEMBRE-SE

O backlog do produto mudará quando você adicionar e priorizar de novo os recursos. Verifique se as pessoas que revisam o backlog, sobretudo quanto ao status, entendem o conceito.

DICA

Um quadro de tarefas é uma ótima maneira de mostrar rapidamente à equipe de projetos o status de um ciclo, lançamento ou até o projeto inteiro. Esses quadros têm notas adesivas com os títulos das histórias do usuário em, pelo menos, quatro colunas: A Fazer, Em Progresso, Aceito, Feito. Se você colocar o quadro de tarefas na área de trabalho da equipe scrum, qualquer pessoa que passar poderá ver um status de alto nível de quais recursos do produto estão feitos e quais estão em progresso. A equipe scrum sempre sabe onde está o projeto, porque vê o quadro todo dia.

Sempre procure irradiadores de informação simples e de baixa qualidade para comunicar o status e o progresso. Quanto mais você disponibiliza informações, sob demanda, menos tempo você e os envolvidos perderão preparando e pensando sobre o status.

> **NESTE CAPÍTULO**
>
> » Aprendendo como as abordagens de qualidade do gerenciamento ágil de projetos reduzem o risco
>
> » Descobrindo modos de assegurar um desenvolvimento com qualidade
>
> » Utilizando o teste automático para ter uma melhor produtividade
>
> » Entendendo como as abordagens do projeto ágil reduzem o risco

Capítulo **15**

Gerenciando Qualidade e Risco

Qualidade e risco são partes intimamente relacionadas do gerenciamento de projetos. Neste capítulo você aprenderá como entregar produtos de qualidade usando os métodos do gerenciamento ágil de projetos, entenderá como usar as abordagens ágeis para gerenciar o risco nos projetos e verá como a qualidade afeta historicamente o risco do projeto e como o gerenciamento de qualidade nos projetos ágeis reduz o risco do projeto.

O que É Diferente na Qualidade da Metodologia Ágil?

Qualidade se refere a saber se um produto funciona e atende às necessidades dos envolvidos no projeto. A qualidade é uma parte inerente do gerenciamento ágil de projetos. Todos os 12 princípios ágeis listados no Capítulo 2 promovem a qualidade, direta ou indiretamente. Veja a seguir:

1. **Nossa maior prioridade é atender ao cliente com entregas antecipadas e contínuas de um software útil.**

2. **Receber solicitações de mudanças, mesmo com o desenvolvimento já iniciado. Os processos ágeis aproveitam a mudança como uma vantagem competitiva do cliente.**

3. **Entregar um software validado com frequência, em algumas semanas ou meses, preferindo o menor prazo.**

4. **Empresários e desenvolvedores devem trabalhar juntos diariamente no projeto.**

5. **Criar projetos em torno de pessoas motivadas. Oferecer o ambiente e apoio necessários, e confiar que o trabalho será feito.**

6. **O método mais eficiente de passar informações para uma equipe de desenvolvimento e dentro da própria equipe é uma conversa direta.**

7. **Um software validado é a medida básica do progresso.**

8. **Os processos ágeis promovem um desenvolvimento sustentável. Os patrocinadores, desenvolvedores e usuários devem manter um ritmo constante.**

9. **Atenção contínua a excelência técnica e design adequado intensificam a agilidade.**

10. **Simplicidade, a arte de maximizar quanto trabalho é feito, é essencial.**

11. **As melhores arquiteturas, requisitos e designs surgem de equipes auto-organizadas.**

12. **Em intervalos regulares, a equipe reflete sobre como ser mais eficiente, e então sintoniza e ajusta o comportamento.**

Esses princípios enfatizam como criar um ambiente no qual as equipes ágeis conseguem produzir uma funcionalidade validada e útil. As abordagens ágeis encorajam a qualidade no sentido de ter produtos funcionando e atendendo às necessidades dos envolvidos no projeto.

A Tabela 15-1 mostra algumas diferenças entre o gerenciamento da qualidade em projetos tradicionais e ágeis.

TABELA 15-1 Qualidade Tradicional versus Ágil

Gerenciamento da Qualidade com Abordagens Tradicionais	Dinâmica da Qualidade com Abordagens Ágeis
Testar é a última fase de um projeto antes da implementação do produto. Alguns recursos são testados meses depois de ser criados.	O teste é uma parte diária de cada ciclo e está incluído na definição de feito de cada requisito. Usa-se o teste automático para permitir uma avaliação rápida e rigorosa todo dia.
A qualidade geralmente é uma prática reativa, com foco principalmente no teste do produto e resolução de problemas.	Você lida com a qualidade de modo reativo, com o teste e, de modo proativo, encorajando práticas para preparar um trabalho de qualidade. Exemplos de abordagens de qualidade incluem a comunicação direta, programação em pares e padrões de codificação estabelecidos.
Os problemas são mais arriscados quando encontrados no final de um projeto. Os custos não recuperáveis são altos quando as equipes chegam à fase de teste.	É possível criar e testar recursos mais arriscados nos ciclos iniciais, quando os custos não recuperáveis ainda são baixos.
Os problemas ou falhas, algumas vezes chamados de *bugs* no desenvolvimento de software, são difíceis de encontrar no final de um projeto, e as correções dos problemas são caras.	Os problemas são fáceis de encontrar quando se testa uma quantidade menor de trabalho. As correções são mais fáceis quando se corrige algo que acabou de ser criado, em vez de algo criado meses antes.
Às vezes, para atender a um prazo ou economizar dinheiro, as equipes cortam a fase de teste.	O teste é garantido nos projetos ágeis porque faz parte de todo ciclo.

No início deste capítulo afirmamos que qualidade e risco estão intimamente relacionados. As abordagens ágeis na Tabela 15-1 reduzem muito o risco e o custo desnecessário que geralmente acompanham o gerenciamento da qualidade.

PAPO DE ESPECIALISTA

BUGS. BUGS? BUGS!

Por que chamamos os problemas no computador de *bugs*? Os primeiros computadores eram máquinas grandes, dentro de vidros que ocupavam salas inteiras. Em 1945, um desses computadores enormes, o Mark II Aiken Relay Calculator, na Universidade de Harvard, apresentou problemas em um dos circuitos. Os engenheiros descobriram que o problema era uma mariposa, um inseto (bug) real, na máquina. Depois disso, a piada da equipe era que qualquer problema no computador tinha que ser um bug. O termo ficou, e as pessoas ainda usam *bug* hoje para descrever problemas de hardware, software e, algumas vezes, até problemas fora do domínio da ciência de computação. Os engenheiros em Harvard até colaram a mariposa em um diário. Esse primeiro bug agora é mostrado no Museu Nacional da História Americana Smithsonian.

Outra diferença na qualidade dos projetos ágeis são os vários ciclos de feedback da qualidade durante o projeto. Na Figura 15-1 é possível ver os diferentes tipos de feedback do produto que uma equipe scrum recebe em um projeto. A equipe de desenvolvimento pode incorporar esse feedback imediatamente ao produto, aumentando sua qualidade regularmente.

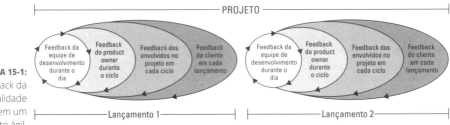

FIGURA 15-1: Feedback da qualidade em um projeto ágil.

LEMBRE-SE

No Capítulo 14 informamos que as equipes de desenvolvimento nos projetos ágeis podem incluir todos que trabalham em um produto. Elas normalmente incluem pessoas que são especialistas em criar e executar testes, assegurando a qualidade. Os membros da equipe de desenvolvimento são multidisciplinares, ou seja, todo membro pode fazer diferentes trabalhos em momentos diferentes durante o projeto. A multidisciplinaridade se estende às atividades de qualidade, como evitar erros, testar e corrigir bugs.

Na próxima seção você verá como usar as técnicas de gerenciamento ágil de projetos para aumentar a qualidade.

Gerenciando a Qualidade da Metodologia Ágil

As equipes de desenvolvimento ágeis são basicamente responsáveis pela qualidade nos projetos, o que é uma extensão das responsabilidades e liberdades que acompanham o autogerenciamento. Quando a equipe de desenvolvimento fica livre para determinar seus métodos de desenvolvimento, também é responsável por assegurar que eles resultem em um trabalho de qualidade.

PAPO DE ESPECIALISTA

Em geral, as organizações se referem ao gerenciamento da qualidade como *controle de qualidade ou QA (Quality Assurance)*. Existem departamentos de QA, analistas de QA, gerentes de QA, e outros tipos de títulos com QA para se referir a pessoas responsáveis pelas atividades de qualidade. O QA algumas vezes também é usado como uma abreviação para teste, como em "fizemos o QA do produto" ou "agora estamos na fase de QA". Controle de qualidade também é um modo comum de se referir ao gerenciamento da qualidade.

Outros membros da equipe scrum (scrum master e product owner) também participam do gerenciamento da qualidade. Os product owners dão esclarecimento sobre os requisitos e os aceitam como sendo feitos em cada ciclo. Os scrum masters ajudam a verificar se as equipes de desenvolvimento têm um ambiente de trabalho no qual as pessoas nas equipes possam trabalhar usando suas melhores habilidades.

Felizmente, as abordagens do gerenciamento ágil de projetos têm vários modos de ajudar as equipes scrum a criar produtos de qualidade. Nesta seção você verá como o teste dos ciclos aumenta a probabilidade de encontrar falhas e reduz o custo de corrigi-las. Entenderá como o gerenciamento ágil de projetos encoraja proativamente o desenvolvimento de produtos com qualidade. Verá como inspecionar e se adaptar sempre para lidar com a qualidade. Finalmente, verá como o teste automático é essencial para entregar produtos úteis continuamente durante um projeto ágil.

Qualidade e ciclo

O gerenciamento da qualidade faz parte do cotidiano dos projetos ágeis. As equipes scrum executam os projetos ágeis em ciclos, etapas curtas de desenvolvimento que duram de uma a quatro semanas. Cada etapa inclui atividades de diferentes fases de um projeto tradicional para cada história do usuário no ciclo: requisitos, design, desenvolvimento, teste e integração para a implantação. Saiba mais sobre como trabalhar em ciclos nos Capítulos 8, 9 e 10.

Veja uma charada rápida: é mais fácil encontrar um lugar em uma mesa ou em um estádio? Obviamente, a resposta é na mesa. É tão óbvio quanto ser mais fácil encontrar uma falha em 100 linhas de código do software do que em 100 mil. O desenvolvimento iterativo facilita o desenvolvimento de um produto de qualidade.

As equipes scrum testam durante cada ciclo. A Figura 15-2 mostra como o teste entra nos ciclos em um projeto ágil. Observe que começa no primeiro, logo depois de os desenvolvedores começarem a criar o primeiro requisito no projeto.

Quando as equipes de desenvolvimento testam durante cada ciclo, conseguem encontrar e corrigir as falhas com rapidez. Com o gerenciamento ágil de projetos, as equipes criam os requisitos do produto, testam imediatamente e corrigem logo qualquer problema antes de considerar o trabalho feito. Em vez de tentar lembrar como corrigir algo criado semanas ou meses atrás, as equipes corrigem, no máximo, o requisito no qual trabalhou um ou dois dias antes.

Testar todo dia um projeto ágil é uma ótima maneira de assegurar a qualidade do produto. Outro modo de assegurar isso é criar um produto melhor desde o início. A próxima seção mostra como as diferentes maneiras do gerenciamento ágil de projetos ajudam a evitar erros e criar um excelente produto.

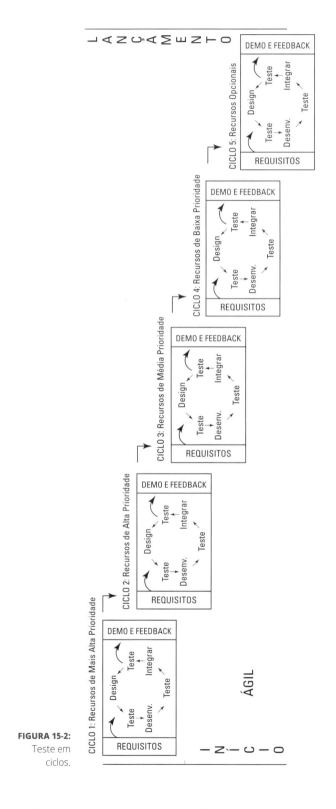

FIGURA 15-2: Teste em ciclos.

276 PARTE 4 **Gerenciamento Ágil**

Qualidade proativa

Um aspecto importante e geralmente negligenciado da qualidade é a ideia de evitar problemas. Várias abordagens ágeis permitem e encorajam as equipes scrum a criar proativamente produtos de qualidade. Essas práticas incluem:

- Ênfase na excelência técnica e bom design.
- Incorporação de técnicas de desenvolvimento específicas da qualidade na criação do produto.
- Comunicação diária entre a equipe de desenvolvimento e o product owner.
- Critérios de aceitação predefinidos nas histórias do usuário.
- Comunicação direta e local partilhado.
- Desenvolvimento sustentável.
- Inspeção e adaptação regulares do trabalho e comportamento.

As seções a seguir fornecem detalhes de cada uma dessas práticas proativas de qualidade.

Qualidade significa que um produto funciona corretamente e faz o que os envolvidos no projeto precisam que faça.

Atenção contínua na excelência técnica e bom design

As equipes ágeis focam a excelência técnica e o bom design porque essas características levam a produtos úteis. Como as equipes de desenvolvimento fornecem ótimas soluções técnicas e designs?

Um modo de elas fornecerem excelência técnica é com o autogerenciamento, que lhes dá liberdade para inovar tecnicamente. As organizações tradicionais podem ter padrões técnicos obrigatórios que podem ou não fazer sentido para determinado projeto. As equipes de desenvolvimento auto-organizadas têm liberdade para decidir se um padrão fornecerá valor ao criar um produto ou se uma abordagem diferente funcionará melhor. A inovação pode levar a um bom design, excelência técnica e qualidade do produto.

O autogerenciamento também dá às equipes de desenvolvimento a sensação de controle de produto. Quando as pessoas nas equipes se sentem muito responsáveis pelo produto criado, em geral tentam encontrar as melhores soluções e executam tais soluções da melhor maneira possível.

Nada é mais sofisticado do que uma solução simples.

O comprometimento da organização também desempenha um papel na excelência técnica. Algumas empresas e organizações, independentemente de suas abordagens do gerenciamento de projetos, têm um comprometimento com a excelência. Pense nos produtos vistos todos os dias e os associe à qualidade; é possível que os produtos venham de empresas que valorizam boas soluções técnicas. Se você trabalha em um projeto ágil para uma empresa que acredita e recompensa a excelência técnica, adotar esse princípio ágil será fácil.

Outras empresas podem subestimar a excelência técnica. As equipes de projeto ágeis nessas empresas podem ter dificuldades quando tentam justificar o treinamento ou as ferramentas que ajudarão a criar produtos melhores. Outras empresas não fazem uma conexão entre boa tecnologia, bons produtos e lucro. Os scrum masters e product owners podem precisar instruir suas empresas sobre o motivo de a boa tecnologia e o design serem importantes e podem precisar interceder para que as equipes de desenvolvimento consigam o que precisam para criar um ótimo produto.

CUIDADO

Não confunda excelência técnica com usar novas tecnologias para ter algo novo ou moderno. As soluções de tecnologia devem dar suporte às necessidades do produto, não apenas somar ao currículo ou ao perfil de habilidades da empresa.

Incorporando excelência técnica e bom design no trabalho diário, você cria um produto de qualidade do qual terá orgulho.

Técnicas de desenvolvimento da qualidade

Durante as últimas décadas de desenvolvimento de softwares, a motivação para ser adaptável e ágil inspirou várias técnicas de desenvolvimento ágil que focam a qualidade. Esta seção dá uma visão geral de algumas abordagens de desenvolvimento da programação extrema (XP) que ajudam a assegurar a qualidade de modo proativo. Para obter mais informações sobre as práticas XP, veja o Capítulo 4.

DICA

Muitas técnicas de gerenciamento ágil da qualidade foram criadas levando em conta o desenvolvimento de softwares. Você pode adaptar algumas delas ao criar outros tipos de produtos, como hardware ou até construção civil. Se você for trabalhar em um projeto diferente de software, leia sobre os métodos de desenvolvimento nesta seção com a adaptação em mente:

» **Desenvolvimento baseado em testes (TDD — Test-Driven Development):** Esse método de desenvolvimento começa com um desenvolvedor criando um teste para o requisito que ele deseja criar. Depois o desenvolvedor executa o teste, que deve falhar no início, porque a funcionalidade não existe ainda. Ele desenvolve até o teste passar, e então reformula o código, ou seja, elimina o máximo de código possível enquanto o teste passa. Com o TDD você sabe que a funcionalidade recém-criada de um requisito funciona corretamente porque testa enquanto a cria e desenvolve até o teste passar.

» **Programação em pares:** Com a *programação em pares*, os desenvolvedores trabalham em grupos de dois. Ambos se sentam de frente para o mesmo computador e trabalham como uma equipe para criar um requisito do produto. Os desenvolvedores revezam no teclado para haver colaboração. Em geral, a pessoa no teclado tem uma função tática direta, enquanto o parceiro que observa tem uma função mais estratégica ou de navegação, antecipando e fornecendo um feedback imediato. Como os desenvolvedores olham literalmente por cima do ombro do outro, eles podem ver os erros com rapidez. A programação em pares aumenta a qualidade fornecendo verificações de erros instantâneas e estimativas.

» **Revisão em pares:** Algumas vezes chamada de *revisão do código em pares*, essa *revisão* envolve os membros da equipe de desenvolvimento revisando o código um do outro. Como a programação em pares, essas revisões têm uma natureza de colaboração. Quando os desenvolvedores revisam os produtos terminados uns dos outros, eles trabalham juntos para dar soluções para qualquer problema encontrado. Se as equipes de desenvolvimento não praticarem a programação em pares, devem pelo menos praticar revisões em pares, que aumentam a qualidade, permitindo que os especialistas em desenvolvimento procurem problemas estruturais no código do produto.

» **Controle de código coletivo:** Nessa abordagem, todos na equipe de desenvolvimento podem criar, mudar ou corrigir qualquer parte do código no projeto. O controle do código coletivo pode agilizar o desenvolvimento, encorajar a inovação e, com vários olhos no código, ajuda os membros da equipe de desenvolvimento a encontrar defeitos com rapidez.

» **Integração contínua:** Essa abordagem envolve a criação de compilações do código integradas uma ou mais vezes todos os dias. A integração contínua permite que os membros da equipe de desenvolvimento verifiquem como a história do usuário, que a equipe cria, funciona com o resto do produto. Ela ajuda a assegurar a qualidade, permitindo que a equipe verifique os conflitos regularmente. Essa integração é essencial para o teste automático nos projetos ágeis. Você precisa criar uma compilação do código no final do dia antes de fazer os testes automáticos durante a noite. Saiba mais sobre o teste automático, posteriormente neste capítulo.

LEMBRE-SE

Em um projeto ágil, a equipe de desenvolvimento decide quais ferramentas e técnicas funcionarão melhor no projeto, no produto e na equipe individual.

Muitas técnicas de desenvolvimento de softwares ágeis ajudam a assegurar a qualidade, e há muita discussão e informação sobre elas na comunidade de pessoas que usam as abordagens do gerenciamento ágil de projetos. Encorajamos que aprenda mais sobre essas abordagens se for trabalhar em um projeto ágil, sobretudo se for o desenvolvedor. Livros inteiros são dedicados a algumas dessas técnicas, como o desenvolvimento baseado em testes. As informações fornecidas aqui são a ponta do iceberg. Veja o Capítulo 22 para obter mais recomendações.

Product owner e equipe de desenvolvimento

Outro aspecto do gerenciamento ágil de projetos que encoraja a qualidade é a íntima relação entre a equipe de desenvolvimento e o product owner. Ele é a voz das necessidades comerciais do produto. Nessa função, trabalha com a equipe de desenvolvimento todos os dias para assegurar que a funcionalidade atenderá a tais necessidades.

Durante os estágios de planejamento, o trabalho do product owner é ajudar a equipe de desenvolvimento a entender corretamente cada requisito. No ciclo, ele responde às perguntas que a equipe tem sobre os requisitos e é responsável por revisar a funcionalidade e aceitá-las como feitas. Quando o product owner aceita os requisitos, verifica se a equipe interpretou corretamente a necessidade comercial de cada um e se a nova funcionalidade representa a tarefa necessária.

Nos projetos em cascata, os loops de feedback entre desenvolvedores e business owners são menos frequentes, portanto, o trabalho de uma equipe de desenvolvimento normalmente se desvia dos objetivos originais do produto definidos na declaração de visão.

Um product owner que revisa os requisitos diariamente vê os mal-entendidos no início. Então pode colocar a equipe de volta no caminho certo, evitando muito tempo e esforço perdidos.

A declaração de visão do produto comunica como o produto dá suporte às estratégias da empresa ou organização. Essa declaração expressa os objetivos do produto. O Capítulo 7 explica como criar uma declaração de visão do produto.

Histórias do usuário e critérios de aceitação

Outra medida de qualidade proativa nos projetos ágeis são os critérios de aceitação criados em cada história do usuário. No Capítulo 7 explicamos que uma história tem um formato para descrever os requisitos do produto. As histórias do usuário aumentam a qualidade descrevendo ações específicas que ele tomará para atender corretamente às necessidades comerciais. A Figura 15-3 mostra uma história do usuário e seus critérios de aceitação.

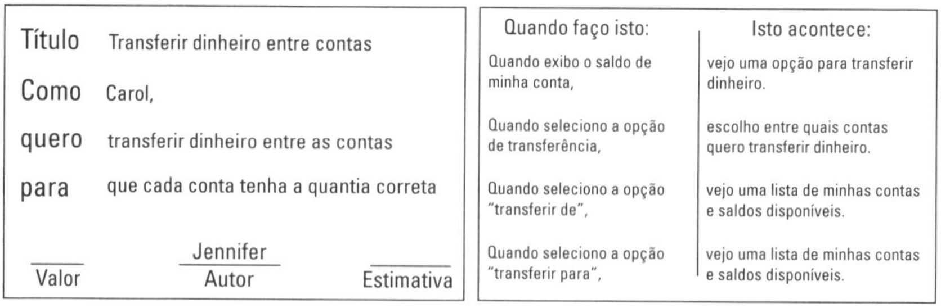

FIGURA 15-3: Uma história do usuário e critérios de aceitação.

Mesmo que você não descreva seus requisitos em um formato de história do usuário, considere adicionar etapas de validação a cada um. Os critérios de aceitação não só ajudam o product owner a revisar os requisitos, como também ajudam a equipe de desenvolvimento a entender como criar o produto.

Comunicação direta

Alguma vez você já teve uma conversa com alguém e soube, só de olhar para o rosto da pessoa, que ela não tinha entendido nada? No Capítulo 14 explicamos que as conversas diretas são a forma de comunicação mais rápida e eficiente. É porque as pessoas transmitem as informações não só com palavras. Nossas expressões faciais, nossos gestos, nossa linguagem corporal e até para onde olhamos contribuem para comunicar e entender a outra pessoa.

A comunicação direta ajuda a assegurar a qualidade nos projetos ágeis porque leva a uma melhor interpretação dos requisitos, obstáculos e discussões entre os membros da equipe scrum. Uma comunicação direta regular requer uma equipe scrum em local partilhado.

Desenvolvimento sustentável

Há chances de que, em algum momento de sua vida, você tenha acabado trabalhando ou estudando longas horas por um grande período de tempo. Você pode até ter virado uma noite ou duas, ficando sem dormir a noite inteira. Como se sentiu? Tomou boas decisões? Cometeu erros bobos?

Infelizmente, muitas equipes em projetos tradicionais acabam trabalhando longas horas sem sentido, sobretudo no final de um projeto, quando o prazo está acabando e parece que o único modo de terminar é passar as semanas trabalhando longas horas. Esses dias longos geralmente significam mais problemas no futuro, pois os membros da equipe começam a cometer erros, alguns pequenos, outros mais graves, e finalmente ficam esgotados.

Nos projetos ágeis, as equipes scrum ajudam a assegurar que farão um trabalho de qualidade criando um ambiente no qual os membros mantêm um ritmo de trabalho constante durante o projeto. Trabalhar em ciclos ajuda a manter esse ritmo. Quando a equipe de desenvolvimento escolhe o trabalho que pode realizar em cada etapa, não precisa correr no final.

A equipe pode determinar por si mesma o que significa ser sustentável, se significa trabalhar 40 horas por semana normalmente, se é um cronograma com mais ou menos dias ou horas, ou trabalhar fora de um intervalo de tempo padrão de nove a cinco horas.

DICA

Se seu companheiro de equipe começar a ir trabalhar com a camisa do lado do avesso, verifique se vocês têm um ambiente de desenvolvimento sustentável.

Manter a equipe de desenvolvimento contente, descansada e capaz de ter uma vida fora do trabalho pode levar a menos erros, mais criatividade e inovação, e a melhores produtos em geral.

Ser proativo quanto à qualidade evita muita dor de cabeça em longo prazo. É muito mais fácil e divertido trabalhar em um produto com menos falhas para corrigir. A próxima seção analisa uma abordagem ágil que lida com a qualidade de pontos de vista proativo e reativo: inspeção e adaptação.

Qualidade com inspeção e adaptação regulares

O princípio ágil de inspecionar e se adaptar é o segredo para criar produtos de qualidade. Durante um projeto ágil, você vê seu produto e processo (inspeção) e faz mudanças quando necessário (adaptação). Os Capítulos 7 e 10 têm mais informações sobre esse princípio.

Nas reuniões de revisão e retrospectiva do ciclo, as equipes de projeto ágil recuam e revisam regularmente o trabalho e métodos e determinam como fazer ajustes para ter um projeto melhor. Detalhamos a revisão e retrospectiva do ciclo no Capítulo 10. A seguir há uma rápida visão geral de como essas reuniões ajudam a assegurar a qualidade nos projetos ágeis.

Em uma revisão, as equipes de projeto ágeis revisam os requisitos concluídos no final de cada ciclo. As revisões do ciclo examinam a qualidade, permitindo que os envolvidos no projeto vejam os requisitos validados e deem feedback sobre eles durante o projeto. Se um requisito não atender às expectativas dos envolvidos, eles dirão imediatamente à equipe scrum. Assim, a equipe pode ajustar o produto em um futuro ciclo. A equipe scrum também pode aplicar sua compreensão revista de como o produto precisa funcionar em outros requisitos do produto.

Em uma retrospectiva do ciclo, as equipes scrum se encontram para discutir sobre o que funcionou e o que precisa de ajuste no final de cada ciclo. Essas retrospectivas ajudam a assegurar a qualidade, permitindo que a equipe discuta e corrija imediatamente os problemas. As retrospectivas do ciclo também permitem que a equipe se reúna e discuta formalmente sobre mudanças no produto, projeto ou ambiente de trabalho de forma que aumentem a qualidade.

A revisão e a retrospectiva do ciclo não são as únicas oportunidades para inspecionar e adaptar a qualidade em um projeto ágil. As abordagens ágeis encorajam rever o trabalho e ajustar e comportamento e métodos durante o dia de trabalho. Inspecionar e adaptar diariamente tudo o que é feito no projeto ajuda a assegurar a qualidade.

Outro modo de gerenciar e ajudar a garantir a qualidade em um projeto ágil é usar ferramentas de teste automático. A próxima seção explica por que o teste automático é importante para os projetos ágeis e como incorporá-lo ao projeto.

Teste automático

O teste automático é o uso do software para testar o produto. Esse teste é fundamental para os projetos ágeis. Se você deseja criar rapidamente uma funcionalidade de software que atenda à definição de feito (codificado, testado, integrado e documentado), precisa de um modo de testar rapidamente cada parte da funcionalidade quando criada. Testar automaticamente significa fazer um teste rápido e robusto diariamente. As equipes ágeis aumentam continuamente a frequência do teste automático em seu sistema para que se diminua sempre o tempo que leva para concluir e implementar uma nova funcionalidade útil para seus clientes.

As equipes de projeto não são ágeis sem um teste automático. O teste manual simplesmente demora demais.

Neste livro explicamos como as equipes de projeto ágeis adotam soluções de baixa tecnologia. Então por que há uma seção sobre teste automático, uma técnica de gerenciamento da qualidade com alta tecnologia? A resposta é a eficiência. O teste automático é como uma verificação ortográfica nos programas de processamento de texto. Na verdade, o teste automático é um método muito mais rápido e preciso, portanto, mais eficiente, de encontrar falhas no software do que o teste manual.

Para desenvolver um produto usando o teste automático, as equipes de desenvolvimento criam e testam usando as seguintes etapas:

1. **Desenvolva o código e os testes automáticos para dar suporte às histórias do usuário durante o dia.**
2. **Crie uma compilação de código integrado no final de cada dia.**
3. **Programe o software de teste automático para testar a compilação mais recente durante a noite.**
4. **Verifique os resultados do teste todas as manhãs.**
5. **Corrija qualquer defeito imediatamente.**

É legal testar completamente o código enquanto você dorme.

O teste automático permite que as equipes de desenvolvimento aproveitem a hora de folga para produzir e ter ciclos rápidos de criação, teste, correção. E, mais, o software de teste automático geralmente pode testar os requisitos com mais rapidez, precisão e consistência do que uma pessoa.

O mercado de hoje tem muitas ferramentas de teste automático. Algumas são de fonte aberta e gratuitas, outras podem ser compradas. A equipe de desenvolvimento precisa examinar as opções de teste automático e escolher a ferramenta que funcionará melhor.

O teste automático muda o trabalho das pessoas quanto às funções de qualidade na equipe de desenvolvimento. Tradicionalmente, grande parte do trabalho da pessoa que gerencia a qualidade envolvia testar manualmente os produtos. Em um projeto tradicional, o analista usaria o produto e procuraria problemas. Contudo, no teste automático, as atividades de qualidade envolvem sobretudo criar testes para executar o software de teste automático. As ferramentas de teste automático aumentam, não substituem, as habilidades, o conhecimento e o trabalho das pessoas.

CUIDADO

Ainda é uma boa ideia ter pessoas verificando periodicamente se os requisitos que você desenvolve funcionam corretamente, sobretudo quando você começar a usar uma ferramenta de teste automático. Qualquer ferramenta automática pode ter contratempos às vezes. Verificando manualmente (algumas vezes chamado de teste de sanidade) pequenas partes dos testes automáticos, você ajuda a não chegar ao fim do ciclo e descobrir que seu produto não funciona como deveria.

É possível automatizar praticamente qualquer tipo de teste de software. Se você é novo no desenvolvimento de softwares, pode não saber que há muitos tipos diferentes de teste. Um pequeno exemplo inclui:

- » **Teste de unidade:** Testa unidades individuais, ou partes menores, do código do produto.
- » **Teste de regressão:** Testa um produto inteiro do início ao fim, inclusive os requisitos testados antes.
- » **Teste de aceitação do usuário:** Os envolvidos no produto ou até alguns usuários finais examinam um produto e o aceitam como concluído.
- » **Teste funcional:** Verifica se o produto funciona de acordo com os critérios de aceitação da história do usuário.
- » **Teste de integração:** Verifica se o produto funciona com outras partes dele.
- » **Teste corporativo:** Confere se o produto funciona com outros produtos na organização, quando necessário.
- » **Teste de desempenho:** Experimenta a rapidez de execução do produto em determinado sistema em situações diferentes.
- » **Teste de carregamento:** Ensaia se um produto lida bem com diferentes quantidades de atividades simultâneas.
- » **Teste de sanidade:** Experimenta pequenas partes, porém críticas, do código ou de um sistema para ajudar a determinar se o sistema inteiro pode funcionar.
- » **Teste estático:** Foca a verificação de padrões do código, não do software validado.

O teste automático é bom para esses experimentos e muitos outros tipos de testes de software por aí.

Como você sabe a esta altura, a qualidade é uma parte integral dos projetos ágeis. Porém, ela é apenas um fator que diferencia o risco nos projetos ágeis dos projetos tradicionais. Nas próximas seções você verá uma comparação do risco nos projetos tradicionais com os projetos ágeis.

O que É Diferente no Gerenciamento Ágil de Riscos?

Risco se refere aos fatores que contribuem para o sucesso ou fracasso de um projeto. Nos projetos ágeis, o gerenciamento de riscos não precisa envolver uma documentação de risco formal nem reuniões. Pelo contrário, o gerenciamento de riscos é incorporado em funções scrum, artefatos e eventos. E, mais, considere os seguintes princípios ágeis que dão suporte ao gerenciamento de riscos:

1. **Nossa maior prioridade é atender ao cliente com entregas antecipadas e contínuas de um software útil.**

2. **Receber solicitações de mudanças, mesmo com o desenvolvimento já iniciado. Os processos ágeis aproveitam a mudança como uma vantagem competitiva do cliente.**

3. **Entregar um software validado com frequência, em algumas semanas ou meses, preferindo o menor prazo.**

4. **Empresários e desenvolvedores devem trabalhar juntos diariamente no projeto.**

7. **Um software validado é a medida básica do progresso.**

Os princípios citados, e qualquer prática que os demonstre, reduzem muito ou eliminam vários riscos que causam desafios e fracassos frequentes no projeto.

De acordo com o "2015 Chaos Report", do Standish Group, um estudo de 10 mil projetos de software, pequenos projetos ágeis têm probabilidade 30% maior de sucesso do que os tradicionais. Veja a Figura 15-4. Os projetos médios têm quatro vezes (400%) mais probabilidade de sucesso com uma abordagem ágil do que uma tradicional, e os projetos grandes e complexos têm seis vezes (600%) mais probabilidade de sucesso com uma abordagem ágil.

RESOLUÇÃO DO CAOS COM A METODOLOGIA ÁGIL VERSUS EM CASCATA

TAMANHO	MÉTODO	SUCESSO	DESAFIO	FRACASSO
Projetos de Vários Tamanhos	Ágil	39%	52%	9%
	Em cascata	11%	60%	29%
Projetos Grandes	Ágil	18%	59%	23%
	Em cascata	3%	55%	42%
Projetos Médios	Ágil	27%	62%	11%
	Em cascata	7%	68%	25%
Projetos Pequenos	Ágil	58%	38%	4%
	Em cascata	44%	45%	11%

FIGURA 15-4: "2015 Chaos Report", do Standish Group.

A resolução de todos os projetos de software nos Anos Fiscais de 2011-2015 no novo banco de dados CHAOS, segmentados por processo ágil e método em cascata. O número total de projetos de software é superior a 10.000.

A Tabela 15-2 mostra diferenças de risco em projetos tradicionais e ágeis.

TABELA 15-2   Risco Tradicional versus Ágil

Gerenciamento de Riscos com Abordagens Tradicionais	Dinâmica do Risco com Abordagens Ágeis
Muitos projetos fracassam ou são desafiados.	O risco de um fracasso catastrófico, gastando muito dinheiro com nada para mostrar, é quase eliminado.
Quanto maior, demorado e complexo o projeto, mais arriscado ele é. O risco é mais alto no final de um projeto.	O valor do produto aparece imediatamente, em vez de investir em um projeto por meses ou até anos com uma chance crescente de fracasso.
Realizar todo o teste no final de um projeto significa que encontrar problemas graves pode colocar o projeto inteiro em risco.	O teste ocorre durante o desenvolvimento. Se uma abordagem técnica, requisito ou até o produto inteiro não for viável, a equipe de desenvolvimento descobrirá em pouco tempo, e você terá mais tempo para corrigir o curso. Se a correção não for possível, os envolvidos gastarão menos dinheiro em um projeto fracassado.

286   PARTE 4 **Gerenciamento Ágil**

Gerenciamento de Riscos com Abordagens Tradicionais	Dinâmica do Risco com Abordagens Ágeis
Os projetos não conseguem receber novos requisitos durante o desenvolvimento sem aumentar tempo e custos porque há um custo não recuperável até nos requisitos de mais baixa prioridade.	Uma mudança para beneficiar o produto é bem-vinda. Os projetos ágeis recebem os requisitos de alta prioridade sem aumentar o tempo ou custos removendo um requisito de baixa prioridade com tempo e custo igual.
Os projetos tradicionais requerem estimativas de tempo e custo no início, quando as equipes sabem menos. Em geral, as estimativas são imprecisas, criando uma lacuna entre os cronogramas e orçamentos esperados e reais do projeto.	O tempo e os custos do projeto são estimados usando-se o desempenho real da equipe scrum ou a velocidade. Você ajusta as estimativas durante o projeto porque, quanto mais trabalha nele, mais aprende sobre ele, requisitos e equipe scrum.
Quando os envolvidos não têm um objetivo comum, confundem a equipe com informações conflitantes sobre o que o produto realizará.	Um único product owner é responsável por criar uma visão do produto e representar os envolvidos na equipe de projetos.
Envolvidos indiferentes ou ausentes causam atrasos no projeto e resultam em produtos que não alcançam os objetivos certos.	O product owner é responsável por dar informações imediatamente sobre o produto. E, mais, o scrum master ajuda a remover os obstáculos diariamente.

O risco diminui nos projetos ágeis quando o projeto avança. A Figura 15-5 mostra uma comparação de risco e tempo entre projetos em cascata e ágeis.

Todos os projetos têm certo risco, independentemente da abordagem. Contudo, com o gerenciamento ágil, os dias de fracasso catastrófico do projeto, gastando muito tempo e dinheiro sem nenhum retorno sobre o investimento (ROI), acabaram. A eliminação do fracasso em grande escala é a maior diferença no risco entre os projetos tradicionais e ágeis. Na próxima seção você verá o motivo.

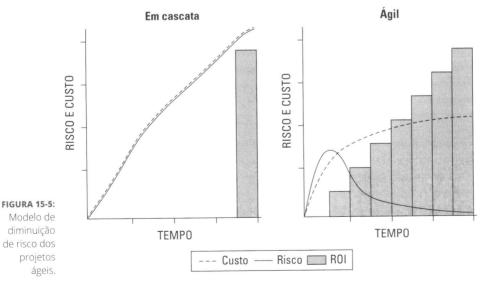

FIGURA 15-5: Modelo de diminuição de risco dos projetos ágeis.

Gerenciando Riscos

Nesta seção você examina as principais estruturas dos projetos ágeis que reduzem o risco durante o projeto. Saiba como usar as ferramentas e eventos ágeis para encontrar os riscos no tempo certo e como os priorizar e minimizar.

Reduzindo o risco inerente

As abordagens ágeis, quando implementadas corretamente, reduzem o risco inerente ao desenvolvimento do produto. O desenvolvimento em ciclos assegura pouco tempo entre o investimento do projeto e a prova de que o produto funciona. Os ciclos também aumentam a possibilidade de um projeto gerar lucro no início. A revisão do ciclo, a retrospectiva e o envolvimento do product owner durante cada ciclo dão um feedback constante do produto para a equipe de desenvolvimento. Um feedback constante ajuda a evitar desvios entre as expectativas do produto e a conclusão deste.

Três fatores muito importantes na redução de risco nos projetos ágeis são a definição de feito, projetos autofinanciados e a ideia de fracassar rapidamente. Você saberá mais sobre cada um dos fatores nesta seção.

Risco e definição de feito

No Capítulo 10 analisamos quando um requisito está feito. Para considerar um requisito concluído e pronto para demonstrar no final de um ciclo, ele deve atender à definição de feito da equipe scrum. O product owner e a equipe de desenvolvimento concordam com os detalhes da definição. Em geral, essas definições incluem:

» **Desenvolvido:** A equipe de desenvolvimento deve criar totalmente o requisito do produto validado.

» **Testado:** A equipe de desenvolvimento deve testar se o produto funciona corretamente e se não tem falhas.

» **Integrado:** A equipe de desenvolvimento deve verificar se o requisito funciona no produto inteiro e em qualquer sistema afim.

» **Documentado:** A equipe de desenvolvimento deve criar notas sobre como fez o produto e o raciocínio por trás das principais decisões técnicas tomadas.

A Figura 15-6 mostra um exemplo de definição de feito, com detalhes.

288 PARTE 4 **Gerenciamento Ágil**

DEFINIÇÃO DE FEITO

CICLO	LANÇAMENTO	RISCOS ACEITOS
QA	Preparação	
Unid./Desenv.	Desempenho	Mark
Funcional	Carga ⟶	**Mike**
Integração	Segurança	Sarah
Regressão	Grupos de Foco	Jim
Aceit. Usuário	Empresa	Deepa
Estático	Regulamento	
Rev. em Pares	Docs do Usuário	
⟶ xDocs	Treinamento	
⟶ Wikis		

FIGURA 15-6: Exemplo de definição de feito.

O product owner e a equipe de desenvolvimento também podem criar uma lista de riscos aceitos. Por exemplo, eles podem concordar que o teste de regressão completo ou o teste do desempenho é um exagero para a definição de feito do ciclo. Ou, com a computação na nuvem, o teste de carga pode não ser tão essencial, porque a capacidade extra pode ser adicionada fácil e rapidamente sob demanda com custos simbólicos. Os riscos aceitáveis permitem à equipe de desenvolvimento se concentrar nas atividades mais importantes.

A definição de feito muda muito o fator de risco dos projetos ágeis. Criando um produto que atenda à definição de feito em cada ciclo, você termina cada ciclo com um produto validado e uma funcionalidade útil. Mesmo que fatores externos façam com que um projeto termine antes, os envolvidos sempre verão algum valor e terão uma funcionalidade validada para usar agora e na qual se basear mais tarde.

Projetos autofinanciados

Os projetos ágeis podem reduzir o risco financeiro de um modo único que os projetos tradicionais não conseguem: o projeto autofinanciado. O Capítulo 13 inclui exemplos de projetos autofinanciados. Se seu produto gera lucro, é possível usar o lucro para ajudar a financiar o resto do projeto.

No Capítulo 13 mostramos dois modelos diferentes de ROI do projeto. Veja de novo, nas Tabelas 15-3 e 15-4. Os projetos nas tabelas criam produtos idênticos.

CAPÍTULO 15 **Gerenciando Qualidade e Risco** 289

TABELA 15-3 ## Lucro de um Projeto Tradicional com um Lançamento Final após Seis Meses

Mês	Lucro Gerado	Lucro Total do Projeto
Janeiro	US$0	US$0
Fevereiro	US$0	US$0
Março	US$0	US$0
Abril	US$0	US$0
Maio	US$0	US$0
Junho	US$0	US$0
Julho	US$100 mil	US$100 mil

Na Tabela 15-3, o projeto gerou US$100 mil em lucro após seis meses de desenvolvimento. Agora compare o ROI da Tabela 15-3 com o ROI da Tabela 15-4.

Na Tabela 15-4, o projeto gerou um lucro com o primeiro lançamento. No final de seis meses, o projeto tinha gerado US$330 mil de lucro; US$230 mil a mais que o projeto na Tabela 15-3.

TABELA 15-4 ## Lucro de um Projeto Ágil com Lançamentos Mensais e um Lançamento Final após Seis Meses

Mês/Lançamento	Lucro Gerado	Lucro Total do Projeto
Janeiro	US$0	US$0
Fevereiro	US$15 mil	US$15 mil
Março	US$25 mil	US$40 mil
Abril	US$40 mil	US$80 mil
Maio	US$70 mil	US$150 mil
Junho	US$80 mil	US$230 mil
Julho	US$100 mil	US$330 mil

A capacidade de gerar lucro em um curto período de tempo tem muitas vantagens para as empresas e equipes de projeto. Os projetos ágeis autofinanciados fazem muito sentido financeiramente para quase toda organização, mas podem ser muito úteis para as organizações que podem não ter financiamento para criar um produto no início. Para os grupos sem caixa, o autofinanciamento permite projetos que não seriam possíveis em caso contrário.

Os projetos autofinanciados também ajudam a reduzir o risco de ele ser cancelado devido à falta de verba. Uma emergência na empresa pode impor uma divergência no orçamento de um projeto tradicional em outro ponto, atrasando ou cancelando tal projeto. Contudo, um projeto ágil que gera lucro extra com cada ciclo tem uma boa chance de continuar durante uma crise.

Finalmente, os projetos autofinanciados se vendem aos envolvidos em primeiro lugar. É difícil argumentar com um projeto que retorna um valor contínuo e paga, pelo menos, parte de seus custos desde o início.

Fracassa rápido

Todos os esforços de desenvolvimento do produto têm certo risco de fracasso. O teste nos ciclos introduz a ideia de *fracasso rápido*: em vez de ter custos não recuperáveis colocando muito esforço nos requisitos, no design e no desenvolvimento, e depois encontrar problemas que impedirão o projeto de avançar durante a fase de teste, as equipes de desenvolvimento nos projetos ágeis identificam problemas críticos em alguns ciclos. Essa diminuição quantitativa do risco economiza muito dinheiro para a organização.

As Tabelas 15-5 e 15-6 mostram a diferença nos custos não recuperáveis para um projeto em cascata e um ágil que fracassou. Os projetos nas duas tabelas são para produtos e custos idênticos.

TABELA 15-5   ## Custo do Fracasso em um Projeto em Cascata

Mês	Fase e Problemas	Custo Não Recuperável do Projeto	Custo Total Não Recuperável do Projeto
Janeiro	Fase dos Requisitos	US$80 mil	US$80 mil
Fevereiro	Fase dos Requisitos	US$80 mil	US$160 mil
Março	Fase de Design	US$80 mil	US$240 mil
Abril	Fase de Design	US$80 mil	US$320 mil
Maio	Fase de Design	US$80 mil	US$400 mil
Junho	Fase de Desenvolvimento	US$80 mil	US$480 mil
Julho	Fase de Desenvolvimento	US$80 mil	US$560 mil
Agosto	Fase de Desenvolvimento	US$80 mil	US$640 mil
Setembro	Fase de Desenvolvimento	US$80 mil	US$720 mil
Outubro	Fase de QA: Problema grande descoberto durante o teste.	US$80 mil	US$800 mil
Novembro	Fase de QA: A equipe de desenvolvimento tentou resolver o problema para continuar a desenvolver.	US$80 mil	US$880 mil
Dezembro	Projeto cancelado; produto inviável.	0	US$880 mil

CAPÍTULO 15 **Gerenciando Qualidade e Risco**   291

TABELA 15-6   Custo do Fracasso em um Projeto Ágil

Mês	Ciclo e Problemas	Custo Não Recuperável do Projeto	Custo Total Não Recuperável do Projeto
Janeiro	Ciclo 1: Sem problemas.	US$80 mil	US$80 mil
	Ciclo 2: Sem problemas.		
Fevereiro	Ciclo 3: Um problema grande descoberto durante o teste resultou no fracasso do ciclo.	US$80 mil	US$160 mil
	Ciclo 4: A equipe de desenvolvimento tentou resolver o problema para continuar o desenvolvimento; finalmente o ciclo fracassou.		
Final	Projeto cancelado; produto inviável.	0	US$160 mil

Na Tabela 15-5, os envolvidos no projeto passaram 11 meses e fecharam com um milhão de dólares, descobrindo que a ideia do produto não funcionaria. Compare o custo não recuperável na Tabela 15-5 com o na Tabela 15-6.

Testando no início, a equipe de desenvolvimento da Tabela 15-6 determinou no final de fevereiro que o produto não funcionaria, levando menos de um sexto do tempo e dinheiro gastos no projeto da Tabela 15-5.

LEMBRE-SE

Com a definição de feito, até projetos que fracassam produzem algo concreto, que uma organização pode utilizar ou melhorar. Por exemplo, o projeto fracassado na Tabela 15-5 teria funcionalidade validada nos dois primeiros ciclos.

O conceito de fracasso rápido pode ir além dos problemas técnicos em um produto. Também é possível usar o desenvolvimento em ciclos e o fracasso rápido para ver se um produto funcionará no mercado e cancelar o projeto no início se parecer que os clientes não o irão comprar nem usar. Liberando pequenas partes do produto e testando-o com clientes em potencial no início do projeto, é possível ter uma boa ideia e saber se o produto é viável comercialmente, e economizar muito dinheiro se você achar que as pessoas não o irão comprar. Você também descobre importantes mudanças que poderá fazer no produto para atender melhor às necessidades do cliente.

Finalmente, o fracasso rápido não significa necessariamente o cancelamento do projeto. Se você encontra problemas catastróficos quando os custos não recuperáveis são baixos, pode ter tempo e orçamento para determinar uma abordagem completamente diferente para criar um produto.

A definição de feito e de projetos autofinanciados e a ideia de fracasso rápido, com os fundamentos dos princípios ágeis, ajudam a reduzir o risco nos projetos ágeis. Na próxima seção você verá como usar ativamente as ferramentas de gerenciamento ágil de projetos para gerenciar o risco.

Identificando, priorizando e respondendo aos riscos no início

Embora a estrutura dos projetos ágeis reduza por natureza muitos riscos tradicionais, as equipes de desenvolvimento ainda devem conhecer os problemas que podem surgir durante um projeto. As equipes scrum são autogerenciadas; do mesmo modo como são responsáveis pela qualidade, são responsáveis por tentar identificar os riscos e modos de impedi-los de acontecer.

DICA

Nos projetos ágeis, você prioriza os requisitos de mais alto valor e risco primeiro.

Em vez de passar horas ou dias documentando todos os riscos em potencial de um projeto, a probabilidade de esses riscos acontecerem, a gravidade e os modos de minimizá-los, as equipes scrum usam artefatos ágeis existentes e reuniões para gerenciar o risco. As equipes também querem esperar o último minuto viável para lidar com o risco, quando sabem mais sobre o projeto e problemas que provavelmente surgirão. A Tabela 15-7 mostra como as equipes scrum podem usar as diferentes ferramentas de gerenciamento ágil de projetos para gerenciar o risco no momento certo.

TABELA 15-7 Ferramentas do Gerenciamento Ágil de Riscos do Projeto

Artefato ou Reunião	Função no Gerenciamento de Riscos
Visão do produto	A declaração de visão do produto ajuda a unificar a definição dos objetivos do produto feita pela equipe de projetos, reduzindo o risco de mal-entendidos sobre o que o produto precisará fazer.
	Enquanto cria a visão do produto, a equipe pode pensar nos riscos em um nível muito alto, com base no mercado e no feedback do cliente, e alinhar com a estratégia da organização. Saiba mais sobre a visão do produto no Capítulo 7.
Guia do produto	O guia do produto dá uma visão dos requisitos e prioridades do projeto. Essa visão geral permite que a equipe de projetos identifique rapidamente as lacunas nos requisitos e naqueles priorizados incorretamente. Saiba mais sobre o guia do produto no Capítulo 7.
Backlog do produto	O backlog do produto é uma ferramenta para receber mudanças no projeto. Conseguir adicionar mudanças ao backlog e priorizar de novo os requisitos regularmente ajuda a transformar o risco tradicional associado às mudanças de escopo em um modo de criar um produto melhor.
	Manter atualizados os requisitos e prioridades no backlog do produto ajuda a assegurar que a equipe de desenvolvimento poderá trabalhar nos requisitos mais importantes no momento certo. Saiba mais sobre o backlog nos Capítulos 7 e 8.

(continua)

(continuação)

Artefato ou Reunião	Função no Gerenciamento de Riscos
Plano de lançamento	Durante o plano de lançamento, a equipe scrum discute sobre os riscos e como minimizá-los. As discussões sobre o risco na reunião do plano de lançamento devem ser de alto nível e relacionadas ao ciclo inteiro. Lide com os riscos nos requisitos individuais nas reuniões do plano. Saiba mais sobre o plano de lançamento no Capítulo 8.
Planejamento do ciclo	Durante cada reunião de planejamento do ciclo, a equipe scrum discute sobre os riscos de requisitos específicos e tarefas no ciclo, e sobre como reduzi-los. As discussões sobre o risco durante o planejamento podem ser profundas, mas devem se relacionar apenas ao ciclo atual. Saiba mais sobre o planejamento do ciclo no Capítulo 8.
Backlog do ciclo	O gráfico de burndown no backlog do ciclo dá uma visão rápida do status do ciclo. Essa visão ajuda a equipe scrum a gerenciar os riscos do ciclo quando eles surgem e minimizar seu efeito lidando com os problemas imediatamente. Saiba mais sobre os backlogs do ciclo e como os gráficos de burndown mostram o status do projeto no Capítulo 9.
Scrum diário	Durante cada scrum diário, os membros da equipe de desenvolvimento discutem sobre os obstáculos. Esses obstáculos, ou impedimentos, algumas vezes são os riscos. Falar sobre eles todos os dias dá à equipe de desenvolvimento e ao scrum master a oportunidade de reduzi-los imediatamente. Saiba mais sobre o scrum diário no Capítulo 9.
Quadro de tarefas	O quadro de tarefas dá uma visão inevitável do status do ciclo, permitindo que a equipe scrum veja os riscos do ciclo e os gerencie imediatamente. Saiba mais sobre os quadros de tarefas no Capítulo 9.
Revisão do ciclo	Durante a revisão do ciclo, a equipe scrum assegura regularmente se o produto atende às expectativas dos envolvidos. A revisão do ciclo também dá oportunidades para os envolvidos discutirem sobre as mudanças no produto para receber as necessidades comerciais que mudam. Ambos os aspectos da revisão do ciclo ajudam a gerenciar o risco de chegar ao fim de um projeto com o produto errado. Saiba mais sobre as revisões do ciclo no Capítulo 10.
Retrospectiva do ciclo	Durante a retrospectiva do ciclo, a equipe scrum discute sobre problemas no ciclo passado e identifica quais podem ser riscos no futuro. A equipe de desenvolvimento precisa determinar modos de impedir que tais riscos se tornem problemas de novo. Saiba mais sobre as retrospectivas no Capítulo 10.

Os artefatos e as reuniões analisados nesta seção ajudam sistematicamente as equipes ágeis a gerenciarem o risco em um projeto ágil lidando com ele com funções responsáveis em momentos adequados. Quanto maior e mais complexo o projeto, maior a probabilidade de uma abordagem ágil poder eliminar o risco de fracasso.

5
Assegurando o Sucesso do Projeto Ágil

NESTA PARTE...

Crie noções básicas de comprometimento na organização e individual para ser mais ágil.

Escolha um projeto e crie um ambiente que otimizará o sucesso da transição para a metodologia ágil.

Amplie as técnicas ágeis para os projetos com várias equipes de modo adequado.

Seja um agente de mudança em sua organização e ajude a evitar armadilhas comuns nas transições para a metodologia ágil.

NESTE CAPÍTULO

» Conseguindo comprometimento na organização e individual

» Montando equipes com as habilidades necessárias

» Criando um ambiente apropriado

» Investindo no treinamento

» Assegurando um suporte inicial e contínuo

Capítulo **16**

Criando Noções Básicas

Para ir de um processo de gerenciamento de projetos tradicional para um ágil com sucesso, você deve começar com uma boa base. É preciso comprometimento, de sua organização e das pessoas individualmente, e você precisa encontrar uma boa equipe de projetos para o primeiro projeto ágil, fornecendo-lhe um ambiente propício às abordagens ágeis. Você precisará ter o treinamento certo para sua equipe de projetos e dar um suporte sustentável à abordagem ágil de sua organização para que ela possa ir além de seu primeiro projeto.

Neste capítulo mostramos como criar uma base forte da metodologia ágil em sua organização.

Comprometimento na Organização e Individual

O comprometimento com o gerenciamento ágil de projetos significa fazer um esforço ativo e consciente de trabalho com novos métodos e abandonar antigos hábitos. O comprometimento nos níveis individual e da organização é fundamental para o sucesso da transição para a metodologia ágil.

Sem o suporte da organização, até os membros mais entusiasmados da equipe de projetos ágil poderão ser forçados a voltar para os antigos processos de gerenciamento. Sem comprometimento dos membros individuais da equipe de projetos, uma empresa que adota abordagens ágeis pode sofrer muita resistência ou até sabotagem para se tornar uma organização ágil.

As seções a seguir detalham como as organizações e pessoas podem dar suporte à transição para a metodologia ágil.

Comprometimento na organização

O comprometimento na organização tem um grande papel na transição para a metodologia ágil. Quando uma empresa e seus grupos adotam os princípios ágeis, a transição pode ser mais fácil para os membros da equipe de projetos.

As organizações podem se comprometer com uma transição ágil fazendo o seguinte:

» Envolvendo um especialista em metodologia ágil para criar um plano de transição realista e guiar a empresa.

» Investindo no treinamento de funcionários, iniciando com os membros da primeira equipe de projetos ágeis da empresa e a liderança em todos os níveis que lhes dão suporte.

» Permitindo que as equipes scrum abandonem os processos em cascata, reuniões e documentos em favor de abordagens ágeis simplificadas.

» Assegurando que todos os membros da equipe necessários em cada projeto ágil sejam dedicados: um product owner capacitado, uma equipe de desenvolvimento multidisciplinar de pessoas com várias habilidades e um scrum master que seja um líder servidor influente.

» Encorajando que as equipes de desenvolvimento aumentem continuamente suas habilidades.

» Fornecendo ferramentas de teste automáticas e uma estrutura de integração contínua.

» Dando suporte logístico para o local partilhado da equipe scrum.

298   PARTE 5 **Assegurando o Sucesso do Projeto Ágil**

- » Permitindo que as equipes scrum se autogerenciem.
- » Dando à equipe de projetos ágil tempo e liberdade para passar por um processo de experimentação saudável.
- » Refazendo as revisões de desempenho dos funcionários para enfatizar o desempenho da equipe.
- » Encorajando equipes de projeto ágeis e comemorando os sucessos.

O suporte da organização também é importante após a transição para a metodologia ágil. As empresas podem assegurar que os processos ágeis continuem a funcionar contratando equipes de projeto ágeis e fornecendo um treinamento ágil para os novos funcionários. As organizações também podem ter um suporte contínuo de um mentor ágil, que pode guiar as equipes de projeto quando elas encontram situações novas e desafiadoras.

As organizações, claro, são compostas por pessoas. O comprometimento na organização e o individual andam lado a lado.

Comprometimento individual

O comprometimento individual tem um papel igual ao comprometimento na organização nas transições ágeis. Quando cada pessoa na equipe de projetos trabalha adotando práticas ágeis, as mudanças são mais fáceis para todos na equipe.

As pessoas podem se comprometer individualmente com uma transição ágil usando estes métodos:

- » Participando de treinamentos e conferências e querendo aprender os métodos ágeis.
- » Sendo abertas a mudanças, querendo experimentar novos processos e se esforçando para se adaptar a novos hábitos.
- » Resistindo à tentação de voltar aos antigos processos.
- » Agindo como treinador para os membros da equipe de projetos com menos experiência nas técnicas ágeis.
- » Permitindo-se cometer erros e aprender com eles.
- » Refletindo honestamente sobre cada ciclo na retrospectiva e se comprometendo com esforços de melhorias.
- » Tornando-se ativamente membros polivalentes da equipe de desenvolvimento.
- » Abandonando o ego e trabalhando como parte de uma equipe.
- » Assumindo a responsabilidade como equipe pelos sucessos e fracassos.
- » Tomando a iniciativa para serem autogerenciadas.
- » Sendo ativas e presentes em cada projeto ágil.

CAPÍTULO 16 **Criando Noções Básicas** 299

Como o comprometimento organizacional, o individual é importante após o período de transição para a metodologia ágil. As pessoas na primeira equipe de projetos ágil serão agentes de mudança na empresa, preparando o caminho e exemplificando para as outras equipes como trabalhar com eficiência usando os métodos ágeis.

Comprometendo-se

O comprometimento com os métodos ágeis pode não ser imediato. Você precisa ajudar as pessoas em sua organização a superar o impulso natural de resistir à mudança.

Um bom início em uma transição ágil é encontrar um *campeão ágil*, um gerente sênior ou executivo que ajude a garantir a mudança na organização. As mudanças fundamentais do processo que acompanham as transições ágeis requerem suporte das pessoas que tomam e aplicam as decisões comerciais. Um bom campeão ágil conseguirá reunir a organização e pessoas em torno das mudanças do processo.

Outro modo importante de se comprometer é identificar os desafios nos projetos atuais da organização e fornecer soluções em potencial com as abordagens ágeis. O gerenciamento ágil de projetos pode lidar com muitos problemas, inclusive questões relacionadas à qualidade do produto, satisfação do cliente, moral da equipe, estouros do orçamento e cronograma, financiamento, gerenciamento de portfólio e problemas gerais no projeto.

Finalmente, destacamos algumas vantagens gerais do gerenciamento ágil de projetos. Algumas dessas vantagens reais e concretas, que levam a mudanças dos métodos tradicionais de gerenciamento de projetos para os métodos ágeis, incluem:

» **Clientes mais contentes:** Os projetos ágeis geralmente conseguem uma maior satisfação do cliente, porque as equipes de projeto ágeis criam produtos validados rapidamente, podem responder à mudança e colaboram com clientes como parceiras.

» **Benefícios de lucro:** As abordagens ágeis permitem que as equipes de projeto coloquem mais rapidamente uma funcionalidade no mercado do que as abordagens tradicionais. As organizações ágeis podem ter um maior retorno sobre o investimento, geralmente resultando de projetos autofinanciados.

» **Redução de falhas:** A qualidade é uma parte-chave das abordagens ágeis. Medidas de qualidade proativas, integração contínua e teste, melhoria contínua, tudo contribui para produtos com melhor qualidade.

» **Moral aumentada:** As práticas ágeis, como o desenvolvimento sustentável e equipes de desenvolvimento autogerenciadas, podem significar funcionários mais contestes, mais eficiência e menos rotatividade na empresa.

Você pode encontrar mais vantagens do gerenciamento ágil de projetos no Capítulo 19.

300   PARTE 5 **Assegurando o Sucesso do Projeto Ágil**

Você consegue fazer a transição?

Você estabeleceu muitos motivos úteis para adotar uma abordagem ágil, e o caso parece bom. Mas sua organização conseguirá fazer a transição? Veja algumas questões importantes a considerar:

» **Quais são os obstáculos da organização?** Sua organização tem uma cultura de entrega de valor ou de gerenciamento de risco? Ela dá suporte ao treinamento e conselhos durante o gerenciamento? Tem uma cultura aberta que adotará uma alta visibilidade do progresso do projeto?

» **Como você negocia hoje?** Como os projetos são planejados no nível macro? A organização é obcecada pelo escopo fixo? Qual é o envolvimento dos representantes da empresa? Você terceiriza o desenvolvimento?

» **Como suas equipes trabalham hoje e o que será preciso para mudar com métodos ágeis?** Como a metodologia em cascata está enraizada? A equipe tem uma mentalidade forte de comando e controle? As boas ideias podem vir de qualquer lugar? Há confiança na equipe? As pessoas são compartilhadas em equipes? O que você precisa pedir para assegurar uma mudança? Você pode conseguir pessoas, ferramentas, espaço e comprometimento para orientar a mudança?

» **Quais são os desafios da regulamentação?** Existem processos e procedimentos que se relacionam com requisitos reguladores? Esses requisitos são impostos a partir de regulamentações e padrões adotados dentro ou fora da empresa? Você precisará criar uma documentação extra para atender aos requisitos reguladores? Haverá uma auditoria para verificar a conformidade e qual seria o custo da não conformidade?

Quando você fizer sua análise dos obstáculos e desafios, poderá descobrir o seguinte:

» **As abordagens ágeis revelam que a organização precisa mudar.** Quando você compara as práticas ágeis e os resultados com o que tem feito tradicionalmente, pode ver que o desempenho não era o que poderia ter sido. É preciso resolver isso. Sua organização vem operando em como os projetos deveriam ser executados. A organização fez o melhor para produzir um resultado, em geral enfrentando desafios extremos. Para todas as partes envolvidas, você tem que reconhecer os esforços, apresentar o potencial dos processos ágeis e permitir que eles produzam resultados ainda melhores.

» **Os líderes de gerenciamento do projeto podem interpretar mal as técnicas ágeis como sendo insuficientes.** Em geral, os valores e princípios do Manifesto Ágil são mal interpretados quanto às estruturas ágeis envolvendo um planejamento e documentação insuficientes, e tentando negligenciar os padrões geralmente aceitos do gerenciamento de projetos. Os gerentes de projetos experientes podem ver parte desse valor escapando em uma transição para os processos ágeis. Aproveite cada oportunidade para esclarecer o que os valores e princípios ágeis suportam ou não. Mostre como cada princípio lida com os mesmos desafios que o gerenciamento de projetos tradicional tenta resolver e como as técnicas ágeis são uma extensão das capacidades e carreira dos gerentes de projetos, não uma desvalorização do que eles investiram muito para assegurar.

» **Ir da liderança para um modelo de serviço pode ser desafiador.** Os líderes ágeis são orientados a serviços. Comando e controle dão lugar à facilitação. A liderança de servidor é uma grande mudança para muitas equipes de projeto e gerentes funcionais. Demonstre como a mudança oferece resultados mais eficientes para todos. Você lê mais sobre a liderança de servidor no Capítulo 14.

Lembre-se de que haverá certa resistência. A mudança não acontece sem oposição. Esteja pronto para a resistência, mas não deixe que ela frustre o plano geral.

A hora da transição

Na organização, você pode começar a adotar uma abordagem ágil a qualquer momento. Considere alguns momentos ideais:

» **Quando você precisa provar que o gerenciamento ágil de projetos é necessário:** Use o fim de um grande projeto, quando vê claramente o que não funcionou (por exemplo, durante uma revisão final). Você conseguirá demonstrar claramente os problemas na metodologia em cascata e terá um trampolim para conduzir seu primeiro projeto ágil.

» **Quando seu desafio é um orçamento preciso:** Execute o primeiro projeto ágil no trimestre antes do início do orçamento anual (isto é, um trimestre antes do fim do ciclo atual do orçamento). Você terá as métricas do primeiro projeto, o que permitirá planejar melhor o orçamento do ano seguinte.

» **Quando se inicia um novo projeto:** Adotar processos ágeis quando se tem um novo projeto permite iniciar sem a bagagem das antigas abordagens.

» **Quando está tentando atingir um novo mercado ou setor:** As técnicas ágeis permitem entregar uma inovação rápida para ajudar a organização a criar produtos para novos tipos de clientes.

» **Quando tem uma nova liderança:** As mudanças no gerenciamento são ótimas oportunidades para definir novas expectativas com abordagens ágeis.

Embora você possa aproveitar qualquer uma dessas oportunidades para começar a usar os processos ágeis, elas não são necessárias. O melhor momento para se tornar mais ágil é... hoje!

Escolhendo os Membros Certos da Equipe-piloto

Determinar as pessoas certas com as quais trabalhar, sobretudo nos estágios iniciais, é importante para o sucesso do projeto ágil. Veja algumas coisas a considerar quando escolher pessoas para as diferentes funções no primeiro projeto ágil de sua organização.

Campeão ágil

No começo de uma transição para a metodologia ágil, o campeão ágil será uma pessoa-chave ao ajudar a assegurar que a equipe de projetos tenha sucesso. Essa pessoa deve ser capaz de influenciar com rapidez e eficiência cada nível da organização que afeta as chances de sucesso das equipes-pilotos ágeis. Um bom campeão ágil deve:

» Ser apaixonado pela agilidade e por questões na organização e do mercado com as quais as abordagens ágeis lidarão.

» Tomar decisões sobre os processos da empresa. Se há um *status quo*, o campeão ágil deve conseguir influenciar uma mudança.

» Empolgar a organização sobre o que é possível fazer com os processos ágeis.

» Colaborar regular e diretamente e dar suporte à equipe de projetos durante as etapas para estabelecer os processos ágeis.

» Conseguir os membros da equipe de projetos necessários para o sucesso do primeiro projeto e em longo prazo.

» Ser um ponto de ajuste para remover as distrações desnecessárias e processos não ágeis.

Ao escolher um campeão ágil, procure alguém que tenha autoridade na organização, cuja voz seja respeitada e que tenha tido iniciativas de mudança com sucesso no passado.

Transição para a metodologia ágil

Por mais importante que seja o campeão ágil, uma pessoa não pode fazer tudo. O campeão ágil deve trabalhar junto de outros líderes da organização, com quem a equipe de projetos ágil conta para dar suporte na transição. Juntos, a equipe de transição para a metodologia ágil remove os impedimentos na organização

CAPÍTULO 16 **Criando Noções Básicas** 303

e assegura o sucesso de uma equipe-piloto e de futuras equipes ágeis. A equipe de transição deve:

- » Estar comprometida com o sucesso da organização por meio de um suporte contínuo das equipes-pilotos ágeis.
- » Estabelecer uma visão clara e um guia para a organização se tornar ágil.
- » Ser organizada como uma equipe scrum, com um product owner (campeão ágil), equipe de desenvolvimento (líderes que podem fazer mudanças na organização em apoio às equipes-pilotos scrum) e scrum master (um líder na organização que pode ajudar a equipe de transição para a metodologia ágil a adotar os princípios ágeis e aplicar as regras do scrum).
- » Operar como uma equipe scrum, realizando todos os cinco eventos scrum e implementando todos os três artefatos.

A Figura 16-1 mostra como se alinham os ritmos dos ciclos da equipe de transição para a metodologia ágil e a equipe-piloto scrum. Os impedimentos identificados na retrospectiva do ciclo da equipe-piloto tornam-se itens do backlog que a equipe de transição deve aprimorar no processo para a equipe-piloto.

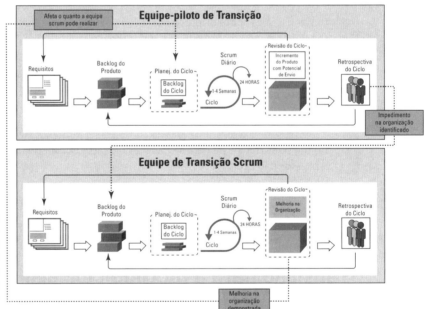

FIGURA 16-1: Alinhamento dos ritmos da equipe de transição e equipe-piloto scrum.

Não só a equipe de transição para a metodologia ágil fornece um suporte sistemático para a equipe-piloto scrum, como também a liderança da organização fica mais ágil usando-se o scrum junto da equipe-piloto.

Product owner

Com um campeão ágil e uma equipe de transição para a metodologia ágil, o foco fica nas equipes-pilotos scrum. Os product owners dessa equipe devem vir do lado comercial da organização, alinhando negócio e tecnologia. Durante o primeiro projeto ágil, o product owner precisa se acostumar a trabalhar no projeto diariamente com a equipe de desenvolvimento. Um bom product owner deve:

» Ser decisivo.

» Ser especialista nos requisitos do cliente e necessidades comerciais.

» Ter autoridade comercial e o poder de priorizar e refazer a prioridade dos requisitos do produto.

» Ser organizado o suficiente para gerenciar mudanças contínuas no backlog do produto.

» Estar comprometido em trabalhar com o resto da equipe scrum e disponível diariamente para a equipe de desenvolvimento durante um projeto.

» Ter a capacidade de conseguir financiamento para o projeto e outros recursos.

Ao escolher um product owner para o primeiro projeto ágil, encontre alguém especializado no produto e que tenha comprometimento com o projeto.

Equipe de desenvolvimento

Nos projetos ágeis, a equipe de desenvolvimento autogerenciada é fundamental para o sucesso do projeto. A equipe de desenvolvimento determina como trabalhar na criação do produto. Os bons membros da equipe devem:

» Ser versáteis.

» Querer trabalhar de modo multidisciplinar.

» Planejar um ciclo e se autogerenciar em torno desse plano.

» Entender os requisitos do produto e fazer estimativas do esforço.

» Dar conselhos técnicos ao product owner para que ele entenda a complexidade dos requisitos e tome decisões adequadas.

» Responder a circunstâncias e ajustar processos, padrões e ferramentas para otimizar o desempenho.

Os desenvolvedores intelectualmente curiosos, ansiosos por aprender coisas novas e contribuir com os objetivos do produto de vários modos, têm maior probabilidade de prosperar em um ambiente ágil. Ao escolher uma equipe de desenvolvimento para o projeto-piloto, selecione pessoas abertas à mudança, que gostem de um desafio, como estar na frente de novos desenvolvimentos, e que queiram fazer qualquer coisa necessária para assegurar o sucesso, inclusive aprender a pôr em prática novas habilidades, além das existentes.

Scrum master

O scrum master no primeiro projeto ágil de uma empresa pode precisar ser mais sensível às prováveis distrações da equipe de desenvolvimento do que nos projetos subsequentes. Um bom scrum master deve:

» Ter influência.

» Ter autoridade suficiente na organização para remover as distrações externas que impedem a equipe de projetos de usar com êxito os métodos ágeis.

» Saber o suficiente sobre o gerenciamento ágil de projetos para conseguir ajudar a equipe a apoiar os processos ágeis durante um projeto.

» Ter habilidades de comunicação e facilitação para guiar a equipe de desenvolvimento para chegar ao consenso.

» Confiar o bastante para recuar e permitir que a equipe de desenvolvimento se organize e autogerencie.

Ao determinar o scrum master para o primeiro projeto ágil de uma empresa, você deseja selecionar alguém que queira ser um líder servidor. Ao mesmo tempo, o scrum master precisará ter um temperamento bem forte para ajudar a impedir distrações e apoiar os processos ágeis perante a resistência individual e corporativa.

Envolvidos no projeto

No primeiro projeto ágil de uma organização, os bons envolvidos devem:

» Participar.

» Submeter-se ao product owner quanto às decisões finais do produto.

» Participar das revisões do ciclo e dar um feedback do produto.

» Entender os processos ágeis. Enviar os envolvidos no projeto para o mesmo treinamento que o resto da equipe de projetos recebe, para que se sintam mais confortáveis com os novos processos.

» Receber as informações do projeto em formatos ágeis, como revisões do ciclo, backlogs do produto e do ciclo.

» Dar detalhes quando o product owner e a equipe de desenvolvimento têm perguntas.

» Trabalhar em colaboração com o product owner e o restante da equipe de projetos.

Os envolvidos do projeto ágil devem ser confiáveis, cooperar e colaborar ativamente em um projeto.

Mentor ágil

Um mentor ágil, algumas vezes chamado de instrutor ágil, é essencial para manter as equipes e organizações nos trilhos enquanto aprendem sobre o scrum e começam a estabelecer um ambiente mais ágil. Um bom mentor ágil deve:

» Ser experiente.

» Ser especialista em processos ágeis, sobretudo nos processos ágeis que sua organização escolhe.

» Estar familiarizado com projetos de diferentes tamanhos, grandes e pequenos.

» Ajudar as equipes a se autogerenciarem, fazer perguntas para ajudá-las a aprender por si mesmas, dar conselhos úteis e suporte sem controlar um projeto.

» Guiar a equipe de projetos em seu primeiro ciclo no começo do projeto e estar disponível para responder às perguntas quando necessário durante o projeto.

» Trabalhar e se relacionar com o product owner, os membros da equipe de desenvolvimento e o scrum master.

» Ser uma pessoa fora de um departamento ou organização. Em geral, os membros ágeis internos vêm de um grupo de gerenciamento de projetos ou centro de excelência da empresa. Se o mentor ágil vier de dentro da organização, deverá separar as considerações políticas ao fazer sugestões e dar conselhos.

Várias organizações oferecem uma estratégia ágil, planejamento e conselhos, inclusive a nossa, a Platinum Edge.

Criando um Ambiente que Permite Agilidade

Quando você estiver estabelecendo as noções básicas para ajustar sua abordagem a partir de métodos tradicionais para usar os métodos ágeis, crie um ambiente no qual os projetos ágeis possam ser bem-sucedidos e as equipes de projetos possam se desenvolver. Um ambiente ágil se refere não só a ambientes físicos, como o descrito no Capítulo 5, mas também a um bom ambiente na organização. Para criar um bom ambiente ágil de projetos, você deve ter o seguinte:

» **Bom uso dos processos ágeis:** Isso pode parecer óbvio, mas use estruturas e técnicas ágeis comprovadas desde o início. Use o Guia de Valor na Figura 16-2, utilizando o scrum e outras práticas ágeis importantes para aumentar as chances de sucesso. Comece com o básico; baseie-se nisso apenas quando o projeto e seu conhecimento se desenvolverem. Progresso em nome do progresso não leva à perfeição. Lembre-se, a prática não traz a perfeição, mas leva à duração. Comece do modo certo.

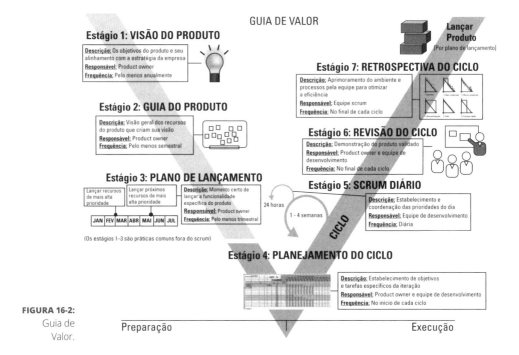

FIGURA 16-2: Guia de Valor.

» **Transparência irrestrita:** Seja aberto sobre o status do projeto e futuras mudanças no processo. As pessoas na equipe de projetos e na organização devem compartilhar os detalhes do projeto.

» **Inspeção frequente:** Use oportunidades de feedback regulares que o scrum fornece para ver em primeira mão o andamento do projeto.

» **Adaptação imediata:** Complemente a inspeção fazendo as mudanças necessárias para melhorias durante o projeto. Aproveite as oportunidades para melhorar hoje, não espere até o final de um ciclo ou do projeto inteiro.

» **Equipe scrum dedicada:** O ideal é que o product owner, a equipe de desenvolvimento e o scrum master sejam totalmente alocados para o projeto.

>> **Equipe scrum com local partilhado:** Para ter melhores resultados, o product owner, a equipe de desenvolvimento e o scrum master devem sentar juntos, na mesma área do mesmo escritório.

>> **Equipe de projetos bem treinada:** Quando os membros da equipe de projetos trabalham juntos para aprender sobre os valores e princípios ágeis e experimentam as técnicas ágeis, têm uma compreensão compartilhada e expectativas comuns sobre a direção em que estão indo como uma organização ágil.

Felizmente, há muitas oportunidades de treinamento disponíveis nos processos ágeis. Você pode encontrar programas de certificação formal, assim como cursos ágeis e grupos de discussão sem certificação. As certificações ágeis disponíveis incluem:

>> Da Scrum Alliance:
- Certified ScrumMaster (CSM)
- Advanced Certified ScrumMaster (A-CSM)
- Certified Scrum Product Owner (CSPO)
- Advanced Certified Scrum Product Owner (A-CSPO)
- Certified Scrum Developer (CSD)
- Advanced Certified Scrum Developer (A-CSD)
- Certified Scrum Professional (CSP) para ScrumMasters (CSP-SM), Product Owners (CSP-PO) e Desenvolvedores (CSP-D)
- Certified Team Coach (CTC)
- Certified Enterprise Coach (CEC)
- Certified Agile Leadership (CAL)

>> Credenciamento do Project Management Institute Agile Certified Practitioner (PMI-ACP)

>> No Scrum.org:
- Professional Scrum Master (PSM I, II, III)
- Professional Scrum Product Owner (PSPO I, II)
- Professional Scrum Developer (PSD)

>> No International Consortium for Agile (ICAgile):
- Vários caminhos para a instrução ágil, engenharia, treinamento, agilidade comercial, gerenciamento de envios, DevOps, empresa, agilidade e gerenciamento de valor

>> Diversos programas de certificação superior em universidades

Com um bom ambiente, há boas chances de haver sucesso.

CAPÍTULO 16 **Criando Noções Básicas**   309

Apoie a Agilidade no Início e ao Longo do Tempo

Quando você iniciar os processos ágeis, dê uma chance de sucesso a essa transição prestando atenção nestes principais fatores de sucesso:

» **Escolha um bom piloto.** Selecione um projeto que seja importante o bastante para conseguir o apoio de todos. Ao mesmo tempo, defina expectativas: embora o projeto produza melhorias mensuráveis, os resultados serão modestos enquanto a equipe de projetos aprende novos métodos, e melhorará com o tempo.

» **Consiga um mentor ágil.** Use um mentor ou treinador para aumentar suas chances de estabelecer um bom ambiente ágil e maximizar suas chances de ter um ótimo desempenho.

» **Comunique-se, muito.** Continue falando sobre os processos ágeis em cada nível da organização. Use o campeão ágil para encorajar o progresso durante o piloto e ter maior adaptação à metodologia ágil.

» **Prepare-se para avançar.** Continue pensando no futuro. Considere como você levaria as lições do piloto para os novos projetos e equipes. Também pense sobre como irá de um projeto para muitos, inclusive aqueles com várias equipes.

> **NESTE CAPÍTULO**
>
> » Identificando quando e por que dimensionar para projetos com várias equipes
>
> » Noções básicas do dimensionamento
>
> » Explorando os desafios do dimensionamento

Capítulo 17
Dimensione para as Equipes Ágeis

Dependendo do cronograma, do escopo e das habilidades requeridas, muitos projetos pequenos e médios podem ser realizados com uma única equipe scrum. Contudo, os maiores podem requerer mais de uma equipe scrum para que se atinjam os objetivos de visão e lançamento do produto em um prazo razoável para entrar no mercado. Quando é preciso mais de uma equipe scrum, as equipes precisam de colaboração, comunicação e sincronia eficientes, precisam ser ágeis em escala. Independentemente do tamanho do projeto, se existirem interdependências entre várias esquipes trabalhando juntas no mesmo projeto, ou até em uma coleção de projetos, você precisará dimensionar.

DICA

Dimensione apenas se for preciso. Mesmo que possa ter talento e recursos disponíveis para implementar várias equipes no projeto, essa diversidade não assegura automaticamente mais qualidade nem rapidez para entrar no mercado. Sempre procure modos de implementar o décimo princípio ágil: "Simplicidade, a arte de maximizar quanto trabalho é feito, é essencial." Menos é mais.

Como estrutura ágil, o scrum ajuda as equipes a organizar seu trabalho e mostrar o progresso com eficiência, tendo seu projeto uma equipe scrum ou mil.

Como o dimensionamento requer novos desafios, você desejará implementar técnicas de coordenação e colaboração entre as equipes que não deem suporte apenas aos valores e princípios ágeis, mas também que lidem com os desafios específicos em seu projeto e organização.

Neste capítulo veremos como lidar com alguns problemas quando são necessárias várias equipes em um projeto ágil. Também damos uma visão geral de algumas estruturas comuns do dimensionamento da metodologia ágil e abordagens que tratam os desafios do dimensionamento.

Projetos Ágeis com Várias Equipes

As organizações determinam a necessidade de várias equipes scrum quando o backlog do produto e o plano de lançamento precisam de mais velocidade de desenvolvimento do que uma única equipe scrum consegue ter.

Com os projetos ágeis, as equipes multidisciplinares trabalham juntas durante cada ciclo do projeto, fazendo os mesmos tipos de trabalho a cada ciclo e implementando os requisitos no backlog para ter uma funcionalidade concluída, validada e de envio. Quando várias equipes trabalham a partir do mesmo backlog do produto, há novos desafios com os quais lidar.

Os desafios comuns com mais de uma equipe scrum trabalhando no mesmo projeto incluem:

> » **Planejamento do projeto:** O planejamento ágil acontece em cooperação, desde o início. A colaboração para os grandes grupos é diferente para as equipes scrum simples. Estabelecer uma visão com a equipe de projetos maior (todas as equipes scrum e envolvidos) e criar um guia e backlog do produto com a colaboração de todas as partes envolvidas requer uma abordagem diferente em relação aos projetos com uma equipe.

> » **Plano de lançamento:** Parecido com o desafio de planejamento do projeto, os lançamentos envolvem um plano mais específico para o escopo e datas de lançamento. Coordenar quem trabalha em que e quando, durante o ciclo de lançamento, é ainda mais crítico para assegurar que as dependências, lacunas no escopo e alocações de talentos correspondam às necessidades do projeto.

> » **Decomposição:** Para dividir os requisitos maiores no mesmo backlog, várias equipes podem precisar participar de discussões e atividades de pesquisa e aperfeiçoamento. Quem inicia as discussões? Quem facilita?

> » **Planejamento do ciclo:** Embora não seja a última oportunidade para coordenar o planejamento e execução entre as equipes scrum, o planejamento do ciclo acontece quando as equipes se limitam a certo escopo

no backlog do produto. Nesse estágio, as dependências entre elas ficam reais. Se as atividades anteriores para desenvolver o guia do produto e o plano de lançamento não mostraram as dependências, como as equipes scrum podem exibir e lidar com elas no planejamento do ciclo?

» **Coordenação diária:** Mesmo depois do planejamento e da colaboração eficientes desde o início do projeto até o planejamento do ciclo, as equipes scrum podem e devem colaborar todos os dias. Quem participa e o que pode ser feito enquanto as equipes estão em execução?

» **Revisão do ciclo:** Com tantas equipes demonstrando os incrementos do produto e buscando feedback, como os envolvidos podem participar com seus cronogramas limitados? Como os product owners atualizam o backlog do produto com tudo que foi aprendido com as várias equipes scrum? Como as equipes de desenvolvimento sabem o que foi feito pelas outras equipes?

» **Retrospectiva do ciclo:** Várias equipes scrum que trabalham juntas formam uma equipe de projeto maior. Como identificam as oportunidades para aperfeiçoar e implementar essas melhorias no programa?

» **Integração:** Todos os incrementos do produto precisam funcionar juntos em um ambiente integrado. Quem faz a integração? Quem fornece a infraestrutura para as equipes? Quem assegura o funcionamento das integrações?

» **Decisões da arquitetura:** Quem supervisiona a arquitetura e os padrões técnicos? Como essas decisões podem ser descentralizadas para permitir que as equipes sejam auto-organizadas e trabalhem do modo mais autônomo possível?

Esses são alguns exemplos. Você pode conseguir identificar outros com base em sua experiência. Qualquer que seja sua situação, selecione soluções para seus problemas de dimensionamento que lidem com o desafio específico.

DICA

Algumas estruturas de dimensionamento oferecem soluções para desafios que você pode não ter. Tenha cuidado para não aumentar a estrutura corrigindo coisas que não estão corrompidas.

LEMBRE-SE

Neste capítulo nos referimos a produtos, projetos, programas e portfólios. Em geral, *produto* é um conjunto de recursos que fornecem algum tipo de valor ou utilidade para um cliente. *Projeto* é um conjunto planejado de trabalho que requer tempo, esforço e planejamento para ser concluído. Tem um início e fim distintos. *Programa* é uma coleção de projetos com uma afinidade entre si (lidando com certo segmento do mercado ou circulando no mesmo projeto). *Portfólio* é uma coleção de programas e projetos usados para atender a objetivos específicos, comerciais e estratégicos. Os projetos ou programas do portfólio podem não estar diretamente relacionados entre si, mas são agrupados para facilitar o gerenciamento do trabalho.

Desde as primeiras equipes scrum, no meio dos anos 1990, há projetos ágeis que requerem várias equipes colaborando com eficiência. A seguir estão as visões gerais de diversas estruturas e técnicas de dimensionamento que lidam com muitos desses desafios.

Facilitando o Trabalho com Cortes Verticais

Uma das abordagens de dimensionamento mais simples é conhecida como corte vertical, que fornece uma solução direta para dividir o trabalho entre as equipes para que possam entregar e integrar progressivamente a funcionalidade em cada ciclo. Se seu desafio de dimensionamento for dividir o trabalho entre as equipes, o corte vertical será a solução.

O conceito de corte vertical aplica-se também aos projetos de equipe simples. As equipes de desenvolvimento consistem de pessoas que têm, juntas, todas as habilidades requeridas para transformar um requisito em uma funcionalidade de envio concluída. A equipe de desenvolvimento agrupa-se em torno de um requisito por vez, que é um corte vertical do backlog do produto, tocando potencialmente todos os aspectos da tecnologia e habilidades necessárias.

Com o *corte vertical*, várias equipes scrum trabalham em ciclos sincronizados com a mesma duração em tal *corte*, uma parte separada ou módulo do projeto geral, então os módulos são integrados por uma equipe scrum de integração após cada ciclo. Essa equipe de integração atrasa as equipes scrum de desenvolvimento em um ciclo e tem a própria equipe scrum, com um product owner, membros da equipe de desenvolvimento e scrum master.

A Figura 17-1 mostra como um backlog do produto é cortado em requisitos específicos para cada equipe scrum. Depois, no final de cada ciclo, as equipes individuais implementam a funcionalidade validada, que pode ser integrada em outra no conjunto maior de recursos do produto. Os recursos de cada equipe individual alimentam o backlog de uma equipe de integração (a equipe scrum diretamente acima na ilustração) para fazer as coordenações arquitetural e no nível do sistema.

A quantidade de níveis da equipe scrum de integração requeridos depende da complexidade de cada projeto. A figura mostra quatro níveis que um conjunto de recursos no Microsoft Office pode requerer logicamente. (Usamos o Microsoft como exemplo porque é familiar para a maioria das pessoas.)

Cada *equipe scrum de integração* lida com todo o trabalho de desenvolvimento no nível do sistema para a integração da funcionalidade produzida pelas equipes que a alimentaram, e faz uma supervisão da arquitetura para unificar as equipes scrum individuais.

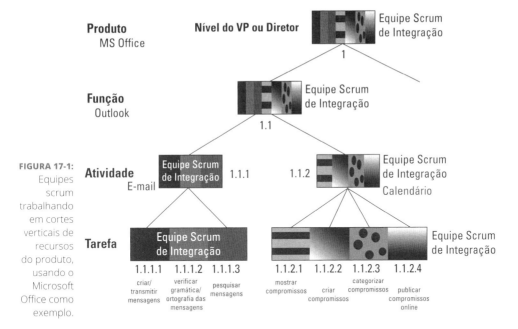

FIGURA 17-1: Equipes scrum trabalhando em cortes verticais de recursos do produto, usando o Microsoft Office como exemplo.

Usando o Microsoft Office como ilustração:

» Uma única equipe scrum desenvolve a funcionalidade do recurso de E-mail "criar/transmitir mensagens" (requisito ID 1.1.1.1).

» Uma equipe scrum diferente desenvolve a funcionalidade para "verificar gramática/ortografia das mensagens" (1.1.1.2).

» Uma terceira equipe desenvolve a funcionalidade para "pesquisar mensagens" (1.1.1.3).

» A equipe scrum de integração (no nível da Atividade) faz o trabalho de desenvolvimento para integrar a funcionalidade dessas três equipes em um pacote (1.1.1) que a equipe de integração do E-mail pode integrar no módulo de E-mail inteiro.

» Então a equipe de integração do Outlook pega os módulos de E-mail, com o Calendário, Contatos e outros, para integrar em um pacote do Outlook (1.1), que pode ser incorporado pela equipe de integração do MS Office no pacote MS Office inteiro (1).

Nesse exemplo, as equipes de integração operam como equipes scrum separadas, com membros dedicados para cada função.

Scrum de scrums

Como essas diferentes equipes scrum se coordenam diariamente? O modelo *scrum de scrums* facilita uma integração, coordenação e colaboração eficientes entre as equipes scrum usando o corte vertical. Entre todas as estruturas de dimensionamento mostradas neste capítulo, use o scrum de scrums para permitir uma coordenação diária entre as equipes scrum.

A Figura 17-2 mostra a função de cada equipe coordenando-se diariamente com pessoas na mesma função em outras equipes em relação a prioridades, dependências e impedimentos que afetam a equipe de programa maior. O scrum de scrums de cada função é facilitado pela pessoa no nível da integração para cada função. Na integração e nos esforços de lançamento, estabeleça um modelo de scrum de scrums consistente e regular.

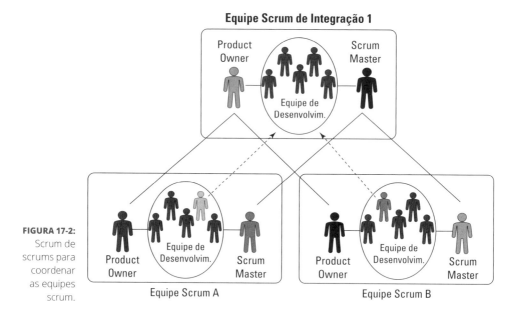

FIGURA 17-2: Scrum de scrums para coordenar as equipes scrum.

Todo dia, as equipes scrum individuais têm os próprios scrums diários com mais ou menos a mesma duração, em locais separados. Após esses scrums diários, ocorrem as reuniões com scrum de scrums descritas a seguir.

Scrum de scrums do product owner

Todo dia, após os scrums diários das equipes scrum individuais, os product owners de cada equipe scrum se encontram com o product owner da equipe de integração por apenas 15 minutos. Eles falam sobre os requisitos sendo concluídos e fazem ajustes com base nas realidades mostradas durante o scrum diário da equipe scrum individual. Cada product owner lida com o seguinte:

» Requisitos comerciais que cada um aceitou ou rejeitou desde a última reunião.

» Requisitos que devem ser aceitos até a próxima reunião.

> Quais requisitos são impedidos e precisam da ajuda de outras equipes para ter solução (por exemplo, "João, não conseguiremos fazer o requisito 123 até você concluir o requisito xyz no backlog do ciclo atual").

O product owner da equipe de integração toma decisões de priorização entre as equipes, necessárias para assegurar que os impedimentos sejam lidados durante o scrum de scrums diário.

Scrum de scrums da equipe de desenvolvimento

Todo dia, após os scrums diários das equipes scrum individuais, um membro representante da equipe de desenvolvimento de cada equipe scrum participa do scrum diário da equipe de integração (que é o scrum de scrums para os desenvolvedores) e se reúne com os membros da equipe de desenvolvimento da integração para discutir sobre:

> As realizações de sua equipe desde a última reunião.
> As realizações planejadas de sua equipe entre agora e a próxima reunião.
> As preocupações técnicas com as quais precisam ajudar.
> As decisões técnicas de direção que a equipe tomou e o que as pessoas devem saber para evitar problemas em potencial.

DICA

Considere fazer a rotação dos membros da equipe de desenvolvimento nas equipes scrum individuais que participam do scrum de scrums (scrum diário da equipe de integração) diariamente ou em cada ciclo, para assegurar que todos fiquem sintonizados nos esforços de integração do portfólio.

Scrum de scrums do scrum master

Os scrum masters de cada equipe scrum também se encontram com o scrum master da equipe scrum de integração por apenas 15 minutos para falar sobre os impedimentos que cada equipe tem. Cada scrum master lida com o seguinte:

> Os impedimentos da equipe individual resolvidos desde a última reunião e como foram resolvidos, no caso de outros scrum masters terem o problema.
> Novos impedimentos identificados desde a última reunião e qualquer um não resolvido.
> Quais impedimentos eles precisaram resolver.
> Os impedimentos em potencial que todos devem conhecer.

O scrum master da equipe de integração verifica se os impedimentos agravados são lidados após o scrum de scrums diário.

Com o corte vertical, existe um único backlog do produto, e os atributos da equipe são atribuídos a esses requisitos quando divididos e vão para a equipe scrum de desenvolvimento. Com esse modelo, é possível ver o programa geral e também filtrar rapidamente a parte da própria equipe.

Uma pergunta comum é: "Quem é responsável pela arquitetura em um programa com corte vertical?" A resposta é que depende de quais módulos serão afetados pela decisão.

Sua organização deve ter padrões de arquitetura, de codificação e guias de estilo. Assim, cada equipe não tem que reinventar a roda.

Considere uma decisão de arquitetura que precisa ser tomada e afetará apenas o módulo A. A equipe de desenvolvimento do módulo A tomaria essa decisão. Se afetasse várias equipes, a equipe de desenvolvimento no nível da integração, no qual todas as afetadas estão, tomaria tal decisão. Esse nível de integração pode estar um nível acima ou quatro.

Usando a Figura 17-2 como exemplo, uma decisão de arquitetura que afeta duas equipes do módulo de E-mail (1.1.1.2 e 1.1.1.3) seria tomada pela equipe de integração do E-mail (1.1.1). Uma decisão que afeta a equipe do módulo para pesquisar as mensagens de E-mail (1.1.1.3) e a equipe scrum de integração do Calendário (1.1.2) seria tomada pela equipe scrum de integração do Outlook (1.1).

O corte vertical é um modo simples de manter a autonomia de cada equipe scrum para entregar uma funcionalidade útil em um contexto maior do programa. Também é eficiente ao ajudar as equipes a terem conversas oportunas e relevantes sobre limites e progresso.

Alinhando com Funções Usando o Scrum em Escala

Os modelos de dimensionamento da metodologia ágil variam quanto à complexidade e simplicidade. A abordagem Scrum em Escala para duas ou centenas de equipes scrum que trabalham juntas é um modelo básico de scrum de scrums para os scrum masters e product owners coordenarem a comunicação, a remoção de impedimentos, as prioridades, o aprimoramento dos requisitos e o planejamento. Essa sincronização diária entre as equipes é feita usando-se um modelo de scrum de scrums para as funções de scrum master e product owner com vários tamanhos de programas.

Dimensionando o scrum master

Seguindo o modelo de scrum de scrums com corte vertical, o Scrum em Escala agrupa cinco scrum masters em um scrum de scrums do scrum master. Ele espelha o scrum diário das equipes scrum individuais para mostrar e remover os impedimentos. Com o Scrum em Escala, reduzir o escopo de um scrum de scrums para cinco scrum masters em cada uma das cinco equipes scrum limita as complexidades da comunicação para haver uma colaboração eficiente entre as equipes em relação a seu trabalho e como ele é afetado. Um scrum de scrums do scrum master coordena as atividades de lançamento como uma equipe de lançamento.

A Figura 17-3 mostra o modelo de scrum de scrums do Scrum em Escala.

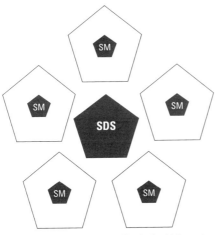

FIGURA 17-3: Modelo de scrum de scrums do Scrum em Escala.

© 1993-2017 Jeff Sutherland & Scrum, Inc.

Nos projetos com mais de cinco equipes scrum, o Scrum em Escala implementa um scrum de scrums de scrums, no qual um representante de cada scrum de scrums do scrum master participa com quatro outros representantes do scrum de scrums para mostrar e remover os impedimentos no nível do scrum de scrums de scrums.

A Figura 17-4 mostra o modelo do scrum de scrums de scrums do Scrum em Escala.

Quando um projeto tem mais de 25 equipes, uma equipe de ação executiva (EAT — Executive Action Team) dá suporte ao scrum de scrums de scrums no terceiro nível para remover os impedimentos da organização que os grupos de scrum de scrums não conseguem remover sozinhos.

A Figura 17-5 mostra o modelo de scrum de scrums de scrums no terceiro nível do Scrum em Escala com uma equipe de ação executiva (EAT).

CAPÍTULO 17 **Dimensione para as Equipes Ágeis** 319

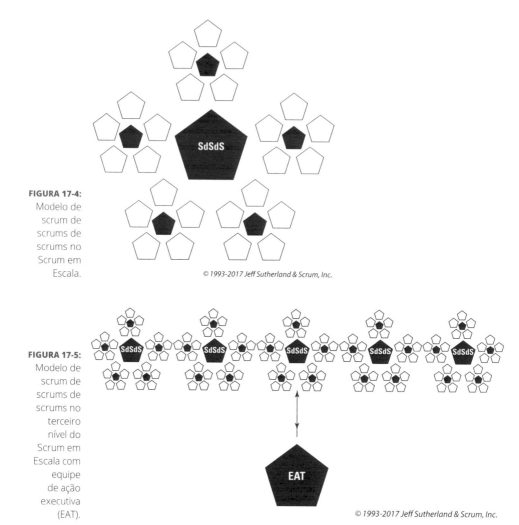

FIGURA 17-4: Modelo de scrum de scrums de scrums no Scrum em Escala.

© 1993-2017 Jeff Sutherland & Scrum, Inc.

FIGURA 17-5: Modelo de scrum de scrums de scrums no terceiro nível do Scrum em Escala com equipe de ação executiva (EAT).

© 1993-2017 Jeff Sutherland & Scrum, Inc.

Dimensionando o product owner

Os product owners se organizam de um modo parecido e alinhado, e em vez de ser rotulados como scrum de scrums, são metascrums. Um metascrum no primeiro nível reúne cinco product owners nas reuniões para aprimorar e planejar as prioridades. Cada metascrum tem um product owner chefe (CPO), que supervisiona o quadro geral da visão e backlog do produto e facilita a coordenação entre os product owners no metascrum.

A Figura 17-6 mostra o metascrum do Scrum em Escala para os product owners.

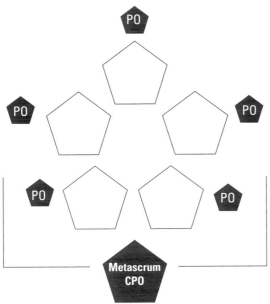

FIGURA 17-6: Metascrum do Scrum em Escala para os product owners.

© 1993-2017 Jeff Sutherland & Scrum, Inc.

Nos metascrums do segundo e terceiro níveis, o grupo se alinha com o grupo do scrum de scrums de scrums do scrum master. Um metascrum executivo (EMS — Executive Meta Scrum) dá suporte aos metascrums assumindo e comunicando a visão de toda a organização, dando um feedback técnico da prioridade a partir dos metascrums e tomando decisões gerais quanto à prioridade para o programa.

A Figura 17-7 mostra o modelo de metascrums no terceiro nível do Scrum em Escala com o metascrum executivo (EMS).

A Figura 17-8 mostra o grupo alinhado de scrum de scrums de scrums no terceiro nível do Scrum em Escala e o modelo de metascrums com a equipe de ação executiva (EAT) e o metascrum executivo (EMS).

Um metascrum deve ser uma reunião de sincronização que inclui os envolvidos. Todos os envolvidos no nível do CPO devem estar presentes para assegurar o alinhamento na organização e o suporte da priorização do backlog do produto do CPO durante cada ciclo.

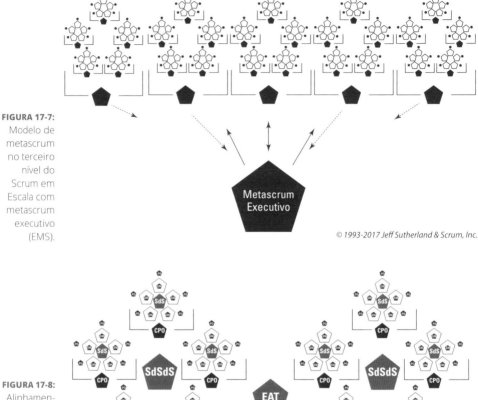

FIGURA 17-7: Modelo de metascrum no terceiro nível do Scrum em Escala com metascrum executivo (EMS).

FIGURA 17-8: Alinhamento do scrum de scrums de scrums no terceiro nível do Scrum em Escala e metascrums.

© 1993-2017 Jeff Sutherland & Scrum, Inc.

Sincronizando uma hora por dia

Em uma hora ou menos por dia, uma organização inteira pode alinhar as prioridades do dia e fazer uma coordenação eficiente de remoção dos impedimentos. Por exemplo, às 8h, cada equipe scrum individual faz scrums diários separadamente. Às 8h45, os scrum masters fazem o scrum de scrums, e os product owners fazem as reuniões de metascrum no nível um. Às 9h, os scrum masters se reúnem no scrum de scrums de scrums, e os product owners se reúnem em metascrums no nível dois. Finalmente, às 9h15, o scrum de scrums de scrums do scrum master se reúne com a EAT, e os representantes metascrum do product owner se reúnem com o EMS.

Coordenação de Várias Equipes com LeSS

O Scrum em Grande Escala (LeSS — Large-Scale Scrum) é outro modo de dimensionar o scrum em grandes projetos. O *LeSS* se baseia em princípios que sustentam a simplicidade do scrum ao reunir várias equipes atuando no mesmo backlog do produto. O LeSS foca mais como as equipes atuam juntas do que a estrutura organizacional. Também oferece opções para lidar com os desafios do dimensionamento. Nesta seção apresentamos uma visão geral e analisamos as opções que se destacam.

O LeSS define dois tamanhos de estrutura: LeSS e Mega LeSS. A diferença está no tamanho de equipes totais envolvidas.

LeSS, a estrutura menor

A Figura 17-9 mostra a estrutura LeSS básica, usando três equipes scrum como exemplo. O LeSS recomenda que até oito equipes scrum sigam o modelo básico.

FIGURA 17-9: Estrutura LeSS básica.

Usado com permissão, Craig Larman e Bas Vodde.

O LeSS descreve como as equipes scrum trabalham juntas em um ciclo por vez, começando com seu planejamento, seguido da execução e de scrums diários, e terminado com a revisão e planejamento do ciclo. Embora grande parte do LeSS mantenha-se fiel à estrutura scrum, existem as seguintes diferenças principais:

» No LeSS, normalmente os scrum masters trabalham com uma a três equipes, e há apenas um product owner para até oito equipes.

Recomendamos ter product owners e scrum masters dedicados a cada equipe scrum para assegurar que as equipes de desenvolvimento tenham acesso imediato e direto às decisões comerciais e esclarecimentos, e uma rápida solução dos impedimentos para que possam agir sem interrupção.

» O planejamento do ciclo (Parte 1) não precisa da participação de todos os desenvolvedores, mas pelo menos dois membros por equipe scrum, junto do product owner, participam. Os membros da equipe representantes voltam e compartilham as informações com suas equipes.

» Ocorrem o planejamento do ciclo independente (Parte 2) e as reuniões diárias com o scrum, e os membros de diferentes equipes podem participar da reunião uns dos outros para facilitar o compartilhamento de informações.

» Em geral, as revisões do ciclo são combinadas entre todas as equipes.

» São realizadas retrospectivas do ciclo gerais, além das retrospectivas da equipe individuais. Os scrum masters, product owners e representantes das equipes de desenvolvimento inspecionam e adaptam o sistema geral do projeto, como processos, ferramentas e comunicação.

Estrutura do Mega LeSS

Com o Mega LeSS, umas mil pessoas poderiam trabalhar em um projeto. Mas a estrutura continua simples.

As equipes são agrupadas em torno de áreas maiores de requisitos do cliente, chamadas de áreas de requisitos. Esse agrupamento parece com o grupo de equipes que trabalham juntas abaixo das de integração no corte vertical.

Para cada área, há um product owner e de quatro a oito equipes (um mínimo de quatro equipes por área de requisito evita muita otimização e complexidade locais). Um product owner geral trabalha com os da área, formando uma equipe de product owners para o projeto. A Figura 17-10 mostra o Mega LeSS.

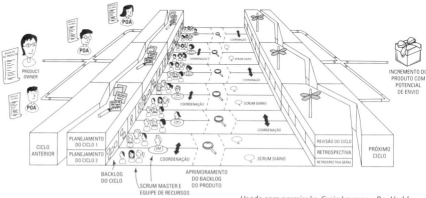

FIGURA 17-10: Estrutura do Mega LeSS.

Usado com permissão, Craig Larman e Bas Vodde.

Como no scrum no nível de uma equipe e no LeSS básico, há um backlog do produto, definição de feito, incremento do produto com potencial de envio, product owner (área) e ritmo do ciclo entre as equipes. O Mega LeSS é simplesmente uma pilha de várias implementações LeSS para cada área de requisito.

Para permitir que essas equipes trabalhem juntas com eficiência nas áreas de requisito:

>> A área PO coordena-se regularmente com cada product owner.

>> As áreas de requisito são adicionadas ao backlog do produto para identificar quem está planejando trabalhar em quais partes do produto.

>> Um conjunto de reuniões do ciclo paralelas é necessário por área de requisito. As revisões gerais do ciclo e retrospectivas que envolvem todas as equipes são necessárias para permitir uma inspeção e adaptação contínuas além das equipes simples. Esses eventos com várias equipes ajudam a coordenar o trabalho geral e o processo no programa.

Com exceção de limitar as oportunidades para os desenvolvedores trabalharem de perto com os empresários (product owner) diariamente, o LeSS fornece um modo simples de dimensionar o scrum nos projetos. Também consideramos a flexibilidade das técnicas eficientes de coordenação sugeridas no LeSS para as equipes que lidam com os desafios específicos de coordenação de várias equipes. Além de um scrum de scrums (analisado anteriormente neste capítulo) e da integração contínua (veja Capítulo 4), o LeSS sugere diversas ações para as equipes scrum se coordenarem com outras equipes scrum, como descrito nas seções a seguir.

Bazar na revisão do ciclo

Várias equipes trabalham no mesmo incremento do produto em cada ciclo, portanto, todas têm algo para demonstrar e precisam do feedback dos envolvidos para atualizar sua parte do backlog do produto. Como todas as equipes scrum têm o mesmo ritmo, até uma organização LeSS básica envolveria muitas reuniões de revisão do ciclo para os envolvidos participarem no mesmo dia.

O LeSS recomenda um padrão de divergência e convergência para a revisão do ciclo, parecido com uma Feira de Ciências ou formato de bazar. Cada equipe scrum se preparara em uma parte de uma sala grande o bastante para acomodar todas elas. Cada equipe scrum demonstra o que fez durante o ciclo, recebendo feedback dos envolvidos que visitam sua área. Os envolvidos visitam as áreas de seu interesse. As equipes scrum podem demonstrar de novo algumas vezes para receber os envolvidos que visitam diversas equipes. Essa abordagem também permite que os membros da equipe scrum vejam as demonstrações das outras equipes. Observe que as revisões do ciclo combinadas podem ser feitas de outras maneiras.

Combinar as revisões do ciclo aumenta a transparência e a cultura de colaboração entre as equipes scrum.

Observadores no scrum diário

Embora os scrums diários sejam realizados para que a equipe scrum coordene seu trabalho do dia, qualquer pessoa é convidada para participar. A transparência é o segredo da agilidade. O modelo scrum de scrums descrito anteriormente neste capítulo é participativo, ou seja, os desenvolvedores que estão no scrum diário da equipe de scrum de integração participam da discussão. Porém, algumas vezes, outros membros da equipe scrum só precisam saber o que as outras equipes estão fazendo.

Um representante da equipe de desenvolvimento de um time pode participar do scrum diário de outro, e observar e informar a própria equipe para determinar qualquer ação tomada. Pode ser um modo não prejudicial de envolver outras equipes scrum sem precisar de mais tempo para a reunião.

Comunidades e mentores de componentes

O LeSS adota uma abordagem de corte vertical também para dividir o backlog do produto entre as equipes, portanto, várias equipes podem "tocar" no mesmo sistema ou componentes de tecnologia. Por exemplo, várias equipes podem trabalhar em um banco de dados em comum, interface do usuário ou conjunto de testes automáticos. Montar comunidades de prática (CoP — Community of Practice) em torno dessas áreas dá às pessoas uma chance de colaborar informalmente nas áreas do componente nas quais passam grande parte do tempo.

As CoPs normalmente são organizadas por alguém em uma das equipes scrum que têm conhecimento e experiência ao ensinar às pessoas como funciona o componente, monitorar o componente em longo prazo e envolver a comunidade em discussões regulares, workshops e revisões de trabalho feitas na área do componente.

Reuniões com várias equipes

Parecido com o modelo de revisão de ciclos combinado, as equipes scrum LeSS podem aproveitar a reunião para outros eventos e atividades de planejamento do scrum. O aprimoramento do backlog do produto, planejamento do ciclo parte dois e outros workshops de design são alguns exemplos. O LeSS recomenda formatos parecidos para cada situação e elementos comuns, que incluem:

326   PARTE 5 **Assegurando o Sucesso do Projeto Ágil**

>> Uma sessão geral primeiro, compartilhada entre as equipes, para identificar quais têm mais probabilidade de assumir quais itens no backlog do produto.

>> Os representantes de cada equipe participam das sessões gerais (todos podem participar, mas não é obrigatório).

>> As sessões no nível da equipe vêm após as sessões gerais para entrar em detalhes.

>> As sessões específicas das várias equipes vêm após a sessão geral, quando necessário, com apenas as equipes envolvidas.

O segredo dessas sessões é que acontecem pessoalmente, na mesma sala, permitindo uma colaboração em tempo real para eliminar as dependências. Para os grupos LeSS distribuídos (uma equipe em um local geográfico e outras equipes em lugares diferentes), a videoconferência é fundamental.

Viajantes

Quanto mais versátil for sua equipe de desenvolvimento, menos obstruções a equipe scrum terá. As organizações tradicionais têm especialistas em áreas técnicas, e não há pessoas suficientes para visitar todas as equipes scrum ao iniciar uma transição para a metodologia ágil. Para diminuir a distância de habilidades entre as equipes, os especialistas podem se tornar viajantes, reunindo equipes scrum para treinar e aconselhar em sua área de especialização com pares (veja o Capítulo 4), workshops e sessões educativas.

Como a especialização é compartilhada, o mentor continua a liderar e desenvolver as habilidades na organização (como um organizador CoP). E, mais, as equipes scrum têm mais multidisciplina e podem se desenvolver com mais eficiência.

Reduzindo Dependências com Nexus

As dependências entre as equipes que trabalham no mesmo produto impedem a produtividade que as equipes scrum simples normalmente têm. O *Nexus* é uma estrutura de dimensionamento focada em tratar várias equipes como uma unidade. A redução das dependências entre as equipes é o segredo do dimensionamento bem-sucedido.

Em geral, as dependências entre as equipes giram em torno de como estruturaram os requisitos e o backlog do produto, diferenças de domínio de conhecimento entre as equipes, software e artefatos de teste. Mapear os requisitos, o conhecimento dos membros da equipe e os artefatos de teste para as mesmas equipes scrum reduz as dependências.

CAPÍTULO 17 **Dimensione para as Equipes Ágeis** 327

O Nexus é uma estrutura que descreve como de três a nove equipes scrum, um *Nexus*, trabalham juntas no mesmo backlog do produto sob a orientação de um único product owner, para entregar uma funcionalidade com potencial de envio em cada ciclo.

A Figura 17-11 mostra a estrutura do Nexus.

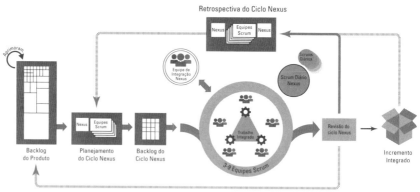

FIGURA 17-11: Estrutura do Nexus.

© 2017 Scrum.org. Todos os direitos reservados.

Além das funções scrum, artefatos e eventos, o Nexus apresenta uma função, três artefatos e cinco eventos novos para dar suporte ao grupo maior de equipes scrum que operam em conjunto.

O Nexus ajuda as equipes scrum que trabalham no mesmo produto a identificar e resolver as dependências logo no início e com rapidez, permitindo que cada equipe avance sem bloqueios e impedimentos. As dependências entre as equipes são geralmente criadas quando os itens no backlog do produto não são aprimorados o suficiente ou divididos em itens com relativa independência, para que sejam trabalhados por uma única equipe scrum. As dependências também podem surgir de diferenças nas habilidades técnicas ou no domínio de conhecimento entre as equipes. O aprimoramento reunido no backlog do produto ajuda as equipes a identificar e minimizar as dependências antes que causem conflitos.

Função do Nexus: Equipe de integração Nexus

Parecida com o conceito da equipe de integração do modelo de corte vertical, a equipe Nexus de integração assegura que um incremento integrado do produto seja produzido pelo menos em cada ciclo. As equipes scrum fazem o trabalho, mas a equipe de integração Nexus continua sendo responsável pelo produto integrado inteiro.

As atividades da equipe de integração Nexus podem incluir desenvolver ferramentas e práticas que ajudarão na integração ou servir como treinadores e consultores para ajudar na coordenação. Para realizar essas atividades, os membros da equipe Nexus devem ter uma mentalidade de aprendizagem. Suas funções são ajudar a mostrar problemas que precisam ser resolvidos no nível do Nexus e ajudar as equipes scrum na solução.

A equipe de integração Nexus é composta por pessoas das equipes de membros scrum do Nexus. Uma equipe scrum consiste em:

- » O **product owner** é responsável por ordenar e aprimorar o backlog do produto Nexus para que o máximo valor venha do trabalho criado pelo Nexus em cada ciclo. A função do product owner não muda no scrum, apenas o escopo do trabalho é mais complexo.

- » Os **membros da equipe de desenvolvimento** geralmente também são membros das equipes scrum no Nexus. A prioridade dos membros da equipe de desenvolvimento de integração Nexus é a equipe Nexus acima das equipes scrum individuais, com o incremento do produto integrado sendo o principal objetivo de cada ciclo. Com o tempo, os membros da equipe de integração Nexus podem mudar, dependendo das necessidades específicas durante o projeto.

Dedicar membros da equipe scrum a uma equipe elimina o custo de desmobilizações e novas mobilizações cognitivas frequentes devido à troca de contexto. Sempre fique atento aos riscos de dividir o foco dos membros da equipe entre diversas equipes.

- » O **scrum master** tem a responsabilidade geral de assegurar que a estrutura do Nexus seja adotada e entendida. O scrum master da equipe de integração Nexus também pode ser o scrum master em uma ou mais equipes scrum no Nexus.

Em último caso, os membros da equipe de integração Nexus podem pegar os itens no backlog do produto e implementá-los como uma equipe scrum, mas assumem esse comportamento emergencial somente quanto todas as outras opções foram esgotadas e as equipes scrum não conseguem produzir um incremento do produto integrado. Como sugere o termo *emergência*, a situação é muito atípica, indesejável e insustentável. Isso é feito apenas quando é o único modo de ajudar as equipes scrum a voltar para os trilhos.

Artefatos Nexus

Três artefatos extras fornecem transparência no nível do Nexus para inspeção e adaptação:

- » **Objetivo do Nexus:** Embora o objetivo do ciclo não seja um artefato separado no scrum, um objetivo do ciclo Nexus é requerido explicitamente. Ter uma finalidade clara, visível e comum para todas as equipes scrum no Nexus é o segredo para sincronizar todas as equipes durante o ciclo, trabalhando para o incremento do produto integrado.

» **Backlog do ciclo Nexus:** Cada equipe scrum tem o próprio backlog do ciclo para as tarefas de implementação e integração. O backlog do ciclo Nexus não é uma combinação de backlogs do ciclo; existe para mostrar e mapear as dependências entre as equipes e como o trabalho flui em todas as equipes scrum no Nexus. Esse backlog é atualizado diariamente como parte do scrum diário do Nexus.

» **Incremento integrado:** Todo o trabalho integrado concluído por todas as equipes scrum no Nexus durante o ciclo é o incremento integrado. Atende à definição de feito para uma funcionalidade útil, com o potencial de envio.

Eventos do Nexus

Cinco outros eventos melhoram a coordenação das dependências entre as equipes no nível do Nexus.

Planejamento do ciclo Nexus

Durante o planejamento do ciclo Nexus, o product owner fornece a prioridade e contexto comercial do ciclo e define o objetivo dele. As equipes scrum individuais selecionam o trabalho do ciclo enquanto destacam e minimizam as dependências. Cada equipe scrum tem o próprio planejamento do ciclo para organizar a execução do trabalho retirado do backlog do ciclo Nexus. O planejamento do ciclo Nexus conclui quando a última equipe scrum termina com seu planejamento individual do ciclo.

Scrum diário Nexus

O Nexus não define quem deve participar do scrum diário. As pessoas certas são membros das equipes scrum individuais que entendem como seu trabalho pode afetar (ou ser afetado por) o trabalho das outras equipes. Os problemas endereçados são parecidos com o scrum diário de uma equipe scrum, mas focados na integração das equipes, inclusive:

» O trabalho feito ontem foi integrado com sucesso?

» Quais novas dependências foram descobertas?

» Quais informações precisam ser compartilhadas entre as equipes?

O scrum diário Nexus é feito antes que cada equipe scrum tenha o próprio scrum diário para dar às equipes informações para entenderem melhor e planejarem seu dia de trabalho.

330   PARTE 5 **Assegurando o Sucesso do Projeto Ágil**

Revisão do ciclo Nexus

Parecido com outras estruturas de dimensionamento, a revisão do ciclo Nexus pode substituir as revisões do ciclo individuais da equipe scrum, porque o foco é o incremento integrado. É possível usar várias técnicas para realizar uma reunião e maximizar o feedback dos envolvidos, mas nenhuma é definida. As técnicas sugeridas neste capítulo podem ser utilizadas.

Retrospectiva do ciclo Nexus

A retrospectiva do ciclo Nexus é uma oportunidade formal de melhorar como ele trabalha com a inspeção e a adaptação. A retrospectiva do ciclo Nexus tem três partes:

» Os representantes das equipes scrum Nexus se reúnem para identificar problemas nas equipes e mostrá-los no Nexus.

» As equipes scrum individuais têm as próprias retrospectivas do ciclo.

» Os representantes das equipes scrum reúnem-se de novo para decidir o que fazer para resolver os problemas do Nexus.

Aprimoramento

Um Nexus usa o aprimoramento para decompor os itens no backlog do produto para que sejam desenvolvidos de modo mais independente possível por uma equipe scrum. Além do processo geral de elaborar progressivamente os requisitos, mostramos no Capítulo 7 o processo Nexus para aprimorá-los, inclusive:

» Dividir os itens no backlog do produto o bastante para entender quais equipes scrum podem implementá-los.

» Identificar e visualizar as dependências entre os itens no backlog do produto.

O Nexus é uma estrutura leve, concentrada em estender a abordagem empírica do scrum aos produtos cujo desenvolvimento requer mais de uma equipe scrum.

Planejamento Conjunto do Programa com SAFe

Scaled Agile Framework (SAFe) é usado para dimensionar os princípios scrum e ágeis nas diversas camadas da TI, software ou organização de desenvolvimento de sistemas. O SAFe lida com o dimensionamento em quatro níveis: portfólio, grandes soluções, programa e equipe. A Figura 17-12 mostra a visão geral completa do SAFe 4.5.

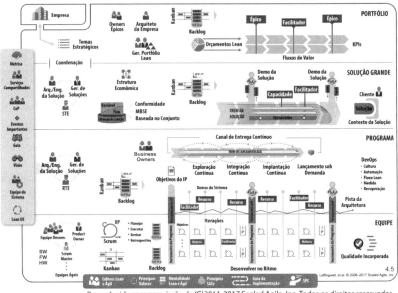

FIGURA 17-12: SAFe 4.5 para o software lean e engenharia de sistemas.

Reproduzido com permissão de (C)2011-2017 Scaled Agile, Inc. Todos os direitos reservados. SAFe e Scaled Agile Framework são marcas registradas da Scaled Agile, Inc.

O SAFe tem quatro configurações, utilizando combinações dos quatros níveis. O SAFe completo (consulte a Figura 17-12) tem todos os níveis (portfólio, grande solução, programa e equipe). O SAFe essencial, mostrado na Figura 17-13, é um ponto de partida básico para as organizações menores e consiste apenas nos níveis do programa e da equipe. O SAFe portfólio acrescenta o nível portfólio ao SAFe essencial e se destina a organizações com programas menores em um portfólio. O SAFe grande solução adiciona esse nível ao SAFe essencial e se destina a organizações que criam grandes soluções e requerem centenas de pessoas, mas nenhuma coordenação do portfólio.

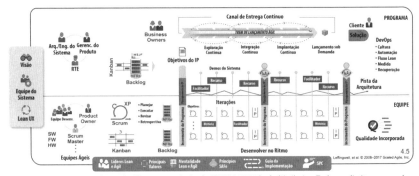

FIGURA 17-13: Configuração do SAFe essencial.

Reproduzido com permissão de (C)2011-2017 Scaled Agile, Inc. Todos os direitos reservados. SAFe e Scaled Agile Framework são marcas registradas da Scaled Agile, Inc.

O SAFe se destaca com um conjunto de valores principais, uma mentalidade lean e ágil, e valores e princípios ágeis no Manifesto Ágil. Embora outras estruturas de dimensionamento tenham diferenças táticas, também têm semelhanças:

- » O desenvolvimento é feito nas equipes ágeis.
- » As equipes são alinhadas na duração e ritmo do ciclo.
- » Um scrum de scrums coordena no nível do programa.

Não iremos detalhar o SAFe aqui, mas fornecemos uma visão geral e destacamos algumas práticas que lidam com alguns desafios do dimensionamento analisados antes neste capítulo.

Entendendo os quatro níveis do SAFe

No SAFe, você encontra até quatro níveis prescritos de integração e coordenação, cada um visando descentralizar as decisões nos níveis mais baixos. Enfatizamos *até quatro* porque nem todas as organizações querem quatro níveis, como o nível da grande solução.

CUIDADO

As estruturas fornecem flexibilidade acima da rigidez. Embora o SAFe forneça uma visualização detalhada de todos os níveis da organização de portfólio, evite implementar estruturas desnecessárias para sua situação.

Os quatro níveis (portfólio, grande solução, programa e equipe) são descritos a seguir.

Nível do portfólio

No *nível do portfólio*, a visão e o guia do portfólio inteiro são estabelecidos. Os temas estratégicos desenvolvem-se para apoiar a visão. Orçamento, objetivos comerciais e governança da arquitetura corporativa são geridos. O portfólio é organizado em fluxos de valor que alinham a organização com o valor entregue.

O SAFe define *fluxo de valor* como a sequência de etapas para entregar algo útil ao cliente, do conceito até a entrega ou pagamento. Inclui as pessoas que fazem o trabalho, os sistemas e o fluxo de materiais.

Três funções no nível do portfólio orientam as decisões:

- » **Gerenciamento do portfólio lean (LPM — Lean Portfolio Management):** Essa função alinha estratégia e execução ao comunicar temas estratégicos para o portfólio, estabelecer fluxos de valor e alocar orçamentos. O LPM é responsável pela estratégia, pelos fundos de investimento, pela orientação do programa ágil e pela governança lean do portfólio inteiro. (Saiba mais sobre o lean no Capítulo 4.) O LPM colabora com muitos grupos em todos os níveis da organização.

» **Owner épico:** Os épicos são apresentados no Capítulo 8, embora o SAFe use uma relação diferente entre épico e recursos. No SAFe, *épicos* são as iniciativas maiores e de maior prazo, e orientam o valor comercial da organização. Eles são divididos em recursos, ou capacidades, que são divididos em histórias do usuário que podem ser executadas por equipes de desenvolvimento simples no nível da equipe. Os owners épicos trabalham com o gerenciamento de soluções e produtos nos níveis da grande solução e do programa, e com equipes ágeis no nível da equipe.

» **Arquiteto da empresa:** O arquiteto da empresa estabelece uma visão técnica comum e orienta a abordagem geral para a tecnologia entre os programas por meio de feedback contínuo, colaboração, design de engenharia adaptável e práticas de engenharia.

O backlog do portfólio no SAFe consiste em épicos comerciais e do facilitador. Facilitadores são requisitos para estender as capacidades da arquitetura para dar suporte à futura funcionalidade comercial. O LPM orienta o fluxo das grandes iniciativas usando o kanban. (Saiba mais sobre o kanban no Capítulo 4.)

Nível da grande solução

O *nível da grande solução* hospeda o trem da solução, que é uma construção organizacional para a coordenação de vários trens de lançamento ágeis (ARTs), definidos em seguida na seção "Nível do programa". O nível da grande solução é para organizações que criam soluções que requerem mais de 125 pessoas.

Os trens de solução são coordenados por três funções, parecidas com as funções no nível do programa, descritas na próxima seção "Nível do programa".

Nível do programa

Conforme a visão do portfólio e backlog, os *programas* estabelecem uma visão e guia para definir o limite externo do escopo de trabalho, focado em épicos selecionados no backlog do portfólio.

No nível do programa, ocorrem os gerenciamentos do lançamento e do produto. Esse nível usa o *modelo do trem de lançamento ágil* (ART — Agile Release Train), que é uma equipe com várias equipes ágeis (de 50 a 125 pessoas no total) entregando lançamentos de valor incrementais. O "trem" parte da estação com um cronograma confiável, e os recursos podem ser carregados nele quando estão prontos. O ART fornece um ritmo fixo com o qual as equipes do programa se alinham e sincronizam. O resto da organização, conhecendo tal ritmo, também pode planejar com segurança seu trabalho em torno desse cronograma de lançamento conhecido.

334   PARTE 5 **Assegurando o Sucesso do Projeto Ágil**

Se organizadas no nível da grande solução, as três funções permitem uma coordenação dos ARTs em cada fluxo de valor respectivo: engenheiro do trem de solução (STE — Solution Train Engineer), gerenciamento de soluções e arquiteto/engenheiro da solução.

Sem o nível da grande solução, os ARTs são orientados por um engenheiro do trem de lançamento (RTE — Release Train Engineer), gerenciamento de produtos e arquiteto/engenheiro do sistema. As funções ART e do trem de solução são parecidas, por isso serão explicadas juntas:

» **Engenheiro do trem de lançamento (ou engenheiro do trem da solução):** Normalmente, os ARTs são auto-organizados, mas precisam de coordenação para se orientar. Os RTEs facilitam os processos no nível do programa, aumento dos impedimentos, gerenciamento de risco e melhoria contínua. Os STEs fornecem um serviço parecido, trabalhando com RTEs que orientam o trabalho de todos os ARTs no trem de solução. Parecidos com os scrum masters no nível da equipe, os RTEs e VSEs são líderes servidores.

» **Gerenciamento de produtos (ou gerenciamento de soluções):** Essas pessoas definem e priorizam continuamente os requisitos para o ART ou trem de solução para que os product owners tenham as informações e a capacitação necessárias para tomar decisões rápidas e dar esclarecimentos imediatos aos desenvolvedores nas equipes scrum individuais.

» **Arquiteto/engenheiro do sistema (ou arquiteto/engenheiro da solução):** Uma equipe multidisciplinar com a responsabilidade de visão do sistema para o design geral de arquitetura e engenharia para o respectivo ART ou trem de solução. Parecido com a tomada de decisões da arquitetura na equipe de integração de nível mais baixo, no corte vertical, o arquiteto/engenheiro fornece padrões para permitir que os desenvolvedores nas equipes scrum individuais tomem decisões técnicas imediatas.

Nesse nível de integração, o ART funciona no ritmo de cinco interações por padrão para criar o que é conhecido como incrementos do programa (IP).

Nível da equipe

Os ARTs são compostos de certa quantidade de equipes ágeis individuais, que formam o nível da equipe do SAFe. As equipes ágeis em um trabalho ART ritmado e seus backlogs dão suporte e se alinham com a visão do programa e backlog.

O SAFe tem muitos aspectos, mas achamos os seguintes mais úteis para analisar os desafios do dimensionamento.

Planejamento em conjunto do incremento do programa

O planejamento em conjunto do incremento do programa (IP) unifica as equipes ágeis em um ART. No planejamento do IP, as equipes ágeis planejam juntas seu trabalho do próximo IP, pessoalmente, na mesma sala e ao mesmo tempo.

O planejamento do IP inclui:

» Definir o contexto comercial do IP com um executivo sênior ou business owner.

» Comunicar a visão do programa segundo o gerenciamento de produtos e dar suporte aos recursos a partir do backlog do programa.

» Apresentar a visão de arquitetura do sistema e qualquer mudança ágil de suporte para as práticas de desenvolvimento (como a automação do teste).

» Descrever o processo de planejamento segundo o RTE.

» Preparar sessões específicas da equipe ágil para determinar a capacidade e os itens do backlog que funcionarão no suporte da visão do programa.

» Revisar as propostas de plano com todas as equipes ágeis, com cada uma apresentando os principais resultados do planejamento, riscos em potencial e dependências. O gerenciamento de produtos e outros envolvidos dão informações e feedback.

» Revisar as propostas de plano do gerenciamento para identificar qualquer problema com o escopo, limites de alocação de talentos e dependências. Facilitado pelo RTE.

» Dividir as equipes ágeis para ajustar o planejamento com base no feedback.

» Revisar o plano final, facilitado pelo RTE.

A magia do planejamento do IP é que as dependências são identificadas e coordenadas na hora, durante as sessões de dois dias; dois dias bem empregados. Se uma equipe identifica uma dependência em um dos próprios requisitos durante suas sessões específicas, ela envia um membro para a outra equipe para discutir sobre a dependência naquele exato momento. Sem idas e vindas.

Embora nenhum planejamento identifique todo problema no início, esse tipo de colaboração aborda antecipadamente a maioria deles. E, mais, estabelece uma linha de comunicação aberta durante a execução de incremento do programa, assegurando que as equipes fiquem sincronizadas e lidem com os problemas imediatamente, com mais eficiência do que se tivessem planejado como equipes separadas, compartilhando a documentação sem discussão.

336   PARTE 5 **Assegurando o Sucesso do Projeto Ágil**

Esclarecimento dos gerentes

Nos Capítulos 3 e 14 analisamos como o gerenciamento muda para permitir que as equipes sejam mais ágeis e adaptáveis por natureza. Para as organizações maiores, o SAFe fornece uma estrutura para o envolvimento da média gerência com as equipes ágeis. Os níveis do portfólio, grande solução e programa descrevem papéis e funções não atendidos pelos membros da equipe individuais, dando esclarecimento de como os tipos de lideranças funcional, técnica e outros podem abrir caminho e permitir que as equipes ágeis individuais sejam o mais eficientes possível, e conectam estratégia e execução.

Estruturas Modulares com o Enterprise Scrum

De todos os modelos de dimensionamento apresentados neste capítulo, o Enterprise Scrum (ES) oferece a abordagem mais modular para o dimensionamento. A estrutura ES pode ser configurada para conseguir uma agilidade comercial em geral.

Para os projetos maiores, programas e portfólios, o ES estende as noções básicas da prática scrum com uma equipe para muitas equipes e dá suporte à auto-organização em escala por meio de menus de opções estruturadas. Essas opções não só permitem que as equipes de equipes controlem seu trabalho de criar a funcionalidade, como também especificam, testam, inspecionam e adaptam tudo que importa para seu sucesso, inclusive todas as opções de configuração, no final de cada iteração.

Alguns menus de configuração incluem padrões para estruturar equipes e funções, estilo de colaboração, modos de entrega, tipos de contrato e várias métricas. O ES também generaliza alguns elementos principais do scrum (funções, artefatos e eventos). Analisamos as generalizações dos elementos do scrum ES e os principais menus de configuração nesta seção.

Generalizações dos elementos do scrum ES

Dimensionar a agilidade em uma organização atrai pessoas que podem não estar familiarizadas inicialmente com os termos específicos usados no scrum. O ES generaliza alguns nomes de funções do scrum, artefatos e eventos para torná-los mais familiares para os membros da organização maior, mas mantém suas funções alinhadas com o scrum.

CUIDADO

Os elementos do scrum (três funções, três artefatos, cinco eventos) são essenciais para a estrutura. Remover ou mudar qualquer um significa que você não usa o scrum. Não é uma obrigação, mas sempre use os quatro valores ágeis e os 12 princípios como um teste decisivo para determinar se você está sendo ágil. É possível aprender mais sobre os valores e princípios ágeis nos Capítulos 1 e 2.

Alguns exemplos de generalizações do scrum ES incluem:

» Um product owner se torna um *business owner* para destacar que essa função se aplica ao negócio em geral, mesmo nas iniciativas que podem não ser focadas no produto, mas no serviço ou iniciativa.

» A função scrum master se torna um *treinador* para enfatizar a natureza facilitadora da função na equipe e externamente com todos os envolvidos e unidades comerciais.

» Um backlog do produto torna-se uma *lista de valores,* enfatizando que cada item na lista pode consistir nas histórias do usuário que afetam diretamente a funcionalidade ou qualquer coisa que forneça valor em relação a qualquer item descrito na tela. Saiba mais sobre as telas na próxima seção "Principais atividades do ES".

DICA

A ideia de adicionar mais do que apenas requisitos de funcionalidade do produto a um backlog do produto é apresentada no Capítulo 7, no qual mostramos exemplos de itens no backlog que incluem não somente requisitos (funcionalidade), mas também manutenção (desenvolvimento da funcionalidade existente), custo (trabalho requerido que não afeta a funcionalidade) e melhoria (itens de ação das retrospectivas do ciclo para melhorar estruturas e processos para a equipe e organização).

» Um backlog do ciclo se torna um *quadro scrum* para enfatizar o valor de visualizar o trabalho a ser feito em um ciclo em uma parede ou quadro de tarefas. Você pode aprender mais sobre os quadros de tarefas no Capítulo 9.

» Um ciclo se torna uma *etapa.* Nos projetos de software, as etapas duram de uma a quatro semanas, com o mesmo ritmo de planejamento, inspeção e adaptação (revisão e retrospectiva) dos ciclos. Os ciclos que não são de software podem ser maiores.

» O planejamento e a revisão do ciclo se tornam o *planejamento* e a *revisão da etapa,* respectivamente, para se alinhar com a nomenclatura do *ciclo.*

» A retrospectiva do ciclo se torna uma *melhoria* para enfatizar a visão de futuro da inspeção e adaptação.

Principais atividades do ES

O ES tem três atividades principais, que descrevemos aqui segundo sua aplicação para se dimensionar em várias equipes.

Etapa 1: Visualize tudo o que importa

O ES oferece uma biblioteca de modelos crescente para organizar as informações do projeto, inclusive a visão, a guia, as funções, as equipes envolvidas, os recursos, os itens da lista de valor, os métodos de implantação, os envolvidos e os clientes. Esses modelos são chamados de *telas* e são a base para as equipes visualizarem seu trabalho. A Figura 17-14 mostra o modelo de tela para um projeto de desenvolvimento de software dimensionado. (Há modelos de tela ES para outros tipos de desenvolvimento que não são de software, mas aqui focamos a tela de desenvolvimento de software dimensionado.)

FIGURA 17-14: Tela de desenvolvimento do software dimensionado.

Usado com permissão, © 2017 Enterprise Scrum Inc.

Cada seção contém o trabalho ou os problemas que precisam ser resolvidos por cada categoria. A equipe obtém os itens de cada seção na lista de valores e subconjuntos da lista no quadro scrum para fazer a implementação durante o ciclo.

A tela ES contém tudo o que importa para uma entrega bem-sucedida. Ela expande o conteúdo do backlog do produto para uma lista de valor personalizada de todo tipo de trabalho requerido. O conteúdo da lista inicia-se em um alto nível e é aprimorado em qualquer nível de detalhe necessário para concluir o trabalho em uma etapa. O conteúdo inteiro da tela e a lista de valor são revistos para possíveis melhorias após cada etapa.

Ao dimensionar com várias equipes, a tela mantém a lista de valores, inclusive todas as histórias do usuário, cortadas e detalhadas quando o trabalho se desenvolve (seção intermediária). A lista de valor também inclui todos os problemas e as relações afins na tela, inclusive a visão, os recursos, a propriedade comercial, o treinamento, as equipes envolvidas, a métrica e as interações com os envolvidos, a implementação e os clientes.

Etapa 2: Faça escolhas ativas de configuração

Em escala, o ES também dá opções para como os resultados desejados de algumas funções, artefatos ou eventos são conseguidos para lidar com circunstâncias individuais. Desenhando um conjunto de menus que oferecem várias opções, as equipes fazem escolhas ativas sobre suas configurações. Alguns dos menus e escolhas mais importantes são descritos nesta seção.

MENU DESTINOS DA ENTREGA

Entender o nível de escala necessário é um primeiro passo importante para determinar qual abordagem você precisa adotar. Para começar, o ES fornece o menu Destinos da Entrega, que é um conjunto de diretrizes para determinar o nível mais alto de entrega coordenada que o conjunto de equipes visa no esforço de dimensionamento:

» **Projeto grande:** Duas ou mais equipes trabalham juntas para entregar um projeto.

» **Programa**: Dois ou mais projetos atendem ao mesmo segmento do cliente.

» **Portfólio**: Duas ou mais equipes do aplicativo trabalham juntas em vários programas em uma unidade comercial.

» **Arquitetura da empresa:** Duas ou mais áreas comerciais requerem o uso de elementos comuns da arquitetura.

» **Processo comercial:** Aplicar técnicas ágeis a unidades organizacionais que não são de software, como recursos humanos, setor financeiro, marketing, vendas, conformidade ou finanças.

» **Agilidade comercial:** Aplicar os princípios em toda a empresa.

Ao contrário dos outros modelos de dimensionamento que fornecem muitos tamanhos com várias equipes para abordagens específicas, o ES considera duas ou mais equipes como sendo a base para considerar qualquer opção nos menus.

MENU PADRÕES ESTRUTURAIS

O ES foca as funções, não os títulos associados a pessoas individuais. As opções do menu Padrão Estrutural, para estruturar as funções do business owner e do treinador para cada equipe, incluem:

» Business owner e treinador dedicados para cada equipe scrum (como descrito no Capítulo 6).

» Um business owner e um instrutor para todas as equipes.

» Um business owner para todas as equipes e um instrutor para cada equipe.

» Um business owner para cada equipe e um instrutor para todas as equipes.

340   PARTE 5 **Assegurando o Sucesso do Projeto Ágil**

LEMBRE-SE

Dedicar cada função em uma equipe scrum reduz o risco de perda de produtividade e falhas geralmente resultantes da troca de tarefas ou thrashing (excessiva movimentação).

» Business owner ou treinador virtual, ou seja, um business owner ou treinador assume a função quando necessário, e também outra função como desenvolvedor ou um papel externo em relação à equipe.

» Business owner ou treinador chefe para dar instruções aos business owners ou treinadores da equipe individual, respectivamente.

» Equipes virtuais de business owners ou treinadores, nas quais a função pode ser preenchida por uma equipe de business owners ou treinadores colaboradores e autogerenciados.

CUIDADO

Ter várias pessoas nas funções de business owner (product owner) ou treinador (scrum master) aumenta a complexidade dos canais de comunicação e pode causar confusão em todos os membros da equipe de projetos.

A configuração escolhida depende de muitos fatores, inclusive do orçamento, cultura na organização, estilo de gerenciamento e especialização individual.

MENU MODOS DE COLABORAÇÃO

O menu Modos de Colaboração é usado para coordenar as prioridades comerciais e o esclarecimento nas equipes. Várias abordagens podem ser usadas para dar suporte ou alinhar com o padrão estrutural escolhido:

» **Centralização:** Um business owner toma decisões de priorização e dá esclarecimentos a todas as equipes.

» **Delegação:** Um business owner chefe fornece a priorização geral e se reúne regularmente com os business owners da equipe individual para permitir que façam o mesmo por suas equipes sobre sua parte na lista de valores.

» **Colaboração:** O business owner de cada equipe trabalha com os business owners das outras equipes para fazer acordos de colaboração sem a supervisão de um business owner chefe.

» **Classificação:** Especialistas de áreas maiores da organização fora do desenvolvimento da funcionalidade (como marketing, setor financeiro e vendas) colaboram em tudo o que o negócio precisa para entregar algo útil para o cliente. Esse escopo de colaboração geralmente é necessário para lidar com o processo comercial ou as metas gerais de entrega com agilidade descritas antes.

Como outras abordagens de dimensionamento, o scrum de scrums (veja a seção neste capítulo sobre corte vertical) também é usado no ES para ajudar a facilitar a resolução das dependências nas equipes, encorajando manter as linhas de comunicação sempre abertas.

MENU MODOS DE ENTREGA

Cada organização terá diferentes requisitos e limites na frequência e no ritmo de entrega da funcionalidade para o cliente. A frequência e o tipo de entrega também determinarão o nível de coordenação necessário entre as equipes diariamente, durante cada ciclo e em cada lançamento. Os exemplos de menu Modos de Entrega incluem:

- » **Entrega contínua:** O incremento do produto é integrado e testado continuamente, mas não implantado na produção.
- » **Implantação contínua:** Quando cada requisito é implementado, é implantado na produção assim que concluído.
- » **Ciclo:** O incremento do produto unido à produção no final de cada ciclo.
- » **Lançamento:** O incremento do produto é implantado após vários ciclos.

As organizações podem progredir ou evoluir de um dos modos de entrega para outro quando inspecionam e se adaptam com o tempo, sem prejudicar a estrutura ES. Você aprende mais sobre funcionalidade de lançamento no Capítulo 8.

Etapa 3: Planeje, colabore, revise e melhore tudo, todo ciclo

O ES é voltado para inspeção e adaptação contínuas de todos os aspectos da tela, assim como toda configuração feita em cada menu. No fim de cada ciclo, tudo está concluído e tudo que resta a ser feito na tela é aberto para inspeção e adaptação.

O ES também convida as equipes a considerar a métrica em relação a um gerenciamento ágil mais equilibrado e ser transparentes quanto ao progresso da equipe ou do programa para a inspeção e adaptação. Você aprende mais sobre métricas ágeis no Capítulo 21.

Cada um desses modelos de dimensionamento tem muitas coisas em comum. Todos visam a lidar com os desafios da coordenação, comunicação, priorização, execução e integração que os projetos complexos e sistemas têm, requerendo mais de uma equipe. Dimensionar projetos em várias equipes de recursos multidisciplinares requer coordenação e liderança no nível mais alto de uma organização. As estruturas de gerenciamento precisam deixar de ter um comando e controle tradicionais e adotar uma tomada de decisão distribuída e autonomia no nível mais baixo possível, onde o trabalho é executado.

Fazer essa transição requer comprometido da organização inteira com mudanças em longo prazo na mentalidade e estrutura, o que é analisado no Capítulo 18.

342   PARTE 5 **Assegurando o Sucesso do Projeto Ágil**

> **NESTE CAPÍTULO**
>
> » Entendendo os problemas no gerenciamento de mudanças e modelos comuns
>
> » Seguindo as etapas para a adoção da metodologia ágil em sua organização
>
> » Evitando problemas comuns ao adotar a metodologia ágil
>
> » Fazendo as perguntas certas para evitar problemas ao longo do caminho

Capítulo **18**

Seja um Agente de Mudança

Se você cogita a ideia de introduzir o gerenciamento ágil de projetos em sua empresa ou organização, este capítulo ajudará a iniciar essas mudanças. Introduzir agilidade significa aprender e praticar uma nova mentalidade, cultura, estruturas organizacionais, suporte e técnicas. Neste capítulo você verá os princípios-chave e etapas para implementar técnicas de gerenciamento ágil de projetos. Apresentamos também modelos de mudança comuns, inclusive o modelo usado em nossa empresa, a Platinum Edge, e analisamos as armadilhas a evitar na transição para a metodologia ágil.

Ser Ágil Requer Mudança

O gerenciamento tradicional de projetos é focado em processos, ferramentas, documentação completa, negociação de contratos e adoção de um plano. Embora o gerenciamento ágil de projetos seja dedicado a lidar com cada um desses itens, o foco muda para pessoas, interações, funcionalidade validada, colaboração do cliente e resposta à mudança.

As organizações em cascata não chegaram onde estão da noite para o dia e não mudarão rapidamente. Para algumas organizações, estão enraizadas décadas formando hábitos, estabelecendo e protegendo feudos e reforçando uma mentalidade tradicional. A estrutura organizacional irá requerer certo tipo de mudança, a liderança precisará aprender um novo modo de ver o desenvolvimento das pessoas e capacitá-las para que façam seu trabalho, e elas terão que aprender a fazer isso juntas e se autogerenciar de maneiras com as quais não estavam acostumadas.

Por que a Mudança Não Acontece Sozinha

A mudança ocorre nas pessoas, não na definição de um processo. As pessoas resistem em mudar, e essa resistência é baseada em experiência pessoal, emoção e medo. Vemos essas reações pessoalmente, pois ajudamos as organizações a fazer as mudanças. Em geral, nosso primeiro contato em uma organização acontece quando ela pede um treinamento formal em sala de aula para aprender o que significa ser ágil e como funciona o scrum. Depois de uma aula de dois dias, normalmente aumenta o nível de entusiasmo sobre a implementação dessa maneira mais moderna de pensar e trabalhar, e nossos alunos expressam invariavelmente o quanto isso faz sentido.

O scrum é simples. Os valores ágeis e princípios são entendidos por quase todos. Mas nada é fácil. Dominar o scrum para desenvolver produtos e serviços é como jogar um novo jogo, com novas posições, regras e um campo diferente. Imagine que um treinador de futebol americano chegue para sua equipe um dia e diga: "Vamos aprender a jogar futsal hoje. Estejam na quadra em 15 minutos com seu equipamento e começaremos a trabalhar." O que aconteceria? Todos podem saber como jogar futsal com base no que viram na TV ou jogaram na juventude, mas a equipe não estaria pronta para fazer a mudança.

Haveria muita confusão. As antigas regras, técnicas, treinamento e pensamento teriam que ser desaprendidos para a equipe aprender a novidade e se unir para competir com eficiência. Imediatamente você ouviria estas questões dos jogadores:

» Quando posso usar as mãos?

» Quantos pedidos de tempo nós temos?

» Fico no ataque ou na defesa durante o jogo?

» Onde fico no chute inicial?

» Quem segura a bola quando chutamos para o gol?

344   PARTE 5 **Assegurando o Sucesso do Projeto Ágil**

» Quantas tentativas temos antes que a outra equipe tenha a posse de bola?
» Onde está meu capacete?
» Algumas vezes as chuteiras dificultam o chute.

A transição para as técnicas ágeis não será da noite para o dia, mas acontecerá se você e a liderança de sua organização adotarem uma abordagem de gerenciamento da mudança. Para as organizações em cascata existentes, a transformação ágil leva, pelo menos, de um a três anos a partir do momento em que o gerenciamento se compromete com ela. É uma jornada contínua, não o destino.

Abordagens Estratégicas para Implementar e Gerenciar a Mudança

Normalmente as iniciativas de mudança na organização fracassam sem estratégia e disciplina. Aqui definimos *fracasso* como não atingir o estado final desejado de como a organização será após a mudança. Em geral, o fracasso é devido a não ser claro quanto ao objetivo ou porque o plano de mudança não lida com os valores de maior risco e desafios que impedem a mudança desejada.

Existem várias abordagens para gerenciar a mudança. Mostramos muitas aqui, inclusive a nossa (Platinum Edge), para que você saiba o que esperar quando tiver a própria iniciativa de mudança.

Lewin

Kurt Lewin foi inovador nas psicologias social e organizacional nos anos 1940 e estabeleceu um modelo fundamental para entender a mudança efetiva na organização. A maioria dos modelos de mudança é baseada nessa filosofia, que é descongelar — mudar — recongelar, como mostrado na Figura 18-1.

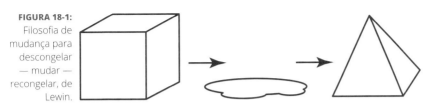

FIGURA 18-1: Filosofia de mudança para descongelar — mudar — recongelar, de Lewin.

Se você quer mudar a forma de um cubo de gelo, primeiro tem que mudar do estado sólido existente para o líquido, para ele ser alterado ou remodelado, depois moldar o líquido com a nova forma desejada e colocá-lo em um processo de solidificação para dar nova forma. O descongelamento fica implícito entre os dois primeiros estados na imagem, e as mudanças feitas são implícitas durante o estado descongelado.

Descongelar

O primeiro estágio representa a preparação necessária antes de ocorrer a mudança, ou seja, desafiar crenças, valores e comportamentos existentes. Reexaminar e buscar motivação para um novo equilíbrio é o que leva à participação e adesão para ter uma mudança significativa.

Mudar

O próximo estágio envolve incerteza e resolver essa incerteza para fazer as coisas de um novo modo. Esse estágio de transição representa a formação de novas crenças, valores e comportamentos. Tempo e comunicação são os segredos para ver as mudanças começarem a entrar em vigor.

Recongelar

Quando as pessoas adotam novos modos, aumentam a confiança e estabilidade, e a mudança começa a se modelar em um novo processo sólido, estrutura, sistema de crenças ou conjunto de comportamentos.

Esse padrão simples fornece a base para a maioria das ferramentas e estruturas de gerenciamento de mudanças, inclusive os analisados neste capítulo.

Cinco etapas do ADKAR para mudar

Prosci é uma das principais organizações no gerenciamento de mudança e pesquisa comparativa. Uma das ferramentas de gerenciamento de mudança da Prosci, ADKAR, é um acrônimo, em inglês, dos cinco resultados (consciência, desejo, conhecimento, habilidade e reforço) que pessoas e organizações precisam ter para haver uma mudança bem-sucedida. É um modelo orientado a objetivos para pessoas, e foca as discussões e ações que as organizações precisam tomar juntas.

As mudanças na organização ainda requerem mudança nas pessoas, portanto, o segredo do sucesso é fazer uma mudança em todos os envolvidos.

O ADKAR descreve a jornada de sucesso da pessoa na mudança. As cinco etapas da jornada também se alinham com as atividades de mudança na organização. Elas devem ser concluídas na ordem descrita a seguir.

Consciência

As pessoas acham difícil mudar. Quando as iniciativas de mudança vêm de cima para baixo na organização, as pessoas podem concordar verbalmente com elas, mas suas ações contam uma história diferente. A divergência de ações e palavras normalmente é inocente e natural. Sem consciência, ou uma compreensão

346   PARTE 5 **Assegurando o Sucesso do Projeto Ágil**

dos fatores que influenciam o desejo de mudança do gerenciamento, sobretudo sem um reconhecimento de que algo deve mudar, as pessoas não serão motivadas a mudar. Informar às pessoas na organização, ajudá-las a ter uma compreensão compartilhada dos desafios existentes e avaliar se a consciência é comum são os primeiros passos para uma mudança bem-sucedida e duradoura. É a base, sem a qual a iniciativa não progredirá.

Desejo

Com base na consciência de um desafio com o qual é preciso lidar, as pessoas terão uma opinião sobre se a mudança é ou não necessária ou desejada. Fazer uma conexão entre a consciência de um problema e o que pode ou deve ser feito é a próxima etapa. Após o desejo das pessoas na organização, há a motivação para avançar juntas e fazer a mudança.

Conhecimento

O desejo é fundamental, mas saber como fazer a mudança e onde cada pessoa entra na mudança é a próxima parte essencial do processo. As pessoas na organização precisam entender o que significam as mudanças para elas, e a liderança precisa facilitar o treinamento e as ações em cooperação na organização. Conhecimento com treinamento e instrução.

Habilidade

Com o novo conhecimento de como mudar, a implementação requer que se adquiram habilidades, redefinam funções e definam-se claramente novas expectativas de desempenho. Outros comprometimentos podem precisar ser adiados ou substituídos por novos comportamentos ou responsabilidades. Podem ser necessários treinamento e aconselhamento contínuos, e a liderança precisa ser clara, informando que essa nova prioridade dos comprometimentos é esperada e encorajada.

Reforço

As mudanças não continuam após uma iteração bem-sucedida. Novos comportamentos, habilidades e processos devem ser reforçados com uma ação corretiva contínua e treinamento para assegurar que os antigos hábitos não voltarão.

O modelo ADKAR cerca essas etapas com avaliações e planos de ação para orientar líderes e pessoas em sua jornada de mudança. O ADKAR deve ser usado de modo iterativo, com scrum, inspeção e adaptação, até que cada etapa seja realizada antes de seguir para a próxima.

Oito etapas de Kotter para liderar a mudança

O processo de John Kotter para liderar uma mudança identifica oito motivos comuns, mas que podem ser evitados, para as organizações fracassarem em suas iniciativas de mudança e lida com cada ação que deve ser tomada para uma mudança bem-sucedida.

» **Permitir complacência demais:** A ação de liderança serve para criar uma sensação de urgência. As pessoas se acostumam com o *status quo* e aprendem a lidar com ele. Ajudar os outros a ver a necessidade de mudança requer a criação de uma sensação de urgência da mudança. Os líderes devem comunicar a importância de uma ação imediata.

» **Falta de uma coligação condutora poderosa:** A ação de liderança serve para criar uma coligação condutora. Uma mudança bem-sucedida irá requerer mais do que apenas um defensor ativo, mesmo que essa pessoa esteja no nível mais alto da organização. Executivos, diretores, gerentes e até líderes informais influentes precisam estar unidos na necessidade e visão de mudança. Essa coligação deve ser formada e conduzir a mudança.

» **Subestimar e comunicar com insuficiência o poder da visão:** A ação de liderança objetiva fomentar visão estratégica e iniciativa. Kotter estima que a liderança comunica pouco a visão da mudança em até mil vezes. Mesmo que as pessoas estejam descontentes com o *status quo*, nem sempre farão sacrifícios por uma mudança, a menos que acreditem nos benefícios propostos e que ela seja possível. Como uma coligação de mudança, defina claramente como o futuro é diferente do passado e do presente, e as etapas para tornar realidade esse futuro. Analisamos as visões e guias dos produtos e serviços no Capítulo 7. O gerenciamento da mudança também precisa começar com uma visão clara do seu destino.

» **Falta de convergência em torno de uma oportunidade em comum:** A ação de liderança visa a alistar um exército de voluntários. A mudança acelerará e durará se as pessoas tiverem adesão e forem orientadas internamente. Como resultado da comunicação eficiente da visão e necessidade da liderança, as pessoas devem unir-se em torno de uma causa em que acreditam. Se não se unirem, reavalie sua mensagem, seu tom e a frequência.

» **Permitir que obstáculos bloqueiem a visão:** A ação de liderança serve para remover as barreiras da ação. Alguns obstáculos podem ser apenas percebidos, mas outros são reais. Contudo, ambos devem ser superados. Uma barreira no lugar "certo" pode ser a única razão do fracasso. Muitas pessoas tendem a evitar o confronto com obstáculos (processos, hierarquias, trabalhar em silos), portanto, a liderança deve agir como líderes servidores para identificar e remover os impedimentos que reduzem o poder das pessoas que implementam as mudanças nas linhas de frente.

348   PARTE 5 **Assegurando o Sucesso do Projeto Ágil**

» **Falta de ganhos de curto prazo:** A ação de liderança visa a gerar ganhos de curto prazo. Em geral, o objetivo final da transformação não pode ser conseguido em curto prazo; assim, o cansaço toma conta de todos os envolvidos, caso os sucessos e o progresso não sejam reconhecidos no processo. A evidência da mudança deve ser destacada e mostrada no início e com regularidade. Esse reforço aumenta o moral nos tempos difíceis de mudança, e motiva e encoraja esforços contínuos e o progresso.

» **Declarar vitória cedo demais:** A ação de liderança serve para manter a aceleração. Comemorar ganhos de curto prazo dá uma falsa sensação de segurança de que a mudança está concluída. Cada sucesso deve se basear no sucesso anterior. Force cada vez mais após o sucesso, com mais confiança e credibilidade. Continue a comunicar muito a visão durante a transformação.

» **Negligenciar a consolidação das mudanças na cultura da organização:** A ação de liderança serve para instituir a mudança. A liderança terá oportunidade, no processo de mudança, para conectar os sucessos e novos comportamentos com a evolução da cultura e capacidade crescente de impedir que antigos hábitos retornem. Essas conexões devem ser reconhecidas abertamente e ser visíveis para todos assim que os sucessos e novos comportamentos são percebidos.

Guia de Mudança da Platinum Edge

Neste livro, destacamos o fato de que os processos ágeis são diferentes do gerenciamento tradicional de projetos. Transformar uma organização de metodologia em cascata em uma mentalidade ágil é uma importante mudança. Com nossa experiência em orientar empresas nesse tipo de mudança, identificamos as seguintes etapas importantes a executar para ser uma organização ágil bem-sucedida.

A Figura 18-2 mostra nosso guia de transição para a metodologia ágil para ter uma transformação ágil de sucesso.

Etapa 1: Faça uma estratégia de implementação com métricas de sucesso

Uma *estratégia de implementação* é um plano que descreve o seguinte:

» Suas capacidades atuais para se basear durante a transição.

» Os desafios enfrentados com base em sua estrutura atual.

» Os itens de ação para como sua organização fará a transição para o gerenciamento ágil de projetos.

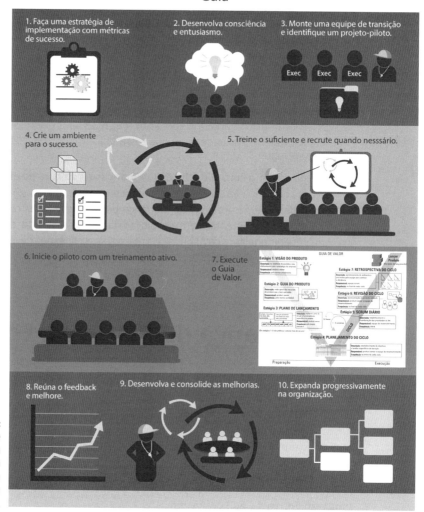

FIGURA 18-2: Guia de transição para metodologia ágil da Platinum Edge.

As estratégias de implementação são executadas com mais eficiência por especialistas ágeis externos na forma de avaliação ou auditoria atual do estado.

Se contrata terceiros ou faz uma avaliação por si mesmo, verifique se as seguintes perguntas são feitas:

» **Processos atuais:** Como sua organização executa os projetos hoje? O que dá certo? Quais são os problemas?

» **Futuros processos:** Como sua empresa pode aproveitar as abordagens ágeis? Quais métodos ágeis ou estruturas você usará? Quais mudanças-chave sua organização precisará fazer? Como será sua empresa transformada segundo as perspectivas da equipe e do processo?

- » **Plano passo a passo:** Como você irá dos processos existentes para os ágeis? O que mudará imediatamente? Em seis meses? Em um ano ou mais? Esse plano deve ser um guia de etapas sucessivas ao colocar a empresa em um estado sustentável de maturidade ágil.
- » **Benefícios:** Quais vantagens a transição para a metodologia ágil fornecerá para pessoas e grupos em sua organização e para a organização inteira? As técnicas ágeis são um ganho para a maioria das pessoas; identifique como se beneficiarão.
- » **Desafios em potencial:** Quais serão as mudanças mais difíceis? Quais departamentos ou pessoas terão mais problemas com as abordagens ágeis? O feudo de quem está sendo prejudicado? Quais são seus obstáculos em potencial? Como você superará os desafios?
- » **Fatores de sucesso:** Quais fatores na organização ajudarão na troca para os processos ágeis? Como a empresa se comprometerá com uma nova abordagem? Quais pessoas ou departamentos serão os campeões ágeis?

Uma boa estratégia de implementação orientará a empresa em seu movimento para adquirir práticas ágeis. Uma estratégia pode fornecer defensores com um plano claro em torno do qual se reunir e dar suporte, e podem ser definidas expectativas realistas para a transição ágil de sua organização.

Para seu primeiro projeto ágil, identifique um modo quantificável de reconhecer o sucesso do projeto. O uso de métricas demonstrará instantaneamente o sucesso para os envolvidos no projeto e sua organização, e elas fornecem objetivos específicos e pontos de discussão para as retrospectivas do ciclo e ajudam a definir expectativas claras para a equipe de projetos.

DICA

As métricas para as pessoas e o desempenho funcionam melhor quando relacionadas às equipes, não aos membros individuais. As equipes scrum se gerenciam como equipe, são bem-sucedidas como equipe, fracassam como equipe e devem ser avaliadas como equipe.

Controlar as medidas de sucesso do projeto pode ir além de ajudar a melhorar no processo. As métricas podem fornecer uma prova clara de sucesso após o primeiro projeto, e você começar a expandir as práticas ágeis em sua organização.

O Capítulo 21 descreve as métricas do sucesso em detalhes.

Etapa 2: Promova consciência e entusiasmo

Após ter um guia mostrando "como" é a transição para a metodologia ágil, você precisa comunicar as futuras mudanças para as pessoas em sua organização.

As abordagens ágeis têm muitos benefícios; deixe que todas as pessoas em sua empresa os conheçam e faça com que fiquem entusiasmadas com as futuras mudanças. Veja alguns modos de promover a consciência:

- » **Instrua as pessoas.** As pessoas em sua organização podem não saber muito, ou quase nada, sobre o gerenciamento ágil de projetos. Instrua-as sobre os princípios e abordagens ágeis e a mudança que virá com as novas abordagens. Você pode gerar um wiki ágil, ter sessões de aprendizagem na hora do almoço e até ter conversas difíceis (discussões diretas com a liderança, nas quais as pessoas podem falar com segurança sobre preocupações e receber respostas sobre mudanças e tópicos da metodologia ágil) para resolver as preocupações com a transição.

- » **Use várias ferramentas de comunicação.** Aproveite os canais de comunicação, como newsletters, blogs, intranets, e-mail e workshops presenciais para falar sobre a futura mudança em sua organização.

- » **Destaque os benefícios.** Verifique se as pessoas em sua empresa sabem como uma abordagem ágil ajudará a organização a criar produtos com alto valor, levar à satisfação do cliente e aumentar o moral dos funcionários. O Capítulo 19 tem uma ótima lista de benefícios do gerenciamento ágil de projetos para essa etapa.

- » **Compartilhe o plano de implementação.** Disponibilize seu plano de transição para todos. Fale sobre ele, formal e informalmente. Ofereça-se para mostrar às pessoas e responder perguntas. Em geral, imprimimos o guia de transição em cartazes e distribuímos pela organização.

- » **Envolva a equipe scrum inicial.** O quanto antes, deixe que as pessoas que podem trabalhar no primeiro projeto ágil da empresa saibam sobre as futuras mudanças. Envolva os membros da equipe scrum inicial no planejamento da transição para ajudá-los a serem profissionais ágeis entusiasmados.

- » **Seja aberto.** Tenha uma conversa sobre os novos processos. Tente ficar à frente dos boatos da empresa falando abertamente, respondendo às perguntas e acabando com os mitos sobre o gerenciamento ágil. Comunicações estruturadas, como as conversas difíceis mencionadas antes, são um ótimo exemplo de comunicação aberta.

Promover consciência gerará apoio para as futuras mudanças e diminuirá o medo que vem naturalmente com elas. A comunicação será uma importante ferramenta para ajudar a implementar com sucesso os processos ágeis.

Etapa 3: Monte uma equipe de transformação e identifique um projeto-piloto

Identifique uma equipe em sua empresa que possa ser responsável pela transformação para a metodologia ágil no nível da organização. Essa equipe de transição ágil, descrita no Capítulo 16, é composta de executivos e outros líderes que melhorarão sistematicamente os processos, os requisitos de relatório e as medidas de desempenho na organização.

A equipe de transformação criará mudanças nos ciclos, exatamente como a equipe de desenvolvimento cria recursos do produto. A equipe de transformação focará as mudanças de mais alta prioridade que dão suporte à agilidade em cada ciclo e demonstrará sua implementação, quando possível, durante uma revisão do ciclo com todos os envolvidos, inclusive os membros da equipe scrum piloto.

Iniciar a transição para a metodologia com apenas um projeto-piloto é uma ótima ideia. Ter um projeto inicial permite descobrir como trabalhar com métodos ágeis tendo poucos contratempos no negócio geral da organização. Concentrar-se em um projeto para iniciar também permite trabalhar em algumas dificuldades que seguem inevitavelmente uma mudança. A Figura 18-3 mostra os tipos de projetos que utilizam a abordagem ágil.

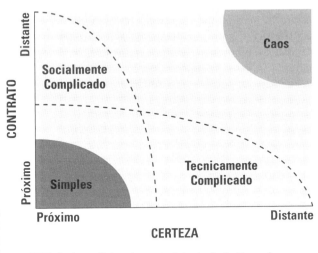

FIGURA 18-3: Projetos que podem utilizar técnicas ágeis.

Ao selecionar seu primeiro projeto ágil, procure um desafio com essas qualidades:

- » **Importante adequadamente:** Verifique se o projeto escolhido é importante o bastante para merecer o interesse em sua empresa. Contudo, evite o projeto mais importante; você deseja espaço para trabalhar e aprender com os erros. Veja a nota sobre o jogo de culpa posteriormente na seção "Evitando Armadilhas".
- » **Visível o suficiente:** Seu projeto-piloto deve ser visível para os principais influenciadores da organização, mas não o torne o item mais conhecido na agenda. Você precisará de liberdade para se ajustar aos novos processos; projetos críticos podem não permitir essa liberdade na primeira tentativa de uma nova abordagem.
- » **Claro e controlável:** Procure um produto com requisitos claros e um grupo de negócios que possa se comprometer com a definição e priorização desses requisitos. Tente escolher um projeto com um ponto final definido, em vez de um que pode se expandir indefinidamente.
- » **Não grande demais:** Selecione um projeto que você possa concluir com até duas equipes scrum trabalhando simultaneamente para evitar movimentos demais de uma só vez.
- » **Mensurável de forma concreta:** Escolha um projeto que você sabe que pode mostrar um valor mensurável nos ciclos.

PAPO DE ESPECIALISTA

As pessoas precisam de tempo para se ajustar às mudanças na organização, não apenas nas transições para a metodologia ágil. Estudos mostraram que, com grandes mudanças, empresas e equipes verão quedas no desempenho antes de terem melhorias. A *Curva de Satir*, mostrada na Figura 18-4, ilustra o processo de entusiasmo das equipes, o caos e, finalmente, o ajuste aos novos processos.

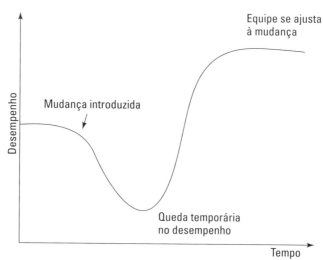

FIGURA 18-4: Curva de Satir.

Depois de ter executado um projeto ágil com sucesso, você terá uma base para os futuros sucessos.

Etapa 4: Crie um ambiente para o sucesso

Um dos princípios ágeis declara: "Criar projetos em torno de pessoas motivadas. Oferecer o ambiente e apoio necessários, e confiar que o trabalho será feito."

Descrevemos o que significa criar um ambiente para permitir o sucesso no Capítulo 5. Estude os quatro valores ágeis e os 12 princípios com cuidado (veja o Capítulo 2) e seriedade para determinar se está criando um ambiente para o sucesso ou explicando se o *status quo* é bom o bastante.

Comece corrigindo e melhorando o ambiente o mais cedo possível.

Etapa 5: Treine o suficiente e recrute quando necessário

O treinamento é uma etapa essencial ao mudar para uma mentalidade ágil. A combinação de treinamento presencial com especialistas ágeis experientes e a capacidade de trabalhar com exercícios usando processos ágeis é o melhor modo de ajudar a equipe de projetos a absorver e desenvolver o conhecimento necessário para iniciar com sucesso um projeto ágil.

O treinamento funciona melhor quando os membros da equipe de projetos podem treinar e aprender juntos. Como treinadores e mentores ágeis, tivemos oportunidade de ouvir muitas conversas entre os membros da equipe que se iniciavam assim: "Lembra quando Marcos mostrou como...? Isso funcionou quando fizemos na aula. Vamos tentar e ver o que acontece." Se o product owner, a equipe de desenvolvimento, o scrum master e os envolvidos no projeto podem participar da mesma aula, podem aplicar as lições em seu trabalho como uma equipe.

Recrutar talento para preencher as lacunas nas funções necessárias evita problemas óbvios que você terá no início da transição. Sem um product owner dedicado e uma instrução clara para a equipe, qual é a probabilidade de seu projeto ser bem-sucedido? Como isso afetará a capacidade da equipe de se auto-organizar? Quem facilitará as muitas interações se você não tiver um scrum master? Como será o primeiro ciclo se não tiver uma habilidade essencial na equipe de desenvolvimento requerida para conseguir o mínimo no primeiro objetivo do ciclo?

Trabalhe com o departamento de recursos humanos o mais cedo possível para iniciar o processo de recrutamento. Trabalhe com consultores ágeis especialistas para utilizar sua rede de profissionais ágeis experientes.

Etapa 6: Inicie o piloto com um treinamento ativo

Se há uma estratégia clara de implementação da metodologia ágil, uma equipe de projetos entusiasmada e treinada, um projeto-piloto com um backlog do produto e medidas claras para o sucesso, parabéns! Você está pronto para fazer seu primeiro ciclo.

Contudo, não se esqueça: as abordagens ágeis são novas para a equipe-piloto. As equipes precisam de treinamento para ter um alto desempenho. Chame especialistas ágeis para o treinamento ágil para iniciar o projeto do modo certo.

A prática não traz a perfeição. A prática leva à duração.

Quando a equipe scrum planeja seu primeiro ciclo, não deve pegar requisitos demais. Lembre-se de que você só está começando a aprender um novo processo e produto. Em geral, as novas equipes scrum assumem uma quantidade menor de trabalho do que acham que podem concluir em seus primeiros ciclos. Uma progressão típica ocorre depois.

Depois de estabelecer os objetivos gerais com a declaração de visão do produto, guia do produto e objetivo inicial do lançamento, o backlog do produto precisa de requisitos apenas suficientes no nível da história do usuário (veja Capítulo 8) para um ciclo da equipe scrum para iniciar o desenvolvimento.

» **No ciclo 1,** as equipes scrum assumem 25% do trabalho que acham que podem concluir durante o planejamento do ciclo.

» **No ciclo 2,** as equipes scrum assumem 50% do trabalho que acham que podem concluir durante o planejamento do ciclo.

» **No ciclo 3,** as equipes scrum assumem 75% do trabalho que acham que podem concluir durante o planejamento do ciclo.

» **No ciclo 4 e em outros,** as equipes scrum assumem 100% do trabalho que acham que podem concluir durante o planejamento do ciclo.

No ciclo 4, a equipe scrum ficará mais confortável com os novos processos, saberá mais sobre o produto e conseguirá estimar as tarefas com mais precisão.

Não é possível planejar com a incerteza. Não seja uma vítima da paralisia por análise, defina uma direção e siga em frente!

Durante o primeiro ciclo, siga as práticas ágeis de modo consciente. Pense no seguinte durante o primeiro ciclo:

» Faça a reunião diária com o scrum, mesmo que você ache que não fez nenhum progresso. Lembre-se de declarar os obstáculos também!

» A equipe de desenvolvimento pode precisar se lembrar de se autogerenciar e não procurar o product owner, o scrum master ou nada além do backlog do ciclo para ver as atribuições de tarefas.

» O scrum master pode precisar se lembrar de proteger a equipe de desenvolvimento do trabalho e de distrações externos, sobretudo quando os outros membros da organização estão acostumados a ter uma equipe de projetos dedicada por perto.

» O product owner pode ter que se acostumar a trabalhar diretamente com a equipe de desenvolvimento, estar disponível para as perguntas, revisar e aceitar os requisitos concluídos imediatamente.

No primeiro ciclo, espera-se que o percurso apresente poucos ressaltos. Sem problemas; os processos ágeis são para aprender e se adaptar.

No Capítulo 8 você pode ver como a equipe scrum planeja o ciclo. O Capítulo 9 fornece detalhes do cotidiano ao executar o ciclo.

Etapa 7: Execute Guia de Valor

Quando tiver escolhido seu projeto-piloto, não caia na armadilha de usar um plano de uma antiga metodologia ou hábitos. Pelo contrário, use processos ágeis desde o início do projeto.

Descrevemos o Guia de Valor neste livro, apresentando-o no Capítulo 7 e vendo com você cada um dos sete estágios, dos Capítulos 7 ao 10.

Etapa 8: Receba feedback e melhore

Você cometerá erros no início, claro. Tudo bem. No final de seu primeiro ciclo, terá feedback e melhorará com dois eventos importantes: revisão e retrospectiva do ciclo.

Em sua primeira revisão do ciclo, será importante que o product owner defina expectativas sobre o formato da reunião, junto do objetivo do ciclo e da funcionalidade concluída do produto. A revisão do ciclo é para a demonstração do produto; apresentações extravagantes e amostras são um custo desnecessário. Os envolvidos no projeto podem inicialmente ficar surpresos com uma abordagem básica. Contudo, logo ficarão impressionados quando notarem que um produto validado substitui vários slides e listas. Transparência e visibilidade: mostre, não fale.

A primeira retrospectiva do ciclo pode requerer a definição de algumas expectativas também. Um formato predefinido ajudará na reunião, como o do Capítulo 10, para iniciar a conversa e evitar uma sessão de reclamações para todos.

CAPÍTULO 18 **Seja um Agente de Mudança** 357

Na primeira retrospectiva do ciclo, preste muita atenção ao seguinte:

» Lembre-se de como o objetivo do ciclo foi bem alcançado, não de quantas histórias do usuário você concluiu.

» Analise como os requisitos foram bem concluídos para atender à definição de feito: entregue, testado, integrado e documentado.

» Discuta sobre como as métricas de sucesso do projeto foram atendidas.

» Fale sobre como os princípios ágeis foram bem adotados. Iniciamos a jornada com os princípios.

» Comemore os sucessos, mesmo que pequenos, e examine problemas e soluções.

» Lembre-se de que a equipe scrum deve gerenciar a reunião como equipe, chegar a um consenso sobre como melhorar e sair da reunião com um plano de ação.

Você encontra detalhes sobre revisões e retrospectivas do ciclo no Capítulo 10.

Etapa 9: Amadureça e consolide as melhorias

A inspeção e adaptação permitem que as equipes scrum se desenvolvam como uma equipe e amadureçam com cada ciclo.

Algumas vezes, os profissionais ágeis comparam o processo de amadurecimento com a técnica de aprender artes marciais *Shu Ha Ri*, um termo japonês que pode ser traduzido como "manter, desapegar, transcender". O termo descreve três estágios nos quais as pessoas aprendem novas habilidades:

» **No estágio *Shu*,** os alunos seguem uma nova habilidade, como foram ensinados, sem desvio, para gravá-la na memória e fazer automaticamente.

As novas equipes scrum podem aproveitar a aquisição de um hábito para seguir de perto os processos ágeis, até que eles sejam familiares. Durante o estágio Shu, as equipes scrum podem trabalhar de perto com um treinador ágil ou mentor para seguir corretamente os processos.

» **No estágio *Ha*,** os alunos começam a improvisar quando entendem mais sobre como funciona a nova habilidade. Algumas vezes as improvisações funcionarão, outras não. Os alunos aprenderão mais sobre a habilidade com sucessos e fracassos.

Quando as equipes scrum entendem mais sobre como funcionam as abordagens ágeis, podem tentar variações nos processos para o próprio projeto. Durante o estágio Ha, as equipes descobrirão que a retrospectiva do ciclo é uma ferramenta valiosa para falar sobre como seus improvisos funcionaram ou não. Nesse estágio os membros da equipe scrum ainda

358   PARTE 5 **Assegurando o Sucesso do Projeto Ágil**

aprendem com um mentor ágil, mas também podem aprender uns com os outros, com outros profissionais ágeis, e começam a ensinar as habilidades ágeis para outras pessoas.

» **No estágio *Ri*,** a habilidade fica natural para o ex-aluno, que saberá o que funciona ou não. Agora ele pode inovar com confiança.

Com prática, as equipes scrum chegarão ao ponto em que os processos ágeis são fáceis e simples, como andar de bicicleta ou dirigir um carro. No estágio Ri, as equipes scrum podem personalizar os processos, sabendo o que funciona segundo o Manifesto Ágil e os 12 Princípios Ágeis.

No início, amadurecer como equipe scrum requer esforço concentrado e comprometimento com o uso de processos ágeis e respeito por seus valores. Contudo, no final, a equipe scrum trabalhará sem problemas, melhorando a cada ciclo e inspirando outras pessoas na organização.

Com o tempo, as equipes scrum e os envolvidos no projeto amadurecem, e empresas inteiras podem amadurecer como organizações ágeis bem-sucedidas.

Etapa 10: Expanda progressivamente com a organização

Concluir um projeto bem-sucedido é uma etapa importante quando uma organização passa a adotar um gerenciamento ágil de projetos. Com métricas que provam o sucesso do projeto e o valor das metodologias ágeis, é possível ter o comprometimento de sua empresa para dar suporte a novos projetos ágeis.

Para dimensionar progressivamente o gerenciamento ágil de projetos em uma organização, comece com o seguinte:

» **Semeie novas equipes.** Uma equipe de projeto ágil que atingiu a maturidade, ou seja, as pessoas que trabalharam no primeiro projeto ágil, agora deve ter especialização e entusiasmo para se tornar uma embaixadora ágil na organização. Essas pessoas podem participar de novas equipes de projeto ágeis e ajudá-las a aprender e se desenvolver.

» **Redefina as métricas.** Identifique as medidas de sucesso na organização, com cada equipe scrum e em projetos novos.

» **Dimensione metodicamente.** Pode ser empolgante produzir ótimos resultados, mas as melhorias em toda a empresa requerem mudanças significativas do processo. Não vá mais rápido do que a organização consegue acompanhar. Verifique o Capítulo 17 para ver as diferentes maneiras de dimensionar os projetos ágeis em várias equipes.

» **Identifique novos desafios.** Seu primeiro projeto ágil pode apresentar obstáculos ocultos que você não considerou no plano de implementação. Atualize seu guia de estratégia e amadurecimento quando necessário.

CAPÍTULO 18 **Seja um Agente de Mudança** 359

» **Continue aprendendo.** Quando implementar novos processos, verifique se os novos membros da equipe têm o devido treinamento, conselhos e recursos para executar os projetos ágeis com eficiência.

As etapas anteriores funcionam para as transições bem-sucedidas do gerenciamento ágil de projetos. Use e revise-as quando dimensionar e poderá fazer as práticas ágeis prosperarem em sua organização.

Evitando Armadilhas

As equipes de projeto podem cometer vários erros comuns, mas graves, ao implementar as práticas ágeis. A Tabela 18-1 dá uma visão geral de alguns problemas típicos e modos de resolvê-los.

Como se pode notar, muitas dessas armadilhas estão relacionadas à falta de um suporte da organização, necessidade de treinamento e retorno às antigas práticas de gerenciamento de projetos. Se sua empresa apoia mudanças positivas, se a equipe de projetos é treinada e a equipe scrum tem um comprometimento ativo ao respeitar os valores ágeis, você terá uma transição ágil bem-sucedida.

TABELA 18-1 Problemas e Soluções Comuns da Transição para a Metodologia Ágil

Problema	Descrição	Solução Provável
Metodologia ágil falsa, metodologia ágil com trabalho dobrado ou ambas	Algumas vezes, as organizações dirão que estão "fazendo a metodologia ágil". Elas podem passar por algumas práticas usadas nos projetos ágeis, mas não adotaram os princípios ágeis e continuam a criar entregas e produtos em cascata. Algumas vezes isso é chamado de *metodologia ágil falsa* e é um caminho seguro para evitar os benefícios das técnicas ágeis. Tentar concluir processos ágeis como complemento dos processos em cascata, documentos e reuniões é outra abordagem de metodologia ágil falsa. O *ágil com trabalho dobrado* resulta em um esgotamento rápido da equipe de projetos. Se você faz duas vezes o trabalho, não está seguindo os princípios ágeis.	Insista em seguir um processo que seja ágil. Tenha suporte da gerência para evitar princípios e práticas não ágeis.

Problema	Descrição	Solução Provável
Falta de treinamento	O investimento em uma aula prática fornecerá um ambiente de aprendizagem mais rápido e melhor do que o melhor livro, vídeo, blog ou documento. A falta de treinamento geralmente indica uma falta geral de comprometimento da organização com as práticas ágeis. Lembre-se de que o treinamento pode ajudar as equipes scrum a evitar muitos erros na lista.	Treine sua estratégia de implementação. Dar às equipes noções básicas certas de habilidades é fundamental para o sucesso e necessário no início de sua transição para a metodologia ágil.
Product owner ineficiente	A função do product owner não é tradicional. As equipes de projeto ágeis precisam de um product owner especialista nas necessidades comerciais e prioridades e que possa trabalhar com o resto da equipe scrum diariamente. Um product owner ausente ou indeciso afundará rapidamente um projeto ágil.	Inicie o projeto com uma pessoa que tenha tempo, especialização e temperamento para ser um bom product owner. Verifique se o product owner tem o treinamento certo. O scrum master pode ajudar a treinar o product owner e tentar limpar os obstáculos que o impedem de ser eficiente. Se remover os impedimentos não funcionar, a equipe scrum deve insistir em substituir o product owner ineficiente por outro, ou pelo menos um agente, que possa tomar decisões em relação ao produto e ajudar a equipe a ser bem-sucedida.
Falta de teste automático	Sem um teste automático, talvez seja impossível concluir totalmente e testar o trabalho em um ciclo. O teste manual requer um tempo que as equipes scrum rápidas não têm.	Hoje é possível encontrar no mercado muitas ferramentas de teste baratas e de fonte aberta. Pesquise as ferramentas certas e comprometa-se como uma equipe de desenvolvimento em usá-las.

(continua)

(continuação)

Problema	Descrição	Solução Provável
Falta de suporte para a transição	Fazer uma transição bem-sucedida é difícil e não tem garantias. Vale a pena fazer do modo certo na primeira vez, com pessoas que sabem o que estão fazendo.	Quando decidir fazer o gerenciamento ágil de projetos, peça a ajuda de um mentor ágil, dentro da organização ou em uma firma de consultoria externa, que possa dar suporte à transição. O processo é fácil, mas as pessoas são complicadas. Vale a pena investir em um suporte de transição profissional com um parceiro experiente que entende a ciência comportamental e a mudança na organização.
Ambiente físico inadequado	Quando as equipes scrum não partilham o mesmo local, perdem o benefício da comunicação direta. Estar no mesmo prédio não é suficiente; as equipes precisam se sentar juntas na mesma área.	Se sua equipe scrum está no mesmo prédio, mas não senta na mesma área, reúna as pessoas. Considere criar um espaço ou anexo para a equipe scrum colaborar sempre. Tente manter a área da equipe scrum sem distrações, como uma pessoa que fala sem parar ou o gerente que só precisa de um favorzinho. Antes de iniciar um projeto com uma equipe scrum em outro local, faça o que puder para alocar talentos locais. Se tiver que trabalhar com uma equipe scrum fora do local, veja o Capítulo 14 para saber como gerenciar tais equipes.
Seleção ruim da equipe	Os membros da equipe scrum que não dão suporte aos processos ágeis, não trabalham bem com outras pessoas e nem têm capacidade de se autogerenciar sabotarão um novo projeto ágil internamente.	Ao criar uma equipe scrum, considere se os membros da equipe aplicarão bem os princípios ágeis. Os segredos são a versatilidade e o desejo de aprender.

362 PARTE 5 **Assegurando o Sucesso do Projeto Ágil**

Problema	Descrição	Solução Provável
Deslizes na disciplina	Lembre-se de que os projetos ágeis ainda precisam de requisitos, design, desenvolvimento, teste e lançamentos. Fazer esse trabalho em ciclos requer disciplina.	Você precisa de mais, não menos, disciplina para entregar uma funcionalidade validada em uma iteração curta. O progresso precisa ser consistente e constante. O scrum diário ajuda a assegurar que o progresso ocorra durante o ciclo. Use a retrospectiva do ciclo como uma oportunidade para redefinir as abordagens para a disciplina.
Falta de suporte para a aprendizagem	As equipes scrum têm sucesso como equipe e fracassam como equipe; tirar satisfação dos erros de uma pessoa (conhecido como *jogo de culpa*) destrói o ambiente de aprendizagem e a inovação.	A equipe scrum pode comprometer-se no início do projeto em deixar espaço para a aprendizagem e aceitar o sucesso ou fracasso como um grupo.
Diluir até morrer	Diluir os processos ágeis com antigos hábitos em cascata desgasta os benefícios desses processos, inclusive os benefícios que não existem mais.	Ao fazer mudanças no processo, pare e veja se elas dão suporte ao Manifesto Ágil e aos 12 Princípios. Resista às mudanças que não funcionam com o manifesto e seus princípios. Lembre-se de maximizar o trabalho não feito.

Sinais de que Suas Mudanças Estão Falhando

A lista de perguntas a seguir ajuda a ver os sinais de aviso e dá ideias do que fazer se surgirem situações problemáticas:

» **Você está fazendo o "scrum, mas..."?**

O ScrumBut ocorre quando o scrum expõe uma disfunção ou falha difícil de ser corrigida e que leva a empresa a modificar o scrum com o intuito de tornar invisível o problema, em outras palavras, tirar a pedra do sapato ou varrer a sujeira para debaixo do tapete. O ScrumBut ocorre quando as organizações adotam parcialmente o scrum. Alguns puristas ágeis dizem que o ScrumBut é inaceitável, outros profissionais ágeis permitem espaço para um crescimento gradual para um novo método. Dito isso, tenha cuidado com as antigas práticas que frustram os princípios ágeis, como terminar os ciclos com uma funcionalidade incompleta.

CAPÍTULO 18 **Seja um Agente de Mudança** 363

LEMBRE-SE

O scrum tem três funções, três artefatos e cinco eventos. Se observar sua equipe ajustando esses componentes básicos da estrutura, pergunte o motivo. O scrum mostrou algo que você não quer inspecionar e adaptar?

» **Você ainda documenta e faz relatórios como antes?**

Se você ainda passa horas com documentações e relatórios grandes, é sinal de que a organização não aceitou as abordagens ágeis para comunicar o status do projeto. Ajude os gerentes a entenderem como usar os artefatos existentes do relatório ágil e pare com o trabalho dobrado!

» **Uma equipe que conclui 50 pontos da história em um ciclo é melhor do que outra que faz 10, certo?**

Não. Lembre-se de que os pontos da história são relativos e consistentes em uma equipe scrum, não em todas. A velocidade não é uma métrica de comparação de equipes. É apenas um fato pós-ciclo que as equipes scrum usam como auxílio para o próprio planejamento. Você vê mais sobre os pontos da história e velocidade no Capítulo 8.

» **Quando os envolvidos aprovarão todas as especificações?**

Se você está esperando aprovação dos requisitos em geral para começar a desenvolver, não está seguindo as práticas ágeis. É possível começar o desenvolvimento assim que há requisitos suficientes para um ciclo.

» **Estamos usando mão de obra externa para reduzir os custos?**

O ideal é que as equipes scrum partilhem o local. A capacidade de ter uma comunicação direta e imediata economiza muito tempo e dinheiro, e evita erros mais caros do que as economias iniciais por hora vistas com algumas equipes externas.

Se trabalha com equipes distantes, invista em boas ferramentas de colaboração, como câmeras de vídeo individuais e salas de equipe virtuais permanentes.

» **Os membros da equipe de desenvolvimento pedem mais tempo em um ciclo para terminar as tarefas?**

A equipe de desenvolvimento pode não trabalhar com multidisciplina ou agrupamento nos requisitos da prioridade. Os membros podem ajudar uns aos outros a terminar as tarefas, mesmo que não sejam a principal especialização de uma pessoa.

Essa pergunta também pode indiciar pressões internas para subestimar as tarefas e encaixar mais trabalho em um ciclo do que aquele com o qual a equipe de desenvolvimento pode lidar.

» Os membros da equipe de desenvolvimento perguntam o que devem fazer em seguida?

Depois de um ciclo ser planejado e o trabalho de desenvolvimento estar em andamento, se os desenvolvedores esperam instruções do scrum master ou product owner, eles não são auto-organizados. A equipe deve dizer ao scrum master e ao product owner o que fará em seguida, não o contrário.

» Os membros da equipe esperam até o fim do ciclo para fazer o teste?

As equipes de desenvolvimento ágeis devem testar todos os dias em um ciclo. Todos os membros da equipe são analistas.

» Os envolvidos aparecem nas revisões do ciclo?

Se as únicas pessoas nas revisões do ciclo são os membros da equipe scrum, é hora de lembrar os envolvidos sobre o valor do feedback frequente. Informe-os de que eles estão perdendo a chance de revisar regularmente a funcionalidade validada do produto, corrigir o curso no início e ver em primeira mão como o projeto está progredindo.

» A equipe scrum reclama sobre receber ordens do scrum master?

As técnicas de comando e controle são opostas ao autogerenciamento e entram em conflito direto com os princípios ágeis. As equipes scrum são compostas de pessoas iguais, o único chefe é a equipe. Discuta com o mentor ágil e aja rapidamente para redefinir as expectativas do scrum master quanto a seu papel.

» A equipe scrum acumula muita hora extra?

Se o final de cada ciclo se torna uma corrida para concluir as tarefas, você não pratica um desenvolvimento sustentável. Procure as principais causas, como pressão para subestimar. O scrum master pode precisar treinar a equipe de desenvolvimento e proteger seus membros da pressão do product owner, se for o caso. Reduza os pontos da história para cada ciclo até que a equipe de desenvolvimento possa lidar com o trabalho.

» Que retrospectiva?

Se os membros da equipe scrum começam a evitar ou cancelar as retrospectivas do ciclo, você está voltando para a metodologia em cascata. Lembre-se da importância de inspecionar e se adaptar, e veja por que as pessoas não fazem a retrospectiva em primeiro lugar. Se você não progride, em geral a complacência resulta em retrocesso. Mesmo que a equipe scrum tenha uma ótima velocidade, a rapidez no desenvolvimento sempre pode melhorar; portanto, mantenha a retrospectiva e continue melhorando.

366   PARTE 5 **Assegurando o Sucesso do Projeto Ágil**

6

A Parte dos Dez

NESTA PARTE...

Comunique os benefícios do gerenciamento ágil de projetos.

Veja os principais fatores de sucesso do projeto ágil.

Meça o progresso ao inspecionar e se adaptar devidamente para ser mais ágil como organização.

Seja um profissional ágil aprendendo com o suporte de recursos úteis.

NESTE CAPÍTULO

» Verificando se os projetos compensam

» Facilitando o relatório

» Melhorando os resultados

» Reduzindo o risco

Capítulo 19
Dez Principais Benefícios do Gerenciamento Ágil

Neste capítulo mostramos dez benefícios importantes, que o gerenciamento ágil de projetos fornece às organizações, às equipes de projeto e aos produtos.

LEMBRE-SE

Para aproveitar os benefícios do gerenciamento ágil de projetos, é preciso confiar nas práticas ágeis, aprender mais sobre as diferentes abordagens ágeis e usar o que é melhor para sua equipe de projetos.

Melhor Qualidade do Produto

Os projetos existem para criar ótimos produtos e resultados com base na finalidade. Os métodos ágeis têm excelentes proteções para assegurar que a qualidade seja a mais alta possível. As equipes de projeto ágeis garantem a qualidade fazendo o seguinte:

» Adotam uma abordagem proativa quanto à qualidade, para evitar problemas no produto.

» Utilizam excelência tecnológica, bom design e desenvolvimento sustentável.

» Definem e elaboram requisitos JIT para que o conhecimento dos recursos do produto seja o mais relevante possível.

» Criam critérios de aceitação para as histórias do usuário para que a equipe de desenvolvimento as entenda melhor e o product owner as valide com precisão.

» Incorporam uma integração contínua e teste diário no processo de desenvolvimento, permitindo que a equipe lide com os problemas enquanto estão frescos na memória.

» Utilizam ferramentas de teste automáticas para desenvolver durante o dia, testar durante a noite e corrigir as falhas pela manhã.

» Fazem retrospectivas do ciclo, permitindo que a equipe scrum melhore continuamente os processos e trabalho.

» Concluem o trabalho usando a definição de feito: Desenvolvido, testado, integrado e documentado.

Você encontra mais informações sobre a qualidade do projeto no Capítulo 15.

Maior Satisfação do Cliente

As equipes de projeto ágeis estão comprometidas em criar produtos que atendam aos clientes. As abordagens ágeis para os patrocinadores mais contentes do projeto incluem:

» Colaborar com os clientes como parceiros e mantê-los envolvidos e engajados nos produtos.

» Ter um product owner especialista nos requisitos do produto e necessidades do cliente. (Verifique os Capítulos 6 e 9 para ter mais informações sobre a função do product owner.)

» Manter o backlog do produto atualizado e priorizado para responder rapidamente à mudança. (Você lê mais sobre o backlog do produto no Capítulo 8 e sua função ao responder à mudança no Capítulo 12.)

370   PARTE 6 **A Parte dos Dez**

- » Demonstrar a funcionalidade validada aos clientes em toda revisão do ciclo. (O Capítulo 10 mostra como fazer uma revisão do ciclo.)
- » Colocar produtos de modo mais rápido e frequente no mercado em cada lançamento.
- » Ter projetos autofinanciados em potencial. (O Capítulo 13 informa sobre os projetos autofinanciados.)

Risco Reduzido

As técnicas de gerenciamento ágil de projetos realmente eliminam a chance de fracasso absoluto do projeto, gastando muito tempo e dinheiro sem retorno sobre o investimento. As equipes de projeto ágeis executam projetos com menos risco fazendo o seguinte:

- » Desenvolvem-se em ciclos, assegurando pouco tempo entre o investimento inicial do projeto e a falha rápida, sabendo se um produto ou abordagem funcionará.
- » Sempre têm um produto integrado validado, iniciando no primeiro ciclo, para que algum valor seja adicionado como uma funcionalidade de envio a cada ciclo, assegurando que o projeto ágil não fracassará completamente.
- » Desenvolvem requisitos de acordo com a definição de feito em cada ciclo para que os patrocinadores do projeto tenham uma funcionalidade concluída útil, independentemente do que pode acontecer com o projeto no futuro.
- » Dão feedback constante sobre produtos e processos durante:
  - As reuniões diárias com o scrum e comunicação constante com a equipe de desenvolvimento.
  - O esclarecimento diário e regular sobre requisitos, revisão e aceitação dos recursos pelo product owner.
  - As revisões do ciclo, com informações dos envolvidos e clientes sobre a funcionalidade do produto concluído.
  - As retrospectivas do ciclo, nas quais a equipe de desenvolvimento discute sobre a melhoria do processo.
  - Os lançamentos, quando o usuário final pode ver e reagir aos novos recursos regularmente.
- » Geram lucro no início com projetos autofinanciados, permitindo que as organizações paguem por um projeto com pouca despesa inicial.

Você encontra mais informações sobre o gerenciamento de risco no Capítulo 15.

CAPÍTULO 19 **Dez Principais Benefícios do Gerenciamento Ágil**

Maior Colaboração e Controle

Quando as equipes de desenvolvimento assumem a responsabilidade pelos projetos e produtos, geram ótimos resultados. As equipes de desenvolvimento ágeis colaboram e controlam a qualidade do produto e desempenho do projeto fazendo o seguinte:

» Verificam se a equipe, o product owner e o scrum master trabalham juntos diariamente.

» Fazem reuniões de planejamento do ciclo com base nos objetivos, que permite que a equipe se comprometa com tal objetivo e organize o trabalho de modo a alcançá-lo.

» Fazem reuniões diárias com o scrum conduzidas por elas mesmas, na qual os membros se organizam em prol do trabalho concluído, do trabalho futuro e dos obstáculos.

» Fazem revisões do ciclo, nas quais a equipe demonstra e discute diretamente com os envolvidos sobre o produto.

» Fazem retrospectivas do ciclo, permitindo que os membros da equipe revisem o trabalho anterior e recomendem melhores práticas em cada ciclo.

» Trabalham em um ambiente partilhado, que permite comunicação imediata e colaboração entre os membros da equipe de desenvolvimento.

» Tomam decisões com consenso, usando técnicas como estimativa com poker e o primeiro de cinco.

Você descobre como equipes de desenvolvimento estimam o esforço dos requisitos, decompõem e chegam a um consenso no Capítulo 7. Para saber mais sobre o planejamento do ciclo e reuniões diárias com o scrum, veja o Capítulo 9. Para obter mais informações sobre as retrospectivas do ciclo, verifique o Capítulo 10.

Mais Métricas Relevantes

As métricas que as equipes de projeto ágeis usam para estimar tempo e custo, medir o desempenho do projeto e tomar decisões geralmente são mais relevantes e precisas do que as métricas nos projetos tradicionais. As métricas ágeis devem encorajar o progresso e a eficiência sustentáveis da equipe de um modo que funcione melhor para a equipe entregar valor para o cliente no início e sempre. Nos projetos ágeis, você fornece a métrica fazendo o seguinte:

» Determine as linhas do tempo do projeto e os orçamentos com base em desempenho e capacidades reais de cada equipe de desenvolvimento.

» Verifique se a equipe de desenvolvimento que fará o trabalho, nenhuma outra, fornece as estimativas de esforço para os requisitos do projeto.

» Use estimativas relativas, em vez de horas ou dias, para ajustar com precisão o esforço estimado ao conhecimento e capacidades de uma equipe de desenvolvimento individual.

» Aprimore o esforço, tempo e custo estimados regularmente, quando a equipe de desenvolvimento aprender mais sobre o projeto.

» Atualize o gráfico de burndown do ciclo todos os dias para fornecer métricas precisas sobre como a equipe se comporta a cada ciclo.

» Compare o custo do futuro desenvolvimento com o valor dele, o que ajuda as equipes de projeto a determinar quando terminar um projeto e redistribuir o capital para um novo.

CUIDADO

Você pode notar que falta a velocidade na lista. *Velocidade* (uma medida da rapidez de desenvolvimento, como detalhado no Capítulo 13) é uma ferramenta que se usa para determinar linhas do tempo e custos, mas funciona apenas quando ajustada a uma equipe individual. A velocidade da Equipe A não tem relação com a da Equipe B. E, mais, a velocidade é ótima para medir e ver a tendência, mas não funciona como mecanismo de controle. Tentar fazer uma equipe de desenvolvimento ter certa velocidade apenas prejudica o desempenho e impede o autogerenciamento.

Se estiver interessado em saber mais sobre a estimativa relativa, verifique o Capítulo 7. Você descobrirá ferramentas para determinar as linhas do tempo e orçamentos, junto com informações sobre a redistribuição de capital, no Capítulo 13. O Capítulo 21 mostra dez métricas para o gerenciamento ágil de projetos.

Melhor Visibilidade do Desempenho

Nos projetos ágeis, todo membro da equipe tem a oportunidade de conhecer o andamento do projeto a qualquer momento. Os projetos fornecem um alto nível de visibilidade do desempenho da seguinte forma:

» Coloque um alto valor em uma comunicação aberta e honesta entre a equipe scrum, envolvidos, clientes e qualquer outra pessoa na organização que deseje conhecer o projeto.

» Forneça medidas diárias do desempenho do ciclo com atualizações do backlog. Os backlogs do ciclo ficam disponíveis para qualquer pessoa da organização.

» Forneça informações diárias para o progresso imediato e obstáculos da equipe de desenvolvimento na reunião cotidiana com o scrum. Embora apenas a equipe possa falar nessa reunião, qualquer membro da equipe de projetos pode participar.

» Exiba o progresso fisicamente usando quadros de tarefas e colocando gráficos de burndown do ciclo na área de trabalho da equipe de desenvolvimento todos os dias.

» Demonstre as realizações nas revisões do ciclo. Qualquer pessoa em uma organização pode participar da revisão.

A melhor visibilidade do projeto leva a mais controle e previsão, como descrito nas seções a seguir.

Melhor Controle do Projeto

As equipes ágeis têm várias oportunidades para controlar o desempenho do projeto e fazer correções quando necessário porque:

» Ajustar as prioridades durante o projeto permite que a organização tenha projetos com tempo e preço fixos, e ainda aceite a mudança.

» Receber a mudança permite que a equipe de projetos reaja aos fatores externos, como a demanda do mercado.

» As reuniões diárias com o scrum permitem que a equipe scrum lide com os problemas rapidamente quando eles surgem.

» As atualizações diárias dos backlogs do ciclo significam que seus gráficos de burndown refletem com precisão seu desempenho, dando à equipe scrum a oportunidade de fazer mudanças assim que se encontram problemas.

» As conversas diretas removem os obstáculos na comunicação e na resolução de problemas.

» As revisões do ciclo permitem que os envolvidos no projeto vejam os produtos validados e deem informações sobre eles antes do lançamento.

» As retrospectivas do ciclo permitem que a equipe scrum faça ajustes fundamentados no final de cada ciclo para melhorar a qualidade do produto, aumentar o desempenho da equipe de desenvolvimento e aprimorar os processos do projeto.

As muitas oportunidades para inspecionar e adaptar os processos ágeis possibilitam que todos os membros da equipe de projetos (product owner, equipe de desenvolvimento, scrum master e envolvidos) tenham controle e criem produtos melhores.

Melhor Previsibilidade do Projeto

As técnicas de gerenciamento ágil de projetos ajudam a equipe de projetos a prever com precisão como será a progressão do projeto. Veja algumas práticas, artefatos e ferramentas para ter uma melhor previsibilidade:

» Manter as durações do ciclo e a alocação da equipe de desenvolvimento iguais durante o projeto possibilita que a equipe saiba o custo exato de cada ciclo.

» Usar a velocidade individual da equipe de desenvolvimento permite que a equipe de projetos preveja as linhas do tempo e os orçamentos para os lançamentos, backlog do produto restante ou quaisquer requisitos.

» Usar as informações das reuniões diárias com o scrum, gráficos de burndown do ciclo e quadros de tarefas viabiliza que a equipe de projetos preveja o desempenho dos ciclos individuais.

Você encontra mais informações sobre as durações do ciclo no Capítulo 8.

Estruturas de Equipe Personalizadas

O autogerenciamento coloca as decisões, que normalmente seriam tomadas por um gerente ou organização, nas mãos dos membros da equipe scrum. Por causa do tamanho limitado das equipes de desenvolvimento, que consiste de três a nove pessoas, os projetos ágeis podem ter várias equipes scrum em um projeto, se necessário. Autogerenciamento e limite de tamanho significam que os projetos ágeis podem ter oportunidades únicas para personalizar as estruturas da equipe e ambientes de trabalho. Veja alguns exemplos:

» As equipes de desenvolvimento se organizam em grupos com habilidades específicas ou que trabalham em partes específicas do sistema do produto e recursos.

» As equipes de desenvolvimento organizam sua estrutura com base em pessoas com estilos de trabalho e personalidades específicos. Essa estruturação tem estas vantagens:

- Permite que os membros da equipe trabalhem como desejam.

- Encoraja os membros a expandir suas habilidades para se encaixar em equipes afins.

- Aumenta o desempenho da equipe, porque pessoas que fazem um bom trabalho gostam de trabalhar juntas e naturalmente se aproximam.

CAPÍTULO 19 **Dez Principais Benefícios do Gerenciamento Ágil** 375

» As equipes scrum tomam decisões personalizadas para equilibrar a vida profissional e pessoal dos membros.

» Por fim, as equipes scrum criam as próprias regras sobre com quem trabalham e como.

LEMBRE-SE

A ideia de personalização da equipe permite que os locais de trabalho ágeis tenham mais diversidade. As organizações com estilos tradicionais de gerenciamento tendem a ter equipes monolíticas, nas quais todos seguem as mesmas regras. Os ambientes de trabalho ágeis lembram a antiga analogia da tigela de salada. Assim como a salada tem ingredientes com sabores muito diferentes que se combinam para criar um prato delicioso, os projetos ágeis têm pessoas em equipes com capacidades muito diversas, que se combinam para criar ótimos produtos.

Moral Mais Alta da Equipe

Trabalhar com pessoas contentes e que gostam de seu trabalho é satisfatório e recompensador. O gerenciamento ágil de projetos melhora o moral das equipes scrum assim:

» Fazer parte de uma equipe autogerenciada permite que as pessoas sejam criativas, inovadoras e conhecedoras de suas contribuições.

» Focar práticas de trabalho sustentáveis assegura que as pessoas não se esgotem com estresse ou excesso de trabalho.

» Encorajar uma abordagem de líder servidor ajuda as equipes scrum no autogerenciamento e evita ativamente métodos de comando e controle.

» Ter um scrum master dedicado, que atende à equipe scrum, remove os impedimentos e protege a equipe de desenvolvimento das interferências externas.

» Fornecer um ambiente de apoio e confiança aumenta a motivação e moral das pessoas em geral.

» Ter conversas diretas ajuda a reduzir a frustração de uma comunicação ruim.

» Trabalhar com multidisciplina permite que os membros da equipe de desenvolvimento aprendam novas habilidades e se desenvolvam ensinando outras pessoas.

Você lê mais sobre dinâmica de equipe no Capítulo 14.

> **NESTE CAPÍTULO**
>
> » Verificando se as equipes scrum têm o ambiente e as ferramentas necessários
>
> » Preenchendo todas as funções com o talento certo
>
> » Possibilitando que as equipes tenham direção e suporte claros

Capítulo **20**

Dez Fatores-chave para o Sucesso do Projeto

Veja os dez fatores-chave que determinam se uma transição para a metodologia ágil terá sucesso. Você não precisa que todos os problemas sejam resolvidos antes de começar. Só precisa saber que existem e ter um plano para lidar com eles o mais cedo possível no início de sua jornada.

DICA

Achamos que os três primeiros são os maiores indicadores de sucesso. Aja de forma correta, e a probabilidade de sucesso aumentará drasticamente.

Membros da Equipe Dedicados

No Capítulo 6 falamos sobre a importância de dedicar membros da equipe (product owner, membros da equipe de desenvolvimento e scrum master) a um único projeto por vez. Isso é muito importante no início, quando a equipe scrum e o resto da organização ainda estão aprendendo o que significa valorizar a agilidade e incorporar os princípios ágeis.

Se os membros da equipe pulam entre os contextos do projeto toda hora, dia, semana ou até mês, o foco para acertar com as técnicas ágeis é minimizado, em detrimento de só tentar acompanhar as várias listas de tarefas. E, mais, o tempo perdido na troca de tarefas é muito caro para cada projeto em questão, devido à desmobilização e nova mobilização cognitivas contínuas.

Se acha que não tem pessoas suficientes para dedicar às equipes scrum, definitivamente não tem pessoas suficientes para trabalhar em vários projetos simultaneamente. A Associação de Psicologia Americana mostra que a troca de tarefas consome até 40% do tempo.

Local Partilhado

O Manifesto Ágil lista pessoas e interações como o primeiro valor. Consegue-se o valor certo partilhando o local entre os membros da equipe para se ter uma comunicação clara, eficiente e direta durante um projeto.

No Capítulo 5 falamos sobre o local partilhado como primeiro elemento essencial de um ambiente ágil. O Bell Laboratories mostrou uma produtividade cinco vezes melhor apenas colocando pessoas e interações certas no local partilhado. Com esse fator de sucesso resolvido adequadamente, a colaboração do cliente, a funcionalidade validada e a resposta eficiente à mudança se tornam mais tangíveis.

Teste Automático

As equipes de desenvolvimento não podem trabalhar no ritmo de mudança da tecnologia e das condições do mercado se precisam testar manualmente o trabalho todos os dias quando integram novas partes de funcionalidade durante o ciclo. Quanto mais as equipes contam com o teste manual, maiores são as lacunas na cobertura do teste. O teste manual simplesmente leva tempo demais e, na realidade, faz uma verificação pontual. Sem automação, as equipes lutarão para entregar completamente algo útil em cada ciclo.

No Capítulo 4 analisamos as práticas da programação extrema para ter qualidade no início. O teste automático é uma das práticas básicas. O Capítulo 15 também analisa como ter qualidade na automação e integração contínua.

Definição de Feito Aplicada

Terminar os ciclos com uma funcionalidade de envio é um antipadrão para se tornar mais ágil. Sua definição de feito deve esclarecer o seguinte:

» O ambiente no qual a funcionalidade deve ser integrada.
» Os tipos de teste.
» Os tipos de documentação requerida.

A equipe scrum também deve aplicar sua definição de feito. Se as equipes informam aos envolvidos que terminaram após um ciclo, mas um aspecto da definição de feito não foi atendido, o trabalho restante que atende à definição de feito deve ser adicionado ao próximo ciclo, tirando a capacidade de trabalhar em novos itens úteis do backlog do produto. Esse é um esquema Ponzi.

As equipes de desenvolvimento terminam agrupando as histórias do usuário, trabalhando em uma história junto, uma de cada vez, até concluir, antes de iniciar a próxima. Os desenvolvedores se responsabilizam assegurando que todas as regras de sua definição de feito sejam atendidas antes de iniciar uma nova história. Os product owners revisam o trabalho concluído em relação à definição de feito da equipe scrum (e os critérios de aceitação da história do usuário; veja o Capítulo 8), assim que os desenvolvedores a concluem, e o scrum master verifica se os desenvolvedores resolvem os problemas rejeitados pelo product owner antes de prosseguir com novas histórias do usuário.

Agrupar após uma definição clara de feito garante o sucesso dos ciclos. Veja os Capítulos 2, 8, 10 e 15 para saber mais sobre a definição de feito.

Visão Clara e Guia do Produto

Embora o product owner tenha a visão e guia do produto, muitas pessoas têm a responsabilidade de assegurar a clareza desses artefatos ágeis. Os product owners precisam consultar os envolvidos e clientes no início, durante o planejamento do projeto e durante o projeto para assegurar que visão e guia reflitam continuamente o que cliente e mercado precisam. O desenvolvimento com base na finalidade entrega os valores comercial e do cliente, e reduz muito o risco.

Sem uma finalidade clara, as pessoas saem do caminho e perdem o controle. Quando todos os membros da equipe entendem a finalidade, ficam juntos. Lembre-se do princípio ágil: "As melhores arquiteturas, requisitos e designs surgem de equipes auto-organizadas."

Analisamos a mecânica de desenvolver a visão e guia do produto no Capítulo 7.

Capacitação do Product Owner

A função do product owner é otimizar o valor produzido pela equipe de desenvolvimento. A responsabilidade dele requer alguém que conheça o produto e o cliente, que esteja disponível para a equipe de desenvolvimento durante o dia e seja capacitado para tomar decisões de prioridade e dar esclarecimentos no momento, para que as equipes de desenvolvimento não esperem nem tomem decisões inadequadas quanto à direção do produto.

Embora todas as funções na equipe scrum sejam vitais e igualmente importantes, um product owner sem poderes e ineficiente em geral faz com que as equipes scrum acabem fracassando ao entregar o produto de que os clientes precisam. Veja o Capítulo 6 para saber mais sobre a função do product owner.

Versatilidade do Desenvolvedor

Provavelmente você não iniciará seu primeiro projeto ágil com uma equipe de desenvolvimento que tem o nível ideal de habilidades necessárias para cada requisito no backlog do produto. Contudo, o objetivo deve ser conseguir uma cobertura de habilidades assim que possível. Sua equipe também será desafiada a atender ao objetivo do ciclo se você tiver pontos de falha em qualquer habilidade, inclusive no teste.

No dia um, é necessário ter desenvolvedores na equipe com curiosidade intelectual e interesse em aprender coisas novas, experimentar, aconselhar e receber conselhos, e trabalhar como equipe para fazer as coisas do modo mais rápido possível. Essa versatilidade é analisada no Capítulo 6.

Influência do Scrum Master

Quando você abandona a liderança de comando e controle, e capacita as pessoas que fazem o trabalho para tomar decisões, a liderança de servidor é a solução. Com autoridade formal, um scrum master seria visto como um gerente, alguém para prestar contas. Os scrum masters não devem receber autoridade formal, mas ser capacitados pela liderança para trabalhar com os membros da equipe scrum, os envolvidos e outros, para abrir caminho para que a equipe de desenvolvimento trabalhe sem problemas.

Se os scrum masters têm influência na organização, que é informal, e habilidade para influenciar, atendem melhor a suas equipes e otimizam o ambiente de trabalho. No Capítulo 6 analisamos os tipos de influência. Ofereça treinamento e controle para assegurar que os scrum masters desenvolvam habilidades interpessoais de liderança e evitem as tendências de comandar e direcionar.

Suporte do Gerenciamento para a Aprendizagem

Quando os líderes executivos decidem ser ágeis, sua mentalidade precisa mudar. Com muita frequência, vemos diretivas de liderança sem nenhum acompanhamento para dar suporte ao processo de aprendizagem ao implementar as mudanças. Não faz sentido esperar todos os benefícios de seguir os princípios ágeis após o primeiro ciclo. No Capítulo 18 analisamos como escolher um projeto-piloto ágil adequado, um com espaço para falhar um pouco no início, enquanto todos aprendem um novo modo de trabalhar juntos.

Resultado: se o suporte para aprender for apenas conversa-fiada, as equipes notarão no início, perderão a motivação para experimentar coisas novas e voltarão a esperar ordens dos superiores sobre como fazer seu trabalho.

Suporte da Transição

O Capítulo 18 compara uma transição ágil com uma equipe que vai praticar um esporte diferente. Um bom treinamento na liderança e na equipe aumenta as chances de sucesso. O treinamento dá suporte das seguintes formas:

» Na correção imediata do curso, quando a disciplina começa a escapar ou erros são cometidos.

» Reforço no treinamento.

» Aconselhamento individual para desafios específicos com base em funções.

» Estilo de liderança executiva e ajustes na mentalidade.

Veja nosso guia de transição para a metodologia ágil da Platinum Edge no Capítulo 18, para conhecer as etapas específicas para acompanhar seus treinadores de confiança especializados na metodologia ágil.

NESTE CAPÍTULO

» Usando métricas de sucesso

» Calculando métricas do tempo e custos

» Entendendo as métricas de satisfação

Capítulo **21**

Dez Métricas para as Organizações Ágeis

Em um projeto ágil, as métricas são ferramentas poderosas para planejar, inspecionar, adaptar-se e entender o progresso com o passar do tempo. As taxas de sucesso ou fracasso permitem que uma equipe scrum saiba se precisa fazer mudanças positivas ou continuar com o bom trabalho. Tempo e custos se destacam entre os benefícios dos projetos ágeis e dão suporte às atividades financeiras das organizações. As métricas que quantificam a satisfação das pessoas ajudam uma equipe scrum a identificar áreas de melhoria com os clientes e a equipe em si.

Este capítulo descreve dez métricas principais para orientar as equipes de projeto ágeis.

Retorno sobre o Investimento

O *retorno sobre o investimento (ROI)* é o lucro gerado pelo produto menos os custos: dinheiro que entra *versus* dinheiro que sai. O ROI é fundamentalmente diferente nos projetos ágeis em relação aos tradicionais. Os projetos ágeis podem gerar lucro com o primeiro lançamento e aumentar a receita com os novos.

Para entender bem a diferença entre ROI nos projetos tradicional e ágil, compare os exemplos das Tabelas 21-1 e 21-2. Os projetos dos dois exemplos têm os mesmos custos e tempo para conclusão. Ambos os produtos podem gerar US$100 mil em lucro todo mês, quando todos os requisitos são terminados.

Primeiro veja o ROI em um projeto tradicional na Tabela 21-1.

TABELA 21-1 ## ROI em um Projeto Tradicional

Mês	Lucro Mensal	Custos Mensais	ROI Mensal	Lucro Total	Custos Totais	ROI Total
Janeiro	US$0	US$80 mil	–US$80 mil	US$0	US$80 mil	–US$80 mil
Fevereiro	US$0	US$80 mil	–US$80 mil	US$0	US$160 mil	–US$160 mil
Março	US$0	US$80 mil	–US$80 mil	US$0	US$240 mil	–US$240 mil
Abril	US$0	US$80 mil	–US$80 mil	US$0	US$320 mil	–US$320 mil
Maio	US$0	US$80 mil	–US$80 mil	US$0	US$400 mil	–US$400 mil
Junho (lançar projeto)	US$0	US$80 mil	–US$80 mil	US$0	US$480 mil	–US$480 mil
Julho	US$100 mil	US$0	US$100 mil	US$100 mil	US$480 mil	–US$380 mil
Agosto	US$100 mil	US$0	US$100 mil	US$200 mil	US$480 mil	–US$280 mil
Setembro	US$100 mil	US$0	US$100 mil	US$300 mil	US$480 mil	–US$180 mil
Outubro	US$100 mil	US$0	US$100 mil	US$400 mil	US$480 mil	–US$80 mil
Novembro (equilíbrio)	US$100 mil	US$0	US$100 mil	US$500 mil	US$480 mil	US$20 mil
Dezembro	US$100 mil	US$0	US$100 mil	US$600 mil	US$480 mil	US$120 mil

Vejamos alguns pontos principais do projeto tradicional na Tabela 21-1:

» O projeto gerou lucro pela primeira vez em julho, após o lançamento, no final de junho.

» O projeto finalmente teve um ROI total positivo em novembro, 11 meses após o início.

» No final de um ano, o projeto gerou US$600 mil em receita.

» No final do ano, o ROI total do projeto foi de US$120 mil.

Agora veja o ROI de um projeto ágil na Tabela 21-2.

384   PARTE 6 **A Parte dos Dez**

TABELA 21-2 ROI em um Projeto Ágil

Mês	Lucro Mensal	Custos Mensais	ROI Mensal	Lucro Total	Custos Totais	ROI Total
Janeiro	US$0	US$80 mil	–US$80 mil	US$0	US$80 mil	–US$80 mil
Fevereiro	US$15 mil	US$80 mil	–US$65 mil	US$15 mil	US$160 mil	–US$145 mil
Março	US$25 mil	US$80 mil	–US$55 mil	US$40 mil	US$240 mil	–US$200 mil
Abril	US$40 mil	US$80 mil	–US$40 mil	US$80 mil	US$320 mil	–US$240 mil
Maio	US$70 mil	US$80 mil	–US$10 mil	US$150 mil	US$400 mil	–US$250 mil
Junho (fim do projeto)	US$80 mil	US$80 mil	US$0	US$230 mil	US$480 mil	–US$250 mil
Julho	US$100 mil	US$0	US$100 mil	US$330 mil	US$480 mil	–US$150 mil
Agosto	US$100 mil	US$0	US$100 mil	US$430 mil	US$480 mil	–US$50 mil
Setembro (equilíbrio)	US$100 mil	US$0	US$100 mil	US$530 mil	US$480 mil	US$50 mil
Outubro	US$100 mil	US$0	US$100 mil	US$630 mil	US$480 mil	US$150 mil
Novembro	US$100 mil	US$0	US$100 mil	US$730 mil	US$480 mil	US$250 mil
Dezembro	US$100 mil	US$0	US$100 mil	US$830 mil	US$480 mil	US$350 mil

Preste muita atenção nesses pontos do projeto ágil na Tabela 21-2:

» O projeto gerou lucro pela primeira vez em fevereiro, logo depois do início.

» O projeto teve um ROI total positivo em setembro, dois meses antes do projeto tradicional.

» No final de um ano, o projeto gerou US$830 mil em receita, quase 40% a mais que o projeto tradicional.

» No final do ano, o ROI total foi de US$350 mil, quase três vezes o ROI no projeto tradicional.

LEMBRE-SE

Como o tempo de colocação no mercado, as métricas do ROI são uma ótima maneira de uma organização avaliar o valor contínuo de um projeto ágil. As métricas do ROI justificam o projeto desde o início, porque as empresas podem financiar os projetos com base em seu potencial. As organizações podem controlar o ROI de projetos individuais e da organização inteira.

CAPÍTULO 21 **Dez Métricas para as Organizações Ágeis**   385

Novas solicitações nos orçamentos do ROI

A capacidade de um projeto ágil de gerar rapidamente um ROI elevado faz com que as organizações tenham um modo único de financiar um desenvolvimento adicional do produto. Uma nova funcionalidade do produto é traduzida em lucros maiores.

Por exemplo, suponha que no projeto de exemplo da Tabela 21-2 a equipe de projetos tenha identificado um novo recurso, que levaria um mês para ser concluído, e aumentaria o lucro do produto de US$100 mil por mês para US$120 mil. Veja o efeito que teria no ROI:

» O projeto ainda teria seu primeiro ROI positivo em setembro, com um ROI de US$110 mil, em vez de US$50 mil.

» No final de um ano, o projeto teria gerado um lucro total de US$950 mil, 14% a mais do que se tivesse gerado US$100 mil por mês.

» No final do ano, o ROI total seria de US$470 mil, 34% superior ao projeto original.

Se um projeto já gera lucro, faz sentido para a organização reverter esse lucro para o novo desenvolvimento, o que acarretará em uma receita maior.

Realocação de capital

Em um projeto ágil, quando o custo do futuro desenvolvimento é maior que o valor desse, é hora de o projeto terminar.

O product owner prioriza os requisitos, em parte, segundo sua capacidade de gerar receita ou valor. Se apenas requisitos de pouca receita ou valor ficam no backlog, um projeto termina antes de a equipe de projetos ter usado o orçamento inteiro. A organização usará o orçamento restante do antigo para iniciar um novo, mais útil. A prática de mover o orçamento de um projeto para outro é chamada de *realocação de capital.*

Para determinar o fim de um projeto, são necessárias as seguintes métricas:

» O valor (V) dos requisitos restantes no backlog do produto.

» O custo real (CR) do trabalho para concluir os requisitos no backlog.

» O custo da oportunidade (CO) ou o valor de fazer a equipe scrum trabalhar em um novo projeto.

Quando V < CR + CO, o projeto pode parar. O custo que colocaria no projeto seria maior que o valor recebido com ele.

A realocação de capital permite que uma organização gaste com eficiência no desenvolvimento de um produto útil e maximize o ROI geral da organização. Você encontra detalhes sobre a realocação de capital no Capítulo 13.

Pesquisas de Satisfação

Nos projetos ágeis, a maior prioridade de uma equipe scrum é atender ao cliente logo e com frequência. Ao mesmo tempo, a equipe tenta motivar os membros individuais da equipe e promover práticas de desenvolvimento sustentáveis.

Uma equipe scrum utiliza o aprofundamento nas experiências do cliente e de seus membros. Um modo de obter informações mensuráveis para saber se a equipe scrum incorpora bem os princípios ágeis é com pesquisas de satisfação.

» **Pesquisas de satisfação do cliente:** Medem a experiência do cliente com o projeto, o processo e a equipe scrum.

    A equipe scrum deve usar as pesquisas do cliente várias vezes durante um projeto. A equipe pode usar os resultados da pesquisa para examinar os processos, continuar práticas positivas e ajustar o comportamento quando necessário.

» **Pesquisas de satisfação da equipe:** Medem a experiência dos membros da equipe scrum em relação à organização, ao ambiente de trabalho, aos processos, a outros membros da equipe de projetos e ao trabalho. Todos na equipe scrum podem fazer pesquisas de equipe.

    Como na pesquisa do cliente, a equipe scrum pode escolher fazer pesquisas com a equipe durante um projeto. Os membros da equipe podem usar os resultados da pesquisa para aprimorar e ajustar regularmente comportamentos pessoais e da equipe. A equipe scrum também pode usar os resultados para lidar com problemas na organização. Os resultados fornecem uma visão quantitativa de como a equipe scrum amadurece como equipe com o passar do tempo.

Os resultados da pesquisa serão mais honestos e sem censura se a organização promover uma cultura de abertura, transparência e suporte para a aprendizagem.

É possível reunir pesquisas informais no papel ou usar uma das muitas ferramentas de pesquisa online. Algumas empresas até têm um software de pesquisa disponível no departamento de recursos humanos.

Falhas na Produção

As falhas fazem parte de qualquer projeto. Porém, testar e corrigi-las é demorado e caro, sobretudo quando chegam à produção. As abordagens ágeis ajudam as equipes de desenvolvimento a minimizar as falhas de maneira proativa.

Quando as equipes iteram o desenvolvimento de um requisito, testam e encontram falhas. O ciclo de etapas facilita corrigir as falhas imediatamente antes que cheguem à produção. O ideal é que essas falhas não ocorram, devido a um teste automático e integração contínua, como analisado nos Capítulos 7 e 15.

Controlar as métricas de falhas permite que a equipe de desenvolvimento saiba se está impedindo bem os problemas e quando deve aprimorar seus processos. Para tanto, ajuda ver os seguintes números:

» **Falhas na criação:** Se a equipe de desenvolvimento usa um teste automático e integração contínua, pode controlar o número de falhas no nível de criação em cada ciclo.

   Entendendo o número de falhas na criação, a equipe pode saber se deve ajustar os processos de desenvolvimento e fatores ambientais para conseguir pegar os problemas ainda mais cedo no processo de desenvolvimento.

» **Falhas no teste de aceitação do usuário (UAT):** A equipe de desenvolvimento pode controlar o número de falhas que o product owner encontra ao revisar a funcionalidade concluída em cada ciclo.

   Controlando as falhas UAT, a equipe e o product owner identificam a necessidade de aprimorar os processos para entender os requisitos. A equipe também determina se são necessários ajustes nas ferramentas de teste automático.

» **Falhas no lançamento:** A equipe de desenvolvimento controla o número de falhas que passam ao lançar no mercado.

DICA

   As equipes de desenvolvimento também controlam os dias entre a aceitação da história do usuário e a descoberta da falha. Quanto menos dias houver desde que um desenvolvedor trabalhou na funcionalidade, menor será o custo para corrigir a falha.

   Controlando as falhas no lançamento, a equipe de desenvolvimento e o product owner sabem se são necessárias mudanças no processo UAT, teste automático ou processo de desenvolvimento. Um número grande de falhas no nível do lançamento indica maiores problemas na equipe scrum.

O número de falhas e se elas aumentam, diminuem ou ficam iguais são boas métricas para iniciar discussões sobre os processos do projeto e técnicas de desenvolvimento nas retrospectivas do ciclo.

Você lê mais sobre o gerenciamento proativo da qualidade e teste no Capítulo 15.

Taxas de Sucesso do Objetivo do Ciclo

Um modo de medir o desempenho do projeto ágil é a taxa de cumprimento do objetivo do ciclo.

O ciclo pode não precisar de todos os requisitos e tarefas no backlog para atingir o objetivo. Porém, um ciclo bem-sucedido deve ter um incremento de produto validado que atenda aos objetivos do ciclo e à definição de feito da equipe scrum: desenvolvido, testado, integrado e documentado.

Durante o projeto, a equipe scrum controla a frequência com a qual é bem-sucedida ao atingir os objetivos do ciclo e usar as taxas de sucesso para ver se a equipe está amadurecendo ou precisa corrigir seu curso. As taxas de sucesso do ciclo são um ponto de partida útil para a inspeção e adaptação.

Você lê mais sobre como definir os objetivos do ciclo no Capítulo 8.

Tempo de Colocação no Mercado

O *tempo de colocação no mercado* é a quantidade de tempo que um projeto ágil leva para fornecer valor liberando uma funcionalidade validada para os usuários. As organizações percebem o valor de algumas maneiras:

» Quando um produto gera lucro diretamente, seu valor é o dinheiro que ele obtém.

» Quando um produto é para uso interno de uma organização, seu valor será a capacidade dos funcionários de usar o produto, e haverá fatores subjetivos com base no que o produto faz.

Ao medir o tempo de colocação no mercado, considere o seguinte:

» Meça o tempo desde o início do projeto até mostrar valor pela primeira vez.

» Algumas equipes scrum implantam novos recursos do produto para usar no final de cada ciclo. Para as equipes que lançam em cada ciclo, o tempo de colocação no mercado é simplesmente a duração do ciclo, medida em dias.

> » Outras equipes scrum planejam os lançamentos após vários ciclos e implementam os recursos do produto em grupos. Para as equipes scrum que usam tempos de lançamento maiores, o tempo de colocação no mercado é o número de dias entre cada ciclo.

O tempo de colocação no mercado ajuda as organizações a reconhecer e quantificar o valor contínuo dos projetos ágeis. Esse tempo de colocação é muito importante para as empresas com produtos que geram receita porque ajuda no orçamento anual. Também é importante se você tem um projeto autofinanciado, ou seja, um projeto pago pelo lucro do produto.

Você lê mais sobre a geração de lucro do produto e projetos autofinanciados no Capítulo 13.

Tempos de Execução e do Ciclo

Tempo de execução é o tempo médio entre receber uma solicitação para um requisito e a entrega dele terminado. *Tempo do ciclo* é o tempo médio entre o início do desenvolvimento de um requisito e sua entrega.

As equipes ágeis trabalham em um ambiente enxuto, que busca eliminar o desperdício. Existem limites em todo fluxo de trabalho na criação de valor. As equipes sempre buscam modos de identificar e remover esses limites para maximizar o fluxo no sistema.

Os tempos de execução e do ciclo fornecem não só uma medida de como podem existir obstruções, mas também as expectativas para os envolvidos em relação a quanto tempo uma solicitação leva para ser concluída, em média.

Se o tempo de execução de determinada equipe scrum é de 45 dias, mas o tempo do ciclo é de somente 5, essa discrepância alerta a equipe para ela avaliar seu planejamento e processo de aprimoramento do backlog do produto para saber como poderia diminuir a diferença de 40 dias. Do mesmo modo, se o tempo de execução for de 45 dias e o tempo do ciclo, de 40, a equipe deve avaliar o fluxo de trabalho de desenvolvimento para encontrar as obstruções. De qualquer modo, as equipes scrum sempre devem procurar remover as limitações para diminuir os tempos de execução e do ciclo adequadamente.

Custo da Mudança

Os líderes ágeis e as equipes veem a mudança como uma vantagem competitiva do cliente. Mas sua aceitação não deve significar aceitar custos desnecessários associados. Quando as equipes ágeis inspecionam e adaptam o produto e seus processos, seu objetivo deve ser minimizar continuamente o efeito da mudança.

Aumentar a flexibilidade do produto é um modo comum de reduzir o custo da mudança. No desenvolvimento de softwares, usar uma estratégia de arquitetura orientada a serviços (SOA — Service Oriented Architecture) permite que as equipes ágeis tornem cada componente de um aplicativo independente dos outros, para que o sistema inteiro não precise de mudanças quando um componente precisar ser alterado. O desenvolvimento, o teste e a documentação requerem muito menos esforço.

Nas montadoras, a padronização e a modularização das peças permitiram que fabricantes de carros, como a Toyota e mais recentemente a WikiSpeed, fabricassem carros com mais rapidez e menos desperdício refazendo a mesma coisa devido à incompatibilidade. (Veja o Capítulo 4 para saber mais sobre o Sistema de Produção Toyota.)

O mapeamento do fluxo de valor é uma técnica comum para identificar os limites em um sistema ou fluxo de trabalho. Visualizando (em um quadro branco, por exemplo) cada etapa em um processo, as equipes ágeis identificam como a introdução de mudanças força mais estresse ou custo nos processos. Quando é identificado um limite, o scrum master e outros agentes de mudança na organização trabalham para remover o problema e diminuir o custo das futuras mudanças no sistema.

Rotatividade dos Membros da Equipe

Os projetos ágeis tendem a ter um moral mais alto. Um modo de quantificar o moral é medir a rotatividade. Embora ela nem sempre esteja diretamente ligada à satisfação, ajuda a ver as seguintes métricas:

» **Rotatividade na equipe scrum:** A baixa rotatividade na equipe scrum é sinal de um ambiente saudável. A alta rotatividade indica problemas no projeto, organização, trabalho, membros individuais da equipe scrum, esgotamento, product owners ineficientes forçando comprometimentos da equipe de desenvolvimento, incompatibilidade de personalidades, scrum master que não consegue remover os impedimentos ou dinâmica geral da equipe.

» **Rotatividade na empresa:** A alta rotatividade na empresa, mesmo que não inclua a equipe scrum, afeta o moral e a eficiência. A alta rotatividade na empresa é um sinal de problemas na organização. Quando uma empresa adota práticas ágeis vê a rotatividade diminuir.

Quando a equipe scrum conhece a métrica da rotatividade e entende os motivos por trás dela, consegue tomar ações para manter o moral e melhorar o ambiente de trabalho. Se a rotatividade é alta, comece a questionar o motivo.

Versatilidade das Habilidades

Normalmente as equipes scrum experientes são mais funcionais do que as que não amadureceram ainda. Eliminando alguns pontos de falha em uma equipe scrum, você aumenta sua capacidade de ser rápido e criar produtos de mais alta qualidade. Controlar a versatilidade das habilidades permite que equipes scrum e gerentes funcionais meçam o crescimento da multidisciplina.

Ao iniciar, mobilize habilidades e níveis existentes contidos em cada uma das seguintes estruturas na organização:

» Por habilidades e níveis da pessoa.
» Por habilidades e níveis da equipe.
» Por habilidades e níveis da organização.

Com o tempo, quando cada pessoa aumenta suas habilidades em quantidade e nível, os limites e atrasos devidos a elas desaparecem. As equipes ágeis têm habilidades, não títulos. Você precisa de membros de equipe que contribuam para o objetivo do ciclo todos os dias, sem risco de pontos de falha.

Proporção entre Gerente e Criador

Provavelmente as organizações maiores desenvolveram uma boa camada intermediária de gerentes. Muitas delas não descobriram como funcionar bem sem vários gerentes lidando com pessoal, treinamento e direção técnica relacionada a problemas de desenvolvimento. Contudo, você precisa tentar equilibrar corretamente gerentes e pessoas que criam produtos.

Imagine duas equipes de futebol profissionais rivais (futebol americano), com 11 jogadores cada, que treinam intensamente e se preparam para um jogo. A Equipe B vence a Equipe A por 1 a 0.

As duas equipes voltam a treinar para o próximo jogo. Os dirigentes da Equipe A chamam um analista para dar uma solução. Após uma análise cuidadosa de ambas as equipes, ele vê que a Equipe B tem um goleiro e 10 jogadores espalhados pelo campo como zagueiro, meio-campo e centroavante, ao passo que a Equipe A joga com 10 goleiros de uma só vez e um centroavante para levar a bola até o gol, sem nenhum membro da equipe interferindo.

Os dirigentes da Equipe A chamam um consultor para reestruturar a equipe. Eles descobrem o que parece óbvio: a Equipe A joga com muitos goleiros. Eles recomendam que a equipe jogue com metade dos goleiros (cinco) e cinco zagueiros que passam instruções dos goleiros para o centroavante, que têm uma visão geral do campo. Eles também sugerem dobrar a comissão técnica para aumentar o treinamento e a motivação do centroavante para fazer gols.

No próximo jogo, a Equipe B vence de novo a Equipe A, mas dessa vez por 2 a 0.

O centroavante é cortado, os assistentes e zagueiros são reconhecidos por sua estratégia de motivação, mas os dirigentes chamam outro analista. Como resultado da análise, eles criam um centro de treinamento mais moderno e investem na melhor tecnologia de chuteiras para a temporada seguinte.

Cada centavo investido em alguém que gerencia processos na organização é um dinheiro não investido no criador do produto.

Controle a proporção entre gerente e criador para identificar o excesso e os modos de minimizar o investimento feito nas pessoas que não criam produtos.

NESTE CAPÍTULO

» Encontrando apoio para fazer transições bem-sucedidas para a metodologia ágil

» Entrando nas comunidades ágeis ativas

» Acessando recursos das abordagens ágeis comuns

Capítulo **22**

Dez Recursos Valiosos para Profissionais Ágeis

Muitas organizações, sites, blogs e empresas fornecem informações e dão suporte para o gerenciamento ágil de projetos. Para ajudar a iniciar, reunimos uma lista de dez recursos que consideramos úteis para dar suporte à sua jornada no gerenciamento ágil de projetos.

Folha de Cola Online do Gerenciamento Ágil de Projetos

www.altabooks.com

É possível usar nossa folha de cola online como um complemento deste livro ao começar a implementar os valores e princípios ágeis do Manifesto Ágil, assim como os modelos descritos no livro. Você encontrará guias passo a passo, ferramentas, modelos e outros recursos úteis para seu kit de ferramentas ágil. Para acessar a folha de cola, vá para `www.altabooks.com` e digite *Gerenciamento Ágil de Projetos Para Leigos* na caixa de pesquisa.

Scrum Para Leigos

O livro *Scrum Para Leigos* é um guia de campo não só para o scrum, mas para o scrum em setores e funções comerciais fora da tecnologia da informação (TI) e desenvolvimento de softwares. O scrum é aplicado a qualquer situação na qual você deseje um feedback empírico inicial sobre o que está criando ou buscando em um projeto.

Aprenda sobre o scrum em setores, como o desenvolvimento de jogos e a fabricação de produtos tangíveis (construção, manufatura, desenvolvimento de hardware), e serviços, como assistência médica, educação e editoriais.

Explore as aplicações do scrum em funções comerciais, inclusive operações, gerenciamento de portfólio, recursos humanos, setor financeiro, de vendas, marketing e serviço ao cliente.

E veja como o scrum ajuda a organizar suas buscas por encontros, vida familiar, plano de aposentadoria e educação no dia a dia.

Scrum Alliance

`www.scrumalliance.org` (conteúdo em inglês)

Scrum Alliance é uma organização sem fins lucrativos, formada por profissionais, que promove a compreensão e o uso do scrum. A Alliance se dedica a dar treinamento e certificação em scrum, organizar reuniões regionais e internacionais, e dar suporte às comunidades de usuários locais que usam o scrum. O site da Scrum Alliance tem muitas entradas de blogs, documentos, estudos de caso e outras ferramentas para aprender e trabalhar com o scrum. O Capítulo 16 lista muitas certificações da Scrum Alliance.

Agile Alliance

`www.agilealliance.org` (conteúdo em inglês)

Agile Alliance é a comunidade da metodologia ágil global original, com a missão de ajudar a promover os 12 Princípios Ágeis e práticas comuns, independentemente da abordagem. O site da Agile Alliance tem uma grande seção de recursos que inclui artigos, vídeos, apresentações e um índice de grupos independentes da comunidade ágil no mundo inteiro.

Comunidade Ágil do Instituto de Gerenciamento de Projetos

`www.projectmanagement.com/practices/agile` (conteúdo em inglês)

O Instituto de Gerenciamento de Projetos (PMI) é a maior associação de gerenciamento de projetos sem fins lucrativos do mundo. Tem mais de 400 mil membros e está presente em mais de 200 países. O PMI dá suporte à comunidade ágil com certificação prática e ágil, o PMI Agile Certified Practitioner (PMI-ACP).

O site do PMI oferece informações e requisitos para a certificação, além de acesso a documentos, livros e seminários sobre o gerenciamento ágil de projetos. Os membros PMI também podem acessar o site da comunidade ágil do PMI, com um grande centro de conhecimento, inclusive postagens de blogs, fóruns, webnars e informações sobre eventos locais da rede ágil.

International Consortium for Agile (ICAgile)

`icagile.com` (conteúdo em inglês)

ICAgile é uma organização para comunidades que ajuda as pessoas a serem ágeis com educação, conhecimento e certificação. Seu guia de aprendizagem fornece suporte para o desenvolvimento da carreira quanto à agilidade comercial, treinamento ágil para empresas e equipes, gerenciamentos de valor e entrega, engenharia ágil, teste ágil e DevOps.

InfoQ

`www.infoq.com/agile` (conteúdo em inglês)

InfoQ é uma comunidade online independente com uma importante seção ágil que oferece notícias, artigos, entrevistas por vídeo, apresentações de vídeo e minilivros, tudo escrito por especialistas em técnicas ágeis. Os recursos no InfoQ tendem a ter alta qualidade, e o conteúdo é único e relevante para os problemas que as equipes de projeto ágeis enfrentam.

Lean Enterprise Institute

www.lean.org (conteúdo em inglês)

O Lean Enterprise Institute publica livros, blogs, bases de conhecimento, notícias e eventos para a maior comunidade de pensadores e profissionais lean. Quando procurar o gerenciamento ágil de projetos, lembre-se de incorporar o pensamento lean em tudo o que fizer. O lean.org é um bom ponto de partida para explorar os tópicos lean relevantes para sua situação.

Programação Extrema

ronjeffries.com/xprog/what-is-extreme-programming/ (conteúdo em inglês)

Ron Jeffries foi um dos criadores da abordagem de desenvolvimento da programação extrema (XP), junto de Kent Beck e Ward Cunningham. Ron fornece recursos e serviços de suporte para o avanço do XP em seu site ronjeffries.com. A seção "What Is Extreme Programming?" do site resume os principais conceitos do XP. Outros artigos e recursos da programação extrema também estão disponíveis no formato wiki em http://wiki.c2.com/?ExtremeProgrammingCorePractices (conteúdo em inglês).

Platinum Edge

www.platinumedge.com (conteúdo em inglês)

Desde 2001, nossa equipe na Platinum Edge ajuda as empresas a maximizar o retorno no investimento (ROI) da organização. Visite nosso blog para ter as últimas informações sobre práticas, ferramentas e soluções inovadoras que surgem com nosso trabalho nas empresas Global 1000 e na comunidade ágil dinâmica.

Também oferecemos os seguintes serviços, descritos com mais detalhes no Capítulo 18:

>> **Auditorias ágeis:** Auditar sua estrutura e seus processos organizacionais atuais para criar uma estratégia de implementação ágil que entrega resultados finais.

» **Recrutamento:** Com acesso aos melhores talentos ágeis e do scrum, porque foram treinados por nós, ajudamos você a encontrar as pessoas certas para desenvolver seus projetos scrum, inclusive scrum masters, scrum product owners e desenvolvedores do scrum.

» **Treinamento:** Treinamentos público e privado personalizados da metodologia ágil e scrum para empresas e certificação, independentemente de seu nível de conhecimento. Além das opções de treinamento personalizadas e não certificadas, oferecemos as seguintes certificações:

- Aulas Certified ScrumMaster (CSM)
- Aulas Certified Scrum Product Owner (CSPO)
- Aulas Certified Scrum Developer (CSD)
- Treinamento e implementações SAFe Scaled Agile
- Aulas de preparação do exame PMI Agile Certified Practitioner (PMI-ACP)

» **Transformação:** Nada garante mais o futuro sucesso do que o treinamento certo. Acompanhamos o treinamento ágil com instrução e aconselhamento ágeis incorporados para assegurar que as práticas certas ocorram no mundo real.

Índice

SÍMBOLOS

12 Princípios Ágeis, 26–40
2015 Chaos Report, 285

A

abertura cultural, 259
abordagem JIT, 20
abordagens ágeis, 49
abordagens ágeis x métodos
  tradicionais, 16
abordagens históricas, 25
adaptação imediata, 14
ADKAR, 346–347
ágil, 65
Agile Alliance, 396
agrupamento, 160
Albert Mehrabian
  UCLA, 84
Alistair Cockburn, 85
alocação de recursos, 109
  alocação de talentos, 109
alta tecnologia, 91–92
Amazon, 31
ambiente, 84–94
  retorno, 86
ambiente ágil de projetos,
  308–310
ambiente de desenvolvimento
  sustentável, 281
ambiente enxuto, 66
  lean, 66
apenas suficiente, 24
aprendizagem, 70
apresentações, 52
aquisição, 214–224
  considerações, 222
  investimento, 214
aquisição de serviços
  produtos, 217
armadilhas, 360–363
artefato, 135
atitude, 41
autogerenciamento, 113–114
  acordo, 113

autogerenciamento e auto-
  organização, 248–253
auto-organização, 111–112
  controle, 111

B

backlog do ciclo, 156–157
backlog do produto, 130–138
  estimativa, 138
baixa tecnologia, 88–90
  ferramentas, 89
Basex, 106
bazar
  formato, 325
benefícios de lucro, 300
Bill Wake
  blog, 147
bom design, 277
bugs, 273
burndown, 91

C

campeão ágil, 300–303
caneta e lápis
  regra, 155
cápsula, 85
cascata, 8–10
centralização, 341
certificações, 77
  Certified Scrum Developer
    (CSD), 77
  Certified ScrumMaster
    (CSM), 77
  Certified Scrum Product
    Owner (CSPO), 77
  PMI Agile Certified
    Practitioner (PMI-ACP),
    77
ciclo, 73–76
  inspeções constantes, 73
  planejamento, 155–162
  qualidade, 275–276
  retrospectiva do ciclo, 74
  reunião scrum diária, 74
ciclo de desenvolvimento, 195

ciclo de lançamento, 194–195
  ciclo de desenvolvimento,
    194
ciclos de feedback, 274
cinco porquês, 24
classificação, 341
cliente, 25–27
clientes adicionais, 129
clientes mais contentes, 300
colaboração, 112
coligação condutora, 348
comando e controle, 247
compartilhamento de desktop
  pela web, 91
complacência, 348
comprador, 223–224
compreensão, 92
comprometimento, 298–303
  individual, 299–300
  na organização, 298–299
computadores, 8
comunicação, 263–270
  métodos ágeis, 264–270
comunicação bem-sucedida
  dicas, 261–262
comunicações controladas, 21
comunidades de prática, 326
  CoP, 326
conferência diária
  scrum diário, 164
conferência TED, 44
consciência
  abordagens ágeis, 352
consenso, 103
  primeiro de cinco, 103
contrato, 220
  fechamento, 224
contratos de serviços,
  218–224
  custo, 218
controle, 57
controle de código coletivo,
  279
controle de qualidade, 274
  QA, 274

Índice   401

controle do projeto, 56
controle empírico, 14
coordenação, 165
corte vertical, 314–318
criação da história, 144
critérios de aceitação, 280–281
  etapas de validação, 140
cronograma de lançamento, 128
cronogramas, 227–237
crystal, 13
Curva de Satir, 354
custo, 237–239
  reduzir, 242
custos não recuperáveis, 291

D

decisões, 97
declaração de visão do produto, 123–125
decomposição, 139
  elaboração progressiva, 130
dedicação, 256
definição de feito, 22
delegação, 341
demonstrações chamativas, 37
departamento, 129–130
  implantação do produto, 200–201
  jurídico, 129
  marketing, 129
  serviço ao cliente, 129
  vendas, 129
dependências, 134
  equipe, 328
desafio do marshmallow, 44
desenvolvimento, 175
desenvolvimento baseado em testes, 278
  TDD, 278
desenvolvimento de produtos e clientes
  adaptação à mudança, 59
  valor, 59
desenvolvimento do produto lean, 66

desenvolvimento eficiente, 37
desenvolvimento grandioso, 44
desenvolvimento iterativo, 65
design, 31
Destinos da Entrega, 340
detalhes, 25
Diana Larsen, 190
dimensionar, 311–342
dinâmica da equipe, 245–270
distrações, 86–87
  scrum master, 86
documentação, 53
  diferenças, 195
documentação técnica, 176
doença, 257
duração dos projetos ágeis
  fatores, 228

E

eBay, 70
eficiência, 283
elaboração, 175
elaboração progressiva dos requisitos, 122
e-mail, 21
emergência, 329
engenheiro do trem de lançamento, 335
  RTE, 335
engenheiro do trem de solução, 335
  STE, 335
Enterprise Scrum (ES), 337–342
  atividades principais, 338–342
entrega rápida, 53–54
envolvidos, 102–103
épicos, 334
equipe, 32
  capacitação, 32
  eficiência, 32
  excelência, 32
equipe de ação executiva, 319
  EAT, 319
equipe de desenvolvimento, 48–62
  capacitada e motivada, 54

  polivalente, 74
  suporte, 54–55
equipe de projetos ágil, 96
equipe de transformação, 353–355
equipe de transição, 303–304
equipe-piloto, 303–307
equipes auto-organizadas, 27
equipe scrum, 96
  desafios comuns, 312–313
  integração, 314
  modelos, 260
  valores essenciais, 104
equipe scrum dedicada, 255–256
equipes multidisciplinares, 256–258
escala Fibonacci, 145–147
escopo arrastado, 208
escopo do produto, 206
escopo do projeto, 206
Esforço, 140
esforço gerencial, 34
esforços contraproducentes, 58
estabilidade, 26
estagnação, 9
  abordagens tradicionais, 9
Esther Derby, 190
estimativa com poker
  etapas, 147–150
estimativa por afinidade, 150–152
estimativa relativa, 134
  risco e esforço, 134
estratégia de implementação, 349–351
estratégia informada situacional, 119
excelência técnica, 277
excesso de escopo, 207
executivos
  eficiência, 58
  ROI, 58

F

Facebook, 31
facilitador, 334
falhas nas mudanças, 363–366

fatores de sucesso
transição, 310
feedback, 186
ciclos, 183
feito, 31
férias, 257
fidelidade
comunicação, 84
filosofia da equipe, 108–116
finalidade, 92
flexibilidade, 25
flexibilidade e estabilidade, 49–52
fluxo de uso, 131
fluxo de valor
SAFe, 333
foco, 55
fora do local
equipes, 260–263
formalidades, 222
formalização excessiva, 37
fornecedor, 223–224
fracasso
definição, 345
fracasso em grande escala, 287
fracasso rápido, 291–292
Francesco Cirillo, 107
funcionalidade, 52
funcionalidade de envio, 174–180
funcionalidade validada, 23
funções e responsabilidades
equipe scrum, 172–174

G

Geoffrey Moore, 125
gerenciamento
desperdício, 60
qualidade, 60
valor, 60
gerenciamento ágil de projetos, 11–16
benefícios, 369–376
ferramentas, 395–400
gerenciamento da equipe, 246–270
gerenciamento de projetos, 28

princípios ágeis, 34–37
gerenciamento de tempo e custos, 225–244
gerenciamento do escopo, 205–224
gerenciamento do portfólio lean, 333
LPM, 333
gerenciamento do valor agregado
EVM, 268
Google, 31
gráfico de burndown, 167–169
Guia de Valor, 120–129
estágios, 120–121
partes, 209
guia do produto, 128–137
temas e recursos, 130

H

Helmuth von Moltke, 120
hierarquia, 38
Hirotaka Takeuchi, 13
história âncora, 148
história do usuário, 140–142
etapas, 141
partes, 140

I

ICAgile, 397
Ikujiro Nonaka, 13
implementação do produto, 200–202
incremento do produto, 174
incrementos do programa (IP), 335
InfoQ, 397
informalidade, 88
inovações, 22
inspeção e adaptação, 282–283
inspeção frequente, 14
Instituto de Gerenciamento de Projetos, 397
integração contínua, 31
IC, 31
interações humanas, 21
INVEST
abordagem, 147

investimentos estéticos, 38
irradiador de informação, 89
iterações, 14
ciclos, 14
etapas, 29

J

Jeff Sutherland, 260
JIT, 70
jogo de culpa, 363
John Kotter, 348–349
Jonathan Spira, 106

K

kanban, 71–72
Kenneth Blanchard, 254
Kent Beck, 76
Kurt Lewin, 345

L

lançamento
etapas, 153
plano, 152–155
Larry Spears, 253
lean, 69–73
Lean Enterprise Institute, 398
lean, scrum e programação extrema (XP)
semelhanças, 80
LeSS
estrutura básica, 323–324
líderes da organização, 303
líder servidor, 253–255
características, 253–254
linguagem jurídica, 220
linha de produção, 70
local partilhado, 84–85

M

Manifesto Ágil, 17–42
colaboração do cliente, 13
pessoas e interações, 13
resposta à mudança, 13
software validado, 13
valores, 20–26
marcha fúnebre, 35
Mega LeSS, 324–325
melhoria contínua, 55

melhor qualidade, 53–54

membros da equipe

versus recursos, 240

membros da equipe de desenvolvimento

função, 99–100

mensagens instantâneas, 91

mentor ágil, 103

treinador ágil, 103

menu

opções, 340–342

mérito, 257

metascrum, 320

método de controle empírico, 14

metodologia ágil

funções, 95–104

guia de transição, 349–360

valores, 19–20

metodologia ágil falsa, 360

metodologia em cascata, 47

métrica do desempenho, 38

métricas

exemplos, 383–394

mobilidade, 87

modelo do trem de lançamento ágil (ART), 334

momentos ideais

abordagem ágil, 302–303

moral, 376

moral aumentada, 300

mudança, 344–345

mudanças no escopo, 211–213

multidisciplina, 110–111

multitarefa produtiva, 255

N

necessidade comercial, 131

Nexus, 327–331

aprimoramento, 331

artefatos, 329–330

função, 328–329

planejamento do ciclo, 330

retrospectiva do ciclo, 331

revisão do ciclo, 331

scrum diário, 330

nichos individuais, 38

nível do portfólio, 333

notas adesivas, 89

O

objetivo do produto, 124

objetivo tangível, 112

obstáculo, 178

Operações e Desenvolvimento (DevOps), 199

oportunidade de mudança, 26

oposição, 302

orçamento do projeto, 239–244

ostentação, 89

P

partilha, 33

patrocinador, 98

PDSA

abordagem, 12

perfil de investimento, 57

personagens, 143–144

pesquisas de satisfação

exemplos, 387

pessoa

liberdade, 249

responsabilidade, 249

pessoas-chave, 111

pessoas motivadas, 27

planejamento, 119–138

planejamento do ciclo, 121

planejamento do IP, 336

planejamento excessivo, 44

planejamento JIT, 119–123

planilhas, 21

planning poker, 147

plano de lançamento, 121

Pomodoro

técnica, 107

Ponzi

esquema, 379

portfólio, 313

pós-festa, 210

reunião, 165

preparar o mercado, 201–202

prestação de contas, 248

previsibilidade, 375

Princípios Ágeis, 18

Princípios Platinum, 37–41

Platinum Edge, 17

prioridade, 56

prioridade relativa, 134

processos formais de gerenciamento, 8

produção em massa, 70

product owner, 46–48

função, 96–98

product owner chefe, 320

CPO, 320

produtividade, 38

produto, 22

produto validado, 23

programa, 313

programação em pares, 38, 111, 177, 278

acompanhamento, 38

programação extrema, 76–82

abordagens, 78

codificação, 78

comunicação, 78

design, 78

testes, 78

XP, 66

progresso do ciclo

backlog do ciclo, 167–170

controle, 166–172

projeto, 313

pausa, 243

preço fixo, 218

sem exceder, 219

tempo e materiais, 219

tempo fixo, 218

projeto ágil autofinanciado, 240

projeto autofinanciado, 289–291

projeto longo, 50

Prosci, 346

Q

quadro de tarefas

colunas, 170–172

faixa, 171

qualidade, 28–30

práticas proativas, 277

princípios ágeis, 30
técnicas de
desenvolvimento,
278–279

R
realocação de capital, 243
    exemplo, 386
recursos, 240
    membros da equipe, 240
    pessoas, 246
recursos mínimos
  comercializáveis, 152
redução de falhas, 300
redução de risco
    fatores importantes,
      288–294
reféns
    patrocinadores, 238
referência, 143
reformulação, 31
relatório de status, 107
representação gráfica, 38
representante do cliente, 96
requisito, 142–145
    épicos, 130
    estimar e priorizar
    termos, 132
    histórias do usuário, 131
    recursos, 130
    tarefas, 131
    tema, 130
requisitos da história do
  usuário, 13
requisitos do produto, 97
responsabilidade comercial,
  98
retorno sobre o investimento,
  383–387
retrospectiva, 33
retrospectiva do ciclo, 187–
  192
    plano, 190
reunião de planejamento do
  ciclo
    primeira parte, 159
    segunda parte, 160
reunião de retrospectiva do
  ciclo, 189–191
reunião de revisão, 182–186
    preparação, 182–183

reunião de revisão do ciclo
    diretrizes, 184
reuniões, 52
reuniões diárias, 121
revisão do ciclo, 182–187
revisão em pares, 177
risco, 285–294
    ferramentas, 293
ritmo de trabalho, 281
Robert K. Greenleaf, 254
Ron Jeffries, 76
    XP, 398
rotatividade, 257
rotatividade da liderança, 113

S
SAFe, 331–337
    nível da equipe, 335
    nível da grande solução,
      334
    nível do portfólio, 333–334
    nível do programa,
      334–335
    quatro configurações, 332
sala de projetos
    sala scrum, 85
satisfação do cliente, 28–30
scrum, 73–76
    artefatos, 75
    envolvidos, 75
    estrutura para
     ferramentas, 80
    eventos, 75
    funções, 74
    funções não específicas,
     75
    mentor ágil, 75
Scrum Alliance, 396
ScrumBut, 363
scrum de scrums
    equipe de
     desenvolvimento, 317
    modelo, 315–317
    product owner, 316–317
    scrum master, 317
scrum de scrums de scrums,
  319
scrum diário, 163–166
    atraso, 166

Scrum em Escala
    abordagem, 318–322
Scrum em Grande Escala,
  323–327
    LeSS, 323–327
scrum master, 46–48
    agile coach, 48
    facilitador do projeto,
     100–102
    função, 100
    influência, 102
semelhança técnica, 131
sessão de requisitos, 130
Shu Ha Ri, 358
silos, 114
simplificar, 35
Sistema de Produção Toyota,
  188
site de colaboração, 91
software, 10
software útil, 27
solução de problemas, 21
Spencer Johnson, 254
Standish Group, 9
standup diário
    scrum diário, 164
status do projeto, 267–270
subgrupos, 114
sucesso
    fatores-chave, 377–382
suporte do produto, 197–200
sustentável, 35

T
Taiichi Ohno, 188
tamanho limitado, 259–260
    equipes, 114–115
tarefas contraproducentes, 51
tecnologia de informação, 18
tempo, 225–227
    mudança, 235
tempo de colocação no
  mercado, 389–390
tempo de execução, 390
tempo do ciclo, 390
tempo predefinido, 158
tensão, 39

Índice   405

teste
- tipos, 284

teste automático, 176–177
- etapas, 283

teste de sanidade, 284

thrashing, 109

Tom Wujec, 44

Toyota, 69

trabalho ágil dobrado, 268

trabalho cíclico, 163

trabalho em equipe, 28
- princípios ágeis, 32–34

trabalho produtivo, 52

trabalho supérfluo, 24

transição, 301–303

transparência irrestrita, 14

treinamento, 32

troca de contexto, 109

troca de tarefas, 255

U

UAT
- falhas, 388

unidades de trabalho, 89

usuários, 143–146
- comerciais, 143
- individuais, 143

V

validação contínua, 183

valor comercial, 70

valor comercial e risco, 134

valores, 104–109
- abertura, 107
- comprometimento, 104
- coragem, 105
- foco, 106–107
- respeito, 108

vantagem competitiva, 27

velocidade, 228–234
- consistência, 234

velocidade média, 230

verificação, 176–178

verificação de erros, 279

verificar a qualidade, 126–127

videoconferência, 91

visão do produto, 120–128

visualização, 38–40
- estratégias, 39

W

Walter Sherwart, 12

Ward Cunningham, 76

webcam, 91

Winston Royce, 8

WIP, 71
- trabalho em progresso, 71–72

CONHEÇA OUTROS LIVROS DA PARA LEIGOS!

Negócios - Nacionais - Comunicação - Guias de Viagem - Interesse Geral - Informática - Idiomas

Todas as imagens são meramente ilustrativas.

SEJA AUTOR DA ALTA BOOKS!

Envie a sua proposta para: autoria@altabooks.com.br

Visite também nosso site e nossas redes sociais para conhecer lançamentos e futuras publicações!
www.altabooks.com.br

/altabooks ▪ /altabooks ▪ /alta_books

ALTA BOOKS
EDITORA

Este livro foi impresso nas oficinas gráficas da Editora Vozes Ltda.,
Rua Frei Luís, 100 – Petrópolis, RJ.